Honden voor dummies

CW01668361

SPIEKBRIEF

Je hond gezond en blij houden betekent dat je de juiste spullen, speelgoed en medicijnen bij de hand moet hebben, moet weten wanneer je met je hond naar de dierenarts moet en basiskennis moet hebben van preventieve zorg.

Dingen die je moet kopen voordat je een puppy in huis neemt

Als je een nieuwe puppy wilt nemen (of net hebt gehaald), moet je de volgende noodzakelijke spullen kopen voordat – of zo snel mogelijk nadat – je je pup meeneemt naar zijn nieuwe thuis. Uiteraard moet je daarnaast al op de hoogte zijn van wat je puppy nodig heeft aan voeding, beweging en aandacht.

- babyhekjes (om je puppy binnen de perken te houden)
- borstel en kam
- kauwspeelgoed
- vaatwasser- en kauwbestendige bakken (een voor water en een voor voer)
- platte of ronde halsband met gesp of kliksysteem, samen met een adreslabel
- hoogwaardig puppyvoer, neem wat de fokker of dierenarts aanraadt;
- lichtgewicht riem, twee meter lang
- nageltrimmer en bloedstelpingspoeder
- drollenschepje of poepzakjes
- voldoende grote transportmand of bench (voor zindelijkheidstraining)

Wanneer schakel je je dierenarts in voor noodhulp?

Ga onmiddellijk naar de dierenarts als je hond een van de volgende symptomen heeft. Als je hond gewond of ziek is en je niet zeker weet wat je moet doen, bel je de dierenarts. Voorkomen is altijd beter dan genezen.

- allergische reacties, zoals zwelling rond de kop, of bulten, op de buik zijn deze het gemakkelijkst te zien
- oogwonden, hoe klein ook
- ademhalingsproblemen: chronisch hoesten, zware ademhaling, bijna-verdrinking
- elk teken van pijn: hijgen, moeilijk ademhalen, verhoging, lusteloosheid, rusteloosheid of meer dan een dag verlies van eetlust
- altijd bij vermoeden van vergiftiging, inclusief drinken van antivries, of als je hond medicijnen voor mensen heeft gegeten of gedronken
- alle wonden of sneeën die open zijn en bloeden en diepe bijtwonden
- toevallen, flauwvallen of in elkaar zakken
- thermische stress, te koud of te warm, zelfs als de hond lijkt te zijn hersteld
- trauma, bijvoorbeeld door een aanrijding met een auto, ook als de hond in orde lijkt
- braken en diarree, vaker dan twee of drie keer binnen een uur

Honden voor dummies

SPIEKBRIEF

Checklist preventieve gezondheidszorg voor honden

Wees proactief om ziekte en verwondingen te voorkomen en je hond gezond en gelukkig te houden. Gebruik de volgende lijst als leidraad voor de zorg die je hond in elk stadium van zijn leven nodig heeft. Praat ook met de dierenarts over wat voor jou en je dier het beste is.

DIERENARTSZORG VOOR PUPPY'S

- Eerste onderzoek binnen 48 uur na adoptie.
- Eventueel rabiësinenting vanaf 12 weken als je je pup mee wilt nemen naar het buitenland (mag vanaf een leeftijd van 3 maanden).
- De meeste pups krijgen hun eerste basisvaccinatie bij de fokker, als ze zes weken oud zijn. Daarna volgen nog twee entingen met negen en twaalf weken. De meeste dierenartsen adviseren om de laatste puppyenting te geven als de hond zes maanden of een jaar oud is. Het is ook mogelijk om door middel van titerbepaling (bloedonderzoek) te controleren of een vaccinatie al herhaald moet worden.
- De eerste ontwormingen met twee, vier, zes en acht weken keeg de pup --als het goed is – bij de fokker. Vervolgens moet hij totdat hij zes maanden oud is, elke maand ontwormd worden. Vanaf de leeftijd van een half jaar krijgt de hond vier keer per jaar een bestrijdingsmiddel tegen wormen. Deze middelen kun je bij de dierenarts krijgen, maar in Nederland ook gewoon in de winkel of online.
- Vervolgonderzoek bij de laatste vaccinatie op aangeboren problemen, babytanden die niet vanzelf uitvallen, enzovoort.

DIERENARTSZORG VOOR VOLWASSEN HONDEN

- Jaarlijks onderzoek, waaronder mogelijk periodiek bloed- en urineonderzoek, vooral bij oudere honden en voor procedures waarbij de hond onder narcose moet.
- Vaccinatiecocktail, jaarlijks. Vaccinatie tegen hondsdolheidals de hond mee op vakantie naar het buitenland gaat. Enting tegen kennelhoest is noodzakelijk als de hond bijvoorbeeld gaat logeren in een dierenpension..
- Gebitsreiniging en tandsteenverwijdering op advies van je dierenarts.

ZORG THUIS VOOR VOLWASSEN HONDEN

- Preventieve medicatie tegen wormen.
- Nagels knippen.
- Regelmatig in bad en vachtverzorging.
- Onderzoek thuis, inclusief controle op bobbels, wekelijks.
- Tanden poetsen, twee tot drie keer per week.
- Regelmatige behandeling tegen vlooien.
- Controleren en reinigen van oren en ogen.

Honden voor dummies®

Honden voor dummies

Gina Spadafori

BBNC uitgevers

Amersfoort, 2020

Vertaling van: *Dogs for Dummies, 2nd edition*
Indianapolis, Indiana: John Wiley & Sons, Inc., 2019
ISBN: 978-90-453-5655-6
NUR: 431 Huisdieren
BISAC: PET004000 PETS / Dogs / General
Thema: WNGD, Honden als huisdieren
Trefw.: honden, huisdieren

Dit is een uitgave van BBNC uitgevers bv, Amersfoort
www.bbnc.nl
www.dummies.nl

Vertaling: Leontien Spoorenberg voor Fontline
Redactie: Tom Feinl, Fontline
Vakredactie: Janine Verschure
Zetwerk: Imago Mediabuilders, Amersfoort
Druk- en bindwerk: Wilco bv, Amersfoort

Inhoud in vogelvlucht

Inleiding ... 1

Deel 1: Een puppy of volwassen hond in je leven opnemen ... 9

HOOFDSTUK 1: Nadenken over een hond ... 11
HOOFDSTUK 2: De blik verfijnen ... 29
HOOFDSTUK 3: Onderzoek doen naar fokkers, asielen en andere adressen ... 57
HOOFDSTUK 4: Een puppy kiezen en mee naar huis nemen ... 77
HOOFDSTUK 5: Een volwassen hond adopteren en laten wennen ... 91

Deel 2: De relatie zo goed mogelijk beginnen ... 103

HOOFDSTUK 6: De goede dingen ... 105
HOOFDSTUK 7: Voer voor je puppy of hond ... 123
HOOFDSTUK 8: Puppy's en honden zindelijk maken ... 143
HOOFDSTUK 9: Vroege puppytraining ... 155

Deel 3: Je hond gezond houden ... 175

HOOFDSTUK 10: Goede lichaamsverzorging ... 177
HOOFDSTUK 11: Preventieve gezondheidszorg ... 195
HOOFDSTUK 12: Veelvoorkomende gezondheidsproblemen bij honden ... 217
HOOFDSTUK 13: De zorg voor een oudere hond ... 231

Deel 4: Gelukkig leven met je hond ... 247

HOOFDSTUK 14: Je hond manieren leren ... 249
HOOFDSTUK 15: Problemen oplossen ... 271
HOOFDSTUK 16: Hondenwedstrijden: leuke dingen om te doen met je hond ... 289
HOOFDSTUK 17: Fokken of niet fokken ... 303
HOOFDSTUK 18: Op reis met je hond ... 319

Deel 5: Het deel van de tientallen ... 345

HOOFDSTUK 19: (Bijna) tien hondenmythen ontkracht! ... 347
HOOFDSTUK 20: Tien vragen die je moet stellen als je een raspuppy koopt ... 355
HOOFDSTUK 21: (Bijna) tien manieren waarop je met een hond toch een mooie tuin kunt hebben ... 363

Index ... 371

Inhoud

INLEIDING 1

DEEL 1: EEN PUPPY OF VOLWASSEN HOND IN JE LEVEN OPNEMEN 9

HOOFDSTUK 1: **Nadenken over een hond** 11

Nadenken over de rest van het hondenpakket 12
Liefde op het eerste gezicht overboord 14
Bij het begin beginnen 15
  Een ras beoordelen 15
  Gelijke tred houden met je hond 17
  Harige problemen 19
  De factor 'intelligentie' 21
Keuzes, keuzes 22
  Puppy of volwassen hond? 22
  Mannetje of vrouwtje? 24
  Kostenoverwegingen 26

HOOFDSTUK 2: **De blik verfijnen** 29

Favorietenspel 30
Kruisingen 31
Rassen beoordelen 33
  Vergeet niet: geen hond is perfect 35
  Herdershonden en veedrijvers 36
  Pinschers en schnauzers, molossers en sennenhonden 38
  Terriers 39
  Dashonden 41
  Spitsen en oertypen 42
  Lopende honden en zweethonden 42
  Voorstaande honden 43
  Retrievers, waterhonden en spaniels 43
  Gezelschapshonden 46
  Windhonden 47
  Een wereld vol andere rassen 48
Populaire rassen: een overzicht 49

HOOFDSTUK 3: **Onderzoek doen naar fokkers, asielen en andere adressen** 57

Welkom in het nu 58
  Een veranderde wereld 58
  Veranderde honden 59
Raspuppy's: diepgaand onderzoek 60

Fokkers: de goede, de onwetende, de gewetenloze 60
Enkele waarschuwingssignalen 66
De papierwinkel 67
De mogelijkheden uitbreiden. 70
Asielen: een goede keuze en een goede daad 70
Rasverenigingen: een prima adres voor een rashond. . .74
Andere mogelijkheden 75
Honden met een carrièreswitch .75
Private partijen 76

HOOFDSTUK 4: **Een puppy kiezen en mee naar huis nemen** 77
Puppyvoorbereidingen 78
Puppybestendig maken 78
Puppyuitrusting 79
Een puppy kiezen 80
Met een fokker werken 82
Puppy's testen. 83
Puppy komt thuis 86
Als het beestje maar een naam heeft. 88
De eerste nacht met je puppy 89

HOOFDSTUK 5: **Een volwassen hond adopteren en laten wennen** 91
Wanneer is een hond volwassen?. 92
De hondentiener 93
Jongvolwassenen 94
Honden op leeftijd 94
De nieuwe hond komt thuis 95
Introducties. 97
Zorg voor routine 101

DEEL 2: **DE RELATIE ZO GOED MOGELIJK BEGINNEN** 103

HOOFDSTUK 6: **De goede dingen** 105
Hokken, bedden en barrières 106
Een goed hek zorgt voor een goede hond 107
Hondenhok: bescherming tegen de elementen. 109
Elke hond heeft een bed nodig (zelfs als dit jouw bed is). 110
Voer- en waterbakken 113
Halsbanden en riemen 114
De halsband voor dagelijks gebruik 115
Trainingshalsbanden. 116
Riemen. 117
Speelgoed 119

Kauwspeelgoed 119
Piepspeelgoed 120
Apporteerspeelgoed 120

HOOFDSTUK 7: **Voer voor je puppy of hond** 123
Diner-do's en -don'ts 124
Het 'perfecte' hondendieet 125
Voldoen aan dagelijkse voedingsbehoeften 126
Voer kiezen 130
Zijn alle merken gelijk? 131
Focus op voer: wat voor soorten zijn er? 133
Moet je door de dierenarts voorgeschreven voer kopen? 135
Hoeveel voer en wanneer? 136
Je hond verwennen 137
Hondensnacks 139
Kauwsnacks van dierlijk materiaal 140

HOOFDSTUK 8: **Puppy's en honden zindelijk maken** 143
Een positieve benadering 144
Puppy-postrategie 147
Een volwassen hond zindelijk maken 150
Speciale tips voor eigenaars van dwergrassen 153

HOOFDSTUK 9: **Vroege puppytraining** 155
Goed gedrag vormen 156
Een band vormen 157
Socialiseren 158
Consequentie 160
Beloning en correctie 162
Leren wat elke puppy moet weten 164
Wennen aan halsband en riem 165
Vachtverzorging 166
Zitten als je iets wilt 167
Problemen oplossen die veel puppyeigenaars tot wanhoop drijven 168
Kauwen 169
Onwenselijke begroetingen: snuffelen en springen 170
Blaffen 172
Happen en bijten 172
De ruwe kantjes afschaven 173

DEEL 3: **JE HOND GEZOND HOUDEN** 175

HOOFDSTUK 10: **Goede lichaamsverzorging** 177
Verzorgingsmiddelen kiezen 178
Kammen en borstels 179
Nagelknippers 180

Shampoos en conditioners .181
Andere leuke en noodzakelijke spulletjes .182
De schijn ophouden .183
Borstelen en kammen .183
Je hond wassen .186
Teennagels knippen .189
Vlooien de baas blijven .191
Teken de baas blijven .192
Speciale zorg voor speciale oren .192
HOOFDSTUK 11: **Preventieve gezondheidszorg** 195
Een dierenarts kiezen .196
Samenwerken met je dierenarts .198
Wanneer heeft mijn hond een specialist nodig? .200
Puppy's een goede start geven .202
Puppyvaccinaties? .204
Titeren .205
Darmparasieten onder controle houden .205
De bloemetjes, de bijtjes en je puppy .208
Je hond in goede gezondheid houden .208
Het lichaam van de hond .209
Vitale functies .212
De emotionele hond .213
Spoedgeval! .214
Medicijnen geven .215
HOOFDSTUK 12: **Veelvoorkomende gezondheidsproblemen bij honden** 217
Dingen waarvan een hond ziek wordt .218
Allergieën .219
Parvo en andere nare virussen .220
Urologische problemen .222
Nierproblemen .222
Blaasproblemen .224
Hartaandoening .225
Tumoren .226
Oorproblemen .227
HOOFDSTUK 13: **De zorg voor een oudere hond** 231
Speciale zorg voor senioren .232
Voeding .233
Beweging .234
Tandverzorging .236
Een paar veelvoorkomende problemen .237
Redelijke voorzieningen .240
Afscheid nemen .241
Euthanasieopties .242

Omgaan met verlies . . . 244
Wat als je zelf eerst overlijdt? . . . 244

DEEL 4: GELUKKIG LEVEN MET JE HOND . . . 247

HOOFDSTUK 14: Je hond manieren leren . . . 249
Een paar woorden over agressie . . . 250
De juiste trainingshouding aannemen . . . 252
Sleutels tot succes . . . 254
Speel voor hetzelfde team . . . 254
Wees positief . . . 255
Wees eerlijk met correcties . . . 255
Wees consequent . . . 256
Bouw verder op successen . . . 257
Leerhulpmiddelen . . . 258
De aandacht van je hond op je vestigen . . . 258
Belonen . . . 260
In controle blijven en corrigeren . . . 261
Een vrijgavewoord gebruiken . . . 262
Basiskennis voor elke hond . . . 262
Zit . . . 263
Af . . . 263
Blijf . . . 264
Volg . . . 264
Hier . . . 266
Geweldige dingen die je tijdens de gehoorzaamheidstraining niet leert . . . 267
Wacht . . . 268
Ga naar je bed . . . 268
Eraf . . . 268
Apporteren . . . 269

HOOFDSTUK 15: Problemen oplossen . . . 271
Problemen van binnenuit oplossen . . . 272
Recepten voor het oplossen van gedragsproblemen proberen . . . 273
Zorgen voor een goede gezondheid, van binnen en buiten . . . 274
Honden in beweging houden . . . 275
Beperk kans op baldadig gedrag . . . 279
Vervang door ander gedrag . . . 280
Problemen beheersen waardoor honden in het asiel komen . . . 282
Blaffen . . . 283
Graven . . . 285
Vernielzucht als de hond alleen wordt gelaten . . . 285
Ongehoorzaamheid . . . 286

Zorgen om de nieuwe baby 287

HOOFDSTUK 16: **Hondenwedstrijden: leuke dingen om te doen met je hond** 289
De voordelen van georganiseerde activiteiten 290
De zin inzien 291
Hondenshows..292
Gehoorzaamheidswedstrijden.........................293
Werkhondenproeven...................................294
Veldproeven 295
Wedstrijden voor sledehonden......................295
Wedstrijden voor werkhonden 296
Kuddehondenwerk 296
Waterwerk...296
Agility 297
Flyball 297
Dog dance...298
Dog frisbee 298
Aan de slag 298
Kies een sport.....................................298
Neem lessen, ga bij een club 299
Contacten leggen...................................300
De zaken in perspectief houden 301

HOOFDSTUK 17: **Fokken of niet fokken** 303
Tijd en geld 306
Inleiding in honden fokken..........................308
Paren, zwangerschap en werpen 309
Puppy's goed opvoeden en er een goed thuis voor vinden...313
Geboorte tot drie weken...........................313
Drie tot vijf weken................................314
Vijf tot zeven weken...............................315
Een goed thuis vinden..............................316

HOOFDSTUK 18: **Op reis met je hond** 319
Moet je je hond meenemen op reis? 320
Gezondheidsproblemen..............................320
Reismanieren 322
Als je hond niet met je mee kan 323
Voorbereiden op noodgevallen.......................324
Soorten hondenoppassers...........................325
Hondenpensions 326
Je reis voorbereiden................................328
Een goede uitrusting voor je reizende hond.........328
De goed voorbereide hondenliefhebber...............331
Reizen met de auto 333
Een rit in de auto veiliger maken..................333

Onrustige passagiers 333
Reizen met het vliegtuig 334
Hondvriendelijke vakanties 337
Binnenkomen waar honden niet zijn toegestaan; het kan .339
De wereld veilig houden voor reizende honden 342

DEEL 5: HET DEEL VAN DE TIENTALLEN 345

HOOFDSTUK 19: (Bijna) tien hondenmythen ontkracht! .. 347
Een hondenjaar is hetzelfde als zeven mensenjaren 348
Een hond met een warme, droge neus heeft koorts 349
Door steriliseren en castreren worden honden dik 350
De bek van een hond is schoner dan de mond van een mens 350
Honden eten gras als ze misselijk zijn 351
Met olie in het voer los je huidproblemen bij je hond op. .352
Met gist en knoflook houd je vlooien onder de duim 353
Blaffende honden bijten niet 353

HOOFDSTUK 20: Tien vragen die je moet stellen als je een raspuppy koopt 355
Hoe lang fok je al met dit ras en welke andere rassen heb je gefokt? 356
Wat zijn de erfelijke afwijkingen bij dit ras? 357
Wat heb je gedaan om erfelijke aandoeningen bij je honden te verminderen? 357
Zijn de ouders hier ook? Mag ik ze zien? 357
Wat zijn de goede en slechte punten van de ouders en welke titels hebben ze? Kun je hun stamboom uitleggen?.358
Waar zijn de puppy's opgegroeid? 359
Hoe heb je deze puppy's gesocialiseerd? 359
Hoe heb je deze puppy's beoordeeld? 359
Wat voor garanties geef je? 360
Wanneer kan ik mijn puppy mee naar huis nemen? 360

HOOFDSTUK 21: (Bijna) tien manieren waarop je met een hond toch een mooie tuin kunt hebben 363
Geef je hond veel beweging 364
Geef je hond iets om zich mee bezig te houden 365
Laat een hond niet zonder toezicht in de tuin 365
Ontmoedig graven 366
Leer het commando 'Wacht' 367
Geef je hond een eigen stukje tuin 368
Werk met patronen in je tuin 369
Houd de dingen in perspectief 369

INDEX 371

Over de auteur

Gina Spadafori schrijft een bekroonde column over huisdieren en hun verzorging die in de hele Verenigde Staten wordt geplaatst in kranten van het Universal Press Syndicate. Ze schrijft ook regelmatig voor Pets.com, waarvoor ze speciale correspondent en essayist is en voor de website Pet Care Forum van het Veterinary Information Network.

Gina was directielid van de Cat Writers' Association en de Dog Writers Association of America. Ze ontving van de DWAA drie keer de Maxwell Medallion voor de beste krantencolumn en haar column is bekroond met een Certificate of Excellence van de CWA.

Voor de eerste editie van haar boek *Dogs For Dummies* ontving ze de President's Award voor het beste boek over honden en de Maxwell Medallion voor het beste algemene naslagwerk, beide van de Dog Writers Association of America.

Samen met medeauteur dr. Paul D. Pion ontving ze van de CWA prijzen voor het beste boek over kattenvoeding, het beste boek over kattengedrag en het beste boek over verantwoorde kattenzorg voor *Katten voor Dummies*. Met top-ornitholoog dr. Brian L. Speer schreef ze *Birds For Dummies* (geen Nederlandse vertaling).

Gina is aangesloten bij het Veterinary Information Network, Inc. (Davis, Californië). Dit is de grootste online service voor professionals in de diergeneeskunde. Met haar huisdieren verdeelt ze haar tijd tussen het noorden van Californië en Zuid-Georgia/Noord-Florida.

Opdracht

Voor Bruce Rubin, die dit mogelijk heeft gemaakt en voor Jan Haag en Carol Lea Benjamin, die altijd al in mij geloofden. Voor Joan Frazzini, die me geestelijk gezond houdt. En voor dr. Carla Weinberg en dr. Paul D. Pion, dierenartsen van wereldklasse en zeer dierbare vrienden.

Dankwoord

Bij het schrijven van dit boek waren zo veel mensen betrokken, dat het eigenlijk niet eerlijk is om maar één naam op de omslag te vermelden. Als eerste wil ik alle lezers bedanken die me hebben laten weten dat ze mijn boeken, essays en columns in de loop van de jaren met plezier hebben gelezen.

De medewerkers van de uitgever zijn geweldig. Mijn eeuwige dank gaat uit naar Kathy Welton, die het idee voor dit boek had en me vroeg om het te schrijven en naar projectredacteur Jennifer Ehrlich, die het boek met de sierlijkheid en toewijding van een border collie door het hele proces heeft geleid. Keith Peterson, projectredacteur, heeft een scherp oog en is onverstoorbaar. Voor beide ben ik dankbaar. Andere medewerkers van de uitgever die betrokken waren bij deze druk zijn Dominique De Vito, Pam Mourouzis, Cynthia Kitchel, Scott Prentzas, Tracy Boggier en Ben Nussbaum. Het productiepersoneel van de uitgever verdient absoluut ook vermelding. Zonder hen was dit boek nooit werkelijkheid geworden. Mijn speciale dank gaat uit naar Valery Bourke, Angie Hunckler en Clint Lahnen.

De bijdragen van illustrator Jay Gavron zijn absoluut uitmuntend. Fotografen Gay Currier (tevens uitstekend hondentrainer) en Dick Schmidt leverden met hun unieke visie tevens een bijdrage aan dit boek. Mijn dank gaat verder uit naar de lezers die mij foto's hebben gestuurd voor deze druk en naar de Humane Society of the United States omdat ik hun afbeeldingen heb mogen gebruiken. Dr. William G. Porte (MBA, DVM) van de Sacramento Veterinary Surgical Services bedank ik opnieuw omdat hij de tekst op medische juistheid heeft gecontroleerd.

Speciale dank gaat uit naar mijn vrienden dr. Carla Weinberg en dr. Paul D. Pion, uitstekende dierenartsen die altijd klaarstaan voor een snel antwoord of om een hoofdstuk door te lezen. Ook wil ik mijn familie en vrienden bedanken. Vooral diegenen die zich op de meest stressvolle momenten zorgvuldig inhielden als de vraag 'Is dat boek nou nog niet af?' hen op de lippen brandde. Bijzonder dankbaar ben ik Carol Lea Benjamin, Peg McGraw, Jan Haag, K.T. Jorgensen (van wie de hond Sirene beste maatjes is met mijn hond Heather), Kathy Diamond Davis, Kelly Graham, Peggy Conway, Kevin Salt, Christie Keith, Linda Batson, Jack Russell, Tonya Machen, Ben Silverman en mijn broer, Joe Spadafori. De leden van de Dog Writers Association of America en Cat Writers' Association waren ook een enorme steun en hen dank ik dan ook uit de grond van mijn hart. Vooral Amy Shojai, Darlene Arden en Ranny Green.

En natuurlijk moet ik ook de zeer geduldige andere redacteuren bedanken: Heather Mackey en John Hollon van Pets.com en Greg Melvin en Alan

McDermott van Andrews McMeel Universal. Goede redacteuren zijn ook goede schrijvers en deze getalenteerde mensen bewijzen dit elke dag.

Ik kan niet afsluiten zonder dankwoord voor de honden die mijn leven hebben gedeeld. Vooral Lance, de oorspronkelijke demohond, wiens geest altijd bij mij is. Andy, Benjamin en Heather, die nu mijn leven delen, zijn perfect, ik zou me geen betere honden kunnen wensen. Dat is mijn verhaal en hier blijf ik bij.

Voorwoord

Huisdieren zijn tegenwoordig volwaardige leden van het gezin. In plaats van in de kennel liggen ze op de bank, op ons bed, ze houden ons gezelschap in de woonkamer en gaan mee op vakantie. Ze krijgen onvoorwaardelijk onze liefde en we maken ons zorgen om ze alsof ze onze kinderen zijn.

Maar eigenaars weten ook dat een huisdier een enorme verantwoordelijkheid is. Onze honden zijn voor al hun basisbehoeften van ons afhankelijk: voedsel, water, onderdak en liefde. Een huisdier is een levend wezen dat door je gezin qua karakter wordt gevormd en gekoesterd. Een huisdier is een verplichting voor het leven. Als je het goed doet, wordt je dier de komende jaren een belangrijk en gewaardeerd lid van het gezin. Als je het verkeerd doet, heb je een heilig convenant tussen de mens en zijn beste vriend verbroken.

Als dierenarts heb ik duizenden nieuwe puppy's en kittens op mijn spreekuur gehad en heb ik samengewerkt met dierenexperts van de meeste faculteiten voor diergeneeskunde in de Verenigde Staten. Hierbij heb ik uit eerste hand gezien welke stappen je kunt nemen om je band als eigenaar met je nieuwe huisdier het beste te beginnen. Gelukkig vind je die stappen allemaal terug in het leuk geschreven, uitgebreide boek dat je nu in je handen hebt: *Honden voor Dummies* van Gina Spadafori.

Veel dierenartsen raden dit gelauwerde boek aan voor mensen die hun eerste huisdier nemen, omdat je snel en overzichtelijk alles te weten komt wat je weten wilt. En wat het huisdier nodig heeft. Het is een bewezen blik, geschreven uit eigen ervaringen, op de eenvoudige stappen die je kunt en moet nemen om van je huisdier het ideale huisdier te maken. Een huisdier dat netjes is opgevoed, tevreden is en perfect is geïntegreerd in het mensengezin.

Ik raad *Honden voor Dummies* vol enthousiasme aan al mijn cliënten en aan de miljoenen dierenliefhebbers aan via mijn werk op televisie, de radio en in print. Het boek is een uitgebreide handleiding en tegelijkertijd een snel naslagwerk, het is begrijpelijk en tegelijkertijd gezaghebbend en het is inspirerend en instructief.

Met de aanschaf van dit boek geef je je huisdier een van de mooiste cadeaus die je kunt bedenken. Als je de principes, planningen en bewezen positieve aanpak volgt die in *Honden voor Dummies* worden beschreven, word je de eigenaar die ieder huisdier zich wenst en verdient: kundig, verantwoord en liefhebbend.

Marty Becker (Doctor of Veterinary Medicine)

Inleiding

Welkom bij *Honden voor Dummies*, het standaardwerk over honden voor iedereen die op zoek is naar alle basiskennis in een overzichtelijk boek.

Dat boek heb je nu gevonden. Hondenzorg. Hondentraining. En natuurlijk uitrusting voor honden, hondenverzorging, fokken met honden en hondensporten. Of je nu van plan bent een hond te gaan adopteren, je relatie met de hond die je al hebt wilt verbeteren of gewoon informatie wilt over leuke dingen die je met je viervoetige vriend kunt doen, dit boek biedt het allemaal.

De eerste Engelstalige editie van *Honden voor Dummies* was het eerste *Voor Dummies*-boek over huisdieren. De opmerking die ik het meest hoorde, was: 'Wacht eens, die doen toch alleen boeken over computers?' Tegenwoordig hoor ik dit niet meer, nu er *Voor Dummies*-boeken zijn over zo ongeveer elk onderwerp dat je kunt (of zelfs niet kunt) verzinnen en er nog veel meer zullen volgen.

Honden voor Dummies was meer dan het eerste *Voor Dummies*-boek over huisdieren. Het was ook mijn eerste boek. Ik schreef al jaren een column in de krant over huisdierenzorg en stond in het huisdierengedeelte van American Online toen aan mij werd gevraagd of ik de eerste editie van dit boek wilde schrijven. Toen ik deze geweldige kans kreeg, voelde het alsof mijn gebeden werden verhoord.

De eerste editie van *Honden voor Dummies* werd goed ontvangen en door de Dog Writers Association of America uitgeroepen tot Beste algemene naslagwerk en Beste boek over honden. En nog veel belangrijker: van veel mensen die het boek hadden gekocht, hoorde ik hoeveel mijn boek hen had geholpen.

Gesteund door het succes van *Honden voor Dummies* werd ik medeauteur van *Katten voor Dummies* en *Birds For Dummies* (de laatste is niet vertaald in het Nederlands). Ik ben trots op al deze boeken. Maar dit boek blijft mijn eerste en ik ben dolblij dat ik de kans heb gekregen om het boek nog beter te maken.

Ga er daarom lekker voor zitten en geniet van dit alomvattende, gemakkelijk te begrijpen boek *voor* hondenliefhebbers, *van* hondenliefhebbers. De hond die je gaat kopen, of de hond die je al hebt, is je er gegarandeerd dankbaar voor.

We zijn dol op honden, soms meer dan goed voor hen is

Honden zijn populair, maar als je naar sommige statistieken kijkt, zou je denken dat we er toch niet zo heel veel van houden. Hoe leg je iemand uit dat in een maatschappij waar hondenverjaardagen en dagopvang voor honden heel normaal zijn, elk jaar talloze honden in het asiel belanden?

En hoe zit het met de puppy's waar zich nooit een eigenaar voor meldt? Waar komen zij vandaan? Een deel hiervan zijn 'ongelukjes' die uiteindelijk in het asiel terechtkomen, een deel zijn overblijfselen van geplande nesten van mensen die de vraag naar golden retrievers of poedels hebben overschat en geen zin meer hadden deze extra bekken te voeden.

Iedereen hoopt altijd op een goede afloop. Daarom hoopt iedereen die ooit een hond in een asiel heeft achtergelaten dat de hond een perfect thuis krijgt.

Hoe ontstaat een hondenramp?

Veel te veel beslissingen over honden zijn niet gebaseerd op feiten, maar op emoties. En wees nou eerlijk, de meeste mensen kunnen zo'n schattig puppykoppie toch niet weerstaan?

Er zijn maar weinig dingen schattiger dan een puppy, van welk ras dan ook. Ze hebben onweerstaanbare dropneusjes en oogjes die glinsteren van nieuwsgierigheid en liefde. Door hun onhandig grote voeten aan hun slungelige poten hebben ze een vertederende, springerige tred. En hun donsachtige vacht is lekkerder om mee te knuffelen dan die van welke teddybeer ook.

En net als mensenbaby's ruiken puppy's ook nog eens speciaal.

Ik ben ervan overtuigd dat ze zo zijn gemaakt als vernuftige, natuurlijke bescherming. Met hun snoezige uiterlijk voorkomen ze dat de mensen van wie ze afhankelijk zijn wraak nemen voor elke vlek in het tapijt, elke vinger waarop wordt geknabbeld en elke tafelpoot waaraan is gekauwd in die oneindig lijkende periode van hondenbaby tot hondenpuber. Je stapt de kamer in en ziet je wonder van een puppy met je nieuwe, peperdure schoenen. De bovenkant van de linkerschoen is door de vlijmscherpe puppytandjes met chirurgische precisie losgewerkt van de zool. Je voelt het bloed naar je gezicht stijgen. De puppy stopt en kijkt je aan; een stuk leer nog bungelend aan een hoektand.

Nog voordat je je kunt bewegen om kordaat op te treden, komt hij op je afrennen, struikelend over zijn onhandige poten en van het puntje van zijn neus tot het tipje van zijn staart dolblij om je te zien. En voordat je het weet, begin je te lachen.

De ahhhhhhhhh-factor

Het is jammer dat we bij puppy's niet iets minder beïnvloedbaar zijn. Elk jaar nemen duizenden mensen een puppy in huis en de meesten hebben hier nauwelijks over nagedacht.

Als je maar één ding opsteekt uit dit boek, dan moet het zijn dat een hond als impulsaankoop je weinig kans geeft op een succesvolle relatie met die hond. Maar het is niet moeilijk te begrijpen wij ons soms toch laten verleiden tot de impulsieve aankoop van een pup.

Puppyliefde vervliegt

Bij puppy's loopt liefde op het eerste gezicht vaak uit op een drama. Een huis vol hondenharen, jij bent er helemaal klaar mee. En wie had ooit gedacht dat dat kleine pupje zo groot zou worden? Je hebt te weinig tijd en ruimte om hem voldoende beweging te geven. En je bent het zat om steeds tegen je kinderen te moeten roepen dat ze de drollen in de tuin moeten opruimen.

Maar het is nog steeds een leuke hond. Jong en zo te zien ook gezond. In een huis in landelijk gebied en met wat training zou hij het perfecte huisdier zijn, maar dan wel voor iemand anders. Het probleem is dat hij niet zo schattig meer is. Misschien vindt hij zijn geluk, misschien ook niet. Maar het is niet jouw schuld, of wel?

Een preventieve aanpak

Niemand adopteert een hond met het idee hem een tijd later in het asiel achter te laten. Je hart breekt bij de gedachte alleen al. Je wilde een hond omdat je een lieve, goedgemanierde kameraad wilde. Een speelmaatje voor de kinderen. Misschien een middel tegen inbrekers.

De twee belangrijkste factoren die bepalen of je uiteindelijk je droomhond hebt of een onopgevoed en misschien wel gevaarlijk beest, zijn hoe goed je jezelf onderwijst voordat je een hond koopt en hoe goed je je hond onderwijst als je hem eenmaal hebt.

Dit boek gaat onder andere hier over. Je leest hoe je de juiste keuze maakt als je een hond wilt adopteren en krijgt de informatie die je nodig hebt om die veelbelovende eerste ontmoeting tot een succes te maken.

De hond die je hebt beter trainen

Gelukkig komt het in veel mensen niet eens op om hun hond af te staan, ook al is de verliefdheid inmiddels al lang bekoeld en de relatie gespannen. Ze leven met een slechte hond zoals ze leven met een slecht huwelijk. De reden is vaak dezelfde: ze willen het de kinderen niet aandoen of vrienden en familie niet teleurstellen. Omdat het zo hoort of omdat ze niet willen toegeven dat ze een fout hebben gemaakt. Omdat het wel beter wordt als ze dit maar hard genoeg wensen. Omdat ze misschien zelf het probleem zijn en wel nog steeds van hem (of haar) houden.

Herken je jezelf? Je krijgt punten omdat je je plicht doet. Maar geef nou toe, dit is toch niet leuk? Je wilt een goede hond.

Hierbij kan ik je wel helpen. Voor je huwelijk moet je een ander boek zoeken. Lees dan bijvoorbeeld *De kleine Relatietips voor Dummies*.

Waarom je dit boek nodig hebt

Onder hondentrainers is er een gezegde: 'Elke hondentrainer krijgt de hond die hij verdient.' Hiermee bedoelen ze dat de kans op succes direct verbonden is met je vermogen om de hond goed te kiezen, op te voeden en hiermee te leven.

Ik adviseer mensen al meer dan tien jaar over hun hondenproblemen. In die tijd heb ik ontdekt dat de belangrijkste reden voor mislukte mens-huisdierrelaties niet een gebrek aan inspanning of betrokkenheid, maar een gebrek aan juiste informatie is.

Wat voor hond *jij* verdient? Ik denk dat je een gezonde, blije en goedgemanierde hondenkameraad verdient. In dit boek vertel ik hoe je deze kunt krijgen of je je eigen hond zo kunt veranderen dat hij er een wordt. Daarna laat ik je zien hoe je je leven met veel plezier kunt delen met je fantastische hond.

Jezelf als consument informeren

Denk eens terug aan de laatste keer dat je een auto of televisie hebt gekocht. Hierbij ben je vast verschillende winkels langs gegaan, heb je uitgezocht welke producent het product maakt waarvan de specificaties, reputatie en betrouwbaarheid je het meeste aanspraken en wat aankoop en onderhouden kosten.

Als je jong en vrijgezel bent en pas net je eerste baan hebt, heb je vast geen grote gezinsauto gekocht. En als je vaak helpt het voetbalteam van je dochter naar uitwedstrijden te rijden, heb je zeker geen sportief bakkie gekozen. En voor de tv had je vast een meetlint bij je om te kijken of hij wel in je tv-kast past.

Denk dan eens aan het volgende: als alles goed gaat, heb je een hond langer dan een nieuwe auto en waarschijnlijk ook langer dan de nieuwe tv. Dan klinkt het toch niet vreemd om ook voordat je tot deze aankoop overgaat goed onderzoek te doen? Neem de tijd, bekijk alle specificaties. Onderzoek hoe duur een defect is en bereken de kosten voor het onderhoud. En ga nog een stapje verder: doe ook onderzoek naar de 'winkel' waar je je hond koopt. Als je garantie hebt, wil je dat de eigenaar ook thuis geeft als er problemen zijn.

Zorg dat je weet wat je koopt. Voordat je een hond koopt en al die dagen van zijn leven daarna. Gedurende het hele leven van de hond koop je zijn voer en andere spullen. (Maak je geen zorgen, ik geef genoeg tips.)

Met die insteek en de informatie uit dit boek heb je al een hele goede stap gezet om een hondenexpert, en nog belangrijker, een tevreden hondeneigenaar te worden.

De indeling van dit boek

Honden voor Dummies bestaat uit vijf delen. Als je van plan bent een hond te nemen, kun je het best vooraan beginnen. Als je al een hond hebt, kun je het boek doorbladeren op zoek naar de hoofdstukken waarin je te weten komt hoe je jouw ergste hondenproblemen oplost. Als je je collega's wilt kunnen uitleggen wat het verschil is tussen twee soorten terriers, kun je het best het hele boek lezen.

Je kunt zelf je volgorde kiezen. In de verschillende delen worden de volgende onderwerpen besproken.

Deel 1: Een puppy of volwassen hond in je leven opnemen

Kruising of rashond? Hoe groot? Welk rastype? Puppy of volwassen hond? Reu of teef? Fokker of dierenasiel? Al deze beslissingen klinken misschien lastig, maar ze zijn wel de leukste die je de komende tijd zult maken. In dit deel bespreek ik al deze vragen, stap voor stap.

Deel 2: De relatie zo goed mogelijk beginnen

Als je je nieuwe puppy of hond eenmaal thuis hebt, vind je in dit deel alles wat je nodig hebt om de relatie op goede poot te beginnen; zoals tips over zindelijkheidstraining voor kleine puppy's, maar ook voor volwassen honden. Je vindt hier ook alles wat je moet weten over hondenbenodigdheden en informatie over voer voor je hond.

Deel 3: Je hond gezond houden

In dit deel lees je alles over basiszorg in alle stadia en voor alle leeftijden en hoe je goede zorg voor je hond kiest. Je leest hoe je je hond moet verzorgen, hoe je gezondheidsproblemen al vroeg herkent en hoe je de juiste dierenarts kiest. Ik vertel in dit deel ook over veelvoorkomende gezondheidsproblemen en hoe je de oude dag van je hond zo comfortabel en gelukkig mogelijk maakt.

Deel 4: Gelukkig leven met je hond

Alles over basistraining en oplossen van problemen vind je in dit deel. Ook vertel ik hoe je mee kunt gaan doen aan hondensport en wedstrijden voor honden. In een ander hoofdstuk lees je alles over reizen met je hond. Verder lees je van alles over fokken en vertel ik waarom het zo goed als zeker beter is voor je hond om geen pups te krijgen.

Deel 5: Het deel van de tientallen

Het mooiste heb ik voor het laatst bewaard. In dit deel lees je van alles, over hoe je je hond genoeg beweging geeft tot hoe je je tuin tegen hem beschermt. Lees deze hoofdstukken met je hond op (of naast) je schoot en geniet er samen van.

Pictogrammen in dit boek

In dit boek worden handige pictogrammen gebruikt om je aandacht te richten op belangrijke informatie of om je te helpen bij het zoeken van de stukjes die je wilt lezen (of juist overslaan).

TECHNISCHE INFO

Misschien wil je weten waarom de ene zindelijkheidstraining beter werkt dan de andere. Lees de alinea's met dit pictogram voor dit soort informatie. Als je aan een beetje basiskennis genoeg hebt, kun je deze delen overslaan.

TIP

In alinea's met dit pictogram lees je nuttige dingen om het leven met je hond gemakkelijker of om je hond blijer en gezonder te maken.

BELANGRIJK

Dit pictogram maakt je erop attent dat de informatie zo belangrijk is dat je het meer dan één keer moet lezen, zodat het goed blijft hangen.

PAS OP

Met dit pictogram heb ik de vergissingen gemarkeerd die hondenbezitters het vaakst maken, met natuurlijk tips om deze fouten te voorkomen.

Hoe je me kunt bereiken

Ik hoor graag wat je mij te vertellen hebt over jouw hond en je leven met een hondenkameraad. In mijn (Engelstalige) wekelijkse column Pet Connection lees je de belevenissen van mijn dieren en de actueelste informatie over dierengezondheid en dierengedrag. Deze column wordt gepubliceerd in kranten van de Universal Press Syndicate en verschijnt elke week in het Pet Care Forum (www.vin.com/petcare), onderdeel van het Veterinary Information Network (www.vin.com) waarop professionals op het gebied van diergeneeskunde zich kunnen abonneren. Daarnaast schrijf ik elke week een exclusief verhaal over huisdieren voor Pets.com. Een e-mail stuur je naar writetogina@spadafori.com (graag wel in het Engels).

1 Een puppy of volwassen hond in je leven opnemen

IN DIT DEEL . . .

In dit deel vertel ik je waar je het best op zoek kunt gaan naar een nieuwe puppy of hond, hoe je het dier kiest dat precies bij jou past en hoe je de relatie goed begint. Ik geef je de informatie die je nodig hebt om te bepalen of een mannetje of een vrouwtje, een puppy of volwassen hond het best bij je gezin past. Als je een rashond wilt, moet je weten hoe en waar je een goede fokker vindt en waarom je andere fokkers moet mijden. Denk je na over een volwassen hond? Of een kruising? Heel goed! Ik geef in dit deel veel informatie om je te helpen een goed adres te vinden.

IN DIT HOOFDSTUK

Het juiste ras kiezen

Rekening houden met energie, vacht en intelligentie

Beslissen over leeftijd en geslacht

Hoofdstuk 1
Nadenken over een hond

Je hoeft niet lang naar honden te kijken om in te zien dat deze beste vriend van de mens is voortgekomen uit de wolf. Na wat menselijk ingrijpen is het resultaat verbazingwekkend. Hoeveel stappen of hoeveel eeuwen er ook voorbij zijn gegaan, je kunt je maar moeilijk voorstellen dat een maltezer of een dwergpoedel afstamt van de wolf. Bij een malamute is dat minder moeilijk, net als voor een Duitse herder of zelfs een collie. In deze honden kun je duidelijk de wolf herkennen. Maar een maltezer? Pluizig, goedgeluimd en klein genoeg om in een handtas mee te nemen. Je kunt je toch niet voorstellen dat zo'n dier door een besneeuwd bos achter een hert aanjaagt of met zijn snuit omhoog naar de maan huilt.

Maar als je wat langer naar zelfs de kleinste, meest knuffelige honden kijkt, zie je de wolf terug. En hetzelfde geldt voor elke hond die sinds het ontstaan van de hond op deze aarde heeft rondgelopen: generaties jachthonden, herdershonden, schoothondjes en sledehonden. Hoe hard onze soort ook heeft geprobeerd die soort te veranderen, honden zijn in de kern nog hetzelfde als het dier waar ze van afstammen: een roedeldier met een taal die in veel opzichten op de onze lijkt, waardoor ze prima kunnen worden opgenomen in ons gezin.

Dit betekent dat een maltezer of malamute, dwergpoedel of Tibetaanse mastiff en elke andere hond begrijpt wat een lach is, zowel bij mensen als bij honden. Elke hond rolt maar al te graag in de meest smerige, stinkende dingen die je je maar kunt voorstellen. En elke hond, of dit nou een rashond of een vuilnisbak is, wil deel uitmaken van een familie; een *roedel*.

Nadenken over de rest van het hondenpakket

Hoewel elke hond in de kern een wolf is, hebben we aan de rest van het pakketje meer dan voldoende veranderd. Bijvoorbeeld om bepaalde eigenschappen wat te verzachten en andere juist te versterken. Geen enkele soort op aarde is zo gevarieerd qua formaat, vorm en doel.

Ik heb zelf honden die kilometers op hun buik zouden kruipen en maaltijden en slaap zouden overslaan als er ook maar een kleine kans bestond dat iemand iets in het water gooit dat ze kunnen ophalen; keer op keer op keer, totdat ze van vermoeidheid omvallen. Eén van mijn andere honden loopt met een grote boog rond het kleinste plasje water, maar heeft op zijn beurt weer de neiging om kinderen bij elkaar te drijven. Mijn honden zijn retrievers en herders, voor het geval je dit nog niet doorhad. Het gedrag van de een komt voort uit het instinct prooien te vangen, de andere wordt gedreven door een eeuwenoude drang om prooi op te drijven. Op een gegeven moment zijn deze beide kenmerken gescheiden, de een in de retriever, de ander in de herder. Vervolgens is er op deze kenmerken gefokt, zodat ze sterker werden en de dieren een functie kregen in de menselijke gemeenschap.

TIP

Hondenrassen en rastypen verschillen in formaat, activiteitsniveau, hoeveelheid (ver)haren en de mogelijkheid het dier te trainen. Het is dus een goed idee je verder te verdiepen in de hond. Niet om tijdens het kijken naar een hondenshow indruk te maken op je gezin met informatie over het Schipperke, een Belgisch ras dat populair werd als waakhond op trekschuiten. Maar om goed te kunnen bepalen hoe een specifiek ras of type in je gezin past.

BELANGRIJK

Het kiezen van de juiste hond voor jou, jouw gezin en jullie leven is de eerste stap naar het krijgen van jouw droomhond.

We gaan nog even terug naar de wolf. Herinner je je nog de belangrijke kenmerken waarop wordt gefokt? Het opjagen van prooien, het hoeden van schapen, het beschermen van de roedel zijn allemaal kenmerken van de wolf die na verloop van tijd zijn versterkt en aangepast om ervoor te zorgen dat de hond beter in onze menselijke samenleving past. Maar ook andere kenmerken van de wolf zijn nog te herkennen in onze hedendaagse honden. Bijvoorbeeld de behoefte te weten welke plek ze in de rangorde van de samenleving hebben, ongeacht of dit een roedel honden of een gezelschap van mensen is. En natuurlijk is er ook nog het bijbehorende verlangen de eigen status te verhogen. (Zie je wel dat honden heel erg op ons lijken?)

Over het algemeen zijn honden wat gemakkelijker in de omgang dan wolven, dankzij duizenden jaren aan domesticatie. Maar je hoeft alleen maar naar statistieken over hondenbeten te kijken om te zien dat er nog steeds problemen zijn in de relatie tussen de hond en de mens.

PAS OP

Normaal gesproken zijn kinderen, de kleinste en meest kwetsbare leden van de 'roedel', het slachtoffer van deze machtsstrijd. Als ik een verhaal lees over een familiehond, meestal een niet-gecastreerd mannetje van een op dat moment populair ras, die een kind 'zonder waarschuwing' heeft aangevallen, dan weet ik dat dit niet het hele verhaal is. Er bestaan inderdaad gestoorde honden, maar meestal ligt het probleem meer bij de mens dan bij de hond. Ze hebben bijvoorbeeld een ras gekozen dat ze niet de baas kunnen, verergeren het probleem door de hond niet te socialiseren en te trainen, en ze herkennen de waarschuwingssignalen van de hond niet. Het resultaat is een drama voor zowel het kind, dat de rest van zijn leven de gevolgen van de aanval met zich meedraagt, als voor de hond, die een dergelijk incident meestal met zijn leven moet bekopen. Heb je nog betere redenen nodig om heel zorgvuldig te werk te gaan bij het kiezen van een hond? Ik denk het niet.

IN DE BAN VAN DE WOLF

PAS OP

Het lijkt wel of we moeite hebben de wolf te plaatsen. Eerst hadden we er zo'n hekel aan dat we hem bijna uitroeiden. Nu hij weer terug is in ons land, zijn veel mensen in de ban van de wolf. Het moge echter duidelijk zijn dat wolven, en kruisingen tussen honden en wolven, niet geschikt zijn als 'gezinshond'. Een uitzondering vormen hondenrassen die het gevolg zijn van vroegere kruisingen tussen honden en wolven. Een voorbeeld hiervan is het oer-Nederlandse ras de Saarlooswolfhond. Saarlooswolfhonden zijn honden met het uiterlijk van hun wilde voorvader. Ook in hun karakter vind je echter een behoorlijk stukje wolf terug. Daarom is dit ras alleen geschikt voor mensen die weten waar ze aan beginnen als ze zo'n 'hond in wolfskleren' in huis nemen.

Kijk altijd naar de geschiedenis van een specifiek hondenras. Een grote, sterke hond die is gefokt om zelfstandig land of eigendommen te beschermen en zelf te oordelen, neemt jouw opdrachten waarschijnlijk niet zonder meer aan. Hij is misschien zeer intelligent en als was in de handen van een ervaren hondenmens, maar is in veel gevallen een absolute tijdbom.

BELANGRIJK

De meeste mensen en gezinnen kunnen het best kiezen voor een ras (of kruising van rassen) dat is gefokt om te worden getraind en om naar mensen te luisteren. Honden die specifiek zijn gefokt als gezelschapsdier, zoals schoothondjes, voldoen uitstekend, net als bepaalde jacht- en herdershonden, zoals de golden retriever of de collie.

Liefde op het eerste gezicht overboord

Zowel bij honden als bij mensen is degene tot wie je je onmiddellijk en het krachtigst voelt aangetrokken niet altijd de beste metgezel voor de lange termijn. Misschien ben je wel opgegroeid met een collie, in een vrijstaand huis met een ruime tuin en was je moeder de hele dag thuis. Hierdoor zijn collies misschien nog steeds je favoriete ras. Maar als je alleen in een flatje woont en dol bent op dure kleding en donkere kleuren, zou die liefde wel eens snel kunnen bekoelen. Begin dus helemaal van voren af aan en kijk heel eerlijk naar je leven en de honden die hierin het best zouden passen.

Vroeger bij ons thuis was het beste ras een boxer. Hoewel ik nog steeds dol ben op dit ras (een van mijn 'neefjes' is de boxer Taz van mijn broer), heb ik er geen meer in het gezin gehad sinds ik het huis uit ben. Waarom niet? Ik ben allergisch voor hondenspeeksel. En hoewel boxers niet de meest kwijlerige honden zijn, die eer gaat waarschijnlijk naar de Bordeaux- of Duitse dog, zijn ze voor mij toch kwijlerig genoeg om er maar zo min mogelijk mee in aanraking te willen komen.

Mijn moeder heeft er totaal geen problemen mee om de bek van een hond met een handdoek af te vegen. Maar de 'pluismuizen' in de hoeken van mijn kamer (mijn honden verharen zo erg dat ik er wel truien van kan laten breien) zouden haar tot waanzin drijven. De kruimelzuiger ligt altijd in de buurt, maar verder heb ik weinig last van mijn honden die hun halflange vacht dagelijks, haar voor haar wisselen, of van mijn langharige honden die tijdens de halfjaarlijkse rui voldoende grijze, witte en bruine haren laten vallen om elke week een flinke boodschappentas mee te vullen.

Haren of kwijl: soms komt de keuze voor een hond op zoiets eenvoudigs neer.

FIGUUR 1.1: Iedereen wil de perfecte gezinshond. Maar je moet met heel veel factoren rekening houden als je een hond wilt kiezen die goed in je huis past.

Foto met dank aan Howell Book House/Mary Bloom

Bij het begin beginnen

Een van de leukste dingen aan het nemen van een hond, is de keuze van het ras of type hond. Je kunt uitgebreid gaan rondkijken, honden ontdekken waarvan je nog nooit had gehoord en je een leven proberen voor te stellen met rassen die je nog nooit hebt gezien.

Begin volledig zonder vooroordelen en wees heel eerlijk over je eigen leven, voorkeuren en verwachtingen. Houd de volgende factoren in gedachten: eisen aan ruimte en formaat, mate van activiteit, het soort vacht, trainbaarheid en dominantie.

Een ras beoordelen

Het verschil in formaat tussen de verschillende hondenrassen is zo groot, dat je het je niet kunt voorstellen dat bijvoorbeeld een kalf als een sint-bernard zou kunnen paren met een dwergpoedel, ook al behoren ze uiteindelijk tot dezelfde soort. (Al moet je nooit onderschatten hoe graag honden het tegendeel willen bewijzen!)

Sommige mensen die dol zijn op schoothondjes, zijn doodsbang voor grote honden. Sommige mensen die dol zijn op grote honden, laten zich neerbuigend uit over kleine honden. Ze vinden dit bijvoorbeeld geen 'echte' honden en noemen deze dieren 'pluisjes', 'stoffers' of zelfs 'ratten'. Voor de honden zelf schijnt het formaat veel minder van belang te zijn dan voor hun eigenaars; veel kleine honden hebben een vechtlust die bij een grote hond ronduit gevaarlijk zou zijn en veel grote honden doen niets liever dan bij hun baasje op schoot kruipen.

BELANGRIJK

Maar puur praktisch gezien is het formaat de eerste factor waarmee je rekening moet houden als je een hond neemt. Al is het maar om het verschil in kosten te berekenen tussen een hond die dagelijks maar een kwart kopje voer eet en een die gerust zeven volle koppen wegwerkt.

FIGUUR 1.2: Honden zijn er in alle mogelijke maten. Zelfs binnen hetzelfde ras, zoals deze labradors laten zien.

Foto met dank aan Amanda Munz

Wow, wat een grote hond!

Voor sommige mensen gaat er niets boven een grote hond. Grote honden zijn vaak stoer, ze vallen op en ze zijn indrukwekkend. En zelfs de vriendelijkste grote hond werkt afschrikwekkender voor inbrekers dan de venijnigste kleine hond. Experts op het gebied van misdaadpreventie weten echter te vertellen dat zelfs kleine honden uitstekend hun baas kunnen waarschuwen dat er inbrekers zijn, waarop de inbreker op zijn beurt weet dat hij is opgemerkt.

Wil jij een hond die geschikt is als waakhond? Lees dan hoofdstuk 14.

Als je een kleine hond bij je op bed laat slapen, werkt dit een beetje als een kruik. Laat je een grote hond bij je slapen, dan lijkt het meer een complete cv-installatie en is deze net zo gezellig en luidruchtig (als hij snurkt) als een ander mens.

Maar je moet ook afwegingen maken. Hoe groter een grote hond wordt, hoe meer hij eet en hoe meer afval hij produceert. Grote honden kunnen moeilijker in toom te houden zijn, lopen je peuter of oma gemakkelijker omver, kunnen een grotere ravage aanrichten in je huis en kunnen zwaardere verwondingen veroorzaken als ze besluiten te bijten. Een opdringerige kleine hond is vermakelijk, een opdringerige grote hond is gevaarlijk. Op reis gaan is lastiger met een grote hond en hem onderbrengen in een pension is duurder. Als je een huis huurt, kan het lastig zijn een woning te vinden waar je een grote hond mag houden.

Zelfs de grootste hond kan in een flat, rijtjeshuis of huis met kleine tuin worden gehouden. Maar onder deze omstandigheden moet je nog veel harder je best doen om het dier voldoende beweging te geven.

Wie het kleine niet eert ...

Kleine honden worden dan misschien regelmatig uitgelachen, maar dat zal deze dieren worst wezen. Ze hebben een leven waar grote honden alleen maar van kunnen dromen. Alleen een kleine hond kan in een grote handtas mee naar binnen worden gesmokkeld in een warenhuis. Door dit soort draagbaarheid, deze mogelijkheid om overal binnen te komen, in combinatie met een guitige kop en schattige oogjes, is het veel leuker om een kleine hond te hebben dan veel liefhebbers van 'echte honden' zich kunnen voorstellen.

En er zijn ook praktische voordelen. Zo kun je een kleine hond een bad geven in de gootsteen zonder je een hernia te tillen. Een kleine hond kan op schoot liggen terwijl je tv kijkt. Je hebt weinig problemen tijdens het uitlaten, want een kleine hond trekt je zomaar niet omver. Je betaalt je niet blauw aan voer.

Gelijke tred houden met je hond

De hoeveelheid activiteit is niet altijd gebonden aan formaat. Sommige grote honden willen 's ochtends nauwelijks opstaan, terwijl sommige kleine honden 24 uur per dag actief zijn. Hiertussen zitten honden van alle mogelijke formaten en mate van activiteit.

TIP

Soms kun je de mate van activiteit van een ras afleiden uit het werk waarvoor de hond is gefokt, maar dit is maar een ruwe inschatting. Elke hond varieert op gebied van opvoeding, leeftijd en gezondheid. Maar over het algemeen geldt: als een hond is gefokt om de hele dag bezig te zijn, bijvoorbeeld voor de jacht of als herdershond, is deze vaak meer geneigd om actief te zijn dan een waakhond, die alleen maar in actie komt als er indringers zijn. Honden als dalmatiërs, die ooit zijn gefokt om kilometers naast een koets te rennen, gaan over het algemeen niet luierend door het leven. Terriers, die zijn gefokt om ongedierte weg te houden, zijn altijd alert en staan bij het minste of geringste klaar voor actie.

Via het testen van puppy's kun je ook een idee krijgen van de hoeveelheid energie die ze hebben. Dit is vooral handig als je een pup overweegt waarvan de ouders niet van hetzelfde ras zijn. Zie hoofdstuk 4 voor meer informatie.

Sommige rassen zijn selectief actief: buiten aan, binnen uit. Veel jachthonden en kruisingen hiervan zijn actief als ze buiten in de frisse lucht zijn, maar vinden het heerlijk om voor de kachel neer te ploffen als ze voldoende beweging hebben gehad. De snelste hond ter wereld, de greyhound, ligt zo graag te luieren dat ze ook wel een '40 mph couch potato', een supersnelle bankhanger, worden genoemd.

TIP

De problemen die door hyperactiviteit worden veroorzaakt, zoals dingen kapotmaken en blaffen, kun je gedeeltelijk voorkomen door ervoor te zorgen dat de hond dagelijks voldoende beweging krijgt. Als mijn retrievers onvoldoende beweging krijgen, word ik gek van ze als ik aan het werk ben. Door ze even stevig te laten rennen, of een tijdje te laten apporteren, zijn ze vervolgens heerlijk rustig.

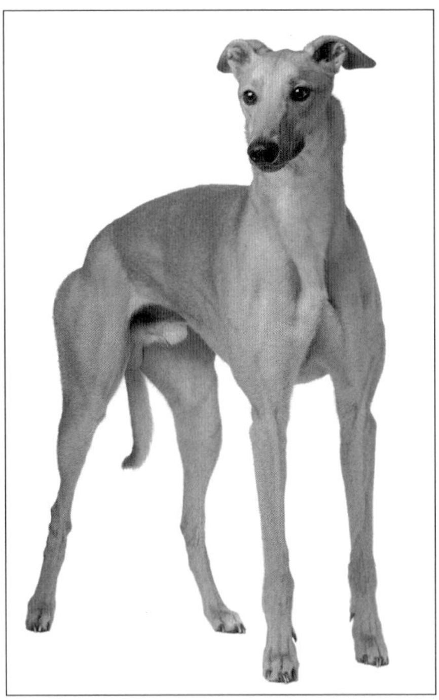

FIGUUR 1.3: Greyhounds zijn gefokt om te rennen, maar als ze van de baan komen, gaan ze het liefst lekker liggen slapen.

Foto met dank aan www.greyhoundgang.com

Bij de mate van activiteit gaat het natuurlijk niet alleen om de hoeveelheid beweging die een hond krijgt. Sommige rassen houden er niet alleen van steeds bezig te zijn, maar willen de rest van de wereld ook graag laten weten wat ze aan het doen zijn. 'Hyperactiviteit' en 'blafferigheid' zijn ook een kwestie van voorkeur: wat voor de één een goede waakhond is, is voor de ander een irritante blaffer. Voor weer anderen is deze speelse levendigheid voldoende compensatie voor een beetje, of nog meer, extra geblaf. Bedenk ook hier goed waar jouw grenzen liggen. Door training kunnen de vervelendste karaktertrekken worden verminderd, maar het lukt je nooit om van een kittige, blaffende sheltie een bezadigde buldog te maken.

Harige problemen

Over één ding kan ik meteen duidelijk zijn: *er bestaat geen hond met een vacht die niet verhaart.* (De uitzondering geldt voor rassen zonder vacht, zoals de Chinese gekuifde naakthond, de Peruaanse naakthond en de Mexicaanse naakthond. Deze honden verharen niet, omdat ze nu eenmaal geen haar hebben.) Er is ook geen hond die hypoallergeen is. Er zijn honden die minder verharen en waar mensen met astma nog wel mee samen kunnen leven. Maar als je geen haren kunt of wilt opruimen, kun je beter een goudvis nemen. En dus geen kat of vogel, want deze zijn voor veel mensen met een allergie vaak nog erger dan een hond.

Kort maar krachtig

Alle honden, behalve de eerdergenoemde naakthondenrassen, hebben een vacht. Maar daar houdt de overeenkomst meteen op: er is een nagenoeg eindeloze variatie in haarlengte, haarkleur, patronen en textuur.

Lengte? We beginnen bij een korte vacht, zoals van een boxer; dan wat langer, zoals van een golden retriever; dan weer wat langer, zoals van een collie; tot de oneindig doorgroeiende manen van de komondor, een hond ter grootte van een rottweiler met krullende lokken tot op de grond en die eruitziet als een wandelende mop.

Kleur? We beginnen met spierwit, zoals van sommige samojeden, tot het glanzende zwart als van het schipperke. En dan hebben we alle kleuren daar tussenin, waarvoor zelfs een reclamebureau gespecialiseerd in mode moeite zou hebben deze in woorden te vatten. Wat dacht je van muisgrijs, reebruin, wild zwijn, das en rode hengst? Tarwe en hooi, mahonie en kastanje? Mediumbruin? Veel te saai. Noem de kleur maar *Isabella;* dat doen dobermannliefhebbers tenslotte ook.

Patronen? Stippen zoals de dalmatiër. Zwart met geelbruine accenten, zoals de dobermann, rottweiler, gordon setter of Manchester terrier. Vlekken, zoals sommige Duitse doggen en akita's. De tijgerstrepen van boxers of pitbulterriers. De gespikkelde bontheid, of *merle* in sommige Australische herdershonden, collies en shelties. En vergeet de zo belangrijke accessoires niet: witte voetjes, witte borst, witte kraag of witte kruin.

En dan hadden we nog textuur? Kort fluweelachtig, lang zijdeachtig of touwachtig. En dan hebben we het alleen nog maar over de teckel! Deze vachten bestaan ook bij andere hondenrassen, net als krulhaar, golvend haar, ruw haar en heel glad haar. En dacht je het probleem op te lossen met een pluizenborstel? De korte witte haren van een dalmatiër of de crème haren van een golden retriever komen echt overal en zijn erg moeilijk te verwijderen. Bij de keeshond en de collie, met een vacht die lang en dik genoeg is om dingen compleet in te laten verdwijnen, valt het haar in het voor- en najaar uit in bossen zo groot als een hamster. Dit is trouwens het geval bij de meeste rassen met een lange, dikke dekvacht en een donzige ondervacht. De rest van het jaar haren deze vachtfabrieken normaal uit: veel dus.

Sommige rassen verliezen zoveel van hun zijdeachtige vacht dat hier een hele industrie rond is ontstaan. De haren worden gesponnen tot breigaren, zodat de liefhebber kleding kan laten maken van de vacht van zijn huisdier. Met één ruibeurt hebben ze voldoende voor een lekker warme trui.

Meer informatie over verharen vind je in de paragraaf over vachtverzorging in hoofdstuk 10.

BELANGRIJK

Een deel van deze overtollige haren kun je al verwijderen door je huisdier te kammen of borstelen: alles wat je uit de borstel haalt, belandt niet op je bankstel. Maar ook dan krijg je bij veel rassen nog voldoende losse haren te verwerken. Als je gek wordt van al dat haar, neem dan een donker, kortharig ras. Daarvan zie je de haren minder goed.

Maar verharen is niet het enige probleem. Sommige rassen, zoals poedels, hebben een vacht die regelmatig moet worden getrimd. Je kunt dit zelf leren (je hond zal hooguit wat worden uitgelachen om zijn kapsel), maar je kunt dit ook door een trimmer laten doen. In het laatste geval hangt hier een prijskaartje aan. Houd hier rekening mee in je keuze voor een hond.

TIP

Sommige dierenwinkels en webshops voor dierbenodigdheden verkopen voor een heel net bedrag grootverpakkingen pluizenrollers. Ook bestaan er rubberen, wisserachtige borstels waarmee je prima haren uit tapijt en bekleding kunt trekken, en opzetstukken voor stofzuigers die speciaal zijn gemaakt voor het verwijderen van dierenharen.

Toen ik ruim 20 jaar geleden mijn eerste langharige kocht, kreeg ik bij de fokker enkele A4'tjes vol instructies mee: wat het dier moest eten, welke inentingen hij al had gehad en hoe ik hem moest registreren, de namen van trainers, de namen van dierenartsen en kennels. Ik kon het allemaal zo snel niet bevatten. Met de pup in mijn armen bleef ik even in de deuropening staan en vroeg ik de fokker of ik nog meer moest weten.

Ze dacht even na en zei toen: 'Ja, draag nooit zwarte kleding.'

Maar de mode heeft nu eenmaal een eigen wil. Dus bekwaamde ik mij in het gebruik van pluizenborstels. Jaren nadat Lance was overleden, bladerde ik door een dossier. In de map vond ik een plukje hondenhaar ... van Lance. Ik moest bijna huilen.

Ik heb heel weinig last van hondenharen, maar ik heb bij de keuze van enkele van mijn honden wel rekening gehouden met de mode: ze zijn gitzwart. Ze verharen wel, maar je ziet de haren gewoon niet.

De factor 'intelligentie'

Mensen vragen vaak hoe slim een hond is, ook al is het maar om mee te kunnen opscheppen. Intelligentie heeft weinig te maken met voorspellen hoe goed een hond in je gezin past. Veel belangrijker is de *trainbaarheid* of *volgzaamheid*, kenmerken die aangeven hoe goed, of hoe slecht, een hond bereid is naar jou te luisteren.

TECHNISCHE INFO

Een deel van deze puzzel kun je oplossen door te kijken naar waarvoor de hond is gefokt. Sommige honden, zoals bepaalde soorten jachthonden, zijn gefokt om alleen of met andere honden te werken, zonder menselijke bemoeienis. Speurhonden, zoals beagles, bloedhonden en bassethonden, volgen eerder hun eigen neus dan jouw aanwijzingen. Windhonden, zoals de Afghaanse windhond, de Saluki of de greyhound, horen je gewoon niet meer als ze eenmaal in volle vaart achter hun prooi aanzitten. Dit betekent niet dat ze niet gehoorzaam kwispelen als je ze eenmaal weer aan de lijn hebt, maar in het heetst van de jacht krijgt hun instinct de overhand. Net zoals je met training de neiging om te blaffen kunt verminderen, kun je met training ook de neiging verminderen om jouw opdrachten te negeren, maar bij het ene ras is het eenvoudiger de hond te leren op jou te letten dan bij het andere ras.

Laten we eens kijken naar de drie rassen waarvan het vaakst wordt gezegd dat ze erg intelligent zijn: de border collie, de golden retriever en de dobermann. Deze rassen doen het uitstekend in gehoorzaamheidswedstrijden. Maar betekent dit ook dat ze slim zijn? Ongetwijfeld. Volgens Stanley Coren, expert op het gebied van hondenintelligentie, beginnen deze drie rassen een opdracht te herkennen nadat ze deze minder dan vijf keer hebben gehoord of gezien. Maar hier speelt ook iets anders mee. Als je bedenkt waarvoor deze honden zijn gefokt, zie je wat deze honden (herdershonden, jachthonden en waakhonden) gemeen hebben: ze zijn allemaal gefokt om nauw met hun baas te kunnen samenwerken. Om goed hun werk te kunnen doen, zoals het drijven van schapen, het ophalen van geschoten wild en het patrouilleren met een agent of soldaat, is teamwork tussen mens en dier essentieel. Ze zijn voorgeprogrammeerd om de mens als leider te beschouwen. En als de mens die leiding ook voldoende geeft, zijn deze rassen zeer gedienstig. Dat is tenslotte hun werk.

Net als met de mate van activiteit, is het moeilijk om te voorspellen hoe intelligent en volgzaam een pup is die een kruising is van verschillende rassen. Het testen van een puppy kan hierbij helpen. Meer hierover lees je in hoofdstuk 4.

Keuzes, keuzes

Waarschijnlijk heb je al één of twee rassen in gedachten of weet je al wat voor soort hond het moet gaan worden: groot, klein, langharig of kortharig. Maar voordat je een nieuw huisdier uitkiest, moet je ook nog over wat andere dingen nadenken. Welke leeftijd past het best? Welk geslacht? En hoe duur gaat het eigenlijk allemaal worden?

PAS OP

Net als de mensen die een labrador retriever willen omdat 'we in ons gezin altijd labradors hebben', ontnemen mensen die automatisch een puppy kiezen, of die altijd een mannetje (of vrouwtje) nemen, of die niet flexibel met de kosten willen omgaan, zichzelf mogelijk de kans op een goede hond.

Sta volledig open in de zoektocht naar een hond en accepteer dat een bepaald aspect van je droomhond misschien onduidelijk blijft totdat je echt over alles hebt nagedacht.

Puppy of volwassen hond?

Puppy's hebben legio voordelen: ze zijn schattig, lief en knuffelbaar. Je moet al glimlachen als je naar ze kijkt. Een puppy heeft een zo goed als schone lei en kun je helemaal naar je eigen wensen opvoeden zodat hij perfect in je leven past. (Of dat leven volledig verpest, als je niet oppast!) De hond erkent alleen jouw gezin, zolang je je maar aan jouw deel van de afspraak houdt. Maar er zijn ook enkele hele goede redenen om een volwassen hond te kiezen. Vaak zijn ze minder duur in aanschaf, en zeker minder duur in het onderhoud, omdat ze al hun puppy-inentingen en -wormenkuren al hebben gehad. Als je goed oplet, kun je er een vinden die al zindelijk is en die ook al een basistraining in gehoorzaamheid heeft gehad.

Waarom nemen dan niet meer mensen een volwassen hond? Ten eerste denken veel mensen dat deze beste vriend van de mens toch minder goede vrienden wordt met jouw gezin dan met een puppy het geval zou zijn. Dit is alleen zo als je de hond in een lege achtertuin wilt houden, met weinig of geen contact met andere mensen. Maar als je een hond volledig opneemt in je leven, wordt hij net zo'n goede vriend als de puppy die je met acht weken uit het nest hebt gehaald. Er zijn zelfs mensen die beweren dat de band nog hechter wordt, omdat de hond al het een en ander heeft meegemaakt en weet hoeveel geluk hij heeft bij jou terecht te zijn gekomen.

Of dit waar is, weet ik niet. Maar ik heb van beide typen honden voldoende gezien en ik heb beide typen nu zelf ook. Ze houden beide evenveel van hun baasjes, en andersom.

BELANGRIJK

Een puppy is een goede keuze als je alle tijd hebt, geduldig en flexibel bent, en niet te vergeten de humor kunt inzien van alle fasen in het jonge hondenleven, van baby tot puber. Je kunt nergens tijd of moeite besparen, maar zit vast aan wandelingen midden in de nacht, afgekloven sloffen, urenlang spelen en net zolang opvoeden. Je weet pas wat je in huis haalt als je het daadwerkelijk in huis hebt gehaald. En dit geldt dubbel en dwars voor kruisingen, die vaak groter worden, of kleiner blijven, dan ze je in het in het asiel hebben voorspeld.

De puppyfase is een fantastische reis vol verrassingen en geneugten, waar je echter alleen aan moet beginnen als je je er volledig op toelegt. Als je er niet voldoende tijd en moeite in steekt, krijg je misschien een hond waar je helemaal gek van wordt, of die je uiteindelijk naar het asiel brengt omdat je hem niet meer aankunt.

Volwassen honden hebben, vaak onterecht, een slechte reputatie. Want zijn volwassen honden die in het asiel belanden niet vaak honden waar de vorige eigenaar zich geen raad meer mee wist? Is het wel zo'n goed idee om een volwassen hond te nemen? Dit hangt natuurlijk helemaal van de hond af. Er is wel een heel groot voordeel: bij elke hond is er een periode van gewenning nodig, maar bij een volwassen hond is deze periode veel korter.

Kun je een volwassen hond nog wat nieuws leren? Natuurlijk kun je een volwassen hond trainen. Voor alle honden, zowel jong als oud, is training goed. Maar je hebt minder invloed op de persoonlijkheid. Als je een pup hebt die verlegen is, of agressief kan zijn, kun je hier iets aan doen voordat het een probleem wordt (zie ook hoofdstuk 9). Als je een volwassen hond hebt die verlegen of agressief is, is het veel moeilijker om dit te veranderen, als het al lukt. Laat je daarom tijdens een zoektocht naar een volwassen hond niet overhalen door een zielig verhaal en trieste bruine ogen.

BELANGRIJK

Een volwassen hond is een uitstekende keuze als er bijvoorbeeld overdag niemand thuis is. Maar ook voor iemand die met pensioen is en onvoldoende energie heeft voor een puppy. En natuurlijk voor iemand die gewoon een goede hond graag een tweede kans wil geven.

FIGUUR 1.4: Een puppy is een uitstekende aanvulling op je gezin, maar vereist wel erg veel geduld.

Foto met dank aan Stephanie en Michael Corby

Er zijn zoveel honden die een tweede kans verdienen; zowel kruisingen als rashonden, maar ook renhonden, diensthonden of showhonden die met pensioen zijn. Honden waarvan de eigenaar is overleden, gescheiden of verhuisd. Honden die niets liever willen dan de kans bij iemand te horen.

In al die tijd dat ik over honden schrijf, heb ik veel puppy's zien opgroeien en verdwijnen, omdat de mensen die ze kochten zich door hun hart lieten leiden en niet door hun gezonde verstand. Denk heel goed na over je situatie; als je niet de tijd, energie of ruimte hebt voor een jaar lang puppycapriolen, neem dan een volwassen hond.

Mannetje of vrouwtje?

Waaraan heb je een beter huisdier: een reu of een teefje? Deze vraag is niet eenvoudig te beantwoorden. Daarom is het voor de meeste mensen een kwestie van persoonlijke voorkeur. Maar er zijn wel een *paar* verschillen.

TECHNISCHE INFO

CASTREREN OF STERILISEREN?

De juiste term voor de operatie waarmee honden steriel worden gemaakt (zich dus niet meer kunnen voortplanten), is castreren (of neutraliseren). Bij castratie verwijdert de dierenarts de organen waarin geslachtshormonen gevormd worden. Dus de eileiders en eventueel baarmoeder bij de teef, en de teelballen bij de reu. Als een teef of reu zou worden gesteriliseerd, onderbreekt de dierenarts alleen de eileiders bij de teef, of de zaadleiders bij de reu. Hierdoor kan er geen bevruchting meer plaatsvinden, maar de teef zal dan echter gewoon nog loops worden en een reu blijft gewoon haantjesgedrag vertonen. Daarom kiezen we eigenlijk altijd voor castratie.

Als je niet van plan bent je huisdier te laten castreren (zie hiervoor hoofdstuk 17) zijn de verschillen groter. Hoewel reuen over het algemeen een constant humeur hebben, kunnen ze wel vervelend volhardend zijn in hun typische mannetjesbehoeften, zoals seks, de achterpoot optillen en hun territorium beschermen. Castratie kan dit gedrag verminderen maar is geen garantie voor succes.

Niet-gecastreerde teefjes zijn gewoonlijk twee keer per jaar een paar weken loops. In die tijd krijg je te maken met de nodige rotzooi en veel ongewenste aandacht van andere honden. Een niet-gecastreerde reu luistert waarschijnlijk slecht naar je als hij de verlokkelijke geur van een loops teefje ruikt. Ook is de kans groter dat hij dominant gedrag vertoont. Uit Amerikaans onderzoek blijkt bijvoorbeeld dat jonge, niet-gecastreerde reuen het vaakst betrokken zijn bij aanvallen op kinderen. Door een hond te castreren kun je dit gedrag temperen. Teefjes krijgen een gelijkmatiger humeur en reuen vechten en zwerven minder. Maar er blijven verschillen.

TECHNISCHE INFO

Bij sommige rassen zijn de mannetjes bijvoorbeeld aanzienlijk groter dan de vrouwtjes. Dit verschil kan oplopen tot 10 of zelfs 15 kilo, of 5 tot 8 centimeter. Voor algemene informatie over hondenrassen kun je de website van de Raad van Beheer bezoeken (www.houdenvanhonden.nl) of die van het Landelijk InformatieCentrum Gezelschapsdieren (LICG, www.licg.nl). Ook kun je een van de Nederlandstalige hondenencyclopedieën raadplegen die zowel in de boekwinkel als in webshops verkrijgbaar zijn.

Het is lastiger om andere verschillen tussen reuen en teven onder woorden te brengen. Bij de dominantere rassen, zoals de rottweiler, zijn teefjes vaak liever en meer geneigd je te gehoorzamen. Bij de meer verlegen en afstandelijke rassen, zoals de Shetland sheepdog (of sheltie), kan juist het mannetje toegankelijker en vriendelijker zijn. En bij sommige rassen, zoals de golden retriever, merk je misschien helemaal geen verschil, vooral bij gecastreerde dieren.

TIP

Je kunt je beter concentreren op het ras of type hond dan op het geslacht, omdat het lastigste mannetje van een vriendelijk ras waarschijnlijk een groter doetje is dan het vriendelijkste vrouwtje van een ras met dominante trekken. Door te praten met bekende fokkers krijg je een goed beeld van de verschillen tussen de geslachten; niet alleen binnen het ras, maar ook binnen bepaalde stambomen.

Voor sommige mensen wordt de keuze bepaald door hun tuin: reuen slopen struiken doordat ze er tegenaan urineren, teefjes plassen midden op het gras en zorgen daarmee voor dode plekken. En hoewel sommige mannetjes zittend plassen en sommige vrouwtjes (soms) hun achterpoot optillen, komt het in grote lijnen wel hierop neer. Lees hoofdstuk 22 voor meer informatie over honden en tuinen.

Kostenoverwegingen

Wat mag een puppy of hond kosten? De prijzen variëren enorm, van 'gratis', tot asielkosten (in Nederland variërend tussen de 100 en 400 euro, in België tussen de 125 en 300 euro), en van de fenomenale bedragen die verenigingen ter behoud van een ras rekenen voor pure rashonden, tot een paar honderd euro voor een 'gewone' rashond, en zelfs enkele duizenden euro's voor een hond waarmee je shows gaat lopen, of voor bijvoorbeeld een zeldzaam ras.

Maar over het algemeen betaal je bij een gerenommeerde fokker voor een raspuppy die geschikt is om als huisdier te houden tussen de 400 en 1.000 euro. Dit is afhankelijk van enkele factoren:

- Rassen met een klein nest, zoals veel schoothondjes, zijn duurder omdat er minder puppy's zijn om de kosten te delen voor de controle op besmettelijke ziekten, het vervoer naar de dekreu, het dekgeld, de zorg voor de moeder terwijl ze drachtig is en voor moeder en puppy's na het werpen.
- Voor rassen als de buldog is tijdens het fokken meer dierenartszorg nodig, tot af en toe een keizersnee aan toe. Ook dit merk je in de prijs van een puppy.
- Puppy's die geschikt zijn voor hondenshows, veldproeven of wedstrijden op het gebied van bescherming zijn duurder omdat dit 'extra accessoires' zijn, zoals de prijs van een nieuwe auto hoger wordt door een zwaardere motor of een pakket met opties.

Vergeet niet dat een gerenommeerde fokker honden wil fokken waarmee hij de lijn, en daarmee het ras verbetert. Maar bovenal wil hij of zij gezonde puppy's fokken die een goede metgezel zijn voor een mens. Er komen meer puppy's terecht bij mensen die een huisdier willen, dan bij mensen die een showhond zoeken. Een fokker wil dat alle puppy's gelukkig zijn en dat er goed voor wordt gezorgd. Als je minder wilt betalen, denk dan aan het volgende: de zaken waarmee de eerstekeuzepuppy's zich onderscheiden (bijvoorbeeld of de stippels op een dalmatiër op de goede plek zitten), zijn niet echt belangrijk als je op zoek bent naar een gezelschapsdier. Een kundige fokker kan je de verschillen uitleggen, maar de meeste kun je zelf al uitzoeken door de rasstandaard door te lezen.

BELANGRIJK

De echte kosten van een hond zitten hem natuurlijk in het onderhoud, niet in de aanschaf. Zelfs de meest prijsbewuste goede zorg, zoals voeding, basisuitrusting, preventieve dierenartszorg, kosten voor pension of andere opvang als je op vakantie bent, kost jaarlijks al enkele honderden euro's en kan zelfs oplopen tot in de duizenden euro's voor een hond van ruim 45 kilo die dagelijks 6 tot 7 koppen kwaliteitsvoer verorbert. Tel hierbij de dierenartskosten en de, natuurlijk volledig optionele, verzameling mooie halsbanden, een lekker zacht bed, fotorapportages en andere snuisterijen, en voor je het weet wordt een groot deel van je budget opgeslokt door de hond.

Je moet de aanschafkosten van een hond daarom in perspectief zien. Een raspuppy van 500 euro kost jaarlijks 50 euro als je de kosten uitsmeert over een levensduur van 10 jaar. En die 50 euro is wat mijn honden maandelijks aan voer wegknagen.

Uiteindelijk moet je doen waarbij je je gelukkig voelt: rashond of kruising, asielhond of showhond. De prijs die je voor een hond betaalt, staat niet in verhouding tot de liefde die je van het dier terugkrijgt.

IN DIT HOOFDSTUK

Een kruising kiezen

Rashonden beoordelen

Informatie verzamelen over de populairste rassen

Hoofdstuk 2
De blik verfijnen

Als ik je zou vragen een onderwerp te kiezen waar iedereen wel een mening over heeft, wat zou je dan kiezen? Politiek? Godsdienst? Sport? Ik ben nog nooit iemand tegengekomen die geen antwoord had op de vraag: wat is je meest (of minst) favoriete hondenras?

Zelfs mensen die nog nooit een hond hebben gehad, die er niet over zouden denken er een te aaien en de straat zouden oversteken als ze er een tegen zouden komen, hebben genoeg interesse in honden om te weten welk (of verkeerd te zijn voorgelicht over het) ras dat ze absoluut nooit onaangelijnd zouden willen tegenkomen. Net als bij hondenliefhebbers kan het, hopelijk beschaafde, gesprek over favoriete rassen uren duren. Zelfs mensen die het liefst een kruising, of vuilnisbak, hebben, hebben een voorkeur voor een bepaald type ras: kruisingen van een dwergpoedel met een krullenbol, stevige labradorkruisingen of vechtlustige terrierkruisingen.

TECHNISCHE INFO

Wat is precies een ras? Is een hond pas een rashond als hij een stamboom heeft? Of gaat het om populariteit? Sommige rassen, zoals de cockapoo (met een cocker spaniel en een poedel als ouders), zijn zo normaal dat mensen ze als eigen ras zijn gaan zien. En hoewel onder andere de Nederlandse Raad van Beheer honden niet erkent als ras, ontstaan er overal groepen waaruit de populariteit van de honden blijkt.

Heel eenvoudig gezegd is een *rashond* een hond waaruit, wanneer er wordt gefokt met een hond van hetzelfde ras, meer honden van hetzelfde ras worden geboren. Als je een poedel met een andere poedel laat paren, krijg je een nest vol slimme, krullerige wondertjes. Laat je een cocker spaniel paren met een andere cocker spaniel, dan krijg je een nest met langorige, lieve puppy's met ogen waarvan zelfs het koudste hart zou smelten.

Maar als je een cockapoo laat paren met een andere cockapoo, is dit geen garantie dat je meer van dit soort honden krijgt. Sommige puppy's zien er misschien uit als de ouders, terwijl andere eruitzien als poedels en weer andere als cocker spaniels.

De mogelijkheid om tijdens het fokken voorspelbare trekken te produceren, maakt van een hond een rashond. Hierdoor vormen cocker spaniels een ras, net als poedels, maar niet cockapoo's, of terripoo's, peke-a-poo's, of labradoodles. Er bestaan veel kruisingen, die allemaal uitstekende huisdieren zijn. Maar rassen zijn het niet.

Favorietenspel

Jaren geleden raakte ik overtuigd van het bestaan van rasloyaliteit, toen ik me realiseerde dat een hondenshow het enige sportevenement is waar het 90 procent van de toeschouwers niet uitmaakt wie er wint. Mensen komen om uiteenlopende reden, bijvoorbeeld:

- » gewoon omdat ze graag naar de honden willen kijken;
- » om over de honden te praten;
- » om naar de rasspecifieke spullen te kijken: sleutelhangers, boeken en 'Ik houd van mijn dobermann'-stickers voor op de auto;
- » om hun nieuwste hondenaanwinst te vieren (Die akita lijkt *precies* op Kiro!) of de volgende te plannen;
- » om de voordelen van de drie soorten setters (de Engels, de Ierse en de gordonsetter) te bespreken;
- » of de grootste hond de hoogste is, zoals de Ierse wolfshond, of de zwaarste, zoals de newfoundlander, en welke het meest eet;
- » om zich te verwonderen over de verschillen tussen lange en korte poten, slank en robuust postuur, en kleine en grote honden;
- » om gewoon te genieten van honden, in al hun uiteenlopende soorten en maten.

Maar ik kan je het volgende vertellen: hoeveel rassen ze ook bestuderen, over hoeveel rassen ze ook praten, hoeveel ze er ook aanraken, mensen die na een hondenshow naar huis gaan, weten zeker dat hun favoriete ras, of rastype, het beste is. Iedereen gelooft dat alle anderen een beetje maf zijn, of ernstig misleid, omdat ze deze mening niet delen.

Dankzij deze meningsverschillen ontstaan zeker goedmoedige discussies. Ik neig zelf het meest naar jacht- en herdershonden, maar enkele van mijn beste vrienden houden zich serieus bezig met windhonden: prachtige, lieve honden die hoog op de poten staan, zoals de Schotse deerhound en de greyhound. Ze vallen om van verbazing als mijn retrievers een sprintje trekken om een duik te nemen, omdat hun honden met een ruime boog om het kleinste plasje lopen. En de aanhoudende activiteit van mijn honden is voor hen eerder irritant. 'Retrievers!', zuchten ze: 'Gaan die ooit wel eens rustig liggen?' Maar wie kaatst kan de bal verwachten en natuurlijk weten we van elkaar dat we maar een grapje maken. We hebben dan misschien verschillende honden, maar we houden allemaal evenveel van deze dieren.

Gerenommeerde fokkers proberen honden te fokken die zoveel mogelijk voldoen aan de *rasstandaard*, een blauwdruk waarin alle regels zijn vastgelegd voor belangrijke zaken zoals het formaat, tot relatief onbeduidende zaken als de verdeling van de stippen op een dalmatiër. De rasclub bepaalt de regels en rasverenigingen zorgen dat aan deze standaard wordt voldaan. Juryleden bij hondenshows volgen deze standaarden bij het nemen van beslissingen. De rasstandaarden zijn terug te vinden en in te zien op de website van de Raad van Beheer (www.houdenvanhonden.nl).

Als je wilt weten waar juryleden precies naar kijken en hoe een hond een kampioen wordt, lees dan hoofdstuk 16.

Kruisingen

Kruisingen, mormels of vuilnisbakken. Hoe je ze ook noemt, er zijn er miljoenen van, de een net zo uniek als de ander.

Sommige mensen menen dat je met een kruising een grote gok neemt. Je weet niet hoe groot je puppy zal worden, of hoe hij eruit zal zien als hij volwassen is. Je weet niet of de vader een onbetrouwbare rashond met slechte heupen is. Je weet niet of de omstandigheden waarin de pup is geboren, een eventueel gebrek aan socialisatie door de eigenaars die jouw pup en de rest van het nest niet wilden en er zo snel mogelijk van af wilden, op de lange termijn gevolgen zullen hebben waardoor het dier niet geschikt is als huisdier.

Dit is allemaal helemaal waar. Maar laat me verklappen: het is altijd een gok, ook met rashonden. Je doet je best om alles zoveel mogelijk in jouw voordeel te laten uitpakken, sluit je ogen, doet een schietgebedje en gooit het muntje op.

En ook bij kruisingen kun je onzekere factoren uitsluiten. Ga naar een asiel waar wordt gekeken naar de aard van het dier en waar de gezondheid wordt getest van de dieren die worden aangeboden. De beste asielen gaan nog een stap verder in het concept '*adopteerbaarheid*'. Ze trainen de honden met problemen en bieden na plaatsing ondersteuning aan de nieuwe eigenaars aan om een soepele overgang te garanderen. In hoofdstuk 3 lees je meer over asielen en opvangcentra.

BELANGRIJK

Wat je vooral niet moet doen, is mensen die hun verantwoordelijkheid niet willen nemen, van hun problemen afhelpen door een kruising te kopen via een briefje in de supermarkt, of voor een tientje op een rommelmarkt.

Waarom? Denk je echt dat mensen die puppy's op deze manier 'dumpen' tijdens de dracht goed voor de moeder hebben gezorgd? Denk je echt dat de puppy's goed voer en medische verzorging hebben gekregen en dat ze op tijd hun vaccinaties en wormenkuren hebben gehad? Waar kom je dan terrecht?

Dat zal ik je vertellen: bij mensen die geen honden zouden mogen fokken. Mensen die bijdragen aan de wereldwijd miljoenen honden die jaarlijks een spuitje krijgen omdat ze overtallig of ongewenst zijn. Mensen die zich onvoldoende in het onderwerp hebben verdiept om goed voor de dieren te kunnen zorgen, of die er bewust voor hebben gekozen de gevolgen van hun handelen te negeren.

Voorkom dat je dit gedrag stimuleert. Het is prima om een kruising te overwegen, maar neem er dan een uit het asiel.

Je kunt met kruisingen meer doen dan ooit. Maar je kunt ze ook trainen en er op het hoogste niveau mee meedoen aan landelijke gehoorzaamheidswedstrijden. En je kunt ze trainen voor behendigheidswedstrijden. (Meer hierover lees je in hoofdstuk 16.)

En je kunt er stapelgek op zijn, en de hond op jou. Dat is per slot van rekening het hoogste doel voor een hond.

FIGUUR 2.1: Een worp met de genendobbelsteen heeft prachtige honden opgeleverd, heerlijke vuilnisbakken.

Foto met dank aan Pam Mourouzis en Matt McClure

En wie weet? Misschien bespaar je juist wel op dierenartsbezoekjes. Er is geen onomstotelijk bewijs, maar er zijn experts die beweren dat kruisingen sterker en gezonder zijn dan rashonden. Maar reken hier niet al te zeer op. Vaak zijn kruisingen eerder mengelmoesjes dan pure kruisingen tussen twee honden van verschillende rassen. Ook kruisingen kunnen rasgebonden gezondheidsproblemen van hun ouders erven.

Rassen beoordelen

De rest van dit hoofdstuk vormt een globaal overzicht van de meer dan 300 rassen die momenteel worden gefokt. Nadat ik alle mogelijkheden heb behandeld, sluit ik af met een gedeelte over de rashonden die door de meeste mensen worden gekozen: de populaire rassen.

Hondenrassen worden volgens de standaarde van de Fédération Cynologique Internationale (FCI, internationale hondenfederatie) ingedeeld in tien rasgroepen. De honden binnen een rasgroep hebben iets met elkaar gemeen, hoe verschillend ze op andere punten ook zijn.

De tien rasgroepen van de FCI zijn:

- » rasgroep 1: herdershonden en veedrijvers;
- » rasgroep 2: pinschers en schnauzers, molossers en sennenhonden;
- » rasgroep 3: terriers;
- » rasgroep 4: dashonden;
- » rasgroep 5: spitsen en oertypen;
- » rasgroep 6: lopende honden en zweethonden;
- » rasgroep 7: voorstaande honden;
- » rasgroep 8: retrievers, spaniels en waterhonden;
- » rasgroep 9: gezelschapshonden;
- » rasgroep 10: windhonden.

Waarom volgen we de indeling van de FCI? Omdat deze overkoepelende federatie het Microsoft van de Europese hondenwereld is. De meeste Europese landelijke kynologische organisaties volgen de indeling van de FCI. In sommige landen hebben organisaties een eigen, afwijkende indeling (zoals in Groot-Brittannië The Kennel Club, in de Verenigde Staten de American Kennel Club en in Canada de Canadian Kennel Club). De FCI is de overkoepelende internationale organisatie waarbij bijna alle nationale kennelclubs zijn aangesloten. Buiten Nederland worden landelijke overkoepelende kynologische organisaties vaak *kennelclub* genoemd.

TECHNISCHE INFO

Maar wat is een rashond? Een rashond is een hond die voldoet aan de kenmerken van de rasstandaard. In de rasstandaard worden de kenmerken van een ras beschreven. In Nederland wordt dat al sinds 1874 gedaan door de voorlopers van Raad van Beheer op Kynologisch Gebied in Nederland (opgericht in 1901 en kortweg Raad van Beheer genoemd) en in België door de in 1882 opgerichte Koninklijke Maatschappij Sint Hubertus (KMSH). Als een kennelclub in het land van herkomst een bepaald ras erkent, kan daarna erkenning door de FCI volgen. De FCI erkent op het moment van schrijven meer dan 300 rassen.

De rasstandaard zorgt ervoor dat alle honden binnen een ras sterk op elkaar lijken, niet alleen in uiterlijk, maar ook in karakter en gedrag. Dat komt door selectie: een fokker kiest bij het fokken voor honden die eigenschappen hebben die hij belangrijk vindt. In Nederland geboren rashonden krijgen een stamboom van de Raad van Beheer en worden ingeschreven in het Nederlands Honden Stamboek (NHSB) in, in België krijgen honden een stamboom van de KMSH en worden ingeschreven in het Sint-Hubertus stamboek.

Vergeet niet: geen hond is perfect

BELANGRIJK

Elk ras is perfect voor iemand, maar *geen* ras is geschikt voor iedereen. Sommige rassen of soorten passen in de meeste hondenhuishoudens, vanwege hun formaat en mate van activiteit, onderhoudsarme vacht, geschiktheid voor training en gebrek aan dominantie. Veel van deze rassen zijn niet zo bekend als sommige andere. Daarom heb ik deze en enkele andere rassen uitgekozen, zodat je ook hiermee kunt kennismaken in je zoektocht naar een vriend en huisgenoot voor jouw gezin.

Maar wat de experts ook zeggen, jij bent degene die uiteindelijk met jouw keuze moet leven. Doe daarom je huiswerk, wees realistisch en ga vooral zorgvuldig te werk.

Voor elk van deze groepen geef ik achtergrondinformatie, zodat je weet waarvoor een ras is gefokt. Dit helpt je te bepalen hoe deze hond in jouw leven past. ***Opmerking.*** Als ik het over een *goed* of *slecht* ras heb, beoordeel ik hiermee niet het ras, maar de geschiktheid van het ras als huisdier in een doorsnee gezin met onvoldoende ervaring of tijd om een minder geschikt ras te trainen.

BIJ EEN RASHOND HANGT ALLES AF VAN DE FOKKER

PAS OP

Als ik het kopje van deze kadertekst rood zou kunnen maken, in een rood kader en met grote rode pijlen die ernaar wijzen, dan zou ik dat doen. Omdat ik elke dag, ja *elke* dag, hoor van lezers die een en al ellende in huis hebben gehaald doordat ze het goede ras bij de verkeerde bron hebben gehaald. Problemen met de gezondheid en de aard komen buitensporig veel voor onder rashonden. De kans dat je een hond met een probleem in huis haalt, neemt toe als je naar een minder gerenommeerde fokker gaat, zoals een broodfokker. Dit is met name het geval bij populaire rassen zoals bijvoorbeeld de labrador retriever, golden retriever of rottweiler.

Je kunt nog zo veel tijd besteden aan het lezen over rassen, nadenken over rassen en uiteindelijk het kiezen van een bepaald ras: als je vervolgens een hond haalt bij de eerste de beste fokker die de regels voor het ras aan zijn laars lapt, is al die tijd weggegooid. De kans om een labrador of chowchow of Franse bul-

dog te krijgen die voldoet aan de eisen voor het ras, hangt af van je eigen vermogen om een gerenommeerde fokker te vinden. In hoofdstuk 3 lees je hoe je een fokker kiest.

PAS OP

Genetische afwijkingen komen vaak voor bij rashonden, vaak dankzij gewetenloze, onwetende of slordige fokkers. Een zieke hond kan niet alleen een slechte keuze zijn als huisdier voor je gezin, maar kan ook serieus geld kosten. Een van de meest voorkomende erfelijke afwijkingen is 'heupdysplasie', een misvorming van het heupgewricht. Heupdysplasie komt veel voor bij middelgrote en grote honden. Andere veelvoorkomende aangeboren afwijkingen zijn meer rasafhankelijk, zoals doofheid bij dalmatiërs. Je *moet* er absoluut voor zorgen dat je weet welke afwijkingen veel voorkomen bij het ras dat je kiest. Met die kennis kun je een puppy vinden waarvan je weet dat de gezondheid van de ouders wordt gecontroleerd via een register.

Herdershonden en veedrijvers

Tegenwoordig zijn er niet veel mensen meer die schapen en runderen houden. Gelukkig is dat geen probleem voor de herderrassen. Deze veelzijdige en intelligente honden hebben in de moderne wereld hun plek gevonden als politiehond, drugshond, reddingshond en zelfs filmster.

Maar de meeste van deze honden zijn gewoon huisdier. In deze groep zitten enkele rassen die prima geschikt zijn voor die rol.

Het werk van de schaapshond is ouder dan de Bijbel en bijna net zo wijdverbreid. Veel landen hebben hun eigen herdershonden. Zelfs de Verenigde Staten, waar de Australische herdershond oorspronkelijk vandaan komt. Maar de bekendste herdersrassen komen uit het Verenigd Koninkrijk en Frankrijk. Een paar van deze rassen worden nu gezien als op-en-top glamourhonden. Maar generaties lang waren dit eenvoudige, gehoorzame werkhonden, waarvan een vaardigheid die mensen niet hebben, het kunnen controleren van grote kudden dieren, essentieel is geweest in de ontwikkeling van de beschaving.

Herdershonden zijn de intelligentste en inschikkelijkste van alle rassen. Ze zijn net als de werkrassen gefokt om met de mens samen te werken. Maar door zijn werk moet een herder wel iets assertiever zijn dan setters, retrievers en spaniels, die als jachthond werken. Herdershonden moeten intimideren en aanvallen om dieren onder controle te houden die soms groter zijn dan zij zelf. Dit is geen baan voor watjes en het herdersinstinct is dan ook een getemperde versie van de technieken die wolven gebruiken om een kudde prooidieren te bewerken en zo het zwakste dier eruit te pikken. Een agressief drijvende herdershond kan zo boos worden op een dier uit de kudde dat hij hier soms letterlijk een hap uit neemt. Maar deze techniek wordt niet door iedereen gewaardeerd!

PAS OP

Dankzij deze combinatie zijn herders uitstekende werkhonden, maar is een waarschuwing op zijn plaats als je op zoek bent naar een huisdier. Herdersrassen die nu nog zo worden gebruikt, als herder of als waakhond, zijn misschien iets te veel van het goede voor een beginner. Het wonderkind van de hondenwereld, en waarschijnlijk de beste schaapherdershond ter wereld, de border collie, kan er niet goed tegen zijn leven lang opgesloten te zitten in een stadstuin zonder enige vorm van uitdaging. Hetzelfde geldt voor de Duitse herders en de drie Belgische herdersrassen; de Tervurense herder, de Mechelse herder en de Groenendaeler. Deze rassen hebben zo veel mogelijkheden, dat het verboden zou moeten zijn ze deze niet te laten benutten.

Andere honden in deze groep zijn misschien wel net zo slim, maar zijn veel minder gedreven. Een aantal van deze rassen wordt al generaties alleen maar als huisdier gefokt. Lang voordat Lassie zijn televisiedebuut maakte, was koningin Victoria al verknocht aan de collie (Schotse herdershond), en de kleinere herdershonden zijn een geliefd gezelschap in veel huishoudens.

PAS OP

Bijna alle grotere rassen in deze groep kunnen heupdysplasie krijgen. De Duitse herder is bovendien gevoelig voor een handvol andere aangeboren afwijkingen.

De vacht van de rassen in deze groep varieert. Er zitten in ieder geval uitbundig verharende rassen bij, zoals de langharige collie (waarvan veel mensen niet weten dat er ook een kortharige variant is, de kortharige collie) en de Shetland sheepdog (die bovendien berucht is om zijn geblaf). In deze groep zitten ook rassen met een onderhoudsarme vacht, maar ook de twee Hongaarse rassen met vervilte vacht, de puli en de komondor.

Veel van deze rassen hebben nog steeds een sterke neiging om alles in een strakke kudde te drijven. Dit doen ze met speelgoed, maar ook met kinderen, andere huisdieren en zelfs de gasten voor je feestje. De Australian shepherd van een vriend haalde dit geintje eens uit tijdens een tuinfeest. Aan het begin van de avond gaf de hond de gasten steeds zachtjes een zetje. Heel langzaam en subtiel ging hij de kring rond, totdat hij iedereen ongemerkt naar het midden van de tuin had gedreven. Op dit moment merkten de gasten wat de hond had gedaan en barstten ze in lachen uit. Hierna verspreidden ze zich weer over de tuin, ongetwijfeld tot grote frustratie van de herdershond!

Pinschers en schnauzers, molossers en sennenhonden

Deze groep bevat zonder twijfel enkele van de ruigste honden: no-nonsensedieren die hun bak voer verdienden als waakhond of trekdier. Sommige honden in deze groep werden gehouden om hun formaat en hun waakzame houding om de eigendommen van hun eigenaars te beschermen. In de afgelopen jaren is de rottweiler uitgegroeid tot een van de populairste waakrassen, een ras dat zijn populariteit dankt aan de angst van mensen voor criminaliteit en de behoefte een indrukwekkend dier te bezitten, of ze dit dier nu wel of niet de baas kunnen zijn.

In deze groep zit ook een aantal van de lieve hondenreuzen, zoals de Duitse dog (die ook wel Duitse dog genoemd wordt) en de newfoundlander. Daarnaast zijn er enkele veelzijdige, kleinere rassen die zijn ontwikkeld voor andere taken, maar die nu uitblinken in gehoorzaamheid en andere hondensporten. De oorspronkelijke taak van veel rassen is inmiddels weggevallen, zoals voor de Engelse bulldog die gefokt werd om voor een bloeddorstig publiek tegen een stier te vechten.

PAS OP

Op een enkele uitzondering na, biedt de groep pinschers en schnauzers, molossers en sennenhonden weinig mogelijkheden voor beginners. Deze rassen zijn sterk, intelligent en kiezen soms hun eigen weg, tenzij je voldoende trainings- en leiderschapsvaardigheden hebt om ze van het tegendeel te overtuigen. Ondanks hun populariteit kun je deze rassen het best overlaten aan ervaren hondengeleiders die deze rassen aankunnen en die ze voldoende training en beweging kunnen geven.

Alsof dit nog niet genoeg is, hebben enkele van deze rassen de meest verharende, onderhoudsbehoevende vacht die je maar kunt bedenken. Maar andere werkhonden vormen op dat vlak weer totaal geen probleem. Nog één voorbehoud: in deze groep vind je een aantal eersteklas kwijlers, zoals de newfoundlander.

BELANGRIJK

Als je per se een van de dominantere rassen uit deze groep wilt, zorg er dan voor dat je ze vroeg traint en hun training bijhoudt. Hiermee schaad je hun waakinstinct niet, maar leren ze wel anders te kijken naar wat een 'vreemdeling' is. Een ongetrainde, niet-gesocialiseerde hond zou je vrienden en familie, of de kinderen van de buren, zomaar in deze categorie kunnen scharen. Ook moet je al vroeg beginnen met gehoorzaamheidstraining en moet je dit altijd blijven onderhouden. Niet alleen om deze sterke honden onder controle te kunnen houden, maar ook om ze eraan te blijven herinneren wie de baas is. Lees voor meer informatie 'Vroege puppytraining' in hoofdstuk 9.

Terriers

Dat is nog eens lef hebben! Aan eigendunk ontbreekt het deze honden, die zijn gefokt om het een-op-een uit te vechten met allerlei soorten ongedierte, zeker niet. Ze weten wat ze willen, aarzelen niet om dit te bereiken en zien er vervaarlijk uit voor iedereen die ze hierbij op hun weg vinden.

Terrierliefhebbers noemen deze kenmerken '*vurigheid*'. De meeste terri-ereigenaars zouden al deze eigenschappen onhandelbaarheid noemen als deze rassen niet bijna allemaal klein zouden zijn, met een geweldig gevoel voor humor. Dat laatste vind je trouwens in bijna alle honden terug, vooral als de humor ten koste van jou is.

Terriers worden opgedeeld in vier aparte groepen:

» De eerste groep bestaat uit de grote en middelgrote terriers. Veel van deze honden zijn oorspronkelijk gefokt voor het vrijhouden van huis en erf van ongedierte, zoals de border terrier, of voor de jacht, zoals de foxterrier; ook de bekende jack russelterrier vind je in deze groep.

» De tweede groep bestaat uit de kleine terriers. Dit zijn de honden die de meeste mensen voor ogen hebben bij een terrier: vooral kleine, ruwharige rassen zoals de cairn terrier en norfolk terrier; honden die zijn gefokt voor het doden van ratten, dassen, wezels, otters en andere dieren die voor de mens overlast veroorzaken.

» De derde groep bevat terriers van het type buldog. Dit zijn rassen die zijn ontstaan uit kruisingen tussen buldoggen en terriers, om dieren te krijgen zoals de bulterrier: robuust gebouwd en gespierd als een buldog, maar met de klassieke koppigheid en moed van de terrier. Deze rassen, die ten onrechte meestal op één hoop worden gegooid onder de naam *pitbull*, zijn gefokt voor wrede gevechten met andere honden (die overigens al jaren verboden zijn).

» De vierde groep bestaat uit terriers van het type dwerghond. Dit zijn kleine terrierachtige honden die vooral als gezelschapsdier dienden; de rassen zijn de Australian silky terrier, Engelse toy terrier en Yorkshire terrier.

Dieren uit alle groepen kunnen als huisdier worden gehouden, maar vooral met de derde groep moet je heel erg voorzichtig zijn.

We beginnen met de klassieke terrier. Deze honden zijn onvermoeibaar, dapper en stijlvol, en voelen zich even goed op hun gemak in de stad, als in een rustige woonwijk of op het platteland. Hun neiging het heft in eigen hand te nemen kan een probleem vormen als ze niet worden gesocialiseerd en getraind. Als deze kleine, taaie beestjes de kans krijgen de dienst uit te maken, kunnen ze uitgroeien tot een tiran. Dit is voor elke hond een gevaarlijke rol, maar dit geldt nog meer in huishoudens met kinderen.

Andere veelvoorkomende gedragsproblemen worden rechtstreeks veroorzaakt door de achtergrond van de terrier. Terriers graven en blaffen. Dit zijn belangrijke hulpmiddelen voor een hond die een das uit zijn burcht of een vos uit zijn hol probeert te jagen, maar worden in een stadstuintje duidelijk minder gewaardeerd. Sommige terriers gaan misschien kwijlen als er knaagdieren in huis worden gehouden. Je kunt hamsters, woestijnratten, ratten en muizen wel 'huisdieren' noemen, maar een terrier kun je er zelden van overtuigen dat ze bij de 'roedel' horen. Ook kunnen terriers behoorlijk onvriendelijk zijn naar andere honden.

TECHNISCHE INFO

Er zijn kortharige terriers met een zijdeachtige vacht, maar veel dieren uit deze rasgroep hebben een draadharige vacht die je moet 'plukken' om de dode haren te verwijderen om de vacht in conditie de houden. Eigenaars van terriers die niet naar hondenshows gaan, slaan deze saaie behandeling vaak over en gebruiken liever een elektrische trimmer, of brengen hun hond om de paar maanden naar een professionele trimmer. Los hiervan hebben deze honden een vrij onderhoudsarme vacht en verharen ze niet veel.

De terrierrassen van het type buldog, zoals de American Staffordshire terrier, bulterrier, miniatuur bulterrier en Staffordshire bulterrier, staan de laatste jaren in een slecht daglicht. Een trieste ontwikkeling, omdat deze honden generaties lang werden beschouwd als een solide huisdier. Deze verandering komt doordat deze populaire rassen doorgefokt zijn, waarbij hun aangeboren agressie jegens andere honden werd versterkt en uitgebreid jegens mensen. Hierdoor ontstonden dieren die net zo gemakkelijk mensen beten. Als je deze eigenschap combineert met de enorme lichamelijke kracht van deze honden, creëer je honden waarvoor je met recht bang moet zijn.

Maar als je zo'n hond bij een gerenommeerde fokker koopt en je puppy socialiseert en traint, heb je er een kalme, verstandige hond aan, met een onderhoudsarme vacht. Het dier is goed gezelschap in het gezin, maar zal nog steeds niet dol zijn op andere honden. En je wordt misschien met een scheef oog aangekeken, omdat je een 'pitbull' hebt.

PAS OP

Het vinden van een goed bekend staande fokker is voor elk ras belangrijk. In hoofdstuk 3 lees je waarom. Bij deze terrierrassen van het type buldog is het echter cruciaal. Als huisdier kun je het best een hond uit een showlijn nemen. Een vriendelijke aard staat hoog in het vaandel bij gerenommeerde fokkers. Ze doen er alles aan om te bewijzen dat hun honden een eerlijke kans moeten krijgen, terwijl op veel plaatsen wordt geprobeerd om deze rassen via wetgeving te laten verbieden. Kies je ervoor te kopen van een niet-showfokker, dan loop je de kans een hond te krijgen waar deze wetgeving voor is bedoeld. Zorg er ook voor dat je je hond socialiseert. Meer hierover lees je in hoofdstuk 9.

De herkenbaarste van alle terriers is waarschijnlijk wel de jack russell, dankzij de vele rollen in reclame, tv-programma's en de film *The Mask*. Maar net zoals je van geen enkele collie kunt verwachten dat deze zich gedraagt als Lassie, kun je ook van geen enkele jack russell verwachten dat deze zich gedraagt als Eddie. Er is veel voor nodig om een jack russell stil te laten zitten. Deze kleine hond is een echte terrier: hij blaft en hij graaft. Maar zijn guitige charme maakt dit voor de liefhebber helemaal goed. Zorg ervoor dat je weet waaraan je begint voordat je een jack russell, of welke andere hond ook, neemt.

Dashonden

De dashond (die in Nederland ook wel teckel genoemd wordt) is een langgerekte, laagbenige hond en werd oorspronkelijk gefokt voor de bovengrondse en ondergrondse jacht. Teckels werden voornamelijk gebruikt om ondergronds in holen op vossen en dassen te jagen, maar zijn ook geschikt voor het opdrijven van wild of opsporen van aangeschoten wild. De kaninchen dashond is de kleinste variant en werd gefokt om in konijnenholen op bewoners ervan te jagen (kaninchen is Duits voor konijntje). Dashonden zijn vriendelijk van aard, zelden angstig of agressief en hebben meestal een evenwichtig temperament. Ondanks hun in verhouding tot het lange lichaam korte poten zijn ze zeer beweeglijk en vlug. Bij wandelingen in bossen of duinen kan hun altijd aanwezige jachtinstinct de overhand krijgen en gaan ze ervandoor, achter een interessant geurspoor aan. Ze zijn over het algemeen vrolijk, onafhankelijk, slim en eigenwijs. Ook zijn ze waaks en blaffen ze graag.

De dashonden worden op basis van hun grootte in drie groepen onderverdeeld: de standaard dashond, de dwergdashond en de kaninchen dashond. De borstomvang bepaalt tot welke variant ze behoren. De borstomvang van een standaard dashond is 35 cm of meer, die van de dwergdashond tussen de 30 en 35 cm en die van een kaninchen dashond kleiner dan 30 cm. Ze wegen tussen de 3 en 10 kilo. Daarnaast kent elke grootte drie vachttypen, die ook in karakter verschillen: kortharig, langharig en ruwharig. Over het algemeen zijn de langharige teckels het zachtst en aanhankelijkst van karakter, de ruwharige zijn feller, nieuwsgieriger en eigenzinniger en kortharige zitten daar tussen in. De lange rug van deze soort kan voor problemen zorgen. Houd hun gewicht daarom goed in de gaten en voorkom dat de honden van grote hoogte springen.

Spitsen en oertypen

De honden in deze rasgroep zijn de hondenrassen die nog het dichtst bij hun wilde voorgangers staan. Het zijn allemaal erg oude rassen en ze beschikken allemaal over zekere een mate van zelfstandigheid en zelfredzaamheid. De rasgroep bestaat uit zeven subgroepen: sledehonden, Scandinavische jachthonden, Scandinavische waak- en herdershonden, Europese keeshonden, Aziatische keeshonden, oertypen en tot slot de jagende oertypen. De moderne tijd lijkt nog niet te zijn doorgedrongen bij de Noorse rassen, waarvan het uiterlijk en hun neiging om naar de maan te huilen griezelig veel doet denken aan de wolf.

TIP

Als je het uiterlijk van een wolf wel mooi vindt, kijk dan zeker eens naar de Siberian husky of Alaska malamute. Het zijn nog steeds honden om rekening mee te houden (voor nieuwelingen misschien wel te veel), maar ze zijn wel gedomesticeerd. In de juiste omstandigheden zijn beide prima huisdieren.

De Finse spits, een hond voor de vogeljacht, wordt in zijn thuisland geroemd vanwege zijn vermogen je de oren van je hoofd te blaffen. (Kun je nagaan. Maar hij is wel schattig; hij lijkt wel wat op een vos.) De chow-chow was in zijn thuisland China niet alleen een jachthond, herdershond en waakhond, hij was in geval van nood ook een niet te versmaden aanvulling op het menu.

Ook een van ongewoonste rassen van de wereld vind je in deze groep, de basenji, een Afrikaanse hond die niet kan blaffen en die laat weten dat hij zich prettig voelt door te snuiven of te jodelen. De pharaohond is ook een heel oud ras. Deze hond joeg niet op farao's, maar heeft zijn naam te danken aan zijn oorsprong in het oude Egypte.

Lopende honden en zweethonden

Deze groep honden bestaat uit *speurhonden* (honden die speuren op basis van geur). De term zweethonden komt van het speuren naar het zweetspoor (bloedspoor) van wild. Voor veel van deze rassen hoef je alleen maar naar de naam te kijken om te weten waar ze voor gefokt werden: de otterhound is in Engeland ontwikkeld om op otters te jagen; de harrier joeg op konijnen. Voor andere rassen moet je deze naamgeving iets minder serieus nemen. Zo joeg de *petit bleu de Gascogne* echt niet op Gascogners, maar op klein wild en heeft hij zijn naam te danken aan de Franse streek waar het ras vandaan komt. En de *petit basset griffon Vendéen* is in Frankrijk gefokt om op konijnen te jagen, maar dit kun je niet uit de naam halen. Die betekent namelijk 'kleine, gedrongen ruigharige hond uit de

Vendée', (*Vendée* is een Frans departement, vergelijkbaar met een Nederlandse provincie).

Enkele rassen die al voor de Amerikaanse Onafhankelijkheidsoorlog in de Verenigde Staten bekend waren behoren ook tot deze groep. George Washington hield foxhounds op Mount Vernon; de papieren die hij over deze honden bijhield gaan terug tot 1758.

Twee van de herkenbaarste rassen van de wereld behoren tot deze groep: de basset hound en de Dalmatische hond (de dalmatiërs uit de bekende animatiefilm *101 Dalmatiërs*). Deze groep omvat een aantal prima huisdieren, zoals de beagle, een vrolijke, robuuste hond die wordt gezien als uitstekend gezelschap voor kinderen. Ook de basset hound wordt hiervoor aanbevolen.

Voorstaande honden

Voorstaande honden zijn jachthonden die het wild, vaak vogels, tegen de wind in opsporen en vervolgens aangeven waar het wild zit door in een bepaalde houding te blijven staan, het 'voorstaan'. Het wild durft dan niet bewegen uit angst ontdekt te worden. Als de hond het sein van de jager krijgt, mag de hond het wild opjagen zodat de jager dit kan schieten. Daarna kan de hond het wild apporteren.

Voorstaande honden hebben over het algemeen een loyaal en geduldig karakter en zijn bijzonder leergierig. Het zijn fantastische, aanhankelijke honden voor gezinnen met kinderen, maar houd er wel rekening mee dat de aanhankelijkheid soms kan overgaan in te aanhankelijk en te enthousiast gedrag, vooral omdat het zulke energieke honden zijn. Ze hebben veel beweging nodig en doen graag dingen samen met hun baas. Natuurlijk hebben ze veel jachtinstinct, maar ze laten zich ook graag trainen, ook op gehoorzaamheid.

Bekende honden uit deze rasgroep zijn de Ierse setter, de Engelse setter, Drentsche patrijshond en de bracco Italiano.

Retrievers, waterhonden en spaniels

Een aantal van de beste gezinshonden komt uit deze categorie. Wees daarom niet verbaasd dat een aantal van de populairste rassen, zoals de labrador en de golden retriever, thuishoort in deze groep. Ook een derde ras uit deze groep, de cocker spaniel is erg populair.

FIGUUR 2.2: Honden uit de groep retrievers, waterhonden en spaniels, zoals de labrador retriever, passen uitstekend bij actieve mensen.

Foto met dank aan Alissa en Greg Schwipps

Net als windhonden zijn dit honden voor de jacht. Maar in tegenstelling tot windhonden, waren deze jachthonden niet de eerste honden die de mens gezelschap hielden. Ze zijn pas later gefokt tot wat ze nu zijn. Deze ontwikkeling hangt samen met de uitvinding van een apparaat dat de wereld op heel veel vlakken heeft veranderd: het geweer.

Deze jachthonden (setters, pointers, retrievers en spaniels) zijn niet gefokt voor het opjagen en doden van wild, maar om de gewapende jager te helpen vogels te vinden, deze uit hun schuilplaats te drijven zodat de jager ze kon schieten en vervolgens het dode of gewonde dier te vinden en dit zonder beschadigingen naar de jager te brengen. De oorspronkelijke taak van veel rassen is gelukkig inmiddels weggevallen. Maar veel jachthonden blijven nog wel actief in hun taakgebied. Duizenden van deze dieren hebben meerdere functies. Het zijn gezinsdieren die overdag met de kinderen spelen en 's nachts op bed slapen, maar tegelijkertijd zijn het werkhonden, die in de herfst samen met de jager in het gezin opgetogen door halfbevroren velden struinen. Hun werk is bovendien niet beperkt tot de jacht. Twee rassen binnen deze groep, de golden retriever en de labrador retriever, worden vaak opgeleid tot hulphond voor mensen die blind zijn of in een rolstoel zitten. Daarnaast wordt de scherpe neus van veel jachthonden graag ingezet voor het opsporen van drugs of explosieven.

De meeste van deze honden zijn fors, maar niet overdreven groot. Een groot ras zou niet lenig genoeg zijn en niet voldoende uithoudingsvermogen hebben om de hele dag door de velden te rennen. De groep heeft ook kleinere leden, zoals de cocker spaniel; een vrolijke, kleine hond die niet veel voor de jacht wordt ingezet, maar wel regelmatig hoog in de populariteitslijsten staat.

Honden uit deze groep hebben graag iets te doen, ook als dit niet de taak is waarvoor ze oorspronkelijk zijn gefokt. De stoere Portugese waterhond werd in zijn thuisland, Portugal, gebruikt om vissers te helpen netten en andere voorwerpen terug te brengen. Maar wat heeft zo'n hond nog te doen nu er bijna geen Portugese vissers meer zijn? Het antwoord: improviseren! In San Francisco heeft een handvol Portugese waterhonden een nieuwe uitlaatklep gevonden voor hun drang om te werken en hun liefde voor zwemmen: ze brengen honkballen terug die vanuit het honkbalstadion in de baai worden geslagen. Elke keer dat een lid van de Baseball Aquatic Retrieval Korps (BARK, Engels voor blaffen) een bal uit de baai haalt, doneren de San Francisco Giants een bedrag aan een goed dierendoel. Het BARK-team duikt er vol enthousiasme in.

De vacht van deze groep is goed te beheersen, wat natuurlijk erg handig is bij honden die zijn gefokt om door braamstruiken te struinen. Kort, medium en ruig zijn de standaard vachtsoorten. Uitzondering op deze regel is de cocker spaniel en, tot op zekere hoogte, de golden retriever. Deze rassen worden bijna niet meer gebruikt voor de jacht en hun vacht is dikker dan prettig is voor een hond die in het veld wordt ingezet.

PAS OP

Populariteit leidt vaak tot problemen. Dit is zeker het geval bij enkele rassen in deze groep. De cocker spaniel staat zelfs bijna symbool voor dit soort populariteitsproblemen. Deze nagenoeg perfecte gezinshond moet tegenwoordig eigenlijk worden voorzien van een waarschuwingslabel, vanwege problemen met de gezondheid en het karakter die zijn ontstaan door slechte fokkers. Sommige cocker spaniels zijn zo explosief dat je ze niet alleen kunt laten met kinderen; andere leiden een moeilijk leven, veroorzaakt door een handvol veelvoorkomende, aangeboren problemen. Wees heel voorzichtig met dit ras en zoek absoluut een gerenommeerde fokker. Hetzelfde geldt voor andere rassen in deze groep, met name de labrador en de golden retriever. Zie hoofdstuk 3 voor meer informatie over het vinden van een goed adres om een hond te halen.

TECHNISCHE INFO

Bij veel rassen in deze groep verschillende de honden zo in lichaamsbouw en aard dat het bijna aparte rassen zijn. Bij de meeste van deze rassen ligt de scheidingslijn tussen *show* en *veld*. Honden met een dikke vacht en een rustigere aard zijn voor de show, terwijl honden met meer jachtinstinct, een praktischere vachtdikte en meer werklust worden gefokt voor veldwedstrijden. Als je niet van plan bent om met de hond te gaan jagen, kun je beter kiezen voor een hond van een gerenommeerd fokker van showhonden. De energie en intensiteit van een hond die is gefokt voor veldwedstrijden past slecht in een normaal huishouden.

Gezelschapshonden

Een gezelschapshond kan eigenlijk iedere hond zijn die eigenlijk alleen voor het plezier gehouden wordt, terwijl de vele andere rassen min of meer voor specifieke doeleinden gefokt en gehouden werden. Maar hier hebben we het onder meer over een groep kleine rassen die vroeger in de volksmond ook wel bekend stonden als schoothondjes. In deze groep vind je ook honden als de bichon frisé, die zijn gefokt als knuffelhond, maar die groter zijn dan de dwerghondjes. Verder vind je hier de poedel. Dit multifunctionele dier wordt tegenwoordig vooral gezien als gezelschapsdier, maar werd ook wel ingezet als retriever, truffeljager en circusdier. Ook naakthonden maken deel uit van deze rasgroep.

Ze zijn schattig. Ze zijn lichtgeraakt. Ze kunnen vrij oud worden. En sommige gelegenheden met bordjes 'Honden verboden' zijn wat minder streng als het aankomt op deze charmante hondjes.

Dwerghondjes zijn de enige die eigenlijk altijd in de vliegtuigcabine kunnen meereizen, omdat hun mand onder de stoel van de eigenaar past.

Ze zijn speciaal. Vraag het ze maar.

Je kunt ze een ironische naam geven, zoals Brutus, Ripper of Killer en andere mensen laten denken dat je slim bent. Je kunt ze een naam als 'Papa's ieniemieniescheetje' geven zonder dat andere mensen denken dat je volledig geschift bent. Je kunt ze een truitje aantrekken. Je kunt hun nagels felrood laten lakken. Je kunt om ze lachen als ze woedend proberen hun territorium te verdedigen tegen een grote hond die langs je huis loopt en je kunt hem optillen als deze grote hond besluit dit niet te pikken van zo'n pluizenbaaltje dat hij met één hap naar binnen kan werken.

Het beste wat je met een dwerghond kunt doen, is ervan genieten. Bij ons lukte dat in ieder geval prima. De meeste van deze rassen hebben nooit moeten werken voor de kost. Grotere honden moesten sleeën trekken, herten opjagen, vogels naar de jager brengen, schapen drijven of ratten doden. Maar de meeste gezelschapshonden worden hun hele leven in de watten gelegd, terwijl ze zich afvragen wanneer de volgende maaltijd wordt opgediend.

Slimme hondjes, of niet dan? In die kleine kopjes zitten inderdaad voldoende hersenen, die ze ook graag gebruiken. Dwerghondjes behoren tot de slimste rassen en een groot deel van hen doet het uitstekend bij gehoorzaamheidswedstrijden. En wat het nog beter maakt: ze staan graag in het middelpunt van de belangstelling en zijn natuurtalenten als het gaat om het leren van kunstjes.

Veel van deze rassen hebben een weelderige vacht die kort moet worden gehouden of regelmatig moet worden geborsteld om klitten te voorkomen. Er zitten ook een paar absolute verhaarkampioenen tussen, maar omdat het maar kleine hondjes zijn, is het opruimen van deze haren ook maar een klein probleem.

PAS OP

Gezelschapshonden zijn een prima keuze voor onervaren hondeneigenaars, maar kunnen wel een probleem vormen als er kinderen in het spel zijn. Deze dwergrassen zijn vrij teer en zijn niet altijd bestand tegen de ruwere manier waarop kinderen soms met huisdieren omgaan. Jij kent je kinderen het beste. Als ze voorzichtig en verstandig zijn, maar vooral: als jij zo verstandig bent om je kinderen te leren hoe ze met een hond moeten omgaan en ze niet alleen laat met de hond, kan een dwergras prima in je gezin passen. Zo niet, dan kun je beter wachten tot je kinderen oud genoeg zijn om verstandig met een hond om te gaan.

De poedel is een zeer intelligent ras waarover meer grapjes worden gemaakt dan over welk ander ras ook. Gelukkig houdt de poedel zoals zoveel honden wel van een grapje. En als hij weet dat hij wordt uitgelachen, laat hij dat gewoon niet merken.

Poedels worden waarschijnlijk vooral belachelijk gemaakt vanwege de manier waarop ze worden getrimd voor hondenshows. Dit is gebaseerd op een kapsel dat bescherming bood voor de borst en ledematen van een waterhond, maar is door liefhebbers tot in het uiterste doorgevoerd. De haardracht is misschien ook wel een manier om te voorkomen dat dit populaire ras nog populairder wordt. Want onder deze dandyachtige vacht zit een hond waarmee zelfs de grootste poedelhaters zouden weglopen, als ze over hun aversie heen zouden stappen. Zeker als ze zouden kijken naar de middelgrote grote poedel, die het formaat van een ‘echte hond’ heeft.

In de groep gezelschapshonden vind je verder nog dieren van allerlei pluimage, variërend van de maltezer en de Lhasa apso met hun zeer veel verzorging vereisende vacht tot de onderhoudsarme glamour van de hond die bij zelfs de meest informele gelegenheid in smoking verschijnt: de Boston terrier.

Windhonden

De groep windhonden bestaat uit *zichtjagers* (honden die met hun gezichtsvermogen naar prooi speuren). Enkele van ’s werelds oudste bekende rassen, zoals de saluki en de greyhound, horen ook thuis in deze groep.

Het verschil in grootte in deze groep is aanzienlijk: van Italiaans windhondje met een schofthoogte van 35 cm en een gewicht van minder dan 5 kilo, tot de grootste hond, de Ierse wolfshond, met een schofthoogte van ruim 75 cm en een gewicht van meer dan 45 kilo.

Verwacht niet dat een windhond buitenshuis nog oog voor jou heeft. Op dat soort momenten heeft hij wel wat beters te doen. Windhonden doen waarvoor ze al generaties worden gefokt: ze geven hun ogen de kost. Voor veel windhonden is de opdracht 'hier' lastig te begrijpen. Een windhond kan dan ook beter aangelijnd worden uitgelaten. Het africhten van deze honden kan ook lastig zijn.

De vacht vereist over het algemeen weinig onderhoud. De meeste van deze rassen hebben een korte of een ruige vacht. De opvallendste uitzondering is de Afghaanse windhond. Zijn lange, zijdeachtige vacht klit snel als je er onvoldoende aandacht aan besteedt.

Greyhounds mogen zich verheugen op een toenemende mate van waardering als gezinshond.

Een wereld vol andere rassen

Het is wat moeilijker om informatie te vinden over niet-erkende rassen. Maar als je een van deze rassen overweegt, zou je hier zeker een beetje moeite voor kunnen doen. In de bibliotheek en boekhandel kun je vast hondenencyclopedieën vinden met informatie over rasstandaarden. Voor meer informatie over aangeboren afwijkingen, dominantie en trainbaarheid, mate van activiteit, verharing en verzorging, kun je meer informatie vinden op internet. Maar neem zeker ook contact op met gerenommeerde fokkers van het ras waarin je geïnteresseerd bent.

TIP

Internet is voor elk ras een uitstekende manier om informatie te zoeken, maar voor een zeldzaam ras is het misschien wel de beste manier. Uitgevers willen graag boeken verkopen, hoe meer van een titel hoe beter. Je zult dus niet snel *Otterhounds voor Dummies* zien verschijnen. Er zijn gewoon te weinig otterhounds om hierover een boek vol te schrijven dat ook nog eens goed verkoopt. Maar het is onvoorstelbaar hoeveel je op internet kunt vinden, zoals websites die zijn opgezet door liefhebbers van of verenigingen voor een ras, om deze minder voorkomende rassen te eren en mensen hierover te informeren.

Populaire rassen: een overzicht

We zien onszelf graag als absolute individualisten, maar dragen dezelfde kleding als anderen dragen, rijden in een auto waar talloze anderen in rijden, kijken naar dezelfde televisieprogramma's en doen ons tegoed aan dezelfde hippe maaltijden. Het zal je dan ook niet verbazen dat we ook massaal voor de populaire rassen kiezen als het om honden gaat. Bij de American Kennel Club zijn zo'n 300 rassen geregistreerd, maar bijna driekwart van alle geregistreerde honden is van een ras dat in de top 20 staat. Sterker nog: meer dan één op de tien geregistreerde honden is een labrador retriever en één op de vijf geregistreerde honden is een labrador of een golden retriever. Tot zover ons absolute individualisme!

BELANGRIJK

Onthoud, nee, *grif het in je geheugen*, dat niets wat ik hier zeg ook maar enige waarde heeft als je een pup koopt bij iemand anders dan een gerenommeerde fokker. Lees voor meer informatie hierover hoofdstuk 3.

TIP

Honden voor Dummies is in principe een basisnaslagwerk. Ik heb hier dus geen ruimte om elk ras tot in detail te behandelen of de populairste rassen uitgebreid te analyseren. Gelukkig zijn er talloze boeken te vinden over het evalueren van hondenrassen.

Nu we alle voorbehouden hebben gehad, gaan we eens kijken naar mijn nuttige, onderbouwde en misschien wel aanstootgevende overzicht van de twintig populairste rassen.

Het staat vast dat deze populaire rassen last hebben van aangeboren gezondheidsafwijkingen. Vraag aan de fokker wat deze afwijkingen bij het betreffende ras zijn en dring aan op een gezondheidsverklaring van beide ouders. Als je deze niet krijgt, ga dan snel naar een ander. Nogmaals, ik heb het steeds over honden van gerenommeerde fokkers. Dit zijn echt de enige fokkers waar je moet gaan kijken (dat had ik toch al duidelijk gemaakt?). De rassen die voldoende veelzijdig, vriendelijk en gemakkelijk in de verzorging zijn op het gebied van verharen (weinig tot gemiddeld), gezondheid en trainbaarheid (met name zindelijkheid), zodat ze in bijna elk huishouden passen, heb ik gemarkeerd als 'Geschikt voor *Dummies*'.

Labrador retriever. Zachtaardig, goed met kinderen, kan prima worden getraind. Energieke pups ontwikkelen zich tot bedachtzame, toegewijde volwassen honden, na een paar jaar voortdurende training en veel beweging. Onderhoudsarme korte vacht. Honden die zijn gefokt voor werk in het veld zijn wat slanker en hebben meer energie. Dit is prima voor een actieve eigenaar, maar wat veel van het goede voor vele anderen. Andere lijnen zijn misschien weer wat kalmer, maar ook deze honden hebben beweging nodig. Labradors neigen ernaar van alleen lucht al dik te worden. Verharen doen ze nauwelijks. Ze blaffen om je aandacht te trekken, maar zijn vriendelijk genoeg om inbrekers de spullen naar buiten te helpen dragen. Formaat: groot, 25 tot 40 kilo.

Golden retriever. Het grootste probleem van de golden retriever, behalve dat ze enorm verharen, is dat mensen er een kopen en verwachten dat hun pup automatisch opgroeit tot het toonbeeld van de perfecte, goedmoedige hond. Deze transformatie van schattige pup naar perfect huisdier vindt niet plaats als je er zelf niet de nodige energie in steekt. Maar gelukkig is het geen straf om zo met de hond bezig te zijn: golden retrievers zijn zeer leergierig en maken het hun baas graag naar de zin. Aangeboren afwijkingen vinden we onder andere in de heupen, het hart en de ogen. Dring dus aan op een gezondheidsverklaring van beide ouders. Formaat: groot, 25 tot 40 kilo.

Duitse herder. Voor sommige mensen gaat er niets boven een goed gefokte Duitse herder: intelligent, veelzijdig en waakzaam. Helaas zijn er talloze honden die verre van een goedgefokte herder zijn, ook al zeggen zowel uiterlijk als papieren dat het een herder is. Dit ras is bijna ten onder gegaan aan zijn eigen populariteit. Als je er echt absoluut een wilt hebben, wees dan heel voorzichtig waar je deze koopt. Je loopt anders het risico opgescheept te raken met een ziekelijke, verlegen of ronduit gevaarlijk agressieve hond. Verhaart, het hele jaar door. Blaft om je aandacht te trekken en maakt er geen probleem van om ook te bijten. Formaat: groot, 25 tot 40 kilo.

Teckel. De teckel (dashond) biedt veel hond in een kleine, grappige verpakking. Van dit slimme en soms eigenzinnige ras zijn drie typen: kortharig, langharig en ruwharig. Daarnaast zijn er drie formaten: standaard, dwerg en kaninchen (Duits voor konijntje). De ruwharige teckel lijkt op een terrier met een lang lijf, de langharige op een setter met korte pootjes. De lange rug kan voor problemen zorgen. Houd hun gewicht daarom goed in de gaten en voorkom springen. Ze zijn goed met kinderen, al is dat omgekeerd niet altijd het geval: als je ruw met een teckel omgaat, kan deze gemakkelijk zijn rug bezeren. Ze kunnen nogal keffen en sommige teckels zijn moeilijk zindelijk te krijgen. Verharen doen ze niet erg. Formaat: mini (de kaninchenvariant) en klein (de standaardvariant), van een krappe 4 kilo tot hooguit 10 kilo.

Beagle. Wat zijn dit toch heerlijk vrolijke hondjes! Deze robuuste, compacte jachthond wil niets liever dan de hele dag achter zijn neus aan lopen. Je kunt hem dit natuurlijk niet kwalijk nemen, maar de beagle kan er wel door in de problemen komen. Beagles zwerven graag, kunnen prima ontsnappen en zijn soms lastig zindelijk te krijgen. Bovendien zijn ze eigenzinnig en moeilijk te trainen. Dankzij hun gemoedelijkheid zijn het prima huisdieren voor een gezin met kinderen, met name als aangelijnde metgezel voor de kleintjes tijdens hun zwerftochten. De vacht is vrij onderhoudsarm en verhaart niet veel. Blaffen? Beagles blaffen niet, echt niet. Ze nemen het woord: hun huilende en doordringende arooo-arooo-arooo is muziek in het oor van de jager, maar werkt veel anderen op de zenuwen. Formaat: klein, 9 tot 13 kilo (maar deze lekkerbekken komen gemakkelijk aan; houd dat dus in de gaten).

Poedel. Bij de poedel gelden alle drie de formaten als op zichzelf staand ras. Het ras is jarenlang de meest favoriete hond van het land geweest en met reden. Poedels zijn briljant, goed te trainen, leuk gezelschap en verharen uitzonderlijk weinig. Deze vacht moet dan wel elke zes weken professioneel worden onderhouden. De mini- en koningspoedel zijn heel goed met kinderen. Dwergpoedels zijn vaak te kwetsbaar voor de meeste kinderen, met uitzondering misschien van enkele heel voorzichtige en zachthandige kinderen. Ze blaffen veel, vooral de kleinere varianten, maar zijn geen hele goede wakers. (Al ken ik koningspoedels die zijn getraind als waakhond!) Formaat: mini (de dwergvariant), klein (de minivariant), groot (de koningspoedel), minder dan 5 kilo tot ruim 30 kilo.

Chihuahua. Er zijn meer dan voldoende redenen om een chihuahua te nemen, als je een slimme, schone, trouwe (volgens sommigen bezitterige) dwerghond wilt. Sommige chihuahua's blaffen veel en kunnen behoorlijk waaks zijn. Al kan een chihuahua met zijn amper 5 kilo weinig uitrichten. De chihuahua is er in de populaire, herkenbare kortharige versie en in een wat pluizigere, langharige variant. Dit hondje is alleen veilig bij extreem voorzichtige kinderen. Formaat: mini, minder dan 5 kilo.

Rottweiler. De rottweiler werd populair in de jaren negentig, toen hij tot grote hoogte steeg op de ranglijst van populaire rassen. Helaas werd dit gevolgd door onvermijdelijke negatieve publiciteit, waarop de populariteit al snel weer afnam. Onwetende, onvoorzichtige en opportunistische fokkers hebben een groots ras bijna te gronde gericht. Als iemand mij nu om advies vraagt over rottweilers, dan raad ik ze aan er eerst nog eens goed over na te denken en vervolgens op zoek te gaan naar een goede fokker. Zelfs een goede rottweiler is voor veel mensen te veel van het goede: te groot, te sterk, te koppig en te slim. Een lieve rottweiler? Natuurlijk zijn deze er. Maar er zijn ook slecht gesocialiseerde honden met een explosieve aard die een gevaar kunnen vormen voor hun omgeving. Onderhoudsvriendelijke korte vacht. Formaat: groot tot enorm, 35 tot 45 kilo.

Yorkshire terrier. Slim, aanhankelijk, koppig en heel erg kefferig. Beschermend en dapper, soms op het belachelijke af. Charmant en manipulatief: yorkie's zijn schattig, weten dat ook en maken hier graag gebruik van om van alles van hun baasjes gedaan te krijgen. Als je ze de kans geeft, worden het verwende nesten. Je mag ze best een beetje verwennen, maar zorg wel dat de grenzen duidelijk zijn. Voor de hond en voor jezelf. De vriendschap met dit kleine wonder wordt er alleen maar hechter door. Yorkshire terriers verharen niet heel erg, maar dan moet je ze wel elke paar maanden professioneel laten trimmen. Dit hondje is alleen veilig bij extreem voorzichtige kinderen. Net als zoveel dwergrassen is de Yorkshire terrier lastig zindelijk te krijgen. Formaat: mini, minder dan 5 kilo.

Boxer. Ik groeide op met boxers, leerde lopen terwijl ik me vasthield aan de halsband van een boxer en maak van binnen nog steeds een vreugdesprongetje als ik er een zie. Boxers zijn slim, trouw, beschermend en speels, en niet te vergeten, vreselijk koppig. Met kinderen kunnen ze prima overweg, maar voor peuters zijn ze wat te wild en sterk. En dan nu het slechte nieuws: boxers lopen een groot risico op kanker en hartkwalen en worden vaak niet oud. Maar een paar jaar met een goede boxer is vaak beter dan veel meer jaren met veel andere rassen. De boxer lijkt aan populariteit te winnen bij mensen die een 'macho' ras willen. Wees dus voorzichtig: het aantal broodfokkers groeit. De vacht is onderhoudsarm, ze verharen niet veel. Sommige boxers kwijlen, andere boxers snurken, sommige boxers kwijlen *en* snurken.

Shih tzu. De shih tzu is slim, naar bijna iedereen vriendelijk en het toonbeeld van alles waar de dwergrassen voor staan: gezelschapshond. Als je shih tzu's verwent, maken ze daar minder misbruik van dan de dominantere dwergrassen. Maar verwen ze toch niet te veel. Het kan net als bij veel andere dwergrassen moeilijk zijn ze zindelijk te krijgen. Ze verharen niet erg, maar het is wel verstandig hun vacht kort te houden door ze elke paar maanden door een professionele trimmer te laten trimmen. De shih tzu is wat groter en robuuster dan de kleinste dwergrassen en loopt hooguit gevaar bij echt onstuimige kinderen. Formaat: mini tot klein, minder dan 10 kilo.

Dwergkeeshond. De dwergkeeshond lijkt qua karakter wel op de yorkie, en ook bij deze hond mogen we blij zijn dat er geen grote versie van is. Als je deze hondjes erg verwent, kunnen ze vreselijk verwende nesten worden, maar als je ze verstandig opvoedt, zijn het heerlijk pittige kameraadjes. Het kan lastig zijn om een dwergkeeshond zindelijk te krijgen. Vooral bij reuen, die graag binnen hun territorium markeren. Ze blaffen, zijn dapper en niet overdreven bang voor grotere honden. Hun weelderige vacht verhaart wel. Maar vergeet niet dat zelfs de meest verharende kleine hond nog steeds klein genoeg is om het een niet al te groot probleem te laten worden. Dwergkeeshondjes zijn redelijk robuust, zodat ze alleen gevaar lopen bij echt onstuimige kinderen. Formaat: mini, minder dan 5 kilo.

Cocker spaniel. Ook dit ras is bijna ten onder gegaan door slecht fokken. De cocker spaniel zou alles moeten zijn wat je van een gezelschapshond mag verlangen, met als enige mogelijk nadeel zijn lange vacht, die behoorlijk wat onderhoud vergt. Verder is hij perfect van formaat (niet te groot en niet te klein), heeft hij een vrolijk, open en lief karakter en maakt hij het je graag naar de zin. Dit is hoe een cocker spaniel zou moeten zijn, maar vele zijn dat niet. Helaas zijn er nogal wat neurotische, ziekelijke cocker spaniels die zo happerig zijn dat ze gevaarlijk zijn. Je kunt je nauwelijks een betere hond voor je kinderen voorstellen dan een goedgefokte, goedgesocialiseerde cocker spaniel; maar je kunt je ook moeilijk een slechtere hond voorstellen dan de spaniels die worden aangeboden door slordige fokkers. Cockers blaffen niet overdreven veel. Formaat: klein, minder dan 14 kilo (maar ook cocker spaniels hebben de neiging dik te worden, let dus op hun voer).

Dwergschnauzer. Dit ras heeft een gezicht dat perfect past bij het duiveltje dat in elke hond schuilt. Compleet met de zwarte kraalogen waardoor je niet anders kunt dan welke overtreding dan ook door de vingers zien. De dwergschnauzer is een terrier en net als alle terriers is het een actieve, slimme en leuke hond met een hoge eigendunk en behoefte aan speels, actief gezelschap. Het is een kleine, robuuste hond die goed tegen een stootje kan tijdens een potje spelen met kinderen. Elke paar maanden een ritje naar een professionele trimmer is wel een vereiste. De slechtste eigenschap: blaffen. Dwergschnauzers zijn erg kefferig. Formaat: klein, minder dan 11 kilo.

Shetland sheepdog. Waarom zou je niet houden van een prachtige, toegewijde, briljante en speelse sheltie? Ik kan helaas de nodige redenen noemen. Ik heb al mijn hele volwassen leven sheltie's en heb een paar jaar afgedankte sheltie's opgevangen en opnieuw gehuisvest. Ik heb tientallen sheltie's in huis gehad, waarvan een ontstellend aantal irritant of zelfs neurotisch gedrag liet zien. Sommige van deze honden kunnen erg timide, erg happerig en verschrikkelijk kefferig zijn. Maar als je een goede sheltie vindt, dan smelt je hart ter plekke. Sheltie's zijn leergierig. Ze pikken dingen zo snel op dat trainen bij deze honden moeiteloos lijkt te gaan. Zelfs de beste van deze honden kunnen wat afwachtend zijn bij vreemden, al noemen fokkers dit liever gereserveerd en beschouwen ze dit als de juiste aard. Ik noem het verlegen en ik zou graag zien dat hier door mensen die van het ras houden minder op wordt gefokt. Ze verharen twee keer per jaar. En verharen doen ze dan ook echt, handenvol tegelijk. Buiten deze periode valt het verharen erg mee. Dit ras kan prima met kinderen overweg. Formaat: klein, minder dan 15 kilo.

Mopshond. De mopshond is de grootste van de dwergrassen en wordt snel populairder. En dit heeft een goede reden: het is een heerlijke kleine hond. Stevig, grappig, gemakkelijk en lief, goed met kinderen en past in elke gezinssituatie. De korte vacht is onderhoudsarm. Hij blaft niet veel en is met iedereen vriendjes. Is er ook een negatieve kant aan dit ras? Absoluut! Veel fokkers hebben hun mopshonden op de wereld gezet met dusdanig korte neuzen dat de dieren ademhalingsproblemen hebben. Sommige mensen vinden het 'schattig' dat hun mops snurkt, maar vaak is dit een teken dan de hond het benauwd heeft. Snurken, misschien, maar eigenlijk is dat gewoon schattig. De mopshond is het enige ras dat ik ken met een Latijns motto: *multum in parvo* (of 'veel hond in een kleine ruimte'). Absoluut waar! Klein, minder dan 10 kilo (maar hij dijt gemakkelijk uit, dus houd hem in de gaten).

Dwergpincher. De schattige kleine dwergpincher lijkt op een kleine dobermann. Toch zijn deze rassen niet verwant en gaat de gelijkenis niet verder dan het uiterlijk en de drang om te waken. Deze kleine hond bestaat al een eeuwigheid, terwijl de dobermann relatief kort geleden is ontwikkeld. Dwergpinchers lijken niet te beseffen dat ze klein zijn en verdedigen jou zo goed als ze kunnen. Op zich prima, maar al die energie heeft wel een keerzijde. Deze hondjes zijn echt kefferig en kunnen behoorlijk bijtgraag zijn. Ze zijn wilskrachtig en sommige zijn lastig zindelijk te maken. Dit hondje is alleen veilig bij extreem voorzichtige kinderen. Onderhoudsarme vacht. Formaat: dwerg, minder dan 5 kilo.

Siberian husky. De Siberian husky is als een vis op het droge in een stedelijke achtertuin en laat zijn ongenoegen duidelijk blijken door te huilen, graven en knagen. Een van zijn favoriete bezigheden is ontsnappen en rondzwerven. Je kunt het de hond niet kwalijk nemen. Het ras is ontwikkeld om uren aan een stuk in de weer te zijn; om op een ontspannen drafje een slede kilometer na kilometer voort te slepen. Als je geen moeite doet om het dier voldoende beweging te geven, word je niet blij van deze hond. De Siberian husky is goedaardig en gemakkelijk in de omgang, blaft niet veel en is niet erg waaks. Hij is onafhankelijk en slim, maar heeft weinig op met gehoorzaamheid. Twee keer per jaar kun je je lol op met zijn verharende vacht, waarbij handenvol haar van het formaat van een kitten loskomen. Prima met kinderen. Als je van sporten houdt, zoals hardlopen, of nog beter, langlaufen, kun je je geen betere trainingspartner wensen. Zo niet, dan is dit waarschijnlijk niet de beste keuze. Formaat: groot, 22 tot ruim 30 kilo.

Boston terrier. Ook Boston terriers verdienen hun populariteit: het zijn goede, solide honden van een handzaam formaat, trouw, slim, lief en speels. De goede exemplaren stralen een zelfvertrouwen uit dat past bij een hond die zijn hele leven in een smoking loopt. Goed met kinderen, niet erg lawaaierig en past in bijna elke leefomgeving. Ook onder de Boston terriers komen honden voor met een te korte neus die daardoor benauwdheidsklachten hebben. Hun vacht heeft nauwelijks onderhoud nodig. Al met al is het een handige, kleine hond. Formaat: klein, minder dan 14 kilo.

Maltezer. De maltezer is slim, lief en sprankelend en is daarmee een prima dwergras. In de showring zien deze hondjes met hun vloeiende vacht tot op de grond eruit als engeltjes. In het dagelijks leven is deze vacht erg onpraktisch en is het beter ze regelmatig te laten trimmen. Maltezers zijn zo slim dat ze eerder hun baasjes trainen dan andersom. Ik ken er meerdere die hun baasjes precies kunnen laten doen wat ze willen. Gelukkig zijn het gemoedelijke despoten, die je dus gerust wat kunt verwennen. Dit hondje is alleen veilig bij extreem voorzichtige kinderen. Net als zoveel dwergrassen kan de maltezer veel keffen. Het is zonde om de scherpe geest van dit kleine hondje niet te gebruiken: ze zijn leergierig en laten graag zien wat ze kunnen. Formaat: mini, minder dan 7 kilo.

IN DIT HOOFDSTUK

De juiste hond vinden voor de moderne levensstijl

Op zoek naar een rashond

Kruisingen, volwassen honden en andere alternatieven verkennen

Hoofdstuk 3
Onderzoek doen naar fokkers, asielen en andere adressen

Je hebt je huiswerk gedaan. Je hebt gekeken wat je wel en niet leuk vindt in een hond en je hebt goed onderzocht welke rassen en rastypen passen bij je levensstijl. (En als je dit nog niet hebt gedaan, kun je hoofdstuk 1 en 2 nog eens doorbladeren voor wat hulp op dit vlak.) Nu je weet wat voor soort hond je wilt, ben je klaar voor de volgende stap: de hond kiezen waarmee je je leven wilt gaan delen.

Waar vind je deze hond?

Puppy's en honden vind je op verschillende plaatsen, zoals bij fokkers en in asielen. De zoektocht naar het perfecte huisdier kan best moeilijk zijn, maar ergens heeft iemand altijd wel een prachtig dier dat precies bij jou past. Er is geen 'juist' adres en het is zeker mogelijk om een goed huisdier te vinden bij een niet-optimaal adres. Maar tussen *mogelijk* en *waar-*

schijnlijk zit nog een wereld van verschil. Als geïnformeerde consument wil je het risico beperken, zodat je meer kans maakt op een lichamelijk en geestelijk gezonde pup of hond.

Welkom in het nu

Vroeger was de keuze van een huisdier zo eenvoudig. Deden jouw ouders er veel moeite voor? Waarschijnlijk niet. Je moeder zag een advertentie in de krant of een collega van je vader prees zijn nest puppy's aan dat hij wilde verkopen of weggeven. Tot vrij kort geleden waren maar weinig honden gecastreerd. Overal kon je puppy's krijgen.

Nadat je ouders hadden besloten dat er een hond moest komen, werd je waarschijnlijk met je broers en zussen meegesleept naar een nest waarover ze hadden gehoord. De puppy die met jullie mee naar huis ging, was waarschijnlijk tot je ging studeren je beste maatje: de perfecte hond die jarenlang een prima metgezel was. Alles ging gesmeerd.

Je vraagt je waarschijnlijk af of je tijdens de aankoop van een huisdier echt alle voorzorgsmaatregelen uit dit hoofdstuk moet opvolgen (zoals de zorgvuldige keuze van een fokker). Je weet welk ras je wilt. Je kunt dan toch gewoon de krant openslaan, een paar nummers bellen en komend weekend al een hond hebben? Of als je nog niet zeker weet welk ras je wilt, maar wel al een voorselectie hebt gemaakt uit twee of drie rassen, dan kun je toch gewoon naar een hondenhandelaar gaan en de verschillende rassen bekijken?

Denk voordat je tot actie overgaat eerst eens na over hoezeer de wereld is veranderd. Kijk eens goed hoe jouw dierenthuis verschilt van het thuis dat jouw ouders een huisdier konden bieden. En ook honden zijn veranderd. Dit geldt helemaal voor rashonden, zoals ik uitleg in de paragraaf 'Veranderde honden' verderop in dit hoofdstuk.

Een veranderde wereld

Voor veel mensen is het tegenwoordig moeilijker om voor een hond te zorgen dan in het verleden het geval was. Twintig tot dertig jaar geleden waren er veel minder stellen waarvan beide partners werkten. Vandaag de dag is het huisdier in veel huizen vaak urenlang alleen thuis. De huismoeder die thee en koekjes klaar had staan als de kinderen uit school kwamen, was er ook voor de hond van het gezin. Vandaag de dag moeten ouders alle zeilen bijzetten om hun kinderen voldoende aandacht te geven. Hetzelfde geldt voor huisdiereigenaars en hun 'dierenkinderen'.

Maar werkpatronen zijn niet het enige dat is veranderd. Grond is waardevoller (lees: duurder) geworden. Om woningen betaalbaar te houden, zijn er daarom tegenwoordig minder huizen met een ruime achtertuin en meer flats, stadswoningen, appartementen, twee-onder-een-kapwoningen en eengezinswoningen met een postzegel als achtertuin. De achtertuin van het huis dat mijn opa en oma in 1954 nieuw hadden gekocht, was zo groot dat ik de tennisbal voor hun cocker spaniel niet tot achterin kon gooien. De tuin van mijn eigen huis is zo klein dat ik eigenlijk altijd tegen de schutting gooi en mijn honden de bal pas vangen als deze terugstuit. Daarom gaan we eigenlijk altijd naar een meer of het park om mijn grote honden voldoende beweging te geven. Het zijn voor iedereen heerlijke uitstapjes, maar ze kosten wel meer tijd.

Veranderde honden

Maar het groeiende aantal tweeverdieners, hardwerkende alleenstaanden en kleinere tuinen zijn niet de enige verandering sinds jouw eerste hond een pup was. Honden zijn ook veranderd.

In de jaren voor de Tweede Wereldoorlog waren rashonden vooral voor rijke mensen met een dubbele achternaam. Na de oorlog konden steeds meer mensen uit de groeiende middenklasse zich een koophuis veroorloven. Jonge gezinnen wilden een hond in hun nieuwe achtertuin. En dit moest natuurlijk dezelfde hond zijn als rijkere gezinnen hadden: een rashond.

Door deze toename werden rashonden gemeengoed. Rashonden fokken was hiermee niet meer een hobby voor de rijken. Het werd een groeiende bedrijfstak. Commerciële fokkers en gelegenheidsfokkers begonnen nestjes te produceren, zonder oog te hebben voor gezondheid en karakter. Als gevolg hiervan daalde de kwaliteit van rashonden en werd in veel landen, waaronder Nederland en België, wetgeving ingevoerd om de kwaliteit van de dieren en het dierenwelzijn te waarborgen.

Als je jezelf eerst goed verdiept in een ras voordat je een puppy koopt, heb je geen wetten nodig om je te beschermen. De kans dat je een gezonde, vrolijke rashond krijgt, is groter als je een gerenommeerde en kundige fokker zoekt. Ik zal je vertellen hoe je deze fokkers vindt.

TIP

Het werk van een goede fokker is in de loop van de jaren niet erg veranderd. Deze fokkers fokken om het ras waarvan ze houden in stand te houden en te verbeteren. Ze willen met goed fokken dieren krijgen die nog beter voldoen aan het ideaal van hun ras of die vaardigheden hebben die ze kunnen bewijzen tijdens wedstrijden. Want wie wil er nou niet winnen? De puppy's uit deze nesten die als huisdier worden afgestaan, de zogeheten 'puppy's van huisdierkwaliteit', zijn in zekere zin een nevenproduct van het streven van de fokker naar betere dieren. Maar deze dieren profiteren van de kennis en expertise van de fokker. En jij dus ook, als je een puppy koopt bij een goede fokker.

Als je ergens anders dan bij een goede fokker een raspuppy haalt, is de kans groot dat je een hond krijgt met een zwakke gezondheid of onwenselijke karaktertrekken, bijvoorbeeld te verlegen of te agressief. Zo'n hond kost niet alleen geld (voor dierenartsrekeningen of zelfs schadeclaims), maar kan je ook veel verdriet bezorgen.

BELANGRIJK

Kortom: het is moeilijker dan ooit om een hond te onderhouden en de kans dat je een foute keuze maakt, is groter dan ooit. Daarom is het *waar* je een hond haalt net zo belangrijk als *wat* voor soort hond je haalt.

Raspuppy's: diepgaand onderzoek

Het moment is eindelijk gekomen om naar puppy's en honden te gaan kijken. En opeens heeft iedereen een hond die je toch echt even moet zien. 'Mijn buren gaan verhuizen en kunnen de hond niet meenemen', of een nestje met puppy's die stuk voor stuk perfect voor jou zijn, al is het een ander ras en zelfs een totaal ander type ras dan je had gekozen.

Luister beleefd, lach vriendelijk en bedank diegenen hartelijk dat ze aan je hebben gedacht. Misschien is die hond van de buren van je collega wel precies de hond die je zoekt. Maar reken er niet te hard op. Het is tijd om op hondenjacht te gaan.

Fokkers: de goede, de onwetende, de gewetenloze

Veel puppy's worden verkocht dankzij de woorden *stamt af van kampioenen* en *bij het stamboek geregistreerd*. En ook het woord *extra* (extra grote rottweilers of extra kleine dwergpoedels) helpt uitstekend. En dan hebben we nog de kreten *zeldzaam* (bijvoorbeeld: zeldzame witte boxers) en *beide ouders aanwezig, opgegroeid in het gezin, moet nu weg!* en *wordt thuisgebracht.*

De meeste van deze verkoopslogans moet je negeren. Zo moeten enkele van deze extra's (zoals *met Europees dierenpaspoort*) standaard zijn bij een rashond. Andere kreten zijn helemaal niet zo goed, maar duiden op fokpraktijken waarmee je als koper van een puppy helemaal niet beter af bent.

Veel van de gerenommeerde fokkers hoeven helemaal geen reclame te maken. Dankzij hun reputatie, die wordt onderbouwd door het jaren aan een stuk leveren van lichamelijk en geestelijk gezonde puppy's voor shows, werk en gezin, komen mensen vanzelf bij hen terecht. Ze fokken maar weinig nesten en hebben vaak wachtlijsten voor de puppy's die worden geboren.

BELANGRIJK

Je moet dus op zoek naar een *gerenommeerde fokker* Maar wat is nu het verschil tussen een goede fokker en andere fokkers? Kijk naar de woorden in een advertentie of op een folder op het prikbord op je werk en bepaal waarom de verkoper wordt aangeprezen als iemand met veel ervaring met rashonden van het ras dat ze fokken:

- **Stamt af van kampioenen.** Op Stamboek Online is er geen aparte 'kampioenenlijst' met vermelding van de Winner- of Kampioenstitels. Ook de vermelding van het aantal nesten is met de update van augustus 2017 vervallen. Voor een overzicht van de kampioenen ga je naar de kampioenenlijst: https://www.houdenvanhonden.nl/actief-met-je-hond/showen-met-je-hond/overzicht-kampioenen-en-uitslagen
- **Geregistreerd.** Prachtig. Bijna elke fokker verkoopt rashonden die kunnen worden geregistreerd bij de Raad van Beheer (NL) of de KMSH (BE).
- **Extra.** De aanprijzing 'extra groot' zie je veel bij rassen die voor bewaking worden gebruikt, bij mensen die overmaatse rottweilers en andere honden met een angstaanjagende reputatie fokken. Ze willen de grootste, gemeenste hond fokken, maar de kans is aanwezig dat je een hond krijgt die niet goed kan bewegen, of een hond met heupproblemen of andere klachten. De richtlijnen voor de grootte van een ras zijn er met een reden. Als je je inlaat met mensen die hiervan niet op de hoogte zijn, of deze richtlijnen aan hun laars lappen, moet je je gaan afvragen wat er nog meer mis kan zijn met de hond.
- **Beide ouders aanwezig.** Wat zou hiermee nou mis kunnen zijn? Misschien niets. De moeder moet altijd aanwezig zijn. Maar bij veel gerenommeerde fokkers is de dekkende reu niet aanwezig. Ze zoeken het hele land – en soms zelfs de wereld – af naar de reu die in hun ogen het best past bij hun teef; een reu waarvan ze hopen dat de sterke kanten van de teef worden versterkt en de zwakke kanten worden verminderd. Deze reu kan aan de andere kant van de stad, of de provincie of zelfs het land wonen. Waar de reu ook woont, het teefje wordt er naartoe gebracht of de bevruchting vindt plaats via kunstmatige inseminatie.

  PAS OP

  Als de fokker beide ouders bezit, kun je goed de karakters en het uiterlijk van beide ouders beoordelen, maar heb je mogelijk te maken met een verkoper die vooral waarde hecht aan nabijheid en prijs: de dekkende reu was beschikbaar en hij was gratis. Dus mocht hij de teef dekken.

» **Moet nu weg!** en **Wordt thuisgebracht.** Dit zijn mensen die hun puppy's *nu kwijt willen.* Waar zijn ze als je vragen hebt of er problemen ontstaan? Niet beschikbaar of hard bezig het volgende nest net zo snel kwijt te raken. En hoe wil je de omstandigheden waarin de pup is gefokt en zijn moeder en de rest van het nest beoordelen als de verkoper de puppy als een pizza bij je voordeur aflevert? Een gerenommeerde fokker wil dat je komt kijken. Deze is trots op zijn honden en staat erop dat je een paar keer komt kijken en alle vragen stelt die je maar kunt verzinnen. Niet alleen nu, maar ook over zes maanden, of over zes jaar.

Je snapt het nu wel, denk ik. Wat ik mensen wil meegeven die een puppy willen gaan kopen, is dat je waarschijnlijk bij een goede fokker bent als hij jou meer vragen stelt dan jij hem. De fokker kent het ras en weet in wat voor huishouden deze honden het best passen. Hij weet welke puppy's tot hun recht komen in een rustig gezin en welke beter passen in een rumoerig huishouden. Hij wil zeker weten dat jij weet waar je aan begint, omdat hij zich verantwoordelijk voelt voor de pups die hij op de wereld heeft gezet.

Wil je zelf met een hond fokken? In hoofdstuk 17 laat ik zien waarom het fokken van honden minder winstgevend en meer werk is dan je denkt. Ook vertel ik waarom je eigen huisdier hierdoor in gevaar komt en hoe je met zelf fokken bijdraagt aan het hondenoverschot. Zelfs als je rashonden wilt fokken.

Als je nog steeds honden wilt fokken, vind je in datzelfde hoofdstuk een inleiding in het fokken van honden en lees je hoe je puppy's opvoedt en een eigenaar voor ze zoekt op een manier die een 'goed fokker' betaamt.

WANNEER JE SHOWFOKKERS MOET MIJDEN

PAS OP

Wees op je hoede voor sommige fokkers van showhonden, ook als ze al jarenlang kampioenen produceren. Een puppy moet vanaf de geboorte mensen om zich heen hebben om een goede metgezel te worden. Puppy's moeten contact hebben met kinderen en volwassen van beide geslachten. Ze moeten de geluiden horen van het leven van alledag tussen tweebeners. Dit geldt voor alle rassen, maar is nog belangrijker bij rassen die vaker verlegen of agressief zijn. Vooral bij deze rassen is extra socialisatie tijdens de opvoeding extra belangrijk.

Vraag of de dieren zijn gecontroleerd op genetische afwijkingen, of de fokker met de honden meedoet aan hondenshows of andere wedstrijden, vraag naar papieren, contracten en garanties. Maar vraag vooral waar en hoe de puppy's zijn opgegroeid.

Als de fokker zegt 'in mijn woonkamer' en benadrukt hoeveel contact ze hebben gehad met mensen, dan ben je op de goede weg.

Als hij zegt 'buiten, in mijn kennels' en niet aangeeft hoe de puppy's zijn gesocialiseerd, ga dan liever op zoek naar betere adressen.

Een goede fokker zoeken

Het kan best lastig zijn een gerenommeerde fokker te vinden. En als je er een vindt, heeft deze misschien geen puppy op het moment dat jij er een wilt, namelijk nu. Alleen al hierdoor komen veel mensen die op zoek zijn naar een puppy terecht bij minder ideale adressen.

Als alles goed gaat, heb je de hond meer dan tien jaar. Is het dan onredelijk om er fatsoenlijk tijd in te steken om de juiste fokker te vinden? Om wat rond te bellen en er een paar keer op uit te gaan? Om vragen te stellen aan degene die al jaren met het ras van jouw keuze samenleeft, zodat je meer antwoorden krijgt dan je in welk boek dan ook kunt vinden? Om met eigen ogen te zien hoe sommige honden pollen haar van het formaat hamster verliezen en andere complete rivieren kwijlen? Om een idee te krijgen hoe het is om je leven te delen met een hyperdynamische hond, een hond die steeds maar doorgaat?

Een serieuze fokker kan je bovendien meer over het ras vertellen dan je ooit voor mogelijk had gehouden. Zijn toewijding aan de puppy die je koopt, houdt niet op nadat de koop is gesloten. Je krijgt een gezonde, goed gesocialiseerde puppy en technische ondersteuning waarop elk softwarehuis jaloers is. Een serieuze fokker biedt voordelen die je niet aan je voorbij kunt laten gaan.

PAS OP

Je denkt misschien nog steeds dat elke labrador retrieverpup hetzelfde is. Misschien denk je wel dat ik te veel de nadruk leg op de zoektocht naar de bijna onvindbare gerenommeerde fokker. Maar ik kan het niet genoeg benadrukken. Ik schrijf al bijna twintig jaar voor verschillende kranten een column over huisdieren. In die tijd heb ik met duizenden mensen gesproken over hun huisdierenproblemen. En ik weet dat het ras en rastype dat je kiest en waar je je puppy of hond vandaan haalt, veel invloed heeft op hoe gelukkig je later met je hond zult zijn en zelfs of je deze hond later nog zult hebben.

Ik probeer iedereen pijn en verdriet te besparen.

Tijdschriften uitpluizen

Een bezoekje aan een hondenshow is waarschijnlijk de leukste manier om een fokker te vinden. Maar er zijn meer manieren.

In verschillende hondentijdschriften in Nederland en België, zoals *Onze Hond*, *Me & My Dog*, *Dogzine*, *Dogspiration*, *Hondensport en Sporthonden* en *Woef*, vind je informatie over en advertenties van fokkers.

PAS OP

De tijdschriften zijn niet verantwoordelijk voor het screenen van fokkers. Let dus goed op. Als je bij jou in de buurt niemand kunt vinden voor het ras dat je zoekt, bel dan eens met de dichtstbijzijnde fokker. Als het een gerenommeerde fokker is, is hij waarschijnlijk lid van een fokkersvereniging en kan hij je eventueel doorverwijzen naar een collega.

Een rasvereniging zoeken

Een andere manier om in contact te komen met gerenommeerde fokkers of om tijdens het wachten op je puppy meer informatie te krijgen over het ras, is door lid te worden van een rasvereniging. Via de Raad van Beheer op kynologisch gebied in Nederland (RvB) of de Belgische kennelclub SRSH-KMSH vind je erkende rasverenigingen waar je meer informatie vindt over jouw ras. Voor een volledig overzicht van alle rasverenigingen in Nederland ga je naar https://www.houdenvanhonden.nl/rasverenigingen/.

Hoeveel hulp je krijgt van een rasvereniging varieert per ras. Bij de ene club krijg je misschien niet meer dan een informatieblad over het ras. Bij de andere club kun je adressen van leden opvragen die met het ras fokken. Bij sommige clubs kun je je aanmelden voor een nieuwsbrief, waarin je onder andere namen van fokkers vindt. Zelfs als je niet direct de informatie vindt die je zoekt, krijg je als lid van een vereniging contact met insiders die je verder op weg kunnen helpen of in ieder geval net zo enthousiast zijn over jouw ras als jij bent!

TIP

MOET JE EEN PUPPY ONGEZIEN KOPEN?

Waarschijnlijk is er bij jou in de buurt of op een paar uur rijden wel een gerenommeerde fokker. Alleen als je je zinnen hebt gezet op een puppy van een minder populair ras, kan de dichtstbijzijnde fokker wel eens erg ver weg wonen. In dat geval moet je besluiten of je een puppy ongezien koopt en misschien niet eens zelf gaat ophalen, maar naar jou laat vervoeren.

Een puppy ongezien kopen klinkt misschien riskanter dan het is. Maar voordat je serieus over deze mogelijkheid nadenkt, moet je de fokker uitgebreid controleren en referenties opvragen. De fokker zal het zeker ook een grote stap vinden en wil dan ook graag uitgebreid met je praten. Je krijgt foto's van de ouders, vergezeld van alle documentatie en contracten die een goede fokker met de pup meelevert.

Ervaren fokkers zijn het gewend dieren te (laten) transporteren en stellen alles in het werk om zo veel mogelijk risico's uit te sluiten. (Zie ook hoofdstuk 18 voor reistips.)

Als alles in orde lijkt, grijp dan je kans. Waarschijnlijk word je blijer van een hond van een gerenommeerd fokker ver weg, dan van een hond van een onwetende of zelfs gewetenloze fokker bij jou om de hoek.

Of nog beter: neem de tijd om de pup zelf op te halen, indien nodig zelfs met het vliegtuig. Zelfs puppy's van grote rassen zijn nog klein genoeg om ze in een mandje in de cabine te mogen vervoeren. Je slaat twee vliegen in één klap; je bent er zelf even lekker uit en je geeft je puppy betere kansen op een goede start.

Let op: als je een puppy importeert vanuit het buitenland, ben je aan andere regels gebonden dan wanneer je een pup koopt bij een Nederlandse fokker. Zo moet een pup die uit het buitenland komt ingeënt zijn tegen hondsdolheid (rabiës). De pup moet:

- minimaal 15 weken oud zijn;
- met 12 weken zijn verplichte vaccinatie hebben gehad;
- in het bezit zijn van een chip en dierenpaspoort.

Na vaccinatie moet je 21 dagen wachten totdat de hond Nederland binnen mag komen.

Surfend op zoek naar een hond

Tegenwoordig kun je natuurlijk ook via internet prima aan adressen van gerenommeerde fokkers komen, bijvoorbeeld via elektronische mailinglijsten, nieuwsgroepen of fora. Elektronische mailinglijsten zijn een soort voortdurende groepsgesprekken, maar dan via internet. Via fora worden de gesprekken vaak onderverdeeld in verschillende onderwerpen. Deze lijsten en fora kunnen specifiek voor een ras zijn, maar ze zijn er ook voor rastypen of voor honden in het algemeen. Als je op internet zoekt naar bijvoorbeeld 'hondenforum', 'hondenfora' of 'forum voor honden', eventueel in combinatie met 'Nederland' of 'België', heb je een ruime keuze.

PAS OP

Maar ook slechte fokkers hebben internet ontdekt en willen je via dat medium graag hun puppy's verkopen. Ook bestaan er veilingsites waar de betreffende puppy of hond zonder verdere vragen naar de hoogste bieder gaat. Goede fokkers gebruiken hun website om informatie te verstrekken, slechte om hun 'producten' te verkopen. Je bent dus gewaarschuwd.

Enkele waarschuwingssignalen

Een heel enkele fokker is ronduit slecht en zorgt zelfs niet voor de basisbehoeften van zijn dieren. Daarnaast heb je er nog die mentaal ziek zijn en in een vervuilde woning wonen met honden die zonder enig toezicht paren. Deze mensen herken je vrij eenvoudig en kun je dus gemakkelijk mijden. Tenzij de pups netjes worden gewassen en getrimd en ergens anders worden verkocht.

Misschien geloof ik wel te veel in het goede in de mens of het goede in diegenen die van honden houden. Maar volgens mij is het grootste deel van de slechte fokkers (ook wel broodfokkers genoemd) niet kwaadwillend, maar gewoon ondeskundig. Ze weten niet dat een groot deel van de honden die ze produceren in het asiel terechtkomt of in hun leven veel pijn lijden door aangeboren afwijkingen. Ze willen gewoon een nestje 'voor de kinderen' of omdat 'puppy's zo leuk zijn' of omdat ze hebben gehoord dat je met fokken gemakkelijk een centje kunt bijverdienen. Het zijn geen slechte mensen, maar het zijn ook geen goede fokkers.

In de volgende alinea's lees je bij welke signalen je een fokker beter kunt mijden:

» **Te weinig kennis over het ras.** Iemand die niets weet van de geschiedenis van het ras of hoe geschikt het ras is voor verschillende huishoudens, is waarschijnlijk niet druk bezig met het fokken van puppy's die aan de rasstandaard voldoen.

» **Onbekendheid met of ontkenning van genetische afwijkingen.** Elk ras heeft problemen. Enkele van de meest voorkomende, zoals heupdysplasie, kunnen veel pijn veroorzaken en voor stevige rekeningen zorgen. Iemand die niet bekend is met aangeboren afwijkingen, controleert de dieren waarmee hij fokt dan waarschijnlijk ook niet om deze afwijkingen te voorkomen.

» **Geen deelname aan wedstrijden voor honden.** Niet elke hond hoeft een kampioen te zijn voordat ermee wordt gefokt, maar je maakt meer kans op een goede rashond als je je pup koopt bij iemand die actief met zijn hond is in bijvoorbeeld sport of werk.

- **Geen toegang tot het nest, de moeder of andere honden, of de ruimte waar de puppy's opgroeien.** Gezonde ouders met een goed karakter in een schone, netjes ingerichte omgeving vormen de beste aanbeveling voor een fokker. Als je alleen maar de pup mag zien die te koop wordt aangeboden, moet je je echt afvragen waarom dat is.
- **Geen papieren.** Als de puppy's worden aangeprezen als 'stamboekdieren', moeten de registratiepapieren aanwezig zijn. Hetzelfde geldt voor gezondheidspapieren. Iedereen is het beste af met een koopovereenkomst met de rechten en plichten van beide partijen. Met zo'n document sta je in je recht als de pup niet voldoet, bijvoorbeeld als er aangeboren gezondheidsproblemen zijn of als hij niet geschikt is voor de shows waarvoor je het dier onder andere hebt gekocht.
- **Begrijpt het belang van socialisatie niet.** Puppy's moet je opvoeden, liefhebben en aanraken om ervoor te zorgen dat het goede huisdieren worden. Iemand die niet kan vertellen wat hij of zij hiervoor heeft gedaan of probeert een puppy te verkopen die nog geen zeven weken oud is, weet waarschijnlijk te weinig van het opvoeden van puppy's om honden te kunnen fokken.

Nogmaals, het gaat erom de kans op succes te vergroten. Kun je een goede puppy vinden bij een broodfokker die in het plaatselijke sufferdje adverteert? Ja, dat kan, maar de kans dat je een hond krijgt met gezondheids- en gedragsproblemen is groter dan wanneer je een pup koopt bij een fokker van naam. Als je op zoek bent naar een rashond, is het daarom belangrijk om alles te doen wat je kunt doen om de pup te krijgen met de beste gezondheid en het beste karakter. *Zoek een gerenommeerde fokker en laat de rest links liggen.*

De papierwinkel

De papieren van een rashond bestaan uit minimaal twee elementen: de stamboom en een registratiebewijs bij de aangewezen database. Als je de pup koopt, moet de registratie worden overgezet op jouw naam. Een gerenommeerde fokker stuurt je waarschijnlijk met veel meer naar huis. Hierna volgt een lijst met de papieren die je mee kunt krijgen:

- **Stamboom.** Een overzicht van drie of meer generaties van de voorouders van de hond, met de geregistreerde namen van deze honden en de titels die ze hebben gewonnen. Een officiële stamboom krijg je alleen bij je pup als je een hond van geregistreerd ras koopt. In Nederland en België worden stambomen uitgegeven door de nationale stamboomregisters. Verder staat op de stamboom het chipnummer vermeld.

Uit de stamboom kun je veel opmaken. Gerenommeerde fokkers bestuderen deze dan ook uitgebreid als ze hun fokprogramma plannen. Op de stamboom vind je naast de namen van de ouders en grootouders ook informatie over waar deze vandaan komen en eventueel behaalde titels en kampioenschappen. Uitleg over afkortingen vind je op de Nederlandse stamboom op de achterzijde, op de Belgische onderaan.

» **Registratiebewijs.** In Nederland moet iedere na 1 april 2013 in Nederland geboren of geïmporteerde hond gechipt worden. Voor puppy's geldt dat ze binnen 8 weken na hun geboorte geregistreerd moeten worden bij een daarvoor aangewezen databank. Dit regelt de fokker. Als de pup bij jou komt wonen, moeten jouw gegevens worden gekoppeld aan zijn chipnummer. Voor rashonden geldt dat ze in het bezit zijn van een stamboom en een registratiebewijs. Dit vraagt de fokker aan bij de Raad van Beheer in Nederland of de Belgian kennel club SRSH-KMSH.

  In België moeten alle honden zijn geregistreerd via de centrale databank DogID. Als je een pup koopt of met je hond verhuist, vul je een 'Aanvraag tot wijziging van verantwoordelijke of wijziging van adres' in. Als je niet over een dergelijke aanvraag beschikt, geef je alle benodigde gegevens (naam eigenaar, chipnummer en geboortedatum hond, oud adres en telefoonnummer, en nieuw adres en telefoonnummer) door.

» **Gezondheidsverklaringen.** Deze bestaan onder andere uit gegevens wanneer de puppy is gevaccineerd en ontwormd. Vooral ontwormen doen veel fokkers zelf. Hiervoor hoef je dus niet per se gegevens van een dierenarts te verwachten. Bij deze papieren wil je zeker ook verklaringen waarin de pup vrij wordt verklaard van bepaalde afwijkingen, zoals doofheid bij dalmatiërs.

  Ook de gezondheidsverklaringen van de ouders van je pup kun je bij de fokker opvragen. Kijk hierbij vooral naar verklaringen over bekende genetische of aangeboren afwijkingen.

» **Koopovereenkomst.** Dit document bevat jouw verantwoordelijkheden, en verplichting de fokker in te lichten als je niet meer voor het dier kunt zorgen. Maar ook de rol van de fokker is vastgelegd: garanties op het gebied van gezondheid en karakter en de oplossingen die de fokker kan bieden als er toch problemen ontstaan. De overeenkomst voor een dier dat huisdier wordt is vrij eenvoudig. Dit bevat voornamelijk de verplichting het dier goed te verzorgen, hem niet zonder overleg met de fokker te herplaatsen en geeft jou het volledige eigendom van het dier. Als je met de hond wilt gaan meedoen aan shows en er mogelijk mee wilt gaan fokken, wordt de koopovereenkomst al een stuk uitgebreider.

TECHNISCHE INFO

De reputatie van een fokker staat op het spel als een dier dat nageslacht kan produceren de kennel verlaat. De fokker wil dan voorkomen dat zijn of haar naam terechtkomt op de stamboom van een pup uit de broodfokkerij. In de koopovereenkomst kan in dit geval zijn opgenomen dat je niet met het dier mag showen of fokken. Voor een hond die je wilt gebruiken voor showen of fokken, kunnen ook hele andere prijzen gelden.

» **Verzorgingsinstructies.** Tot slot krijg je van de fokker vaak richtlijnen mee over het soort voer en hoeveel het dier mag eten, wanneer je naar de dierenarts moet enzovoort. Sommige fokkers geven zelfs informatie mee over puppytraining en een basistraining gehoorzaamheid.

Dit is misschien een hele papierwinkel, maar dat lijkt bij het moderne leven te horen. Als je niet van plan bent met de hond te gaan fokken of aan shows mee te doen, hoef je hier nooit meer naar te kijken. De chipregistratie en de stamboom moet je natuurlijk wel overzetten op jouw naam.

Maar toch is de dikke stapel papieren belangrijk. Dit geeft namelijk aan dat je zaken hebt gedaan met een goede fokker. Deze heeft zijn of haar werk gedaan en de berg papieren is hiervan het bewijs.

Nu is het jouw beurt.

TECHNISCHE INFO

RASREGISTERS

Op internationaal niveau is de Fédération Cynologique Internationale (FCI) het overkoepelende orgaan. Er zijn bijna 100 nationale kennelclubs (dit zijn organisaties die op kynologisch gebied actief zijn) lid van de FCI. Ook de Raad van

Beheer is als Nederlandse kennelclub lid van de FCI. De Raad van Beheer is de 'paraplu' boven de vele Nederlandse (officiële) ras en kynologenverenigingen. Deze verenigingen bieden informatie over 'hun' ras en houden fokgegevens bij van nakomelingen van geregistreerde dieren. Ze organiseren hondenshows, gehoorzaamheidswedstrijden of behendigheidswedstrijden.

Niet alle nationale kennelclubs zijn lid van de FCI. Zo zijn de kennelclubs van Groot-Brittannië, Canada en Amerika niet aangesloten; zij opereren zelfstandig.

De Raad van Beheer op Kynologisch Gebied in Nederland, vaak kortweg Raad van Beheer genoemd, is de overkoepelende organisatie op het gebied van (ras)honden in Nederland.

Kynologie staat voor alles wat te maken heeft met relaties tussen mensen en (ras)honden. In de eerste plaats is dat kennis van het fokken van raszuivere honden. Maar ook gezondheid, welzijn en alle vormen van hondensport worden gerekend tot de kynologie. Dat is een omvangrijk werkterrein, als bedacht wordt dat Nederlanders met elkaar ruim 1,5 miljoen honden hebben (bron: Feiten & Cijfers Gezelschapsdierensector 2011, HAS), waarvan ongeveer 500.000 rashonden (circa 35% van totale populatie), behorend tot de circa driehonderd in Nederland erkende rassen. In 21% van de huishoudens maakt een hond onderdeel uit van het huishouden.

(Bron: raadvanbeheer.nl / databankhonden.nl)

De mogelijkheden uitbreiden

Ik leg nu wel zeer uitgebreid uit hoe je een raspuppy moet kopen, maar dit betekent niet dat je alleen naar raspuppy's moet kijken als je op zoek bent naar een hond. Niets is minder waar.

Maar uit ervaring weet ik dat veel mensen die erover denken een hond te nemen aan een raspuppy denken. Je kunt bij deze aankoop op zoveel manieren de mist in gaan, dat ik deze groep mensen uitgebreid van advies wil voorzien. Nu is het jouw beurt. Als je iets verder wilt kijken, gaat er opeens een hele nieuwe wereld vol prachtige honden voor je open. Wil je kunnen praten over een zeldzaam ras? Ga dan nog een stapje verder en kies voor 'uniek'. De 100 procent originele, unieke, er-is-in-de-hele-wereld-geen-tweede-van hondenkameraad: de kruising.

Maar er zijn nog meer dingen waarover je moet nadenken. Afhankelijk van je levensstijl is een 'tweedehands hond' misschien voor jou wel een betere keuze dan een puppy. En hiervan heb je zowel rasexemplaren als kruisingen. Als je zorgvuldig kiest, kan je tweedehands hond net zo'n hechte band met je familie vormen als een rashond die je als pup in huis hebt gehaald.

Asielen: een goede keuze en een goede daad

Asiel wordt vaak geassocieerd met *kruisingen, vuilnisbakkenrashonden, oudere honden* en *deprimerend.* Voor het geval je de laatste jaren niet in een asiel bent geweest: dit is zeker niet meer het geval.

TIP

Via creatieve reclamecampagnes in de media worden (asiel)dieren breder onder de aandacht gebracht om meer dieren te kunnen herplaatsen. In de beste asielen werken goed opgeleide, zorgzame dierenliefhebbers en een gedegen kern vrijwilligers die de honden doorlopend socialiseren en geïnteresseerden voorlichten over het dier dat het best bij hun omstandigheden past.

Maar het ene asiel is het andere niet. Zo worden sommige asielen beheerd door de Dierenbescherming, andere non-profitorganisatie of door particulieren. En inderdaad: er zijn helaas ook mensen die geld hopen te verdienen door een dierenopvang te beginnen. Het loont dus om eerst wat onderzoek te doen.

Maar in elk asiel vind je goede puppy's en honden. Een hond kan er tenslotte weinig aan doen waar deze, soms om de meest vreemde redenen, wordt gedumpt. Maar net zoals je de kansen op een gezonde, vrolijke pup kunt vergroten door bij een goede fokker te kopen, kun je de kans op een goed asieldier vergroten door naar een goed asiel te gaan.

PAS OP

Vaak is de keuze voor een asielhond niet eenvoudig. Je wilt ze eigenlijk allemaal wel meenemen. En bij het besef dat sommige van deze honden moeilijk een nieuw thuis zullen vinden, ontdooit zelfs het hardste hart. Maar niemand wordt er gelukkiger van als je puur naar je hart luistert. Als je kiest voor een hond waarmee je medelijden hebt, in plaats van de hond die beter bij je past, vindt deze hond waarmee je waarschijnlijk gelukkiger was geworden misschien geen nieuw thuis, of erger. En misschien is je keuze wel zo ongelukkig dat je de hond terugbrengt en besluit geen andere mee te nemen. In plaats van een gelukkig eind voor jou en een hond, is er een ongelukkig einde voor jou en twee honden.

TIP

Neem een vriend mee om te voorkomen dat je domme beslissingen neemt. En neem de tijd. Ga desnoods een paar keer kijken en laat je de kop niet gek maken. Als je nieuwe hond eenmaal bij jou is gewend, kun je die uitgebreid verwennen.

In sommige asielen worden dieren gecastreerd voor plaatsing of is het een verplichting als je een dier adopteert. Soms word je zelfs uitgebreid gescreend om te controleren of je wel in staat bent een hond te houden. Als je ongeschikt wordt bevonden, krijg je geen dier mee. Of je dit nu leuk vindt of niet, het is heel begrijpelijk voor organisaties die vechten tegen een overschot aan dieren. Maar laat je hierdoor niet ontmoedigen als je overweegt een puppy of hond uit het asiel te halen. Asielen zijn een prima plek om een puppy of hond te halen en een stuk voordeliger dan de fokker waar je een raspuppy koopt.

TECHNISCHE INFO

In asielen vind je niet alleen kruisingen. De meeste puppy's in een asiel zijn kruisingen, maar van de volwassen honden is in elk asiel soms een deel een rashond. En dan hebben we het niet alleen over gangbare rassen, zoals labrador retrievers, Duitse herders en poedels. Asielmedewerkers krijgen soms rassen binnen die zo zeldzaam zijn dat ze een hondenencyclopedie nodig hebben om ze te identificeren. Zo kreeg een asielbeheerder op een gegeven moment een vrij zeldzaam maar ongewenst schipperke in huis. Elk ras komt uiteindelijk wel in een asiel terecht. Triest, maar waar.

Gemeentelijk dierenopvang

Gemeentelijke instellingen voor dierenopvang zijn het gemakkelijkst te controleren. Ze zijn gewoon toegankelijk met vaste openingstijden, al kun je meestal niet op eigen houtje bij de dieren gaan kijken.

In deze instellingen komen dieren die worden gevonden, die na overlast zijn gevangen en waarvan geen eigenaar bekend is, of die worden afgestaan omdat de eigenaar om de meest uiteenlopende redenen er niet meer voor kan zorgen.

Meestal krijgen deze opvangcentra maar een beperkt budget. Voldoende om de dieren van te onderhouden, maar niet om een mooi, fris net pand neer te zetten. Probeer hier doorheen te kijken en beoordeel de dieren en de inzet en zorg van de medewerkers. Ook in een gemeentelijke dierenopvang kun je, met goed onderzoek en gezond verstand, een prachtige hond vinden.

Private, non-profit dierenasielen

Asielen en dierenopvangcentra variëren van deprimerende gebouwen, gerund door mensen die zich vooral bezighouden met geld inzamelen, tot keurige organisaties met voldoende geldschieters en programma's die er niet alleen op zijn gericht thuisloze dieren op te vangen, maar ook om omstandigheden voor alle dieren, en dierenliefhebbers, in hun gemeenschap te verbeteren. Dierenopvangcentra kunnen vallen onder de Dierenbescherming of vergelijkbare organisaties en stichtingen.

Met de middelen die ze hebben, doen ze hun best om dieren in hun gemeenschap op te vangen. Met een nieuw gebouw heb je nog niet meteen een goed asiel, maar je wilt wel kunnen zien dat er alles aan wordt gedaan om de dieren op te vangen in een schone omgeving waarin ziekten niet kunnen worden overgedragen.

Werken in een asiel is moeilijk en stressvol. Medewerkers en vrijwilligers raken gemakkelijk overwerkt. In een goed asiel wordt er net zo goed gezorgd voor de medewerkers als voor de dieren. Het een heeft namelijk direct invloed op het ander. Ga naar een asiel waar de medewerkers behulpzaam zijn, voldoende weten en duidelijk hun best doen om voor de dieren een nieuw thuis te vinden bij verantwoorde eigenaars.

De beste asielen zorgen ervoor dat ze voldoende weten van de geschiedenis, de gezondheid en het karakter van een hond voordat deze voor plaatsing wordt aangeboden. Ze zorgen ervoor dat ze er alles aan hebben gedaan om de kans op slagen zo groot mogelijk te maken, door socialisatie en screening voor het juiste nieuwe thuis. Ze bieden niet alleen informatie vóór de plaatsing, maar ook naderhand, bijvoorbeeld met gedragsadvies of training tegen een gereduceerd tarief.

Dit is het soort asiel waar je het best terecht kunt als je een hond of puppy zoekt. En als je nog een stapje verder wilt gaan, kijk dan of je een asiel dat niet helemaal aan het ideaal voldoet een handje kunt helpen. Vaak is het een kwestie van geld of vrijwilligers en kun je op een van deze gebieden een bijdrage leveren. Neem contact op met je plaatselijke asiel om te weten te komen hoe je kunt helpen.

Zowel in Nederland als in België verrichten de dierenbescherming en dierenambulances goed werk als het gaat om het opvangen van thuisloze dieren. Vaak zijn deze organisaties breder bekend en wordt hieraan gemakkelijker gedoneerd. Als het plaatselijke asiel vervolgens voor een donatie op de stoep staat, vangt dit vaak bot, omdat men al voor steun aan dieren heeft gedoneerd. Toch hebben ook plaatselijke asielen financiele hulp nodig om hun werk te kunnen blijven doen of misschien zelfs te verbeteren. Denk hier dus bij een volgende donatie ook eens aan.

Er gaan vaak verhalen rond dat men dieren in een asiel die niet (meer) kunnen worden geplaatst, na enige tijd laat inslapen. Gelukkig gebeurt dit in Nederland en België nauwelijks. Asielen die bijvoorbeeld vallen onder de Nederlandse Dierenbescherming, hanteren een no-kill beleid. Dieren worden alleen ingeslapen als dat medisch noodzakelijk is of als er sprake is van zeer ernstige gedragsproblemen.

Er wordt in toenemende mate geprobeerd om ook moeilijk plaatsbare dieren door bijvoorbeeld medische ingrepen of gedragstraining toch weer geschikt te maken voor plaatsing.

Maar laat je door al deze verschillende berichten niet afschrikken. Zoek een asiel waar de dieren gezond en goed gesocialiseerd zijn, in schone hokken zitten en waar de medewerkers er alles aan doen om de dieren in een goed huis te plaatsen en je hierbij van goed advies voorzien. In zo'n asiel maakt een dier het meest kans op een geslaagde plaatsing in een nieuw thuis.

Rasverenigingen: een prima adres voor een rashond

In sommige landen zetten ook rasverenigingen zich in voor het herplaatsen van dieren. Als je een rashond zoekt en het niet erg vindt om een volwassen hond te nemen, kun je in deze landen ook bij deze verenigingen terecht. Je krijgt hier vaak een goede deal en verricht meteen een goede daad.

Deze verenigingen voor het redden van rashonden zijn vaak rasverenigingen die zich richten op een specifiek ras, of een aantal aan elkaar verwante rassen, zoals collies en shelties. Soms vangen vrijwilligers ook kruisingen op voor herplaatsing.

Deze groepen variëren van individuen die enkele honden per jaar plaatsen tot grotere non-profitorganisaties met hun eigen opvanglocaties en een netwerk vrijwilligers die meteen in actie komen als een hond van hun ras hulp nodig heeft. Bij sommige van deze groepen kun je alleen terecht als je wordt doorverwezen. Ze hebben lijsten van honden die door particulieren worden opgevangen en verwijzen mensen die een dier zoeken hiernaar door. Anderen nemen honden over uit asielen, waarna particulieren de dieren een tijd opvangen om een goed idee te krijgen van de persoonlijkheid en het karakter van het dier.

De typische 'vereniging voor het redden van rashonden' bestaat dus niet. Een goede omschrijving zou kunnen zijn: een groep van enkele vrijwilligers die samenwerken om honden van het door hun gekozen ras op te vangen en te herplaatsen. Ze bieden honden aan die door een dierenarts zijn nagekeken, zijn gevaccineerd en gesteriliseerd of gecastreerd. De plaatsingskosten bestaan doorgaans puur uit de kosten voor de dierenartsbehandelingen. Vervoer en zorgkosten betalen de vrijwilligers zelf.

Verenigingen voor het redden van rashonden bieden voor mensen die een hond zoeken zowel voor- als nadelen.

De voordelen zijn dat je een door een dierenarts onderzochte, wat oudere rashond krijgt voor een zeer nette prijs (vaak alleen de dierenartskosten). Je krijgt hier vaak ook meer persoonlijke service dan bij een asiel. Deze verenigingen zetten je op hun wachtlijst als ze geen hond hebben die bij je past en ze werken met andere hulpverleners in de regio om te vinden wat je zoekt. Vrijwilligers van deze verenigingen hebben de honden die ze proberen te plaatsen vaak een tijd in huis gehad en weten dus beter hoe elke hond omgaat met een specifieke thuissituatie, bijvoorbeeld of de hond met katten kan opschieten.

Andere mogelijkheden

Voordat je een beslissing neemt, moet je zeker nog even kijken naar nog een paar andere adressen voor een gezonde, volwassen hond.

Honden met een carrièreswitch

Organisaties die hulphonden trainen voor mindervaliden of voor auditief of visueel gehandicapten, vragen enorm veel van hun honden. Er zijn dus veel honden die uiteindelijk niet goed genoeg blijken te zijn.

Hulphondorganisaties hebben vaak hun eigen fokprogramma of hebben goede connecties met specifieke fokkers. Bij deze hulphonden wordt gekeken naar dieren die uitzonderlijk gezond en intelligent zijn en die het juiste karakter hebben. Deze honden, vaak poedelkruisingen, labrador retrievers, golden retrievers en Duitse herders, zijn zo geschikt als huisdier dat er vaak een wachtlijst is voor de dieren die om een of andere reden niet door het trainingsproces zijn gekomen. De procedures voor plaatsing verschillen. Neem contact op met een van de hulphondorganisaties voor meer informatie.

Mensen die actief deelnemen aan evenementen met honden, bijvoorbeeld bij shows, gehoorzaamheids- of behendigheidswedstrijden, proberen soms honden te plaatsen die net niet goed genoeg zijn voor wedstrijden of die na hun loopbaan met pensioen mogen, maar nog jong genoeg zijn en die niet worden gebruikt om mee te fokken. Deze honden kunnen echte pareltjes zijn: ze zijn hun hele leven uitstekend verzorgd en getraind en willen niets liever dan de enige hond in iemands leven zijn.

Nog een ander goed adres voor huisdieren: groepen die afgedankte windhonden redden. Deze groepen zijn ontstaan om windhonden te redden die niet goed genoeg zijn voor de renbaan of die te oud zijn om nog competitief te zijn. Deze zachtaardige en elegante dieren werden bij bosjes afgemaakt, maar dankzij deze groepen krijgen steeds meer windhonden een gelukkig leven als gewaardeerd huisdier.

TIP

Er zijn meerdere organisaties die windhonden opvangen, zoals Greyhounds Rescue Holland en Voordewindhond in Nederland en Greyhounds in Nood Belgium en Galgo Save Belgium in België. *Adopting the Racing Greyhound* van Cynthia Branigan is een uitstekend boekje met informatie voor mensen die een afgedankte windhond willen adopteren. Het boek *Retired Racing Greyhounds For Dummies* van Lee Livingood bevat tips van een expert voor het leven met een gepensioneerde windhond.

Private partijen

Tot slot kun je de honden niet uitsluiten die worden aangeboden door private partijen die geen fokker zijn (de private partijen die broodfokker zijn, heb ik eerder al besproken). Talloze honden worden in kranten en op prikborden aangeboden als 'gratis voor een goed thuis' of zijn te koop voor wat een net bedrag lijkt te zijn. Deze mensen proberen niet om hun waren te slijten, maar hebben gewoon een of twee honden waarvoor ze een goed nieuw thuis zoeken.

Van de mensen die deze advertenties plaatsen, probeert een deel een nieuw huis te zoeken voor een hond van een kennis of buur die het dier niet meer kan houden, of ze willen een hond waarvoor ze zelf niet meer kunnen zorgen een kans op een goed leven bieden. Je kunt op deze manier een prima hond vinden, maar let er ook hierbij op dat je je laat leiden door je hoofd, niet door je hart. Stel al je vragen. Als je geen (goed) antwoord krijgt, neem de hond dan niet, hoe zielig zijn verhaal ook is.

Ik wil niet generaliseren, maar doe dit nu toch. Ik raad mensen altijd af om een hond over te nemen van mensen die een hond gewoon kwijt willen. Er zijn namelijk mensen die steeds weer een dier nemen en dit weer afstaan. Zolang ze het dier eenvoudig, zonder schuldvraag, kwijtraken, zullen ze hun leven niet beteren. Dit is dezelfde reden waarom ik mensen afraad een kitten over te nemen van iemand die een nestje probeert kwijt te raken bij de ingang van een supermarkt. Als je ze zo gemakkelijk kwijtraakt, waarom zou je de ouders van de beestjes dan laten steriliseren of castreren?

Steun liever een asiel of een andere organisatie die dieren probeert te herplaatsen, in plaats van degene die zijn zoveelste hond dumpt, omdat hij liever weer een puppy heeft of een ander ras opeens leuker vindt.

BELANGRIJK

Als je een dier overneemt uit het asiel of van een andere organisatie voor het herplaatsen van dieren ben je over het algemeen niet veel geld kwijt, zelfs niet als je hiervoor een 'gratis voor een goed thuis'-dier aan je voorbij laat gaan. Degene die de puppy of hond afstaat, heeft mogelijk bezuinigd op ontworming, vlooienbestrijding of vaccinaties. Dit zijn dus kosten die op jouw bordje komen. Een puppy of hond uit het asiel kost niet veel en vaak zijn de eerste medische controles al uitgevoerd.

Als je puppy's of honden 'gratis voor een goed thuis' aanbiedt, kun je erop wachten dat er mensen aan de deur komen die het dier willen doorverkopen Hoe kun je het best een thuis vinden voor een dier dat je niet meer kunt houden? Zie de kadertekst 'Ook oudere honden hebben recht op een thuis' in hoofdstuk 17 voor hulp.

IN DIT HOOFDSTUK

- Je puppy beoordelen en kiezen
- Je huis puppybestendig maken
- Met je pup op goede poot komen te staan
- Je pup een naam geven
- Die eerste lange nacht overleven

Hoofdstuk 4
Een puppy kiezen en mee naar huis nemen

Schrijver Mordecai Siegal schreef: 'Het nemen van een hond is misschien wel de enige mogelijkheid die je als mens hebt om een familielid te kiezen.' Dit verklaart misschien deels de spanning die je voelt als je een hond in huis haalt, of dit nu een pup of een oudere hond is.

Tel hierbij de natuurlijke charme van alle puppy's (die bolle buikjes, grote glimmende ogen, fantastische puppyadem) en je hebt een dag die absoluut een van de hoogtepunten van je leven zal zijn. Het moment waarop je de puppy die met jou mee zal gaan diep in de ogen kijkt, is zo perfect dat je het nooit vergeet.

BELANGRIJK

Ik wil heel graag dat je van dit perfecte puppymoment geniet. Echt waar. Maar omdat ik graag wil dat je naast deze eerste speciale momenten nog veel meer fantastische momenten met je hond beleeft, wil ik zeker weten dat je heel zorgvuldig je beslissingen neemt. Stel je gezonde verstand niet bij de fokker of in het asiel op de proef. Neem de tijd en neem een vriend mee om je af te remmen als je bang bent dat je te impulsief bent. Het moment waarop je een puppy kiest, is slechts de eerste stap in een leven lang samenzijn.

Tijdens de tweede stap, het doorworstelen van die eerste lange nacht, vraag je je waarschijnlijk af of je wel de juiste keuze hebt gemaakt, zelfs als je hier honderd procent zeker van bent. Ook voor je puppy is het een moeilijke nacht. Maar jullie overleven het wel.

Houd je ogen open vanaf het moment dat je de puppy thuis hebt. Puppy's zijn een eindeloze bron van verwondering en plezier, maar ze groeien zo snel op. Probeer hiervan geen moment te missen; als het voorbij is, is dit voorgoed.

Zorg, voordat je een puppy uitkiest, ervoor dat je een ras of rastype kiest dat past bij je persoonlijkheid en levensstijl. En controleer extra goed dat je naar een betrouwbaar adres gaat. Lees hoofdstuk 1 en 2 voor hulp bij overwegingen als grootte, vacht, rastype en trainbaarheid. Lees hoofdstuk 3 voor de adressen waar je het meest kans maakt een gezonde puppy of hond te vinden met een goed karakter.

Als je een 'tienerhond' of een volwassen hond neemt, lees dan hoofdstuk 5 voor tips over de keuze van een hond een hoe je ervoor kunt zorgen dat de relatie meteen goed begint.

Puppyvoorbereidingen

Is je huis klaar voor de rennende en springende knaagmachine die elke gezonde, vrolijke puppy is? En ben jij dit ook? Voordat je jouw eigen speciale pup in huis haalt, moet je heel goed naar je woning kijken en wat zaken aanpassen.

Puppybestendig maken

Als je je huis veilig wilt maken voor een pup en wilt beschermen tegen een pup, begin je met een kleine, veilige ruimte. Houd dus de deuren naar de kinderslaapkamers een tijdje dicht, om te voorkomen dat delen van een favoriet stuk speelgoed tot grote schrik en verdriet van je kinderen in de puppymaag verdwijnen. Gebruik ook hekjes in deuropeningen of traphekjes bovenaan een trap om de mogelijkheden voor je pup verder te beperken.

Ga vervolgens op handen en knieën door het gedeelte van het huis waar de pup mag komen en bekijk alles eens van deze hoogte. Stop smakelijke snoeren weg onder je meubelen en tapijt en zet kleine snuisterijen een tijdje weg. Ga door de ruimte alsof je deze veilig moet maken voor een peuter. Onthoud hierbij dat een puppy niet zijn poten ergens in wil steken, maar wel graag op alles wil kauwen.

Puppyuitrusting

PAS OP

Totdat je puppy al zijn inentingen heeft gehad (zie hoofdstuk 9 en 11 voor meer informatie over socialisatie en vaccinaties), vermijd je liever plekken waar andere honden zijn geweest. Houd in elk geval voor ogen dat, zo lang de pup nog niet alle vaccinaties heeft gehad, hij vatbaar is voor ziektes. Laat hem bijvoorbeeld niet uit op plaatsen waar veel hondenpoep ligt. Neem hem wel mee naar zo veel mogelijk plekken om hem bekend te maken met verschillende plekken, omstandigheden en situaties. Neem hem gerust mee naar de dierenwinkel om inkopen te doen. Als je je puppy al hebt uitgekozen, maar nog moet wachten tot hij oud genoeg is om uit het nest te mogen, kun je alles op je lijstje alvast in huis halen. Als je naar het asiel gaat en van tevoren niet weet of je een hond meekrijgt, en zo ja, wat voor hond dit zal zijn, ga je pas naderhand inkopen doen.

TIP

Het maakt helemaal niets uit dat je nog geen naam voor je puppy hebt. Neem gerust de tijd om een naam te bedenken die echt bij jouw hondje past. Zorg er wel voor dat je de gemeentelijke hondenbelasting tijdig regelt.

Je boodschappenlijstje:

- puppyshampoo, borstel en kam;
- speelgoed en kauwspeelgoed;
- beloningssnacks, een onmisbaar hulpmiddel bij de opvoeding;
- vaatwasserbestendige, kauwbestendige voer- en waterbak;
- reinigingsmiddel voor dierenvlekken;
- leiband en oprolriem met gesp of kliksysteem met identificatiepenning, zeker geen slipketting;
- hoogwaardig puppyvoer, van het merk of de soort die wordt aanbevolen door de fokker, het asiel of de dierenarts;
- trainingslijn, minimaal 2 meter lang;
- nagelknipper;
- drollenschepje en plastic zakjes;
- voldoende grote transportmand of bench, voor zindelijkheidstraining.

In hoofdstuk 6 en 10 ga ik dieper op al deze zaken in, zoals het juiste type borstel of kam en een geschikt formaat transportmand of bench.

Een puppy kiezen

Bijna niets is zo spannend als de dag dat je een puppy mee naar huis mag nemen. Die papierwinkel kan je gestolen worden en je wilt al die informatie die je hebt gekregen helemaal niet doorlezen. Je wilt gewoon je puppy en wel nu!

Straks heb je alle tijd van de wereld om te genieten. Nog heel even geduld.

Neem de tijd voordat je de puppy die je leven gaat delen mee naar huis neemt, zodat je zeker weet dat je aan alles hebt gedacht. Lees hoofdstuk 3 nog een keer om zeker te weten dat je bij een goed adres koopt: een goed asiel of een gerenommeerde fokker. Je wilt je hart niet verliezen aan een puppy met gezondheidsproblemen of een dier dat slecht gesocialiseerd is. Lees de volgende criteria voor een goede puppy voordat je je keuze maakt:

» **Zorg ervoor dat je de puppy op de juiste leeftijd in huis haalt: rond zeven à acht weken.** Sommige fokkers, vooral van dwergrassen, willen puppy's langer in het nest houden, omdat ze zo klein en teer zijn. Op zich is dat prima, maar alleen als de fokker de puppy blijft socialiseren en er voldoende contact met mensen blijft. Je wilt wel een puppy die met andere honden overweg kan, maar niet een die zo op honden is gericht dat hij zich nog maar moeilijk aan jou kan binden. En dat gebeurt juist als je puppy's te lang met alleen hun nestgenoten laat zonder ze te socialiseren. Bij een puppy uit het asiel is de leeftijd minder van belang. Waarschijnlijk heeft hij al vanaf het moment dat hij is binnengebracht voldoende contact met het personeel en de vrijwilligers.

» **Zoek een puppy die als huisdier is opgevoed, liefst in de woonkamer.** Je wilt een puppy die vanaf zijn geboorte is omringd door de geluiden van het leven onder mensen: praten, lachen en zelfs ruzies, de tv, muziek en het geluid van de vaatwasser. Gezondheidscontroles en goede afkomst zijn heel erg belangrijk. Maar socialisatie is net zo belangrijk. Koop geen puppy bij iemand die de pups in een kennel, schuur of kelder houdt. Als je niet weet hoe de hond is opgevoed, gebruik dan de tests verderop in dit hoofdstuk om zijn karakter te bepalen.

» **Kijk of de pup gezond is.** Laat als onderdeel van de koop je puppy altijd onderzoeken door een dierenarts. Daarnaast moet je duidelijke tekenen van ziekte zelf kunnen herkennen. Je puppy moet mollig zijn en zijn vacht moet glanzen. Zijn ogen, neus en oren moeten schoon zijn. Hij moet vrolijk en energiek zijn, niet lusteloos.

Als je nog vragen hebt, stel deze dan aan de verkoper en laat je niet afschepen met een half antwoord. Maar laat bovenal je gezond verstand niet overrompelen door je enthousiasme. Het is erg moeilijk om nee te zeggen tegen een puppy, maar je moet dit toch doen als dit niet de juiste puppy voor jou is.

TECHNISCHE INFO

Soms is een pup helemaal alleen op de wereld: een enkele pup van een moeder die bij de bevalling is overleden. Moet je zo'n puppy aan je voorbij laten gaan? Dat hangt van de fokker af. Een kundige fokker doet zijn best om de gaten te vullen, neemt de rol van de moeder over en laat de puppy later in contact komen met andere honden. Vaak wordt geprobeerd puppy's die alleen zijn in het nest te laten adopteren door honden met puppy's van ongeveer dezelfde leeftijd of krijgen ze in ieder geval de kans om na het spenen met andere puppy's te socialiseren.

Als deze socialisatie heeft plaatsgevonden, is er geen reden om zo'n puppy te laten zitten. Je moet dan tijdens het opgroeien van de puppy wel zoveel mogelijk gelegenheden aangrijpen om de pup met andere honden te laten omgaan.

TIP

IS EEN KERSTPUPPY EEN GOED IDEE?

Het beeld van een puppy met strik en verrukte kinderen op kerstochtend is vertederend en ook moeilijk te bestrijden.

Dierenbeschermingsorganisaties, trainers, dierenartsen en gerenommeerde fokkers roepen allemaal dat kerstochtend zo ongeveer het slechtste moment is om een puppy in een gezin op te nemen. Maar voor ouders met een camera in de hand lijkt dit plaatje op te wegen tegen het ongemak van een pluizige bol energie die op een van de meest hectische dagen van het jaar door het huis stuitert.

Maar is dat echt zo?

Er is niets mis met een kerstpuppy, als je hem maar voor of na Kerstmis in huis haalt. Met Kerstmis een puppy in huis halen is voor alle betrokkenen erg stressvol: de puppy heeft aandacht nodig, maar je gezin en eventuele gasten ook.

Het is erg lastig om het idee van die blije kindergezichtjes onder de kerstboom te laten varen. Maar als je de kans wilt vergroten dat de puppy volgend jaar met de kerstdagen nog steeds deel uitmaakt van je gezin, dan is het volgende misschien een idee. Pak een halsband, riem en boek over honden in voor de kinderen en leg deze cadeautjes onder de kerstboom. Leg je kinderen uit dat hun puppy nog maar net geboren is en nog even bij de moeder moet blijven, maar dat hij zo nel mogelijk komt.

Als je gedurende een schoolvakantie een pup in huis wilt halen, dan heb je met Pasen een veel betere start voor je puppy. Je camera kan met Pasen net zulke mooie foto's maken, je kinderen zijn net zo blij en je puppy heeft veel meer kans dat hij alle aandacht krijgt die hij nodig heeft.

Met een fokker werken

Als je een gerenommeerde fokker hebt gevonden, heb je misschien niet zoveel keuze. Je vertelt de fokker of je liever een mannetje of vrouwtje hebt en of de hond meer moet zijn dan alleen een huisdier. Bijvoorbeeld of je er shows mee wilt lopen of aan andere hondenwedstrijden wilt meedoen (lees hoofdstuk 16 voor meer informatie hierover). Misschien hebben de puppy's in het nest verschillende kleuren en heb je voorkeur voor een bepaalde kleur of wil je per se een pup van een bepaald geslacht. Al deze factoren kunnen je keuze behoorlijk beperken (zelfs als het nest behoorlijk groot is).

FIGUUR 4.1: Puppy's leren net zo veel van elkaar als van hun moeder, bijvoorbeeld hoe ze met andere honden moeten omgaan.

Foto met dank aan Gina Spadafori

En ook de fokker kan je keuze beperken. Hij heeft lang genoeg met jullie gesproken om een idee te krijgen van het thuis dat jullie te bieden hebben, of jullie te overheersend zijn voor een verlegen puppy of te gemakkelijk voor een dominante pup. Uiteindelijk heb je misschien keuze tussen twee of drie puppy's, maar misschien is er maar één die aan alle voorwaarden voldoet.

Het is natuurlijk een proces van geven en nemen. Misschien besluit je je selectiecriteria wat te verruimen als je naast een nest wriemelige, mollige gezonde puppy's staat. Opeens verlies je je hart aan een zwarte labrador, terwijl je eerst je zinnen had gezet op een blonde. En je moet de fokker ook ruimte bieden. Vergeet niet dat hij het karakter van de puppy's beter kent. Hij kent zijn honden en heeft al weken met deze puppy's doorgebracht. Als hij zegt dat die brutale pup die je zoontje net onder de voet heeft gelopen niet de beste keuze is voor jouw gezin, geloof hem dan. Waarschijnlijk spreekt hij uit ervaring.

TIP

Als je voor een ras gaat zoals een Duitse dog, dat erom bekend staat grote nesten op de wereld te zetten, is de kans groot dat je keuze te over hebt, maar als je je zinnen hebt gezet op een dwergras, waar kleine nestjes standaard zijn, is dit waarschijnlijk niet het geval. Misschien kun je je kansen spreiden door bij meerdere gerenommeerde fokkers te gaan kijken. De kans is groot dat de fokker die je hebt gekozen hier ook al aan heeft gedacht. Goede fokkers zijn actief in hun plaatselijke club en kennen meestal iemand met een puppy die wel bij jou past als hij jou op dat moment zelf niet kan helpen. Wees niet bang om het gewoon te vragen.

Puppy's testen

Wat nu als je niet naar een fokker gaat, het je niet uitmaakt of het een teef of reu wordt en de kleur en tekening je om het even is? Wat als je helemaal vrij kunt kiezen, niet alleen uit een nest, maar uit een heel asiel. Hoe moet je dan kiezen?

Door de persoonlijkheid van het dier te testen.

TIP

Vergeet niet dat je in principe overal een goede puppy kunt vinden. Maar maak toch gebruik van alle hulp die je wordt aangeboden. Goede fokkers en asielen testen puppy's en veel asielen bieden advies bij het nemen van een hond. Als je te maken hebt met een asiel dat dit niet doet, kun je je afvragen waarop nog meer wordt beknibbeld. Lees in dat geval hoofdstuk 3 nog een keer, voor advies hoe je een beter adres kunt vinden.

Er zijn veel manieren om puppy's te testen, maar het doel is het volgende te bepalen:

» **De mate van zelfverzekerdheid van een puppy.** Hoe overheersend of verlegen is hij? Veel mensen hebben de neiging om de brutaalste uit het nest te nemen, omdat hij hen lijkt te kiezen. Toch is de brutaalste pup uit het nest waarschijnlijk niet de beste keuze voor de meeste huishoudens. Voor iemand met veel ervaring in het trainen van honden of iemand die met de hond wil gaan meedoen aan wedstrijden is het misschien wel een goede keuze. Maar voor het gemiddelde huishouden is een minder zekere hond een betere keuze. Aan de andere kant kiezen sommige mensen de meest verlegen puppy, omdat hij ons nodig heeft. Ook dit kun je beter niet doen.

» **De mate waarin een puppy in mensen is geïnteresseerd.** Sommige puppy's richten zich meer op honden, of zijn zelfs helemaal in niets anders geïnteresseerd. Een puppy die niet nieuwsgierig is en niet is geïnteresseerd in mensen, mogelijk omdat hij onvoldoende met mensen in contact is geweest, is geen goede start als je een huisdier zoekt. Je wilt een puppy die bij je wil zijn, omdat zo'n puppy aanhankelijk is, en trainbaar!

TIP

Neem de puppy's die voor jou in aanmerking komen een voor een mee naar een veilige, rustige ruimte, zonder hun broertjes en zusjes. Kijk hoe de puppy op de verandering reageert. Voorzichtig onderzoekend is prima, maar pas op met een puppy die te bang is om te bewegen. Kijk ook hoe beweeglijk een puppy is: speelsheid is prima, maar een pup die van geen stoppen weet, is misschien voor jou iets te veel van het goede.

Bespreek als het even mogelijk is je waarnemingen met die van iemand anders die naar de puppy's heeft gekeken, bijvoorbeeld vrijwilligers en medewerkers van het asiel of de fokker.

TIP

Probeer het nest waaruit je een puppy wilt kiezen vaker dan één keer te bezoeken. Als alle puppy's sloom zijn, vraag de fokker dan of ze toevallig net hebben gegeten. Puppy's hebben tenslotte maar twee standen: Volledig aan en Volledig uit!

Het zou goed kunnen dat 'jouw' fokker altijd puppy's test op een bepaalde leeftijd, bijvoorbeeld als ze een week of zes zijn, maar deze luxe heb jij misschien niet. Je kunt op elk moment tussen de vijfde en twaalfde week testen. Denk er dan wel aan dat als je een puppy van een week of twaalf test, dat deze in een angstfase zit en een paar dagen alle nieuwe dingen wantrouwt. Je kunt een pup beter voor deze periode testen.

Je kunt de persoonlijkheid van een puppy op verschillende manieren testen. Hierna vind je een paar oefeningen die iedereen goed kan doen:

» **Interesse in mensen.** Zet de puppy op de grond met zijn kop naar je toe. Loop een paar stappen van hem weg en roep hem. Als je buigt of hurkt kom je minder dreigend over. Als de puppy wat aarzelt, ga je op je knieën zitten en spreid je je armen uit. Je geeft de pup tenslotte geen opdracht, hij weet niet wat je wilt. Je wilt weten of hij zich laat lokken door een vriendelijke persoon. Wees daarom vriendelijk. Roep zacht, klak met je tong, ratel met je sleutels. Een puppy met een gemiddeld karakter komt na een eventuele lichte aarzeling vrolijk op een drafje op je af. De overheersende puppy komt misschien naar je toe en hapt naar je, de verlegen puppy verroert geen vin, behalve misschien om te trillen van angst. De puppy die niet in mensen is geïnteresseerd, besluit misschien een insect aan de andere kant van de ruimte te gaan onderzoeken.

- **Reactie op beloning en aaien.** Belonen en aaien zijn onlosmakelijk verbonden met het trainen van en communiceren met je honden. Het is dus belangrijk een puppy te vinden die graag genoeg aardig wil worden gevonden om beloning en een aai te verdienen. Praat liefdevol tegen de pup en aai hem, maar laat hem zelf bepalen of hij wil blijven; houd hem niet vast. De gemiddelde puppy likt waarschijnlijk je hand en wil bij je blijven. Het is prima als hij op zijn rug gaat liggen. Wees ook niet verbaasd als hij een klein plasje doet, ook wel *onderdanig urineren* of deemoedsplassen genoemd. Dit is een hondencompliment, erkenning dat jij de leider bent. (Zie hoofdstuk 8 voor meer informatie over onderdanig urineren.) Een puppy die je hard bijt, zou dominant of slecht gesocialiseerd kunnen zijn. Als een pup niets met je te maken wil hebben, bestaat de kans dat hij te weinig interesse heeft in mensen maar het kan natuurlijk ook dat hij even wat anders te doen heeft: zo gaat dat met puppy's.. Ga ook niet voor de puppy te bang is om te worden aangeraakt.

PAS OP

Luister naar je hoofd, niet naar je hart. Dit is echt heel moeilijk als je in een asiel staat en je realiseert dat de puppy die jij niet kiest waarschijnlijk helemaal niet wordt gekozen. Laat je geen schuldgevoel aanpraten. Kies een puppy met een karakter dat past bij een goed huisdier. Als je een asielpuppy kiest, verricht je nog steeds een goede daad. Houd die gedachte vast en kies de puppy die het best bij jou past.

Misschien overweeg je wel om twee puppy's mee naar huis te nemen. Als je broertjes of zusjes kiest, worden ze niet eenzaam als je aan het werk bent en kunnen ze elkaar bezighouden, in plaats van alleen jou.

Denk hier goed over na. En ik bedoel echt goed!

Twee puppy's opvoeden is twee keer zoveel werk, twee keer zoveel gekte en twee keer zoveel troep. De meeste mensen hebben nauwelijks voldoende tijd om één puppy te trainen en socialiseren, laat staan twee. Bovendien blijven twee puppy's die je samen opvoedt misschien meer gebonden aan elkaar dan dat ze zich aan jou binden.

Als je twee honden wilt, is het beter om te wachten tot de puppy volwassen is voordat je een nieuwe puppy neemt. Je kunt ook een volwassen hond en een puppy tegelijkertijd nemen, maar onthoud ook hierbij dat puppy's zoveel tijd en werk kosten, dat je er beter eerst één goed kunt opvoeden voordat je een nieuw dier aan je roedel toevoegt.

TIP

Een van de beste dingen die je echt moet doen om deze bijzondere relatie goed te beginnen, is een tijd vrij nemen als je je puppy net hebt. Noem het *puppyverlof* als je wilt, maar neem de tijd, als dit kan. Een week, of liever nog twee, geeft je tijd om een goed begin te maken met de zindelijkheidstraining. Bovendien kun je dan genieten van de tijd met je pup terwijl je de overgang van het nest naar een leven bij jou wat gemakkelijker maakt. Zie hoofdstuk 9 voor meer informatie over het trainen van jonge puppy's.

Puppy komt thuis

De dag dat je puppy bij jou in huis komt, is voor jullie allebei een spannende dag. Hij verlaat zijn broertjes en zusjes en legt zijn lot in jouw handen. Jij neemt de enorme verantwoordelijkheid voor het opvoeden van een hond op je.

Je wilt dat de overgang zo soepel mogelijk gaat, maar je wilt er ook vanaf dag één voor zorgen dat je de basis legt voor een heerlijk leven samen.

Zeg mij na: *Ik zal mijn puppy nooit iets laten doen wat hij als volwassen hond niet mag doen.*

Prima. Je hebt de eed afgelegd en bent nu toegelaten als puppyouder. De hemel sta je bij.

Als je je puppy gaat ophalen, neem dan handdoeken en een keukenrol of iets dergelijks mee. Je puppy wordt waarschijnlijk wagenziek. (Dit betekent niet dat hij zijn hele leven wagenziek zal zijn.) Ga bovendien niet alleen. Als je geen partner hebt, vraag dan een vriend om te rijden, zodat jij je puppy kunt vasthouden. Heb je een partner of kinderen? Neem ze mee. Dit wordt een onvergetelijke dag.

Maar laat je kinderen geen ruzie maken over de puppy. Het is geen voetbal. Tijdens de rit kan *een* van hen de puppy vasthouden, op een handdoek. Trek lootjes en zorg ervoor dat de anderen later ergens mee aan de beurt komen. Onthoud dat je meteen al de basis wilt gaan leggen voor de opvoeding van je puppy. En dit geldt ook voor je kinderen. Leer ze dat ze het dier voorzichtig en met respect behandelen.

Als de puppy moet overgeven of op een andere manier troep veroorzaakt, blijf dan rustig. Vervang de handdoek door een schoon exemplaar en maak alles schoon als je thuis bent.

TIP

KIJK EENS NAAR HET VOGELTJE, PUPPY!

Vergeet niet om je camera mee te nemen om deze bijzondere dag vast te leggen. En houd je camera bij de hand. Anders sla je jezelf de komende maanden voor je kop voor al die prachtige momenten die je hebt gemist. Je krijgt er spijt van als je geen foto's hebt van jouw hond als baby.

Hier lees je een paar tips voor het maken van prachtige puppyfoto's:

Ga erop uit. Met daglicht, of beter nog, vroeg ochtendlicht, krijg je geen rode ogen. De flitser laat je puppy uit de foto springen alsof het een monster is. Met buitenfoto's ziet je nieuwe huisdier er natuurlijker, gezonder uit.

Ga door de knieën en neem foto's van dichtbij. Als je een mooie puppyfoto wilt, moet je daar zijn waar de puppy is: op de grond. Maak de foto's vanaf net onder de ooghoogte van je pup en zoom zo ver mogelijk in voor zoveel mogelijk details. Als je om lichamelijke redenen niet door de knieën kunt, zet je puppy dan op ooghoogte. Vraag iemand om hem vast te houden (hij zit dan meteen mooi stil) of zet hem op een verhoging, bijvoorbeeld een tuintafel.

Kies een mooie achtergrond. Ik heb een prachtige foto van mijn eerste hond, Lance. Hij is net getrimd. Hij staat perfect. Zijn oren staan omhoog, hij lacht, zijn ogen stralen. En er groeit een lantaarnpaal uit zijn rug. Zorg voor een achtergrond zonder afleiding, zodat je hond de hoofdrol speelt!

Wees creatief. Als je wilt dat je puppy je kinderen een kusje geeft, doe dan wat professionele fotografen doen: smeer een likje boter op de wang van je kind en laat de puppy het eraf kussen. En nog een fototrucje: rammel vlak voordat je de foto maakt met je sleutels, knijp in een stuk speelgoed dat geluid maakt of gooi iets in de lucht. Je puppy zit er dan prachtig alert bij.

Betrek je kinderen erbij. Dit is een speciale dag. Als je kinderen hebt, laat hen dan ook een paar herinneringen maken. Moedig ze aan om met hun mobiele telefoon foto's te maken en kies samen de mooiste uit om af te laten drukken. Er zitten gegarandeerd juweeltjes tussen waar jullie als gezin lang plezier van zullen hebben!

TIP

Het eerste wat je moet doen als je thuis bent, is je puppy mee naar buiten nemen en hem belonen als hij een plasje doet. Zie hoofdstuk 8 voor meer informatie over zindelijk maken.

Als het beestje maar een naam heeft

De keuze voor een naam is ongetwijfeld een van de leukste dingen als je een nieuwe hond neemt. Ieder jaar verschijnt er wel een nieuw boek met hondennamen, tot aan gespecialiseerde boeken toe, zoals een boek met Ierse namen. In mijn boekenkast staan zeker zes boeken met namen. De meeste hiervan zijn voor ouders van mensenbaby's, niet hondenbaby's.

Moet je ergens rekening mee houden als je een hond een naam geeft? Ja. Kies geen naam die als een standaard gehoorzaamheidscommando klinkt. Een vriend die in Alaska had gewerkt, adopteerde een prachtige huskykruising en wilde haar Sitka noemen, naar een plaats waar hij graag kwam. Toen ik hem erop wees dat het voor haar wel eens lastig kon worden het verschil tussen 'Sitka' en het commando 'zit' te horen, noemde hij haar maar Juneau.

TIP

Houd namen kort: een of twee lettergrepen en gemakkelijk uit te spreken. Ik gebruik meestal 'mensennamen' voor mijn dieren, maar je hoeft je hier niet toe te beperken. Naamboeken zijn een goed begin. Maar vergeet ook niet atlassen of woordenboeken voor vreemde talen, of boeken over honkbal, het spoorwegwezen, tuinieren of muziektermen, als je interesse naar een van deze gebieden uitgaat.

Zorg ervoor dat je puppy net zoveel van zijn naam houdt als jij, door te zorgen voor een positieve connotatie. Schreeuw echt nooit de naam van je pup en gebruik de naam niet als je hem bestraffend toespreekt. Wijlen hondentrainer Job Michael Evans stelde altijd voor een liedje te maken met de naam van je hond en dit voor hem te zingen. Reclamedeuntjes zijn hiervoor ideaal, omdat ze gemakkelijk blijven hangen en je de merknaam kunt vervangen door de naam van je huisdier.

En ja, dat doe ik. 'You Are My Sunshine' wordt 'You Are My Andy' ('you make me happy/because you're gray') en Ben past prima in het Monty Python-nummer 'Spam', waarbij *Spam* wordt vervangen door *Ben* 'Ben, Ben, Ben, Ben, Ben, Ben, Ben, Ben, Wonderful Ben...' Heather heeft ook een eigen liedje: 'Heather! I love Heather', op de muziek van 'Heaven! I'm in Heaven'.

Ja, je voelt je waarschijnlijk eerst nogal opgelaten, maar probeer het toch maar eens. Ik weet zeker dat jullie er allebei om kunnen lachen. De schrijvers van de liedjes zouden zich waarschijnlijk de haren uit het hoofd trekken, maar wat niet weet, wat niet deert.

TECHNISCHE INFO

De naam die je hond elke dag hoort, zijn gewone naam, is zijn *roepnaam*; de naam waarmee je de hond roept. Als je een rashond hebt, heeft hij ook een *geregistreerde naam*. In veel gevallen heeft de fokker die bedacht maar soms - als je het hondje al kende voordat de fokker aangifte deed van de geboorte van de pups - kun jij als nieuwe eigenaar ook de officiële naam van je hond bedenken. De namen van honden die worden ingeschreven in het Nederlands Hondenstamboek moeten aan een aantal regels voldoen. Houd daar rekening mee bij het bedenken van de namen voor je pup(s). De namen moet je opgeven als je geboorteaangifte doet en kunnen daarna niet meer gewijzigd worden. De namen mogen uit maximaal dertig letters bestaan, dit is inclusief de kennelnaam. Spaties worden niet meegeteld. In de namen mogen geen cijfers, leestekens of losse letters voorkomen. Als het een buitenlandse naam is, mogen losse letters wel als het een bestaand woord is. De namen mogen geen afkortingen of een (deel van een) andere bestaande kennelnaam bevatten.

De eerste nacht met je puppy

Je puppy is waarschijnlijk zo onder de indruk van alle nieuwe dingen, geuren, geluiden en alle aandacht, dat hij zijn broertjes en zusjes en zijn oude huis niet erg zal missen. Maak je geen zorgen, dat komt snel genoeg en duurt zeker de eerste nachten.

Houd alles rustig en gemakkelijk. Iedereen wil de nieuwe puppy vasthouden en met hem spelen. Dat is prima, maar vergeet niet dat hij nog maar een baby is en snel uitgeput raakt. Hij moet slapen, maar hij eet die eerste dag misschien niet. Hij moet aan veel dingen wennen; maak je niet te veel zorgen. Laat hem lekker verkennen.

PAS OP

Puppy's zijn geen pluche knuffeldieren en dat moet je je kinderen ook leren. Kleine kinderen, vooral jonger dan vijf, zijn nu eenmaal wat ruiger met puppy's (en honden). Je moet ze daarom goed in de gaten houden, om te voorkomen dat ze elkaar pijn doen. Laat jonge kinderen nooit zonder toezicht met de hond spelen.

Waar moet je puppy slapen? Ik vind het prima als je hond in jouw slaapkamer slaapt.. Meestal niet op jouw bed, maar op een eigen bed. Vooral in huishoudens waar de hond vaak uren alleen is als het gezin aan het werk en naar school is, is het voor de hond prettig als hij in de slaapkamer mag slapen.

Natuurlijk is het ook prima om de hond te laten slapen in de woonkamer, keuken of een bijkeuken. Mits hij daar een plekje heeft dat prettig en veilig is voor hem. Denk aan een mand of beter nog in het geval van een jonge hond: een bench. Maar begin daar niet meteen de eerste nachten mee. Je puppy heeft jou nu nodig.

Deze eerste nachten zijn erg moeilijk voor een puppy. Die vertrouwde warmte van het nest is er niet meer en alles is opeens anders. Hij zal hier zeker zijn zegje over willen doen, wees daar dus op voorbereid. Hij zal een minder grote keel opzetten als hij bij jou is, als hij wordt gerustgesteld door jouw geur en het geluid van jouw ademhaling.

Zet zijn bench naast je bed en leg er een deken en wat kauwspeelgoed in. Zeg vastbesloten 'bench', zet hem erin en doe de deur dicht. En pak dan een boek, want voorlopig slaap je nog niet. (Lees hoofdstuk 8 en 9 voor meer informatie over het gebruik van een bench tijdens het opvoeden van je puppy.)

TIP

Probeer het gejank en gejammer zo goed mogelijk te verdragen, maar straf je puppy niet en haal hem niet uit de bench als hij door blijft gaan. Hiermee leer je hem dat hij alleen maar stampij hoeft te maken om zijn zin te krijgen. Waarschijnlijk wordt hij na een tijdje wel rustig en wordt hij 's nachts nog een of twee keer wakker. Haal hem uit de bench om zijn behoefte te doen, beloon hem als hij dit ook doet en zet hem daarna weer terug in de bench.

Na een nacht of twee ben je over het meest hartverscheurende gejammer heen.

IN DIT HOOFDSTUK

- Verschillende beschikbare volwassen honden beoordelen
- De juiste hond kiezen
- De relatie meteen goed beginnen
- Een band vormen met je nieuwe huisdier

Hoofdstuk 5
Een volwassen hond adopteren en laten wennen

Als we aan het verleden denken, hebben we vaak een roze bril op en vergeten we dat die 'goede oude tijd' lang niet altijd zo goed was. Dit geldt zeker als we terugdenken aan honden. De maatschappij kijkt tegenwoordig vaak anders tegen zaken aan. Vaak is dit maar goed ook.

Nog niet zo heel lang geleden waren sommige experts tegen het adopteren van een volwassen hond. Als je een puppy adopteert, kun je deze naar eigen inzicht trainen en vormt de puppy een veel betere band met het gezin dan bij een volwassen hond het geval is. Dit was de zienswijze van sommige hondenliefhebbers.

Natuurlijk heb je met een puppy een volledig schone lei om mee te beginnen, in tegenstelling tot de vaak wijzere volwassen hond. Maar een volwassen hond biedt veel voordelen, vooral voor iemand die onvoldoende tijd of ervaring heeft om een puppy goed op te voeden. En als het aankomt op het vormen van een band, dan kan ik je verzekeren dat, als er al verschil is, een geadopteerde hond nog toegewijder is. Maar net als bij puppy's moet je ook bij volwassen honden wat dingen leren voordat je een goede keuze kunt maken.

Volwassen honden vind je net als puppy's bij veel adressen: asielen, particulieren, fokkers van allerlei pluimage en reddingsorganisaties voor rashonden. Sommige honden wandelen gewoon als herplaatser je leven binnen. Lees hoofdstuk 3 als je meer wilt weten over adressen waar je een hond kunt vinden.

Wanneer is een hond volwassen?

De grens tussen puppy en volwassen hond ligt op het moment waarop de hond geslachtsrijp wordt. Maar net als bij mensen komt dit absoluut niet overeen met emotionele of lichamelijke volwassenheid. De meeste honden zijn met ongeveer zes maanden geslachtsrijp; het moment waarop de eerst mollige puppy inmiddels meer lijkt op een slungelige tiener. Puppy's van verschillende rassen zijn op verschillende momenten geslachtsrijp. Dwergrassen groeien sneller op dan grote rassen. Maar een hond is pas echt volwassen als deze tussen de 18 maanden en 2 jaar oud is. Rond deze tijd is je hond zijn wildste tienerharen kwijt en wordt hij rustiger, mits je hem goed hebt opgevoed. Hij is er klaar voor de metgezel te worden die je voor ogen had toen je hem koos.

Ook de beste tijd van een hond varieert per ras. Bij de erg grote rassen, zoals de Ierse wolfshond, beginnen de jaren al te tellen als ze vier of vijf zijn, terwijl de kleine rassen als de chihuahua pas met een jaar of tien of zelfs twaalf een dagje ouder worden. Middelgrote en grote honden hebben zo'n zes tot zeven goede jaren. Maar je kunt deze goede volwassen jaren verlengen met goede dierenartszorg, de juiste voeding en beweging (zoals je kunt lezen in verschillende hoofdstukken in dit boek).

Er worden volwassen honden van alle leeftijden aangeboden voor adoptie. Toch is het vaak moeilijk om mensen ervan te overtuigen een hond te nemen die ouder is dan twee jaar. Ouder dan vijf is nog moeilijker en ouder dan tien is onbegonnen werk. Vergeet het maar. Honden die ouder zijn dan twee passen vaak gemakkelijker in het gezin en honden die ouder zijn dan vijf, of zelfs tien, kunnen prachtige, rustige huisdieren zijn die nog een aantal goede jaren voor zich hebben.

BELANGRIJK

Voor het geval je de stille hint niet snapt, geef ik hier de niet-omfloerste variant: laat een hond niet links liggen vanwege zjn leeftijd.

Toen ik als vrijwilliger werkte voor de lokale reddingsvereniging voor shelties, kwamen er vaak mensen kijken die in eerste instantie absoluut een hond wilden van maximaal een jaar oud, niet ouder. Het lijkt wel of mensen een hond beschouwen als een tweedehandsauto, waarbij nieuwere modellen meer waard zijn. Dit geldt gewoon niet bij honden, of mensen, natuurlijk. Met enige overredingskracht wisten we honden te plaatsen in gezinnen die deze honden eerst niet wilden hebben. Twee van deze honden, een zevenjarige hond genaamd Spencer en een negenjarige genaamd Major, woonden bij mij in de buurt en ik kan je vertellen dat ze zich beiden ontpopten als perfecte metgezel in deze gezinnen en hier nog jaren een goed leven hadden. Staar je niet blind op leeftijden. Dan vind je misschien een veel betere hond.

De hondentiener

De meeste volwassen honden die voor adoptie worden aangeboden, zijn nog vrij jong. Hondentieners zijn er in overvloed, omdat honden vaak worden gedumpt als ze geen puppy meer zijn, bijvoorbeeld om de volgende redenen:

- **Verkeerde keuze.** Omdat alle puppy's schattig zijn, vergeten mensen snel wat ze in huis hebben als deze kleine pluizenbaal opgroeit. Tegen de tijd dat een pup lichamelijk volwassen is, realiseren de eigenaars zich pas dat ze zich hebben verslikt en dat ze nu een hond hebben die te groot, te actief of te dominant voor hen is.
- **Slechte opvoeding.** Puppy's groeien te snel op en te veel mensen stellen het socialiseren en trainen uit, terwijl ze daar meteen mee moeten beginnen. Tijdens de pubertijd van de hond krijgen ze dan de feiten gepresenteerd; ze hebben een lastige hond die niet luistert en soms zelfs gevaarlijk is. Veel van deze slecht opgevoede puppy's hebben alleen wat aandacht en een basistraining gehoorzaamheid nodig om de ergste problemen op te lossen. Helaas is dat voor veel mensen te veel moeite.
- **Het nieuwe is eraf.** Het schattige dat mensen dusdanig vertedert dat ze een pup aanschaffen, verdwijnt voor een deel als de pup wat ouder is. Deze slungelige, lelijke jonge eendjes, waarvan de verhoudingen inmiddels zoek lijken te zijn, lijken nauwelijks op de prachtige zwaan die ze zullen worden. En dat is niet het enige probleem: de kinderen die om het hardst zeurden om een hond en beloofden hem te verzorgen, zitten nu vastgeplakt aan hun computerscherm, de ouders zijn het gezeur zat en opeens is de hond op weg naar het asiel.

BELANGRIJK

Betekent dit dat je geen hondentiener moet nemen? Helemaal niet. Maar houd er rekening mee dat ze meestal wat ondernemender en sneller afgeleid zijn dan een echt volwassen hond van minimaal een jaar of twee. Een hondentiener moet nog wat worden opgevoed en jij moet er wat extra tijd en moeite in steken om deze puber zich te laten ontwikkelen tot het huisdier dat jij wilt.

Jongvolwassenen

Honden die ruimschoots volwassen en in de kracht van hun leven zijn, zijn een prima keuze als je een huisdier wilt adopteren. Als je een afgewogen keuze maakt, kun je in deze groep zeker een zo goed als perfecte hond vinden; kalm en verstandig, soms met de basisbeginselen van een gehoorzaamheidstraining. Natuurlijk kun je ook een hond treffen die al de nodige slechte gewoonten heeft. Neem daarom de tijd en laat die liefde op het eerste gezicht je keuze niet beïnvloeden.

Honden op leeftijd

Waarom zou je een risico lopen met een hond op leeftijd? Misschien omdat je daarmee doet wat juist is. En omdat een oudere hond misschien wel perfect is voor jou. En omdat het links laten liggen van een hond puur omdat hij misschien nog maar een paar jaar te leven heeft, gewoon niet eerlijk is.

Mijn favoriete voorbeeld van waarom je een hond niet mag negeren vanwege zijn leeftijd, komt van een vriendin die een collie van een jaar of acht adopteerde. Na een paar jaar ging de collie dood. De vriendin vertelde me dat deze collie de beste hond was die ze ooit had gehad. Denk je eens in: de vijf jaar die het gezin met de hond had gehad, waren prachtig, zelfs perfect. Vijftien jaar met een andere hond waren misschien helemaal niet zo speciaal geweest. Denk dus in kwaliteit, niet alleen in kwantiteit. En natuurlijk verdien je zelf wat extra punten voor een volgend leven omdat je een speciale hond een kans hebt gegeven.

TIP

Een groep mensen waarvoor oudere honden echt perfect zijn, zijn oudere mensen! Veel bejaarden willen graag een hond als gezelschap, maar zijn bang voor wat er met hun lieveling gebeurt als deze hen overleeft. Een oudere, lieve, kleine hond is in zo'n geval de perfecte keuze. Hij biedt liefde en gezelschap, maar geeft minder reden tot zorg. Daarbij heeft een oudere hond als extra voordeel dat deze waarschijnlijk rustiger en minder vernielzuchtig is en minder beweging nodig heeft dan een jonge hond.

FIGUUR 5.1: Hond Zoë is met haar 11 jaar nog steeds jong van geest.

Foto met dank aan Scott Barnes

De nieuwe hond komt thuis

Bij de adoptie van een volwassen hond komt vaak veel minder kijken dan bij de adoptie van een puppy. Toch moet je een paar regels volgen om de overgang soepel te laten verlopen. Je nieuwe hond is hoe dan ook de weg even kwijt.

BELANGRIJK

Ken je het gezegde 'Je krijgt nooit een tweede kans voor een eerste indruk'? Hetzelfde geldt voor honden. Hoe blij je ook bent dat je je nieuwe aanwinst mee naar huis mag nemen, hoe graag je hem de slechte behandelingen uit het verleden wilt laten vergeten, zet hem meteen op het juiste pad. Bepaal de huisregels en houd je hieraan. In ieder geval de eerste maanden. Laat hem merken dat je de aardigste persoon ter wereld bent en de beste mens die hij zich als baasje kan wensen, maar dat er in jouw huis wel regels gelden en dat hij zich hieraan moet houden.

Wees wat hondentrainer Carol Lea Benjamin een *vriendelijke alfa* noemt: een vriendelijke baas, maar wel een baas. Je hond begrijpt dit en respecteert je en houdt van je als zijn leider. Zo zit een hond in elkaar. Als je niet de baas bent, is je hond dat. Honden doen niet aan democratie. Mijn insteek is altijd de volgende: ik bepaal de regels in huis, zolang ik degene ben die de hypotheek voor dat huis betaalt.

En daarmee wordt het echt een stuk eenvoudiger.

VIJF VRAGEN OM JE TE HELPEN EEN VOLWASSEN HOND TE BEOORDELEN

TIP

Hoe oud de hond ook is die je wilt adopteren, je moet je uiterste best doen om al het mogelijke over hem te weten te komen. Je kunt verwachten dat je wat werk hebt aan een nieuwe hond terwijl deze aan jou moet wennen, maar mijd dieren met te veel problemen. Vooral als een van deze problemen agressie is. In de volgende alinea's vind je een paar vragen die je hierbij helpen:

- **Wat weet je van de geschiedenis van deze hond?** Misschien heb je te maken met een asiel, de oorspronkelijke eigenaar, de fokker of gewoon een hulpvaardige persoon die een ex-zwerfhond wil onderbrengen. Als je ontdekt dat de hond een goede stamboom heeft en dat zijn ouders vrij zijn verklaard van erfelijke afwijkingen, dan is dat prachtig. Maar als je helemaal niets over de hond te weten kunt komen, omdat het een zwerfhond is, schuif hem dan niet aan de kant. Als het een gezonde, vriendelijke hond is die voldoet aan jouw eisen qua formaat, vacht en levendigheid, dan mag hij meedingen naar een plekje in jouw gezin.
- **Waarom wordt de hond ter adoptie aangebonden?** Honden worden om veel verschillende reden aangeboden, sommige zo onbenullig als 'we wilden eens iets anders'. Voor zaken als 'we raken ons huis kwijt', 'scheiding' en 'overlijden' valt de hond niets te verwijten. 'Hij heeft onze dochter gebeten' is natuurlijk een ander verhaal. Luister ook naar de dingen die niet worden gezegd: 'Hij heeft meer beweging nodig dan wij hem kunnen geven' kán betekenen: 'Hij heeft meer beweging nodig dan wie dan ook hem kan geven en hij sloopt het interieur als hij deze beweging niet krijgt'.
- **Welke gedragsproblemen heeft de hond?** Veel dingen zijn op te lossen en zijn het overwegen waard als je echt gelooft dat je de tijd zult nemen om met de hond aan de slag te gaan. 'Trekt aan de riem' kan worden opgelost. 'Een beetje agressief' niet, of in ieder geval niet voor de gemiddelde huisdiereigenaar en niet in die mate dat je een risico wilt nemen met een hond als deze. Vergeet ook niet dat sommige problemen worden veroorzaakt door de eigenaar, niet door de hond. Zo kan 'Wil niet in de tuin blijven' eenvoudig worden opgelost met een fatsoenlijk hek en castratie.
- **Hoe is de hond met kinderen? Andere honden? Katten?** Ook als je zelf geen kinderen hebt, kom je ze nu eenmaal af en toe tegen. Hetzelfde geldt voor andere honden. Katten kun je redelijk vermijden als je ze zelf niet hebt, maar als je wel katten hebt, zorg er dan voor dat de hond die je op het oog hebt ze goed verdraagt. Als je een dier uit een asiel haalt, heeft de organisatie als het goed is aan de vorige eigenaars gevraagd om informatie over zaken als kinderen en andere dieren. Als je uit een pleeggezin adopteert, vraag het gezin dan of ze kinderen en andere dieren hebben. Als het niet mogelijk is om de houding van de hond ten opzichte van kinderen en ande-

re dieren te bepalen, maar de hond verder vriendelijk is, kan het wel goed zitten. Maar als je twijfelt, ga dan voor een hond waarvan je zeker weet dat hij bij je gezin past.

- **Wat als het toch niet goed uitpakt?** Als de vorige eigenaar ver weg verhuist, valt er weinig meer te doen, maar kijk vooraf wat de mogelijkheden zijn. Je moet weten binnen welk tijdsbestek je een hond mag terugbrengen als deze toch niet in het gezin past en of je de vergoeding die je hebt betaald terugkrijgt, of dat je zonder extra kosten een andere hond mag uitkiezen.

Introducties

Voordat je een hond kiest, moet je kijken of deze met het gezin overweg kan. Zorg ervoor dat de hond kennismaakt met alle gezinsleden voordat je hem als huisdier adopteert. Een hond die perfect lijkt voor een vrouw, is misschien wel bang voor mannen en ronduit vijandig naar kinderen. Dit zijn dingen die je moet achterhalen voordat je een dier als huisdier neemt. Als je alleenstaand zonder kinderen bent, kun je een vriend van het andere geslacht meenemen om te zien hoe het dier reageert. En als het even kan, dan ook graag kinderen. Je weet maar nooit of je tijdens de levensduur van de hond een partner en kinderen opdoet.

PAS OP

Als je nieuwe hond agressief is naar je gezinsleden nadat je hem in huis hebt gehaald, breng je hem terug. Ja, soms kun je een dominante hond leren toleranter te zijn en honden die uit angst bijten en grommen wat zelfvertrouwen geven. Maar de kans is veel groter dat je een hond krijgt die zich meestal keurig gedraagt, waar je helemaal verliefd op wordt. En die hond, de hond waar je zo dol op bent, zal ooit je kind bijten, als op een kwade dag zijn agressie wordt opgewekt doordat het kind een stuk speelgoed afpakt, te dicht bij zijn etensbak speelt, of wat dan ook. Neem dit risico niet. Laat het trainen van agressieve honden over aan mensen die dit voor hun beroep doen.

In de volgende paragrafen lees je meer tips over hoe je mensen, dieren en dingen introduceert.

De al aanwezige hond

Als je al een hond hebt, laat de beide dieren dan aangelijnd en op neutraal terrein kennismaken, bijvoorbeeld in het park. Wandel vervolgens met beide honden naar huis. Probeer te voorkomen dat jouw nervositeit overslaat op de hond die je aan de riem hebt. Wees kordaat maar alert en zorg ervoor dat beide riemen los hangen. Als een van beide honden agressief reageert, kijk dan naar een andere hond, of neem helemaal geen tweede hond, als de al aanwezige hond te agressief is om een andere hond te accepteren. Trainers en mensen die veel ervaring hebben met honden kunnen honden die elkaar niet mogen wel onder de duim houden, maar voor de gemiddelde hondenliefhebber is dit te veel gevraagd.

Dat gezegd hebbende: er is altijd wat geharrewar over de rangorde op het moment dat de nieuwe hond thuis komt. Laat ze het samen uitmaken, zolang het geharrewar niet ontaardt in grommen ... of vechten. Roep in dat geval de hulp van een trainer in.

Lees voor tips over het aanleren van het commando 'Zit' hoofdstuk 14. In hoofdstuk 15 lees je wat je moet doen als twee honden vechten en hoe je jezelf en je hond beschermt.

Katten

Neem de hond aan de riem als je kat en de hond aan elkaar worden voorgesteld en bereid je erop voor dat je kat schrikt van de hond. Zeker als een hond een totaal nieuwe ervaring is voor je kat. Corrigeer de hond als deze de kat achterna wil gaan (en wees niet al te bezorgd als de hond vriendelijk is), vraag hem in plaats daarvan te gaan zitten en beloon hem als hij dit netjes doet. Laat je de riem aan de halsband van de hond en laat hem met de riem door het huis lopen. Zo kun je er onmiddellijk op gaan staan en de hond corrigeren als deze achter de kat aan gaat.

Het kan lang duren voordat een kat aan de aanwezigheid van een hond in huis is gewend; soms wel enkele maanden. Zorg ervoor dat de kat een veilig plekje heeft, bij voorkeur een kamer waar de hond niet kan komen. Op die veilige plek kan de kat eten, slapen en op de kattenbak gaan. Zorg er ook voor dat de kattenbak voor de hond verboden terrein is. Als je weet dat je een hond gaat nemen, breng je deze veranderingen al weken van tevoren aan, zodat je kat niet aan te veel nieuwe dingen tegelijk moet wennen.

Ook hier doet het commando 'zit' wonderen. Laat je hond gaan zitten en aai je kat, zodat hij weet dat je nog van hem houdt en de hond weet dat hij de kat hoe dan ook met rust moet laten, gewoon omdat jij dat zegt.

TIP

Voor ons gevoel lijkt het misschien niet eerlijk, maar de kat zal zich tijdens de gewenningsperiode misschien wel het prettigst voelen in een kamertje apart, met eten en drinken, wat speelgoed, zijn kattenbak en een krabpaal. Een rustig, geordend leven helpt veel katten door deze periode van verandering. Als je de deur na een paar weken open zet, laat je de kat zelf kiezen hoeveel, of hoe weinig, hij met de nieuwe hond te maken wil hebben. Zet een babyhekje in de deuropening, zodat de kat altijd kan ontsnappen.

TIP

Katten reageren niet altijd even goed op veranderingen in hun leven. Soms leidt dit tot gedragsproblemen, zoals plassen of poepen buiten de bak. *Katten voor Dummies*, dat ik samen met vooraanstaand dierenarts dr. Paul D. Pion schreef, bevat alle informatie die je nodig hebt om gedragsproblemen bij katten op te lossen. De Cat Writers' Association heeft dit boek uitgeroepen tot Beste werk over kattengedrag.

Kleine huisdieren

Dit is heel eenvoudig. Vertrouw nooit een hond in de buurt van loslopende kleinere huisdieren, zoals ratten, hamsters, cavia's, konijnen, fretten, vogels en reptielen. Sommige honden zien deze kleinere huisdieren als prooidieren en kunnen deze vakkundig verwonden of zelfs doden. En dat laatste kan binnen een oogwenk gebeuren. Neem dit risico niet.

Sommige rassen of kruisingen zijn op het gebied van kleine huisdieren minder te vertrouwen dan andere. Zo zijn terriers ontwikkeld om ongedierte te vangen en doden. Jij kunt jouw rat wel als huisdier zien, maar voor een terrier blijft het een rat en ratten moet je doden. Een andere optie is er voor deze honden niet.

Zelfs de meest meegaande hond kan plots veranderen in een roofdier als zijn jachtinstinct wakker wordt. Een hond kan een konijn dat rustig op je grasveld zit nog geen blik waardig gunnen, maar zodra het konijn over het grasveld *rent*, kan het maar zo het haasje zijn.

Het gezin van mijn broer heeft twee generaties witte labradors gehad die het konijn, Ginger, ongestoord door de tuin lieten zwerven. Waarschijnlijk hadden ze gewoon geluk.

Ik ben dol op honden, maar ik vergeet nooit dat het roofdieren zijn. Onthoud dit goed.

HOND KWIJT!

PAS OP

Vooral voor een hond die je net hebt geadopteerd, kan het moeilijk zijn om bij huis te blijven. Al is het maar omdat hij nog niet helemaal zeker weet wat zijn huis is. Hij kan er dus zomaar als een haas vandoor gaan.

Het beste moment om je hond (oud of nieuw, jong of niet) te beschermen, is voordat hij ontsnapt. Hier volgt een checklist met de dingen die je moet doen:

- **Controleer schuttingen en poorten.** Zitten er planken los of zijn er uitnodigende gaten onderaan die met wat graven groot genoeg zijn om onder de schutting door te gaan? Zijn grendels veilig en sloten aanwezig? Repareer alles. Als je kinderen hebt die steeds in en uit lopen, investeer dan in een mechaniek dat het hek automatisch sluit.

- **Geef je hond een merkteken.** Treuzel niet met het laten chippen of het kopen van een adreskoker voor aan zijn halsband. Als je huisdier in een asiel belandt, wint hij tijd met een identificatiemiddel. En als iemand hem vindt terwijl het asiel dicht is, kun je je hond nog sneller terugkrijgen als je hem een adreskokertje omhangt. Schrijf in plaats van de naam en het adres van de hond het woord BELONING op het briefje, samen met zoveel telefoonnummers als je kwijt kunt. En er bestaan ook gps-trackingsystemen voor je hond waarmee je hem zelf kunt opsporen.

  Natuurlijk is ook de verplichte chip een prima manier om je huisdier terug te krijgen. Controleer daarom of je dier is gechipt en zorg ervoor dat je na elke verhuizing of wisseling van eigenaar van je huisdier de nieuwe gegevens doorgeeft aan de organisatie die dit in jouw land regelt. Je dierenarts kan je meer vertellen over het chippen van je huisdier en controleren of het dier is gechipt.

- **Bereid je voor op het ergste scenario.** Zorg altijd voor duidelijke, actuele foto's van je hond; deze heb je nodig als je in geval van nood een flyer in elkaar moet draaien. Als je je huisdier kwijtraakt, hang dan meteen overal flyers op en plaats een advertentie in de lokale krant. Verspil geen tijd door te hopen dat je huisdier de weg zelf wel weer vindt. Beschrijf je hond zoals de gemiddelde persoon hem zou zien. Voor de meeste mensen lijkt een Tervurense herder op een kruising tussen collie en een Duitse herder en een flatcoated retriever lijkt op een langharige zwarte labrador. Beschrijf het dier dus zo.

- **Stroop de buurt af, bekijk 'gevonden'-advertenties en meld dat je je hond kwijt bent op social media.** Er zijn al heel veel honden teruggevonden dankzij Facebook! In Nederland doet Stichting Amivedi ontzettend goed werk als het gaat om het terugvinden van huisdieren. www.amivedi.nl.

Als je nog nooit een huisdier bent kwijtgeraakt, is het soms moeilijk alert te blijven. Doe dit toch. Houd alle identificatiemiddelen up-to-date en houd altijd de poort in de gaten. Ook hier geldt: geluk heb je voor een deel zelf in de hand.

Staldieren

Hangbuikzwijntjes en dwergpaarden zijn groot genoeg om op zichzelf te passen, maar ik zou ze toch nooit met een hond alleen laten. Net als bij de kennismaking met een andere hond, begin je de introductie aan de riem en maak je de hond duidelijk dat je huisdier een huisdier is, geen karbonade. Agressief gedrag wordt niet getolereerd.

PAS OP

Het opjagen van vee is ernstig. Op het platteland raken boeren vaak vee kwijt door loslopende honden. Jij bent verantwoordelijk voor elk dier dat door jouw hond wordt verwond en jouw hond betaalt misschien nog wel een hogere prijs. In een landelijke omgeving is het niet vreemd als een boer schiet op dieren die zijn vee opjagen. Ongeacht of hij een wapenvergunning heeft.

TIP

Als je een hond hebt die jaagt op paarden, koeien, schapen, geiten of exotische dieren die toevallig in de buurt worden gehouden, roep dan de hulp in van een trainer om deze roofdierimpuls te onderdrukken. En laat je hond niet zwerven. Sterker nog: houd hem aangelijnd.

Zorg voor routine

Ieder hond is anders, maar de meeste honden beginnen zich na een maand in hun nieuwe huis thuis te voelen. Je kunt op een paar manieren duidelijk maken dat jouw thuis zijn nieuwe thuis is en dat hij een gewaardeerd lid van zijn nieuwe familie is, maar dat hij wel zijn plek in die familie moet weten.

Laat hem zien dat jij de leider bent. Dit is heel eenvoudig en werkt prima, als je maar consequent bent. Enkele oefeningen zijn:

» **Zitten als je iets wilt.** Je hond moet er een gewoonte van maken te gaan zitten voor goede dingen. Zeg 'Zit' en beloon hem hiervoor; voordat je zijn eten neerzet, voordat je hem aait, voordat jullie samen de deur uitgaan voor een wandeling. Zo gaat hij denken dat alle goede dingen van jou komen, maar alleen als hij doet wat je vraagt.

» **Mensen eerst.** In de hondenwereld gaat het dier voor dat hoger in rang staat dan jij. Je hond moet dus eten nadat jij hebt gegeten en moet na jou de deur uitstappen. Zeg bij dat laatste 'Zit' en 'Blijf', ga naar buiten en vraag hem mee. Laat hem nooit voorbij rennen, of het nu uit de auto is, in de tuin of in het park, alsof hij de baas is. Dat is hij niet. *Zo eenvoudig is het.*

» **Menseneten, hondeneten.** Deel je eten niet met je hond en doe geen restjes van jouw eten bij zijn eten. Geef hoogwaardig voer en laat het daarbij. Als je deelt, kun je alleen jezelf verwijten dat hij gaat bedelen. Daarbij: jouw eten is baaseten. Het is puur en alleen van jou. (Lees hoofdstuk 7 om te leren hoe je het beste voer kiest voor je hond.)

» **Mensenbed, hondenbed.** Koop een comfortabel bed of een ruime bench voor je hond en laat hem daarin slapen. Laat hem bij jou in de slaapkamer slapen, zodat hij bij je in de buurt is. Jouw bed is het belangrijkste goed in zijn wereld en is helemaal alleen van jou. Hij mag er alleen met jouw toestemming op.

'Kom op, zeg', hoor ik je denken, 'we zijn toch niet in het leger? Ik wil mijn hond verwennen!' Natuurlijk. Later. Als je hond zich in huis keurig gedraagt en je niets over hem te klagen hebt. Slapen mijn honden op mijn bed? Absoluut! Maar pas nadat ik ze toestemming heb gegeven. Bovendien weten ze dat het geen recht, maar een voorrecht is. Deel ik mijn wortelsnack met ze tijdens het schrijven? Natuurlijk! Maar voor elk stukje moeten ze gaan zitten. En als ik ze vertel dat ik niet meer deel en dat ze naar hun bed moeten, dan doen ze dat. Stel meteen basisregels vast en houd je daar eerlijk en consequent aan. Je kunt de teugels altijd wat laten vieren, maar ze aantrekken als je hond de regels aan zijn laars lapt, is veel moeilijker.

2 De relatie zo goed mogelijk beginnen

IN DIT DEEL . . .

In dit deel vertel ik alles wat je moet weten om de relatie met je nieuwe hond zo goed mogelijk te beginnen. Je leest alles over hondenartikelen: wat je nodig hebt, wat je niet nodig hebt en wat gewoon leuk is om te hebben. Je vindt hier ook alles wat je moet weten over hondenvoeding om je te helpen het juiste voer voor je puppy of hond te kiezen. Er is een heel hoofdstuk over zindelijkheidstraining en meer tips over het trainen en socialiseren van je puppy.

IN DIT HOOFDSTUK

- **Standaard hondenuitrusting kiezen**
- **Op jacht naar de coolste spullen**
- **Riemen en halsbanden**
- **Hondenspulletjes voor jezelf vinden**

Hoofdstuk 6
De goede dingen

Een hond heeft niet veel spullen nodig en de meeste honden hebben dan ook niet veel. Een halsband. Een riem. Een bak voor water en een bak voor voer. Een warme, droge plek om te slapen. Iets om mee te spelen of om op te kauwen.

Voeg nog liefde, training en aandacht toe aan het lijstje en een hond heeft niets meer te wensen over. Maar oh, wat geven we toch graag geld uit aan onze honden! Huisdierbenodigdheden vormen een miljardenindustrie. Er wordt aan honden zoveel geld uitgegeven dat ik wel eens het grapje maak dat het enige verschil tussen een kind en een hond is, dat je bij de laatste niet hoeft te sparen voor zijn collegegeld. En dat je de wereld aan spulletjes voor je hond kunt kopen zonder dat deze verwend raakt.

BELANGRIJK

Het maakt je hond niet uit of de halsband die je voor hem koopt met edelstenen bezet is. En voor hem is er echt geen verschil tussen een kristallen schaal en een van rvs, als je er maar voer in doet. Kies bijpassende kleuren voor halsband en riem, die ook nog eens mooi kleuren bij het interieur van je luxe terreinwagen; hij wordt er niet warm of koud van. De meeste beslissingen die je neemt op het gebied van hondenaccessoires, neem je voor jezelf. En daar is niets mis mee, zolang de hond krijgt wat hij nodig heeft met een praktische uitrusting die geschikt is voor het doel, zijn grootte en zijn karakter.

Als basisbehoefte heeft je hond voer en een dak nodig. En dat is het beste waar de meeste honden op konden hopen in de duizenden jaren dat mens en hond samen leven en werken als metgezel en werkmaatjes. Alles wat je hier nog aan toevoegt, is erop gericht het leven van je hond en van jou veiliger, gemakkelijker en leuker te maken.

En ik weet dat je veiligheid, gemak en lol wilt; tijd om te gaan shoppen, dus.

Voor informatie over de voedingsstoffen die een hond nodig heeft en welk voer je voor je hond moet kopen, lees je hoofdstuk 7. Als je wilt weten hoe je de vacht van je hond goed verzorgt en welke hulpmiddelen je hiervoor moet kopen, ga je naar hoofdstuk 10. Hier lees je ook met welke middelen je wormen, vlooien en teken onder controle houdt.

BELANGRIJK

Je hond heeft meer nodig dan je in de dierenwinkel kunt kopen. Hij heeft een gezonde relatie met de dierenarts nodig en moet daarnaast worden gesocialiseerd en opgevoed.

Hokken, bedden en barrières

Je bent ervoor verantwoordelijk een veilige, droge plek voor je hond te verzorgen, die in de zomer koel en in de winter warm is. Een plek waarmee je voorkomt dat hij door de buurt gaat zwerven en die hem beschermt tegen auto's, dieven en allerlei ander gespuis. Dat zijn de basisvereisten. Maar je hebt een veel betere relatie met je hond, die bovendien veel gelukkiger is, als je hem uit zijn hondenhok haalt en liefdevol in huis opneemt.

BELANGRIJK

Ik zeg het gewoon recht voor zijn raap: wat is het nut van een buitenhond als huisdier? Beveiliging? Zo'n grote hond is buiten niet erg nuttig als de inbrekers bij je binnen zijn. Kameraadschap? Je bent de hele dag aan het werk, voert de buitenhond en speelt er misschien een beetje mee. Daarna ga je binnen tv kijken en zit hij alleen buiten.

Sommige honden kunnen beter tegen een leven buiten, maar ze kunnen nog steeds veel problemen veroorzaken. Ze blaffen, dag en nacht, uit verveling en eenzaamheid. Ze graven. Ze knagen aan het houtwerk van je huis. Ze kunnen zichzelf aanleren overdreven beschermend te zijn, tot op het gevaarlijke af.

Veel mensen met een buitenhond waren eerst niet van plan hem alleen buiten te laten. Misschien is de hond nooit echt goed zindelijk gemaakt of is hem niet geleerd dat hij niet tegen gasten op mag springen. Of misschien weet hij zich niet te gedragen rond kinderen. Misschien is hij vernielzuchtig en vind je dat hij beter de tuintafel kapot kan kauwen dan de eettafel. Of misschien stinkt hij gewoon vreselijk.

Dit zijn allemaal dingen die je kunt oplossen. Gedragsproblemen kun je oplossen met training. En wat de stank betreft: heb je de hond wel eens in bad gedaan? Tips voor vachtonderhoud lees je in hoofdstuk 10, over gedragsproblemen vertel ik meer in hoofdstuk 14 en 15. Je bent het je hond, je gezin en je buren verschuldigd al het mogelijke te doen om te voorkomen dat de hond dag en nacht buiten zit.

PAS OP

HET GEVAAR VAN EEN KETTING

Mensen die geen hek rond hun tuin hebben of willen, houden soms hun hond aan de ketting. Het vastleggen van een hond voor een kortere tijd kan geen kwaad, als je maar geen wurgketting gebruikt, maar leven aan de ketting is geen leven. En een hond aan de ketting moet je nooit alleen laten.

Honden die hun hele leven aan de ketting liggen, zijn vaak gevaarlijk en bijten iedereen die op hun terrein komt.

Een ketting kan bovendien gevaarlijk zijn voor de hond: ik ken een aantal gevallen waarbij een hond over een hek wilde springen, de ketting niet lang genoeg was om de andere kant veilig te halen en waarbij de hond zichzelf uiteindelijk ophing aan de andere kant van het hek. Andere honden liepen op een hete dag een aantal keer met hun ketting rond een boom, waardoor deze te kort was om nog bij hun water te komen.

Als je geen omheining rond je tuin hebt, maar wel vindt dat de hond buiten moet komen, kun je beter met hem gaan wandelen of een kennel voor hem kopen dan hem aan een ketting leggen.

BELANGRIJK

Als je je hond echt buiten moet laten, moet je je best doen om het leven van je eenzame hond wat leuker te maken door tijd met hem door te brengen en hem mee uit te nemen om de band tussen jullie beiden te versterken. Gooi niet zomaar eten zijn kant op, om hem vervolgens de rest van de dag te vergeten.

Een goed hek zorgt voor een goede hond

Maar goed, tenzij je in een flat woont, is het toch prettig als je hond af en toe de tuin in kan. Let wel: naast de tijd die jouw hond eventueel in de tuin doorbrengt, is het belangrijk om hem uit te laten. Vanwege de lichaamsbeweging die belangrijk is voor hem (en wellicht ook voor jou), maar vooral ook omdat de hond buiten, op straat of in het bos allerlei ervaringen opdoet die belangrijk zijn voor zijn ontwikkeling. Honden vinden het heerlijk om uitgelaten te worden. Dit kan variëren van enkele minuten per dag om zijn behoefte te doen, tot een paar uur terwijl jij aan het werk bent. Je wilt er natuurlijk voor zorgen dat die tijd buiten zo prettig en veilig mogelijk is.

Het beste is een omheinde tuin die niet aan de straat grenst. Een stevig hek van zo'n twee meter hoog biedt de beste bescherming tegen mensen die hem plagen of willen stelen. Bovendien heeft de hond zonder afleiding minder reden tot blaffen. Als je van tuinieren houdt, kun je het beste een deel van je tuin afzetten voor de hond. De rest is verboden terrein, tenzij jij erbij bent.

TIP

Mijn favoriete voorbeeld van een hondveilige tuin komt van een vriendin en haar man, die architect is. Hij ontwierp hun tuin in een U-vorm voor hun airedaleterrier, met een binnengedeelte dat was afgezet om het te beschermen tegen zijn grote klauwen. Lees hoofdstuk 22 voor meer informatie over honden en tuinen.

Een kennel met uitloop is ook goed, om honden uit de problemen te houden als je er niet bent. Zorg ervoor dat de hond in de kennel bescherming heeft tegen hitte, kou en wind, zorg voor vers water en speelgoed en beperk de tijd die hij hier moet zitten zoveel mogelijk. Een ren van 3 bij 2 meter is een veilige plek om een paar uur te zitten, maar het is geen plek om je levensdagen te moeten slijten.

BELANGRIJK

Met een goed hek ben je een goede buur. En met een robuust houten hek heb je een goede hond.

TIP

Twee producten waarmee je in- en uitgangen wat beter te controleren maakt, zijn hondenluiken en babyhekjes:

- De meeste *hondenluiken* bestaan uit een metalen of plastic flap waar de hond met zijn neus of poten tegenaan moet duwen om het te openen. Ze zijn fantastisch voor iedereen die niet steeds wil opstaan als de hond aan de deur krabt. Voor mensen die overdag weg zijn en de hond wel de kans willen geven naar buiten te gaan, zijn ze helemaal ideaal. Je kunt een hondenluik plaatsen tussen huis en tuin, of tussen garage en tuin. Sommige mensen maken zelfs een sluis met aan beide kanten een hondenluik, om tocht tegen te gaan.

  Plaats het hondenluik om veiligheidsredenen op een plek die wat uit het zicht ligt en sluit het af als het luik niet wordt gebruikt, bijvoorbeeld als je op vakantie bent. Maar vergeet niet dat een hondenluik, zeker een luik voor een grote hond, altijd een risico oplevert. Een jonge, of slanke inbreker kan gemakkelijk via het hondenluik binnen komen.

Toen ik mijn hondenluik liet plaatsen, heb ik het in een buitenmuur laten plaatsen in plaats van in een deur. Hiervoor heb ik een bouwfirma ingehuurd. De man wees mij erop dat het luik groot genoeg was voor een inbreker om zich doorheen te wurmen. 'Ik snap wat je bedoelt,' zei ik, 'maar zou iemand zich bij zo'n groot luik niet afvragen hoe groot de hond is die aan de andere kant zit te wachten?'

» *Babyhekjes* vind je in catalogi voor dierenaccessoires en in babywinkels. Je kunt een babyhekje gebruiken om te voorkomen dat je huisdier in bepaalde delen van het huis komt.

Ik combineer twee producten om voor mijn huisdieren een veilige plek te creëren als ik weg ben: babyhekjes om ze in de keuken te houden en een hondenluik om ze in het deel van de tuin te laten waar ze zonder mij mogen komen.

Hondenhok: bescherming tegen de elementen

Als je hond veel tijd buiten moet doorbrengen, bijvoorbeeld omdat je aan het werk bent, heeft hij beschutting nodig tegen hitte en kou. Een van de gemakkelijkste oplossingen hiervoor is een hondenhok. Je kunt hierbij kiezen tussen hout of robuust kunststof.

TIP

Welk materiaal je ook kiest, het hok moet precies groot genoeg zijn voor je hond. Hij moet kunnen opstaan en ronddraaien, maar niet meer dan dat. Met een te groot hok is het voor de hond moeilijk om binnen warm te blijven. De opening mag niet in het midden zitten, zodat de hond aan de zijkant kan opkrullen voor de warmte. Als het dak open kan, kun je het hok gemakkelijker schoonmaken. En de deur moet een overkapping hebben om tocht te voorkomen.

Als je een beetje met hout kunt werken, kun je in een weekend een mooi hondenhok maken; in boeken over honden, op internet en bij doe-het-zelfzaken vind je wel bouwtekeningen. Je kunt ook een houten zelfbouwhondenhok kopen, bijvoorbeeld een hok dat past bij de stijl van je huis: een villa, paleis, ranch enzovoort. Een heerlijk project voor je kinderen om je bij te helpen.

Er zijn ook fabrikanten die hondenhokken aanbieden van gegoten, robuust kunststof die soms nog wel beter zijn dan een traditioneel houten hondenhok. Ze zijn eenvoudig schoon te maken, houden geen geurtjes vast en bieden geen schuilhoekjes waar vlooien zich kunnen voortplanten. Als je het bed maar schoon houdt. Zie de volgende paragraaf voor meer informatie over bedden.

TIP

Plaats het hondenhok ergens waar je hond er comfortabel in kan liggen. In de winter is dat ergens uit de wind, in de zomer is dat in de schaduw.

Elke hond heeft een bed nodig (zelfs als dit jouw bed is)

Ook honden die binnen leven, hebben een bed nodig. Laat je hond alleen op je eigen bed als deze keurig is opgevoed en jou als leider accepteert. Anders zou hij zich wel eens kunnen vergissen in wie de leider van de roedel is. (Hierover lees je meer in hoofdstuk 15.) Maar je hoeft geen medelijden met hem te hebben. Tegenwoordig zijn de mooiste hondenbedden verkrijgbaar, voor elke hond, elk budget en elk interieur.

TIP

Je kunt bijvoorbeeld een reismand of bench als bed nemen. Dit is waarschijnlijk het meest veelzijdige stuk hondenuitrusting dat ooit is gemaakt. Reismanden en benches, die ooit vooral werden gebruikt om honden tijdens een vlucht te vervoeren, zijn beschikbaar in alle vormen en maten: open gaas, dicht metaal of stootvast kunststof. Tegenwoordig worden ze gezien als een van de belangrijkste hulpmiddelen om het leven van je huisdier gemakkelijker te maken. Benches zijn de gemakkelijkste en snelste manier om een hond of puppy zindelijk te maken (zie hoofdstuk 8 voor meer informatie hierover). En met een paar modificaties om tocht tegen te gaan, kan het zelfs prima dienen als hondenhok.

TIP

De bench is een prima plek om je hond even een 'time-out' te geven. En als je hem een tijdje 'uit de loop' wilt hebben, bijvoorbeeld vanwege een gast met allergie, of werklui die in en uit lopen, is een bench een echte uitkomst.

Maar een reismand of bench is ook nog steeds perfect voor het oorspronkelijke doel: het vervoeren van je huisdier. Een hond die los in de auto zit, kan afleiden of zelfs een gevaar vormen. Een bench is voor iedereen veiliger. En nu we het over veiligheid hebben; tijdens een ongeval is een hond net zo kwetsbaar als een mens zonder veiligheidsgordel. Een bench is zo stevig dat een hond eens een vliegtuigcrash overleefde, waarbij bijna alle menselijke passagiers overleden. Als je je huisdier mee op reis neemt, maak je een goede indruk bij hoteleigenaars als ze zien dat je een bench bij je hebt. Sommigen maken misschien wel een uitzondering op de regel 'geen honden' als ze zien dat de hond in de kamer in een bench wordt gezet en niet op bed de sprei kapot knaagt.

Een hond die een bench gewend is, is er gek op. De bench is zijn eigen kamer; zo knus en veilig dat hij er vaak vrijwillig in gaat. Ik heb thuis een grote bench als bijzettafel staan. Deze staat altijd open en er ligt bijna altijd een hond in te doezelen. Helemaal vrijwillig. Voor wat comfort kun je een kussen kopen die in de bench past, maar je kunt er ook zelf een maken, een wasbare deken in de bench leggen, of hem gewoon leeg laten, zeker als het warmer is.

Denk voordat je een bench koopt na over waarvoor je de bench gaat gebruiken. Als je er ooit je hond tijdens een luchtreis in wilt vervoeren, bedenk dan dat niet alle benches hier geschikt voor zijn. Sommige zijn bestemd voor licht gebruik, zoals het zindelijk maken van puppy's, terwijl andere geschikt zijn voor gemiddeld gebruik, zoals vervoer per auto. Als je een reismand of bench wilt gebruiken voor het zindelijk maken, als bed, voor op reis, als plek waar de hond zo af en toe zijn zonden kan overdenken, koop dan een exemplaar van hoge kwaliteit, van stootvast kunststof en goedgekeurd voor luchttransport.

Koop een bench die past bij de maat van je puppy. Een volwassen hond moet kunnen staan, omdraaien en comfortabel kunnen liggen. Als je een puppy zindelijk maakt, maak je de bench kleiner met een wandje. Maar je kunt ook een kleinere bench lenen van een kennis, of van de fokker van de puppy.

TIP

Een bench is een dure aankoop, dus ga goed voorbereid shoppen. Een goede plek om een bench te kopen, is op een rommelmarkt of via advertenties. Toen ik honden opving, had ik zeker tien benches van topkwaliteit, waarvan het grootste deel steeds was uitgeleend aan adopterende gezinnen. De meeste hiervan kocht ik tweedehands voor minder dan twee derde van de beste verkoopprijs die ik kon vinden.

In hoofdstuk 8 lees je meer over het gebruik van een bench voor het oplossen van zindelijkheidsproblemen. Meer over het nut van benches voor het trainen van puppy's vertel ik in hoofdstuk 4 en 9 en voor volwassen honden in hoofdstuk 14 en 15.

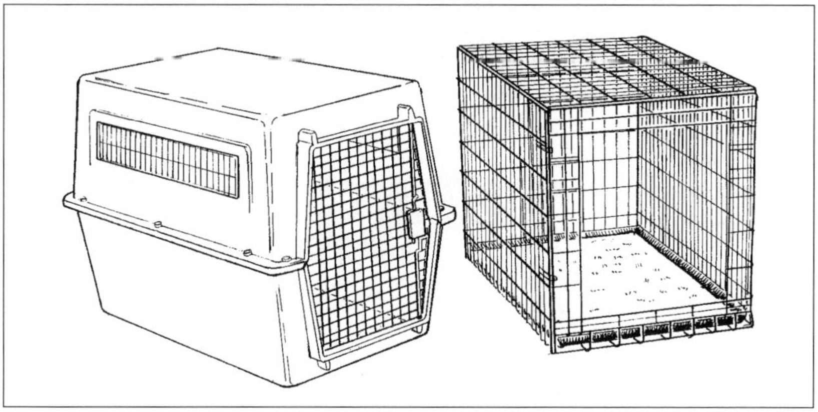

FIGUUR 6.1: Een reismand of bench is een comfortabele plek voor een hond om te slapen en een onmisbaar trainingshulpmiddel.

Illustratie met dank aan Stephanie en Michael Corby

Een bench is zeer veelzijdig, maar dit is niet de enige overweging als je hem als bed gebruikt. Met een bed blijven vloeren en tapijten schoner, heeft je hond een kussen waar hij heerlijk comfortabel op kan liggen (zeker een oudere hond met reuma) en hoef je je niet schuldig te voelen dat je je hond niet op *jouw* bed laat.

Elke hond heeft een bed nodig, zelfs als dit slechts een oude deken is. Twee van de populairste variëteiten zijn ovalen kussens met een pluchen of polyester schapenvacht waarop je hond zich heerlijk kan opkrullen en gevulde kussens die lijken op een zitzak uit de jaren zestig, maar dan in iets bedektere kleuren. Het belangrijkste bij de keuze van een bed is dat dit *wasbaar* moet zijn, of minimaal een wasbare hoes moet hebben. Als je het bed van je hond niet regelmatig (liefst een keer per week) wast, krijg je ongetwijfeld problemen met zijn vacht, met geurtjes en met vlooien.

Vanwege het gebrek aan wasbaarheid raad ik nooit een stuk tapijt aan. Dit kun je niet schoon en fris ruikend houden en het is voor vlooien een prima plek om zich te nestelen.

TIP

Op internet vind je hondenbedden in alle soorten, maten en kwaliteiten, meer dan bij de lokale dierenspeciaalzaak. Zoek in je favoriete zoekmachine naar hondenbedden en kies een mooi bed uit voor je hond.

FIGUUR 6.2: Elke hond moet een eigen, comfortabel bed hebben. Dit bed geeft heerlijk zachte steun voor de gewrichten van een oude hond.

Foto met dank aan Gina Spadafori

Ook bij hondenshows vind je fantastische hondenbedden. Twee van de ruim tien bedden bij mij thuis zijn handgemaakt en worden alleen bij hondenshows verkocht. Deze twee, een platformbed van pvc-pijp en materiaal dat ook wordt gebruikt voor tuinmeubilair en een met korrels gevuld kussen met pied-de-poule hoes, hebben twee honden, honderden wasbeurten en een handvol bedden van mindere kwaliteit overleefd.

Voer- en waterbakken

Ook bij voerbakken heb je een uitgebreide keuze, van een oude pan tot een door een pottenbakker gedraaide keramieken schaal met de naam van de hond erop geschilderd. Er zijn ook voederautomaten die je met voer of water voor een paar dagen kunt vullen, maar ook papieren bakken voor eenmalig gebruik. Deze laatste worden vaak gebruikt in dierenpensions en dierenklinieken.

Ik neem het liefst stevige bakken van stootvast kunststof of rvs die tegen gekrab en gekauw kunnen en die je in de vaatwasser kunt doen. Deze bakken, vooral die van rvs, blijven mooi, kunnen tegen alles wat een hond maar kan verzinnen en gaan eeuwig mee. Ik heb er een die inmiddels 22 jaar oud is. Bakken die gemakkelijk beschadigen, kun je moeilijk schoon houden, doordat er etensresten in de deuken en krassen blijven zitten, waar vervolgens bacteriën in kunnen groeien.

TIP

Neem voor honden met lange, fluweelachtige oren, zoals cocker spaniels, een bak met smalle opening en hoge, iets uitlopende zijkanten om de vacht uit het eten te houden. Als je hond zijn eten snel naar binnen schrokt, neem je een anti-schrokbak. Dat is een voerbak waar de hond zijn voer als het ware uit moet vissen, zodat hij niet zo snel kan eten. Er zijn anti-schrokbakken in vele soorten en maten.

Sommige mensen zetten voerbakken niet graag in de vaatwasser. Maar als je vaatwasser goed werkt, is het water heet genoeg om alles zo schoon te krijgen dat jij er zelf uit kunt eten.

Een van mijn favoriete verhalen over honden en vaatwassers, komt van de ouders van mijn schoonzus. Zij bezweren dat het 'labrador-voorwasprogramma' de levensduur van hun vaatwasser heeft verlengd. Hun bruine labrador mocht niet bedelen tijdens het eten, maar hielp na het eten met opruimen door de borden af te likken voordat ze de vaatwasser in gingen. Bovendien bespaarde dit tijdens de droge jaren in Californië behoorlijk veel water. Mijn schoonzus zet de traditie voort: hun gele labrador Duncan doet daar thuis het labrador-voorwasprogramma.

De voerbak van je hond moet na het eten worden weggehaald, maar de waterbak moet er altijd staan, vol schoon water. Ook hiervoor kun je het best rvs kiezen. Bakken met een reservoir zijn prima, maar ik vind ze moeilijk schoon te houden. En als je hond niet heel veel water drinkt, is het water muf voordat het reservoir leeg is.

PAS OP

Alle waterbronnen moeten worden beschut tegen zowel hitte als vrieskou, anders heeft de hond niet altijd de beschikking over water. En bij extreem weer kan dit dodelijk zijn. Met wat ijsblokken, die je bijvoorbeeld in een oud boterkuipje maakt, blijft een bak water in de schaduw heerlijk lang koel. Om te voorkomen dat water bevriest, zijn er waterbakken met verwarming verkrijgbaar. Ook zijn er speciale verwarmingsapparaatjes die je in een emmer kunt hangen.

Als je steeds met je hond onderweg bent, heb je een draagbare waterbron nodig. Er zijn reisbakken die speciaal zijn ontworpen om gespetter te voorkomen. Ook zijn er opvouwbare drinkbakken die je zo klein kunt opvouwen als een buiktasje. Je kunt ook een knijpfles gebruiken, zoals wielrenners wel bij zich hebben. Je hond leert snel hoe hij de straal kan opvangen. Schrijf wel duidelijk met niet-afwasbare inkt dat er hondenwater in de fles zit.

Een vriendin hield bij het opnieuw inrichten van haar keuken rekening met haar honden. De drie onderste laden van het middeneiland hebben verzonken voerbakken, met een rvs bak die eruit kan worden genomen om te reinigen en een veilige opslag voor 20 kilo hondenvoer. Aan de andere kant van de keuken staat nog een rvs schaal in een verzonken houder, voor water, waarmee de vloer redelijk droog blijft.

Dit is een van de beste ideeën die ik ooit heb gezien en het houdt haar prachtige keuken een stuk netter.

Halsbanden en riemen

Ik moet iets bekennen: halsbanden en riemen zijn de dingen die ik het liefst koop voor mijn honden, hoewel ik pas sinds kort een hond heb waarbij een mooie riem goed staat. Mijn retriever heeft een middellange, glanzend zwarte vacht. Op dit soort honden komt elke halsband in elke kleur mooi uit. Daarom hebben ze er allemaal een paar, plus nog een paar sjaaltjes voor speciale gelegenheden. Een riem *moet* gewoon bij de halsband passen. Daarvan hebben we er dus ook een heleboel. Mijn favoriete halsband op mijn oudere retriever, en ik denk ook zijn favoriete halsband, is helderrood met silhouetten van zwarte labradors. Prachtig, gewoonweg prachtig.

Halsbanden, harnassen, tuigen en riemen zijn niet alleen modeartikelen, maar hebben ook een belangrijke functie: ze helpen je om je hond te trainen en zorgen ervoor dat je je hond in het openbaar uit de problemen kunt houden. Halsbanden beschermen je hond ook als jij dit niet kunt, doordat je er een identificatiemiddel aan kunt hangen waarmee zijn adres kan worden achterhaald als hij een keer ontsnapt.

Als je online een halsband voor dagelijks gebruik bestelt, met gesp of snelsluiting, meet je de nek van je hond een paar centimeter onder zijn kop en tel je hier vijf centimeter bij. Voor kleine honden tel je hier twee tot drie centimeter bij. Als je hond de halsband om heeft, moeten er twee vingers mooi tussen de halsband en de nek passen; bij kleine honden is één vinger genoeg. De halsband moet strak genoeg zitten om te voorkomen dat de hond zijn kop erdoor kan trekken en toch ruim genoeg zijn zodat hij niet gaat irriteren.

De halsband voor dagelijks gebruik

Een halsband is een essentiële aankoop voor je hond. Daarom moet je je eerst even inlezen voordat je gaat winkelen. De halsband voor dagelijks gebruik voor je hond, de halsband met zijn hondenpenning of adreslabel, moet een halsband met gesp zijn. Hij mag plat of rond zijn en moet zijn gemaakt van leer of geweven nylon. Platte en ronde halsbanden zijn prima voor honden met een korte tot middellange vacht. Voor honden met een lange, dikke vacht in de nek, zoals collies, kun je beter een ronde halsband nemen.

Ik houd van geweven nylon halsbanden omdat deze verkrijgbaar zijn in heerlijk veel kleuren en patronen. Maar ook omdat enkele van mijn honden graag de leren halsband van andere honden doorbijten. Andere honden vinden een nylon halsband misschien wel vervelend en hebben liever een leren halsband. Zolang de halsband maar degelijk is, gaan zowel nylon als leer ettelijke jaren mee. Sinds een paar jaar zijn halsbanden met snelsluiting populairder, vooral de platte halsbanden van geweven nylon. En het is ook wel duidelijk waarom. Druk op de zijkanten en je neemt de halsband zo af; gemakkelijk als je de hond in bad wilt doen of een ander adreslabel aan de halsband wilt doen. Druk de beide kanten tegen elkaar en je klikt hem zo weer om. Voor de meeste honden leveren dit soort halsbanden geen problemen op. Omdat je de lengte zo gemakkelijk kunt aanpassen, zijn ze prima voor puppy's in de groei. Sommige trainers denken dat een halsband met gesp veiliger is voor grote, sterke en impulsieve honden, maar een goede halsband met snelsluiting is net zo stevig.

Sommige mensen denken misschien dat de elegante hondenhalsband iets nieuws is, maar dit is zeker niet het geval. Mensen met geld deden hun bekroonde honden altijd al een fraaie halsband om: halsbanden van goud, zilver, ingelegd met parels of edelstenen zijn al eeuwen te vinden in de garderobe van honden van de hogere klassen.

En de hedendaagse hond heeft het ook niet zo zwaar. In catalogi en dierenspeciaalzaken vind je de mooiste halsbanden, voor bedragen waarvoor je voor meerdere honden voor een aantal maanden voer kunt kopen.

Wil je er ook een? Wat let je? Maar doe dan wel meteen een donatie aan het plaatselijke asiel, om je schuldgevoel wat te verzachten.

Trainingshalsbanden

Een goed passende halsband met gesp of snelsluiting, met een hondenpenning en identificatiemiddel, is alles wat een puppy de eerste maanden en misschien wel de rest van zijn leven nodig heeft. Maar de meeste honden hebben een halsband nodig waarmee je hem kunt trainen of beter onder controle kunt houden als je hem aan de riem hebt.

Enkele trainings- en controlehulpmiddelen die je echt moet kennen, ook omdat sommige een discutabele reputatie hebben of soms al verboden zijn:

» **Slipkettingen** staan ter discussie. Deze halsband is door veel trainers in de ban gedaan, omdat je er een hond mee kunt verwonden als je er te ruw mee omgaat.

» **Semisliphalsbanden** kunnen een kruising zijn tussen een platte halsband en een sliphalsband, gedeeltelijk plat nylon, gedeeltelijk ketting, of helemaal ketting. Ze zijn ontworpen om de wurgmogelijkheid van de sliphalsband in te perken. Ze worden wel aangetrokken, maar minder ver. Sommige trainers gebruiken ze altijd, andere raden ze aan mensen aan die heel veel moeite hebben met de beweging voor aantrekken en laten vieren van de sliphalsband.

» **Prikhalsbanden** zijn in sommige landen populairder dan ooit omdat je er op een efficiënte manier grote honden mee in bedwang kunt houden, vooral die met een sterke, gespierde nek, zoals rottweilers. Ze kunnen net als een semisliphalsband niet helemaal worden aangetrokken, maar in tegenstelling tot de semisliphalsband hebben deze halsbanden metalen pennen aan de binnenkant. Als je de halsband aantrekt, steken deze pennen in de nek van de hond.

  Deze halsbanden zijn omstreden, omdat ze wreed zijn. Dit is waarschijnlijk ook de reden dat sommige mensen ze mooi vinden: ze zien er stoer uit. In Nederland zijn deze kettingen sinds juli 2018 verboden, in België zijn ze nog toegestaan.

» **Hondenhalsters** worden ook met een scheef oog bekeken. Het probleem is dat ze op een muilkorf lijken. In feite werken ze volgens hetzelfde principe als al jaren voor paarden wordt toegepast: het lijf volgt het hoofd. De riem zit aan een ring onder de kaak. Als je hieraan trekt, komt er druk op de snuit en rond de nek; beide belangrijk in lichaamstaal voor honden.

  Met een goed zittend hondenhalster kan zelfs een grote, sterke hond genoeg in toom worden gehouden om hem door een kind te laten uitlaten. Maar met een goede training bereik je hetzelfde!

» **Elektrische halsbanden** (ook wel e-collars genoemd) geven een schok. Dit kan automatisch zijn, als de hond blaft, of handmatig als de trainer dit nodig vindt. Ze worden gebruikt voor het trainen van honden voor de jacht en in het veld. Maar ook voor het corrigeren van ernstige gedragsproblemen, zoals vernielzucht. Elektrische halsbanden zijn wel verkrijgbaar, maar mogen in Nederland vanaf 1 juli 2020 niet meer worden gebruikt, ook niet door trainers. In België wordt gekeken naar de mogelijkheid het gebruik van deze halsbanden alleen door trainers toe te staan.

» **Harnassen of een tuig** voor het uitlaten van een hond zijn een alternatief voor de riem. Sommige kleine rassen, zoals poedels, kunnen *tracheacollaps* ontwikkelen, waarbij de kraakbeenringen rond de luchtpijp in de nek tijdelijk samenklappen als de hond opgewonden is. Voor deze honden is een harnas ideaal om de druk van het trekken op de nek te verminderen. (Ook hier geldt dat je je hond kunt afleren om aan de riem te trekken, maar omdat dwergrassen niet zo heel hard kunnen trekken, leren de eigenaars ze dit ook niet af.)

  Als je een hond hebt van een ras dat bekend staat om nek- of rugproblemen, of als je hond nekletsel of een operatie heeft gehad, kan een harnas of tuig veel leed voorkomen.

  Er zijn harnassen op de markt die extra controle geven, doordat ze rond de borst strak trekken als de hond trekt. Deze zijn met name geschikt voor grote, sterke honden geschikt..

  Sommige harnassen zijn gemaakt voor hondensporten, bijvoorbeeld voor spoorzoeken of het trekken van sledes of karren. Voor meer informatie over deze en andere sporten lees je hoofdstuk 16.

Riemen

Voor riemen (of lijnen) is de keuze iets minder uitgebreid dan voor halsbanden. Er zijn veel meer kleuren en ontwerpen dan ooit tevoren, maar de basiskeuzes blijven leer, nylon of ketting.

Als je hond eenmaal goed is getraind, kun je alles gebruiken wat je wilt. Maar tot die tijd ben je het best af met een leren riem van twee meter lang. Nylon is een goede tweede, maar geeft minder grip dan leer en kan in je handen schuren als je hond er opeens vandoor gaat en de riem door je handen schiet. Ik gebruik graag nylon voor mijn getrainde honden, omdat ik dol ben op de kleurtjes. Ketting is vreselijk om mee te trainen: je snijdt er je handen aan kapot en de hond hoort het verschil niet tussen het geluid van zijn halsband en dat van de riem.

Riemen zijn er in allerlei lengten: van een riem van circa 30 centimeter lang om een grote hond snel van A naar B te leiden, tot meterslange lijnen om je hond te trainen of om ze steeds een beetje meer ruimte te geven zonder hem los te laten. Voor het wandelen of trainen is de lijn van 2 meter lang de beste keuze. Je hond heeft wat vrijheid en jij houdt de controle.

Riemen worden verkocht in allerlei diktes, variërend van circa 8 mm tot wel 25 mm. Rond de 10 mm is geschikt voor gehoorzaamheidstraining, omdat het een betere grip biedt. De zwakste delen van een riem zijn daar waar de sluiting is bevestigd en daar waar de aanhaakring is gemaakt. Zoek een riem met stevige naden of bij riemen van leer naar een eendelige constructie.

TIP

Een van de meest populaire hulpmiddelen die in de afgelopen jaren is ontwikkeld, is de rollijn, waarmee een hond tot wel 10 meter loopvrijheid krijgt. De lijn rolt vanzelf in als deze niet strak staat en je vergrendelt hem met een knop op het plastic handvat. Deze lijn is niet bedoeld om je hond te leren niet te trekken, maar wordt vaak gebruikt om hem te leren te komen als hij wordt geroepen. Dit systeem is ook geweldig voor op reis en voor honden die niet goed luisteren als ze los lopen, maar wel de benen moeten kunnen strekken.

Deze lijnen zijn er in allerlei maten en kleuren en zijn ideaal om je hond te laten snuffelen op plekken waar het niet veilig is of waar ze niet los mogen lopen.

PAS OP

Rollijnen zijn niet bedoeld om je controle te geven over je hond. Helemaal niet als deze groot en sterk is. Als je hond ervandoor gaat, trekt hij het handvat zo uit je handen. Ik raad daarom af deze lijnen te gebruiken op plekken waar het gevaarlijk is voor je hond als deze ontsnapt.

Speelgoed

Elke hond heeft speelgoed nodig. Dit houdt je huisdier bezig als jij er niet bent of hier geen tijd voor hebt. Als je er wel bent, vormt het een extra manier om met je hond bezig te zijn en een band te vormen. Met speelgoed heeft je hond iets om op te kauwen, in plaats van je tenen (of schoenen, meubelen of boeken), om mee te stoeien of iets om achteraan te rennen. Kauwspeelgoed is essentieel voor opgroeiende puppy's, omdat ze zich met kauwspeelgoed beter voelen als hun tanden doorkomen. Maar het is natuurlijk ook gewoon leuk om speelgoed uit te kiezen en te kopen. Er zijn een paar dingen waar je bij speelgoed op moet letten, maar niet zo veel. Veel plezier!

Kauwspeelgoed

Kies speelgoed dat past bij het formaat van je hond en dat bestand is tegen de mate waarin hij erop kauwt.

Sinds enige tijd wordt er ook kauwspeelgoed ontwikkeld om tandplak te verwijderen en het tandvlees te stimuleren. Dit heeft ribbels of gaatjes die kunnen worden gevuld met hondentandpasta.

Kauwtouwen, met bijvoorbeeld een stuk hoef aan de uiteinden of een rubberen bal in het midden, zijn ook populair. Maar er zijn trainers die vinden dat deze te veel lijken op dingen waar je hond *juist* niet op mag kauwen, zoals franje aan je tapijt.

Houd het speelgoed van je hond in de gaten. Vervang het als het versleten is of zo ver is opgekauwd dat je hond het kan doorslikken.

TIP

LASSIE KOM NAAR HUIS!

Je jonge dochter laat de voordeur open staan of het hek waait om door een stevige windvlaag: zelfs bij de meest oplettende familie kan de hond een keer weglopen.

De laatste decennia is chippen enorm populair geworden. Tegenwoordig is dit zowel in Nederland als in België zelfs verplicht. De microchip is een permanente identificatie ter grootte van een rijstkorrel, die door de dierenarts met een grote naald onder de huid tussen de schouderbladen wordt ingebracht. (Maak je geen zorgen, een korte piep en het is al gebeurd!)

In België moeten honden worden gechipt en geregistreerd bij de centrale databank, DogID. In Nederland zijn hiervoor verschillende databanken, die zijn goedgekeurd door de RVO. De chip moet worden geplaatst door een dierenarts en de kosten bedragen doorgaans slechts een paar tientjes. Dit is een goede investering in de veiligheid van je hond.

Als je hond wegloopt, kunnen met de chip de gegevens van de eigenaar worden achterhaald. Het is dus heel belangrijk wijzigingen in je gegevens direct door te geven. Naast zijn chip – die nu eenmaal niet door iedereen wordt gezien of kan worden gelezen (daarvoor heb je een chipreader nodig) – is het raadzaam ervoor te zorgen dat je hond altijd adresgegevens bij zich heeft. Denk aan een adreskoker met je telefoonnummer of een gegraveerde hondenpenning.

Piepspeelgoed

Puppy's en volwassen honden zijn gek op al het speelgoed dat geluid maakt als ze erin bijten. Dit kan een dure grap worden als je hond pas tevreden is als de pieper 'dood' is. Mijn oudere hond heeft ooit binnen twintig minuten met chirurgische precisie het piepgedeelte uit vier kunststof kikkers van een tientje per stuk verwijderd. Mijn jongere hond, die gek is op knuffeldieren, knuffelt er eerst dagen mee, om het speelgoed dan opeens aan stukken te scheuren om te zien waar dat gepiep toch vandaan komt. Een knuffelegel, die eerder bromde dan piepte, ging wel twee weken mee: een record.

Apporteerspeelgoed

Met apporteren kun je je hond prima trainen. Veel mensen gebruiken hiervoor een frisbee. Onthoud hierbij wel dat er al veel honden gewond zijn geraakt terwijl ze achter een frisbee aan sprongen. De verwondingen kunnen zelfs zo ernstig zijn dat ze moeten worden geopereerd aan knieën of rug.

PAS OP

Ook de veelgebruikte tennisbal kan gevaarlijk zijn. Laat je hond nooit op een tennisbal kauwen of er alleen mee spelen. Een sterke hond kan de tennisbal in elkaar duwen, waarna deze in zijn keel weer uit elkaar spring en waardoor hij vervolgens stikt.

Betekent dit dat je niet met frisbees of tennisballen moet spelen? Natuurlijk niet, maar gebruik wel je gezonde verstand. Als je een frisbee gebruikt, gooi deze dan niet zo dat je hond allerlei rare sprongen gevolgd door een harde landing moet uithalen om hem te vangen, hoe mooi dit voor de toeschouwers ook is. Gooi de frisbee laag voor je hond weg, zodat hij moet rennen, maar niet hoeft te springen. Tennisballen zijn prima om je hond te latten apporteren, maar ruim ze op als je stopt met spelen.

Je kunt natuurlijk ook een massief rubberen bal kopen. En voor apporteren uit het water, een prachtig spel voor honden die graag zwemmen, is er drijvend hondenspeelgoed met een handvat waarmee je het speelgoed gemakkelijk een eind over land of het water weg kunt gooien. Sinds ik een paar jaar geleden mijn eerste retriever heb, gaan er bij mij elk jaar een handvol van deze dingen verloren in de stroming.

PAS OP

Er zijn mensen die vinden dat je je een hond geen trekspel zou mogen spelen. Hij zou er dominant en agressief van worden. Moderne hondentrainers stellen dat honden helemaal niet agressief of dominant worden als je met ze speelt met een touw. Of een hond het spel wint of verliest zegt niets over de rangorde. Laat je hond dus gerust het speeltje vasthouden of 'winnen'. Leer de hond wel het commando 'los', zodat hij het touw loslaat in ruil voor een ander speeltje of een snoepje. Pas wel op dat het spel niet te ruw wordt. Er worden regelmatig hondeneigenaren in hun handen gebeten doordat de hond zijn greep op het speeltje wil verstevigen en hij daarbij per ongeluk in de vinger van de baas hapt.

IN DIT HOOFDSTUK

- Trends volgen op het gebied van hondenvoeding
- De basis leren over hondenvoer
- Het beste voer kiezen voor jou en je hond
- Gezonde snacks geven

Hoofdstuk 7

Voer voor je puppy of hond

Tot begin deze eeuw werd er geen uitgebreide studie gemaakt van hondenvoer. Ze aten gewoon wat we ze voorzetten. Ze aten wat er bij ons overbleef. Ze aten wat er bij andere dieren overbleef. Ze doodden dieren om te eten en aten de restanten van de dieren die door andere dieren waren gedood.

Honden zijn niet bepaal kieskeurig. Je hebt bij een strandbezoekje vast weleens gezien hoe een hond een half verrotte vis naar binnen werkt. In tegenstelling tot katten, die absoluut carnivoor zijn, zijn honden omnivoren. Als het nodig is, kunnen ze op allerlei soorten voedsel overleven.

Deze benadering werkte generaties lang prima. Vooral in de tijd dat de meeste honden nog op het platteland woonden, waar ze in de schuren knaagdieren vingen, het veld in konden voor konijnen en de restantjes van de boerenmaaltijd en het slachtafval voorgezet kregen. Maar de tijden veranderden en de hond kreeg een nieuwe rol, als metgezel in een stedelijke omgeving, waar het lastiger is om als hond zelf je kostje bij elkaar te vangen. Tegelijkertijd werd er meer met honden gefokt en werden hondenrassen verbeterd. De dames en heren die zich hiermee bezig hielden, wilden dat hun bekroonde dieren het best mogelijke voedsel zouden krijgen.

Diner-do's en -don'ts

'Veel van het goede van een hond gaat door zijn maag', zegt Vero Shaw in *Illustrated Book of the Dog*, uit 1879 (en een eeuw later opnieuw uitgegeven met de titel *The Classic Encyclopedia of the Dog*). 'We zijn er geen voorstander van honden alleen maar vlees te geven. We raden wel aan vlees te geven, maar naast brokken, die de bulk van de maaltijd vormen.'

Het boek beschrijft de ingrediënten en bereiding van het dieet van een hond, het zorgvuldig mengen van granen zoals rijst en gerst met groenten als kool, broccoli en rapen, en tot slot met verschillende soorten vlees die dan beschikbaar zijn. 'Paarden voor de slacht kunnen meestal wel worden gekocht voor een bedrag van 1 pond tot dertig shilling', merkt de schrijver op.

Decennia later, na talloze uren onderzoek door duizenden universiteiten en producenten van huisdierenvoeding, geldt dit advies van Shaw nog steeds: de meeste honden hebben een dieet dat bestaat uit een combinatie van granen en vleesproducten. Hoewel het gebruik van granen de laatste jaren ter discussie staat. Of dat nu terecht is of niet. Het grootste verschil tussen vroeger en nu: de hondeneigenaar van nu hoeft de ingrediënten niet zelf te mengen. En nog beter, hij hoeft niet af en toe zelf een paard te laten slachten om vlees voor de hond te hebben!

De branche die is ontstaan om in jouw huisdierbenodigdheden te voorzien is heel erg groot. Hoe groot? In Europa wordt de jaarlijkse omzet uit hondenvoer geschat op zo'n 20 miljard euro. Dit varieert van piepkleine blikjes met de meest uitgelezen stukjes vlees tot overmaatse zakken met het goedkoopste basisvoer.

In de productie van voeding voor huisdieren gaat zoveel geld om dat tegenwoordig enkele van de grootste bedrijven hierbij zijn betrokken. Niet alleen bedrijven die alleen dierenvoeding maken, maar ook bedrijven als Nestlé (eigenaar van Purina), Mars (eigenaar van Pedigree, Whiskas en Iams) en Colgate-Palmolive (eigenaar Hill's Pet Nutrition, maker van onder andere Science Plan).

Als je twijfelt of de diervoedingsbranche wel zo groot is, doe dan maar eens wat onderzoek. En je hoeft hiervoor niet verder van huis dan de plaatselijke supermarkt of dierenwinkel. Diervoeding neemt net zo veel plek in als andere producten, behalve misschien snoep. En in veel gevallen wordt het gemaakt door dezelfde bedrijven. En bij de dierenspeciaalzaak wordt zo veel voer verkocht dat dit met een heftruck moet worden aangevuld.

En vergeet dan de dierenarts niet, die vaak ook zowel het betere hondenvoer verkoopt, als speciale dieetvoer tegen allerlei gezondheidsklachten van je hond, zoals overgewicht, nierproblemen en tandplak.

Zo veel producenten. Zo veel verkooppunten. Zo veel keuze! Waar moet je je zoektocht beginnen naar het voer dat precies goed is voor jouw hond: de benodigde voedingselementen die al generaties worden verkregen uit prooidieren? Kun je dat soort voeding wel in een blik, zak of doos vinden?

Lees verder! Verderop lees je wat er bekend en niet bekend is over hondenvoer; wat je hond nodig heeft en wat er wordt aangeboden dat is gericht op jouw behoeften, niet die van je huisdier; hoe je je hond goed laat eten als je eenmaal het juiste voer hebt gevonden, zonder dat hij te dik of te dun wordt.

BELANGRIJK

Is dit allemaal belangrijk? Absoluut, vooral als je je hond gezond wilt houden, met een mooie glanzende vacht, glimmende ogen en barstensvol energie. Goede voeding is een van de basiselementen voor preventieve gezondheidszorg voor elk dier: mens, hond, kat of wat dan ook. De keuze van het juiste voer is net zo belangrijk als alle andere dingen die je doet om je hond een lang en gelukkig leven te geven.

Het 'perfecte' hondendieet

Een deel van het probleem bij de productie van hondenvoer is dat mensen over het algemeen niet bereid zijn voer aan te raken wat de hond juist zelf zou kiezen. Weinig honden halen hun neus op voor vers vlees. Maar ze staan te kwijlen bij een karkas dat het stadium van besterven al lang is gepasseerd en waar de meeste mensen met een ruime boog omheen lopen.

Zo dook mijn hond Andy met smaak op het rottende karkas van een aangespoelde zeehond, die duidelijk al lang dood was. Ik sleurde hem ervandaan nadat hij er een paar happen van had genomen. Hiervoor moest ik zo dicht bij het arme dode dier komen dat ik bij de aanblik en de geur spontaan begon te kokhalzen. Walgelijk voor mij, een lekkernij voor een hond.

Maar tot honden zelf hun eigen voer kunnen kopen, moeten ze het doen met de maaltijd die mensen voor ze willen klaarmaken. En dat betekent geen rottend vlees of een hoop gedoe. En daarom krijgt hij niet de dode zeehond die hij zelf zou uitkiezen, maar droge brokken waarvan de eerste vijf ingrediënten op de verpakking tarwemeel, gemalen maïs, kip, rijst en bloem zijn. Of je geeft hem blikvoer met tarwegluten en rijst.

Rijst? Tarwe? Maïs? Wat is dat nou? Is een hond een carnivoor of een herbivoor?

Eigenlijk is het een omnivoor, net als mensen. Honden lusten en kunnen leven van zowel vlees als planten, maar ze eten liever vlees. Honden snacken graag een stukje wortel, selderij of appel, maar een stuk vlees is pas echt een traktatie.

BELANGRIJK

De goede balans vinden tussen gemak en voedingsstoffen en tegelijk aantrekkelijkheid voor mens en hond, is veel moeilijker dan het lijkt. Dierenvoer is tenslotte een van de mooie dingen van onze moderne tijd. En met de groeiende kennis van voedingsmiddelen wordt het alleen maar steeds beter.

Voldoen aan dagelijkse voedingsbehoeften

Je hond heeft ongeveer zestig verschillende voedingsstoffen nodig om gezond te blijven. Gecombineerd zorgen ze ervoor dat zijn lijf werkt zoals het moet. Deze voedingsstoffen spelen allemaal een rol en hoewel de ene belangrijker is dan de andere, is elke stof nodig om het lichaam van de hond gezond te houden. In de volgende paragrafen bespreek ik de belangrijkste voedingsstoffen voor honden.

TECHNISCHE INFO

Misschien heb je voor de grap de percentages op een etiket wel eens opgeteld en gemerkt dat dit samen niet 100 is. Dit komt doordat op het etiket de percentages van het voedsel staan waarvan voedingsstoffen door het dier kunnen worden opgenomen. Wat niet kan worden opgenomen, komt er aan de andere kant als ontlasting weer uit. Daarom hoef je minder of minder grote drollen op te ruimen als je je hond voer met ingrediënten van hoge kwaliteit geeft.

Eiwit

Producenten van diervoeding overdrijven graag de hoeveelheid eiwitten in het voer, waarschijnlijk om de aandacht af te leiden van het feit dat er veel granen zitten in diervoer dat in de handel verkrijgbaar is. Op de verpakking staat groot dat er in het voer vooral veel vlees zit. Ook al betekent dit dat ze het graan moeten opdelen in kleinere categorieën, zodat het percentage per deel lager is dan dat van vlees. En dit gebeurt niet alleen in reclames. Bij sommige producten spreekt de naam voor de hoeveelheid eiwitten.

Vergis je niet, eiwitten zijn zeker belangrijk. Honden hebben misschien niet zoveel eiwitten nodig als katten, maar hondenvoer bevat echt wel een gezonde dosis eiwitten, variërend van 14 tot 21 procent van hun dieet voor oudere honden, tot 25 tot 42 procent voor honden in de groei en honden die hard moeten werken, zoals herdershonden en sledehonden.

Eiwitten leveren *aminozuren*, die de hond opslaat in de eiwitrijke delen van zijn eigen lichaam, zoals zijn eigen vlees. Alle dieren hebben deze voedingsstoffen nodig. Sommige aminozuren worden aangemaakt in het lichaam van de hond, de zogeheten *niet-essentiële* aminozuren. Andere aminozuren moeten uit voedsel worden gehaald, ook wel *essentiële* aminozuren genoemd. Bij het kiezen van eiwitbronnen moet je vooral letten op variatie en kwaliteit. Met een combinatie van vlees, gevogelte, vis, melkproducten en andere eiwitbronnen zorg je ervoor dat het eten van de hond alle essentiële aminozuren bevat.

TECHNISCHE INFO

Eiwitten zitten in dierlijk en plantaardig materiaal. Hierin zit verschil in *verteerbaarheid*, of de hoeveelheid eiwitten die je hond kan opnemen uit het voedsel. Vlees, gevogelte, melkproducten en eieren zijn zeer goed verteerbaar en daardoor kwalitatief goede bronnen voor eiwit. Andere delen van dieren, zoals veren, snavels en botten zijn minder goed verteerbaar. Granen zitten hier qua verteerbaarheid ongeveer tussenin.

Koolhydraten

*Koolhydrate*n (suiker en zetmeel) zijn een bron van energie. Van alle ingrediënten in hondenvoer zijn koolhydraten niet datgene wat een hond in het wild zou eten. Maar als opportunistische eters pakken ze wat ze kunnen vinden.

Honden kunnen de koolhydraten in hondenvoer wel gebruiken. En dat is maar goed ook, omdat koolhydraten qua gewicht het grootste deel uitmaken van hondenvoer.

TECHNISCHE INFO

Koolhydraten worden op de verpakking van hondenvoer ook wel vezels genoemd. In de lijst met ingrediënten nemen ze vele vormen aan, zoals maïs, sojabonen, sorghum, bietenpulp, gerst en rijst. Omdat veel consumenten op zoek zijn naar een voeding die 'graanvrij' is (los van de vraag of bijvoorbeeld rijst, gerst of maïs nu wel zo slecht zijn voor honden), gebruikt een groeiend aantal producenten aardappel of bijvoorbeeld erwten in plaats van granen. Het percentage vezels in droog voer varieert tussen 5 en 10 procent. Bij zogeheten dieetvoer is dit meer dan bij gewoon voer.

Vetten

In onze maatschappij maken we ons voortdurend zorgen om de hoeveelheid vet in ons eten, die volgens experts te hoog is. Ook honden eten vaak meer vet dan nodig. Maar laat je er niet toe verleiden je hond helemaal geen vetten te geven, het is een belangrijk onderdeel van zijn dieet (en ook van dat van jou).

HEBBEN HONDEN ECHT VLEES NODIG?

TECHNISCHE INFO

Kan een hond vegetariër zijn? Het zal je verbazen, maar het antwoord is ja. In tegenstelling tot katten, die absoluut carnivoor zijn, kan een hond prima leven op een uitgebalanceerd vegetarisch dieet. Zonder vlees kunnen ze zelfs voldoende eiwitten binnenkrijgen.

Maar een hond zal er zelf niet voor kiezen geen vlees te eten. Deze keuze wordt gemaakt door de eigenaar. Dit zijn meestal eigenaars die er, om ethische redenen, tegen zijn andere dieren te doden om ze op te eten. Maar voor sommige honden is een vegetarisch dieet een prima manier om met voedselallergieën om te gaan. Vegetarische diëten zijn zo populair dat sommige bedrijven vleesvrij voedsel in hun assortiment opnemen.

In het verleden kreeg ik veel meer vragen over vegetarische diëten voor huisdieren dan nu. Tegenwoordig voeren mensen die hun dier een niet-commercieel dieet willen geven hun huisdier zogeheten 'biologisch verantwoord voer': vlees, botten en groenten. (Zie de kadertekst BARF: voer voor een hond? verderop in dit hoofdstuk.)

Vet is essentieel om bepaalde vitaminen, de zogeheten *vetoplosbare* vitaminen, op te nemen en door het lichaam te verspreiden. Vet zorgt er bij veel voer ook voor dat het lekker ruikt voor de hond. Ook bevat het essentiële vetzuren die belangrijk zijn voor een gezonde vacht.

TECHNISCHE INFO

Het vetpercentage in droog voer varieert van 5 procent tot meer dan 30 procent. Dieetvoer bevat minder vet en voer voor werkhonden, honden in de groei of drachtige honden bevat meer vet.

Vitaminen en mineralen

Vitaminen zijn onderverdeeld in twee groepen: *wateroplosbaar* en *vetoplosbaar*. Beide zijn belangrijk voor de gezondheid van je hond en een gebrek aan welke vitamine dan ook in het voer kan negatieve effecten hebben. Onder de wateroplosbare vitaminen vallen de vitaminen B, niacine, panthotheenzuur, foliumzuur, biotine, choline en vitamine C. Onder de vetoplosbare vitaminen vallen vitamine A, D, E en K.

Mineralen die je hond nodig heeft, zijn onder andere kalium, magnesium, zink, calcium, ijzer, fosfor, natrium en chloride. Net als vitaminen vormen ze maar een klein deel van het dieet van je huisdier. Toch zijn ze essentieel voor een goede gezondheid.

BELANGRIJK

Het is heel belangrijk om te weten dat je hond de juiste hoeveelheid vitaminen en mineralen moet krijgen en niet meer. In het geval van vitaminen (en bijna alle voedingsstoffen) gaat de uitdrukking 'van iets goeds kun je nooit te veel hebben' niet op. Een overdosis vitaminen of mineralen kan gevaarlijk zijn. Geef je huisdier daarom nooit supplementen, tenzij je dit eerst met de dierenarts hebt besproken. Een overschot aan wateroplosbare vitaminen verlaat het lichaam via de urine. Maar vetoplosbare vitaminen bouwen in het lichaam op tot een gevaarlijk niveau.

Water

Denk je bij voedingsstoffen alleen aan eten? Vergeet niet dat wat je dier drinkt net zo belangrijk is voor zijn welzijn. Water (schoon, vers en altijd aanwezig) is essentieel voor bijna elk proces in het lichaam van je hond. Dit bestaat per slot van rekening voor 70 procent uit water.

Zelfs de kleinste cellen van levende wezens overleven niet zonder water. Water vervoert voedingsstoffen en voert afvalstoffen af. Een hond kan indien nodig weken zonder eten overleven (maar test dit alsjeblieft niet). Maar zonder water is het al binnen enkele dagen bekeken.

In hoofdstuk 6 lees je hoe je een voer- en drinkbak voor je hond kiest. Je leest er ook tips over hoe je water op drinkbare temperatuur houdt: niet te warm en niet te koud.

ZORGEN OVER CONSERVERINGSMIDDELEN VOOR VETTEN

TECHNISCHE INFO

In de afgelopen jaren is er veel te doen geweest over het gebruik van conserveringsmiddelen (met name BHT, BHA en ethoxyquine) om te voorkomen dat de benodigde vetten in dierenvoer ranzig worden. Deze synthetische conserveringsmiddelen krijgen de schuld van bijna elk gezondheidsprobleem bij huisdieren, om nog maar te zwijgen van het toenemende geweld op straat en het vermeende verval van traditionele waarden.

Veel producenten hebben besloten dat je je maar beter aan de wens van de klant kunt aanpassen. Daarom zijn er nu producten waarop vermeld staat dat ze *'vrij van ethoxyquine'* zijn of alleen *'natuurlijke conserveringsmiddelen'* bevatten, meestal vitamine C en E. En sommige producten in blik bevatten zelfs helemaal geen conserveringsmiddelen meer.

Maar houd het volgende in gedachten: *er is geen wetenschappelijk bewijs om een keuze voor het mijden van synthetische conserveringsmiddelen te rechtvaardigen.*

Als je je er zorgen over maakt, kies dan een voersoort zonder deze conserveringsmiddelen. Maar houd er rekening mee dat je misschien wel slachtoffer bent geworden van marketingstrategieën en angst in plaats van je beslissing te baseren op wetenschappelijke feiten. Er zijn zelfs meer gegevens beschikbaar die de *positieve* effecten van deze producten in voer ondersteunen (minder kanker, minder aangeboren afwijkingen enzovoort) dan negatieve effecten.

FIGUUR 7.1: De kans is groot dat jij bij de keuze van voer voor je hond veel kieskeuriger bent dan je hond.

Foto met dank aan Joan Mahone

Voer kiezen

Wetgeving voor diervoeding is zo mogelijk nog complexer dan voor mensenvoeding. In Nederland moet diervoeding voldoen aan de eisen van de NVWA (Nederlandse Voedsel- en Warenauthoriteit) en moeten diervoederproducenten zich daar ook registreren. In België is de Federale Overheidsdienst Volksgezondheid, Veiligheid van de Voedselketen en Leefmilieu (DG Dier, Plant en Voeding) de verantwoordelijk instantie voor het uitstippelen van het algemeen beleid en het vaststellen van normen (bijvoorbeeld toegelaten hoeveelheden aan additieven, aanwezigheid van ongewenste stoffen) en regels voor alle producten die gebruikt worden in de voeding van dieren. De controle op de conformiteit van de diervoeders evenals de erkenning, registratie of toelating van de operatoren (bijvoorbeeld producenten, distributeurs, vervoerders, enzovoort) vallen daarentegen onder de bevoegdheid van het Federaal Agentschap voor de Veiligheid van de Voedselketen (FAVV).

TECHNISCHE INFO

Producenten kunnen hun claims over de voedingswaarde van hun voer op twee manieren onderbouwen. De ene manier is op basis van chemische analyse van het voer en er zijn mensen die beweren dat motorolie met wat vitaminen en mineralen al door de tests komt. Niet echt indrukwekkend dus! De tweede manier is degelijker en is gebaseerd op tests waarbij het voer ook echt aan honden wordt gevoerd. Om voor de test te slagen, voeren producenten van diervoeding hun voer aan honden om te waarborgen dat het product een goede gezondheid stimuleert.

In principe kan een hond op goedkope voeding uit de supermarkt gezond oud worden. Hondenvoeding die in de Europese Unie op de markt wordt gebracht als complete voeding, moet namelijk aan minimale eisen voldoen en alle voedingsstoffen bevatten die een volwassen hond nodig heeft. Voor puppyvoeding gelden strengere eisen. Als jouw hond verder gezond is en geen specifieke voedingsbehoeften heeft, kan hij het prima doen op supermarktvoer. Maar inderdaad: als je kiest voor een producent die meer tijd, geld, moeite en kennis heeft geïnvesteerd in zijn voeding, is de kans groot dat je hond beter gevoed wordt dan wanneer hij het goedkoopste voer krijgt.

Zijn alle merken gelijk?

Je kunt uren onderzoek doen naar alle ingrediënten in hondenvoer. Er zijn boeken over volgeschreven. Ga naar de dichtstbijzijnde faculteit voor diergeneeskunde en neem een duik in de bibliotheek. Je kunt jezelf hier dagen mee zoet houden.

VOOR DE SPORTIEVE HOND IN DE FAMILIE

TECHNISCHE INFO

Liefhebbers van hondensporten zijn soms beter op de hoogte van trends in voedingsmiddelen dan sommige dierenartsen. Dit komt doordat ze meer van hun honden vragen dan de meeste mensen die met hun hond bij de dierenarts komen. Ze willen dat hun showhond een glanzende vacht heeft of dat hun hond bij behendigheids- of gehoorzaamheidswedstrijden barst van de energie.

Ze zijn voortdurend op zoek naar een voorsprong. Daarom zijn ze de aangewezen persoon om eens mee te praten over de keuze van hondenvoer. Maar vergeet niet dat eigenaars van sporthonden soms iets te trendy zijn als het op voeding aankomt en soms een heel mengsel andere stoffen aan een uitstekend voer toevoegen. En meestal is dat niet nodig. Sommige supplementen kunnen zelfs gevaarlijk zijn. Mijn advies is daarom: als je niet weet wat je doet, doe het dan niet. Koop een volledige hondenvoeding en laat het daarbij. En als je vragen hebt, ga dan naar je dierenarts.

TIP

Maar zo ver hoef je niet te gaan om zeker te weten dat je hond goed voer krijgt. Kies een merk dat geschikt is voor de leeftijd, het ras en de conditie van je hond. Kijk of op de verpakking 'complete, uitgebalanceerde voeding' staat. Houd ook rekening met de levensstijl van je hond. Dieren die weinig bewegen, komen aan als ze voer met veel eiwitten en vetten krijgen dat is bedoeld voor actieve, werkende honden.

TECHNISCHE INFO

BARF: VOER VOOR EEN HOND?

Veel hondenliefhebbers zijn overgestapt op een dieet van rauw voer, ook wel BARF genoemd en beschouwen dit als het enige ware voer. Tegelijkertijd schudden veel dierenartsen het hoofd, vol ongeloof en zelfs afgrijzen over wat zij beschouwen als een gevaarlijke gril. BARF staat voor het Engelse *Bones and Raw Food* (Botten en rauw voer), of *Biologically Appropriate Raw Food* (Biologisch verantwoord rauw voer).

De Australische dierenarts dr. Ian Billinghurst is de ontwikkelaar van het BARF-dieet, maar diëten van rauw voer bestaan al vele jaren, voornamelijk gestimuleerd door de Amerikaanse holistische dierenarts dr. Richard Pitcairn. In eerdere diëten van rauw voer zaten ook koolhydraten uit granen. Latere versies bestaan bijna uitsluitend uit rauw vlees met bot en groenten. Het idee is dat het dieet het meest lijkt op wat een hond in het wild zou eten: rauw vlees en bot, aangevuld met plantaardig materiaal uit de maag van de prooi.

Voor veel dierenliefhebbers is een BARF-dieet een enorme sprong in het duister. De eerste keer dat je je hond een hele kippenvleugel of een stuk kalkoennek toewerpt, ben je bang dat het zijn dood zal worden. Hoe vaak hebben we tenslotte niet gehoord dat botten van gevogelte dodelijk kunnen zijn? (Overigens is dit zeker waar in het geval van gekookte botten. Deze kunnen gemakkelijk versplinteren en in de maag van je huisdier huishouden als een ijspriem.)

Los van deze zorgen krijgen steeds meer honden elke dag rauw voer. Voorstanders beweren dat een dieet van gegaard vlees en granen, zoals in standaard voer wordt gebruikt, onnatuurlijk is en dat dit de oorzaak is van veel gezondheidsproblemen. Ook stellen ze vragen bij de kwaliteit van het vlees dat in diervoer belandt omdat het niet geschikt wordt geacht voor menselijke consumptie.

Aan de andere kant zijn veel dierenartsen niet overtuigd door de gegevens die de beweringen van BARF-voorstanders ondersteunen. Ze wijzen naar voerproeven die zijn uitgevoerd door producenten van commercieel diervoer die generatie na generatie gezonde huisdieren laten zien. Ze vrezen ook dat de meeste dierenliefhebbers onvoldoende kennis hebben om zelf een gezonde maaltijd voor hun dier samen te stellen. (Het gemak van een commercieel diervoer is tenslotte een sterk verkoopargument, als je ziet hoe druk iedereen het altijd heeft.) Tot slot vrezen dierenartsen voor besmetting van voer met bijvoorbeeld salmonella.

Voorstanders van rauw voer hebben op elk van deze punten wel een antwoord. Een ding is zeker: we zijn hier nog lang niet over uitgepraat.

Iedereen die overweegt om een dieet van rauw voer te geven moet absoluut eerst wat huiswerk doen. Lees bijvoorbeeld *Give Your Dog a Bone*, van dr. Ian Billinghurst of *Dr. Pitcairn's Complete Guide to Natural Health for Dogs & Cats*. Nederlandstalige boeken zijn er natuurlijk ook, bijvoorbeeld *Rauwe voeding voor honden* door Lizzy Plat-Coelers of *Rauw voer natuurlijk in de voedselbak* van onder andere Joeke Nijboer.

Moet je extra betalen voor duur premium voer? Dat moet je helemaal zelf weten. Sommige eigenaars vinden dit prettiger omdat ze vaak hoogwaardigere, beter verteerbare ingrediënten bevatten die gemakkelijker worden opgenomen. Dergelijk voer heeft vaak minder volume, zowel in wat er naar binnen gaat als in wat eruit komt. Maar los daarvan is van deze duurdere voersoorten niet bewezen dat ze beter zijn voor de gezondheid.

Vraag welk voer je dierenarts of een andere dierenprofessional, bijvoorbeeld de trimmer, trainer of een gerenommeerd fokker, aanbeveelt en blijf hierbij als je er tevreden over bent en als je hond het lekker vindt. Voor honden geldt het gezegde 'verandering van spijs doet eten' niet. Als een gezonde hond een kieskeurige eter is, komt dit meestal doordat de eigenaar bij een wat mindere eetlust meteen lekkers bij het eten heeft gedaan.

Focus op voer: wat voor soorten zijn er?

De voedselverwerkende industrie, die zo druk bezig is met het bieden van gemaksvoer voor mensen, is ook actief in het produceren van betaalbaar, gemakkelijk dierenvoer. Als hoofdmaaltijd voor je hond kun je kiezen uit de volgende commercieel verkrijgbare soorten:

» **Droog voer.** Dit worden ook wel brokken genoemd. Deze soort wordt geleverd in een doos of zak. Droog voer helpt het ontstaan van tandsteen te verminderen. Maar honden zijn over het algemeen niet zo gek op droog voer als op een net geopend blik nat voer.

» **Blikvoer.** Dit varieert van volledige maaltijden met vlees tot preparaten die moeten worden gemengd met brokken. Honden zijn hier dol op. Het is vrij duur omdat je ook betaalt voor al het water dat erbij is gedaan. Bovendien wordt het snel oud als je hond niet alles in één keer naar binnen slobbert. Blikvoer is fantastisch voor de verzorging van zieke of oude honden. Vooral als hun tanden moeite krijgen met het harde droge voer.

» **Semi-nat voer.** Dit is de meest recente ontwikkeling. Dit voer lijkt vaak op mensenvoer, bijvoorbeeld in de vorm van een hamburger of worstje. Het is een compromis tussen droog voer en blikvoer, zowel op het gebied van kosten als gebruiksgemak. Er is wel kritiek op omdat semi-nat voer met mooie vormen en kunstmatige kleuren vooral aantrekkelijk lijkt te moeten zijn voor mensen, in plaats van voor de honden die het moeten eten.

» **KVV (kant en klare rauwvleesvoeding).** Dit is rauw vlees voor honden. Het is te koop in de vorm van worsten die je zo kunt geven, meestal als diepvriesproduct dat je dus moet ontdooien voordat je het geeft. Niet elke rauwvleesvoeding die op de markt is, is compleet. Let daarop als je overweegt je hond KVV te geven. Een ander punt van aandacht is dat je bij het geven van rauw vlees erg nauwkeurige hygiënemaatregelen in acht moet nemen. In rauw vlees kunnen micro-organismen zitten waar mens en dier ziek van kunnen worden. Mensen die rauw vlees aan hun hond voeren, zouden daar net zo zorgvuldig mee moeten omgaan als met rauwe kip. De mogelijk schadelijke bacteriën in het vlees kunnen ook in de omgeving van het dier en in jouw keuken terechtkomen. Met name als je behoort tot een risicogroep, als je bijvoorbeeld ziek, oud of juist een baby bent, kan onder andere salmonella je ziek tot doodziek maken. Maar als je op een goede manier met het rauwe vlees omgaat, dus alles steeds goed ontsmet, je handen wast, de bakken zorgvuldig schoonmaakt en niet het vlees ontdooit op de snijplank waar jij later je boterham op snijdt, loop je niet veel risico.

De meeste honden kunnen prima leven op een stabiel dieet van brokken, zonder toevoegingen.

TIP

Als je een puppy zindelijk aan het maken bent, kan het voeren van brokken helpen. Door het water in blikvoer moet een hond vaker plassen. Dit is vooral belangrijk als je hond een aantal uur achter elkaar alleen thuis is. Bijvoorbeeld wanneer je aan het werk bent.

Als je liever blikvoer geeft, kun je altijd nog overstappen als je puppy wat ouder is en zijn plas wat langer kan ophouden, of totdat je volwassen hond volledig begrijpt welke regels in huis gelden.

Je moet niet denken dat simpel bruin voer saai is voor een hond. De mooie vormpjes en stukken vlees of kaas (of die eruitzien als stukken vlees of kaas) zijn voor jouw gevoel. Zolang het goed ruikt, zal het jouw hond worst wezen hoe het eruitziet. Er is geen bewijs dat deze voor de mens leuk ogende aanvullingen ongezond zijn voor je hond (tenzij ze te veel suiker, vet of zout bevatten). Maar je hoeft dit soort dingen niet speciaal op te zoeken en je moet er zeker niet extra voor betalen.

Sommige mensen kunnen gewoon niet geloven dat een hond blij kan worden van gewone brokken, hoe goed ze ook zijn. Voor je eigen gemoedsrust kun je wel wat blikvoer en eventueel wat water bij de brokken doen en het geheel even in de magnetron zetten. Waarschijnlijk krijg je dan de enthousiaste reactie waarop je hoopt. (Vergeet niet om de rest van het blikvoer af te dekken en in de koelkast te zetten.)

Maar bedenk voordat je zo gaat voeren, dat hij veel beter gewend kan zijn aan gewone brokken, voor het geval hij eens mee op reis gaat of je hem bij een dierenarts of in een pension moet achterlaten.

Moet je door de dierenarts voorgeschreven voer kopen?

De dierenarts van je hond kan een van de speciaal ontwikkelde dieetvoeders aanbevelen als je hond een gezondheidsprobleem heeft dat met dit voer kan worden verholpen. Dit dieetvoer is verkrijgbaar als droogvoer en als blikvoer. Je kunt dus de soort kiezen waaraan jij en je hond zijn gewend.

Voor bepaalde medische aandoeningen hoeft je hond dit voer maar tijdelijk te eten. Voor andere problemen kan je dierenarts dit dieetvoer voor de rest van het leven van de hond aanraden. Als je huisdier langere tijd dieetvoer moet krijgen, moet je hierover nauw blijven samenwerken met de dierenarts om de ziekte ook op andere manieren onder controle te houden. Vraag bij de dierenarts door tot al je vragen over de ziekte zijn beantwoord, zodat je weet wat er op je af komt.

Hoewel de dierenarts dieetvoer met de beste bedoelingen aanbeveelt, is het goed om te weten dat het medische nut van dieetvoer eigenlijk alleen is bewezen voor voer dat is ontwikkeld voor overgewicht, blaasstenen of blaasgruis en mogelijk nieraandoeningen. Vraag je dierenarts waarom je extra geld zou uitgeven aan dieetvoer, totdat je hierover duidelijke gegevens krijgt. Hierdoor moet de dierenarts bij de producenten aandringen op het vergaren en beschikbaar stellen van deze gegevens of zullen deze producenten niet langer proberen dierenartsen en huisdiereigenaars te overtuigen hun producten te kopen.

Hoeveel voer en wanneer?

Op de verpakking staat een richtlijn voor de hoeveelheid voer die voor jouw hond wordt aanbevolen. Maar dit is maar een algemene aanwijzing. Honden die zeer actief of drachtig zijn of die puppy's zogen, hebben meer energie nodig dan de gemiddelde bankhangende hond. In de winter hebben honden die veel binnen zijn minder voer nodig omdat ze minder bewegen. Buitenhonden hebben juist meer voer nodig omdat ze veel calorieën verbranden om warm te blijven.

TIP

Een goede richtlijn is om twee derde van het dagrantsoen 's ochtends te geven en het resterende derde deel 's avonds. Omdat een hond graag slaapt na de maaltijd is dit vooral handig bij honden die de hele dag alleen zijn. Een slaperige hond blaft of kauwt minder snel. (Als je nachtdiensten draait, kun je dit schema natuurlijk omdraaien en de grotere portie 's avonds geven voordat je naar je werk gaat.)

PAS OP

Nog een reden om het dagrantsoen van je hond te verdelen is om *maagtorsie*, ook wel *trommelzucht* of *gasbuik* genoemd, te voorkomen. Veel grotere rassen zijn gevoelig voor deze potentieel dodelijke medische noodsituatie die kan ontstaan als een hond een grote hoeveelheid achter elkaar naar binnen schrokt. (Lees hoofdstuk 12 voor meer informatie over medische noodgevallen bij dieren.)

Puppy's moeten vaker eten krijgen dan oudere honden, afhankelijk van hun leeftijd drie tot vier keer per dag. Zie hoofdstuk 9 voor een voerschema voor puppy's.

Sommige mensen hebben het geluk dat de hond goed zelf kan bepalen wanneer en hoeveel hij eet. In sommige gevallen werkt het altijd laten staan van een bak brokken goed, meestal in huishoudens met één hond waar geen strijd is om het eten.

Als je merkt dat de hond op deze manier zelf goed op gewicht blijft en geen gedragsproblemen heeft, zoals het bevuilen van het huis, kun je gerust altijd een bak brokken laten staan. Houd er rekening mee dat je zo kleine veranderingen in de eetgewoonten van je hond, die kunnen duiden op een gezondheidsprobleem, niet zo snel opmerkt. Je kunt het geven van voer, nadat hij gaat zitten, ook niet meer gebruiken als eenvoudige manier om je rol als leider van de roedel te versterken. (Zie hoofdstuk 15 voor meer informatie hierover en voor andere strategieën om met probleemhonden om te gaan.)

Het is bovendien lastig om brokken vers te houden als er altijd wat in de bak zit. Ook kan dit andere dieren aantrekken, zoals bij een vriendin waar een wasbeer 's nachts door het kattenluik naar binnen kwam om te snacken. Toen er op een gegeven moment ook een rat kwam dineren, heeft ze het eten weggezet.

Je hond verwennen

Het kan helemaal geen kwaad je huisdier af en toe iets lekkers te geven. Het kan zelfs erg handig zijn in trainingssituaties of als je hem bezig wilt houden terwijl hij alleen thuis is. Maar er zijn wel een paar dingen waaraan je moet denken:

- **Alles met mate.** Snacks, zowel uit de dierenwinkel als van je bord, zijn geen vervanging voor een goede maaltijd voor je huisdier. Zorg ervoor dat snacks niet het grootste deel van zijn dieet vormen.
- **Mijd sommige soorten voer helemaal.** Voedsel dat stevig gekruid of erg vet is, kan slecht zijn voor de spijsvertering van een hond en kan leiden tot diarree, overgeven of zelfs levensbedreigende ziekten, zoals alvleesklierontsteking.
- **Denk na voordat je iets geeft.** Als je je hond lekkers van je eigen bord geeft, kun je het hem niet kwalijk nemen als hij komt zeuren tijdens het eten. En als je hond moet afvallen, moet je hem helemaal geen lekkers geven.

TIP

Snacks vormen een belangrijk onderdeel van de hondentraining (zie hiervoor ook hoofdstuk 14). Maar vergeet niet dat je maar weinig nodig hebt om je hond te belonen. Geef hem een stukje van een hondenkoekje of een klein stukje van een snack, in plaats van een heel koekje of een halve worst.

Mensen tonen hun liefde vaak via eten. Bij speciale familiegelegenheden staat eten centraal. Denk bijvoorbeeld aan de kerstmaaltijd of het paasontbijt. En natuurlijk is je eigen verjaardag een excuus om jezelf te verwennen. Maaltijden die je zelf hebt gemaakt en met dierbaren hebt gedeeld, blijven lang in je herinnering. Denk erom dat je op deze manier niet te veel van je hond houdt. Te veel snacks zijn slecht voor je viervoetige vrienden.

Er wordt gezegd dat de liefde van de man door de maag gaat. Maar geldt dit ook voor honden? Het lijkt er wel op. In supermarkten en dierenwinkels vind je hele gangpaden vol snacks en in de online catalogi vullen ze pagina na pagina. Snacks zijn er in alle vormen en maten en honden krijgen ze net zo graag als mensen ze geven. Elke hond verdient er wel een paar, dus zet ze op je boodschappenlijst.

PAS OP

Voor snacks gelden minden strenge eisen aan voedingsstoffen dan voor hondenvoer. Er zijn zelfs helemaal geen eisen voor. Maar als je je huisdier te veel snacks geeft (volgens sommige bronnen meer dan 10 procent van het totale dieet), gooi je het complete, uitgebalanceerde voer overboord.

En dan is er nog een probleem: snacks zijn extra calorieën en calorieën zijn extra gewicht. Overgewicht is de belangrijkste, door voeding veroorzaakte medische aandoening bij huisdieren.

TIP

EEN MOLLIGE HOND LATEN AFVALLEN

Net als bij mensen hebben te veel eten en te weinig beweging gezorgd voor een toename van het aantal mollige pups. En door deze toename zijn er veel meer honden die worstelen met de gevolgen van het extra vet dat ze meesjouwen, zoals extra belasting van de gewrichten. Sommige rassen, zoals labradors en beagles, hebben erg de neiging om gemakkelijk te dik te worden.

Is je hond te dik? Bij een hond met een normaal gewicht kun je de ribben niet zien, maar wel gemakkelijk voelen onder een dun laagje beschermend vet. Zowel van de zijkant als van boven moet je een taille zien; een gedeelte net achter de ribbenkast waar het lichaam van je hond naar binnen neigt.

Als je hond te dik is, of als je niet zeker weet of hij te dik is, vraag dan aan je dierenarts wat hij vindt. Je dierenarts kan je ook helpen je hond te laten afvallen.

In sommige gevallen is hiervoor een compleet ander dieet nodig. Maar bij veel honden kom je al heel ver als je minder of gezondere snacks geeft, zoals wortel of rijstkoekjes, gecombineerd met meer beweging.

Maar wat je ook doet, negeer overgewicht niet. Met goede voeding en fitheid leeft je hond gelukkiger, gezonder en langer. Je mag je hond dus best verwennen, maar doe dit altijd met mate.

Er bestaat speelgoed waar je snacks in kunt doen, om je huisdier bezig te houden terwijl jij weg bent. Het populairst zijn ballen of kubussen waar je wat brokken in kunt doen. Door deze steeds verder te rollen, valt er steeds één brokje uit. Een slimme manier om je hond zichzelf bezig te laten houden.

Hondensnacks

Net als met hondenvoer is de markt voor hondenkoekjes de afgelopen jaren enorm veranderd. Vroeger had je de keuze uit klein, middelgroot of groot. Mijn oma had altijd een doos kleine koekjes. Eerst voor haar eigen hond en later voor die voor mij als ik op bezoek kwam. Ze dacht altijd dat de hond de leverkleurige het lekkerst vond en de groene het minst lekker, maar volgens mij zijn honden niet zo kieskeurig. Daarbij vermoed ik dat al deze koekjes gewoon hetzelfde smaken, al heb ik dit nooit zelf getest.

Dit soort standaardkoekjes bestaan natuurlijk nog steeds en zijn onverminderd populair. Ik heb ze nog steeds in de kast staan; een verjaardagscadeautje voor mijn oudste hond, van dc hond van een vriend. Maar in mijn kast staat nog veel meer. Kaakjes met pindakaassmaak, een cadeautje van een lezer voor mijn jongste hond toen ik deze voor het eerst liet zien. En er staan organische snacks, met ingrediënten die zo gezond zijn dat ik het wel zou aandurven er een hapje van te nemen.

Sommige producenten bieden een heel assortiment snacks om het normale dieet van de hond aan te vullen, met speciale formules voor puppy's, actieve honden, oudere honden en honden met overgewicht.

Je kunt hiermee gerust experimenteren, je hond helpt je wel!

En als je eigen leven nog niet druk genoeg is, kun je altijd zelf koekjes maken voor je hond. Op internet zijn voldoende recepten te vinden, bijvoorbeeld op fora of in online tijdschriften. Maar misschien heeft je trimmer, trainer of dierenartsassistente ook nog wel ergens lekkere recepten verstopt. En natuurlijk kun je er de fysieke hondentijdschriften op naslaan.

Zelf met je kinderen hondensnacks maken, is een leuk project en een prima manier om zelf cadeautjes te maken voor huisdieren van vrienden.

PAS OP

Een snack die je je hond nooit moet geven, is chocolade. Een grote hond moet hier behoorlijk wat van binnen krijgen voordat het gevaarlijk wordt, maar van een klein stukje kan een kleine hond al doodziek worden. Bel meteen de dierenarts als je hond de chocolade heeft ontdekt.

Kauwsnacks van dierlijk materiaal

Gedroogde runderhuid is al lang een populaire snack voor honden. Maar de afgelopen jaren lijkt er geen enkel deel van welk dier dan ook dat is bestemd voor menselijke consumptie, niet ook te worden aangeboden als hondensnack.

Volgens mij begon de trend met runderhoef. Het verhaal gaat dat een slimme hondenliefhebber merkte dat honden zich vol enthousiasme wierpen op de stukken paardenhoef die door de hoefsmid werden gekapt. Als ik een paard was, zou ik me hierdoor ongemakkelijk voelen bij honden, maar mensen die van honden en paarden houden, zeggen dat ze prima met elkaar overweg kunnen.

De stukjes hoef die overblijven na het bekappen van paarden zijn niet overal te vinden, maar runderhoeven zijn er genoeg. Het product werd een enorm succes en producenten gingen al snel op zoek naar andere succesformules. Toen kwamen de varkensoren: nog zo'n hit.

Hoe onsmakelijk deze producten er voor *ons* ook uitzien, bij onze honden zijn ze absoluut favoriet. Hierdoor zijn producenten verzekerd van liefhebbers, niet alleen voor varkensoren, maar ook gedroogde runderneckspieren, lamsoren, runderoren en gesteriliseerde botten.

Bij de plaatselijke slager of kruidenier kun je vaak ook vers bot kopen.

Al deze snacks zijn prima voor je hond, maar houd wel rekening met het formaat van je hond en de manier waarop hij met deze snacks omgaat. Hoe groter en sterker je hond, hoe groter en steviger deze snacks moeten zijn.

TECHNISCHE INFO

BOTTEN, VERSE BOTTEN

Gekookte botjes van gevogelte staan gelijk aan een bezoekje aan de dierenarts en moeten dus altijd worden vermeden. Gelukkig zijn er ook verse botten die voor je hond een absolute lekkernij zijn.

Runderbotten zijn het beste: groot en robuust. Ossenstaarten zijn goed voor kleine tot middelgrote honden maar zijn geen partij voor grote, agressieve kauwers. Runderschenkel of bot van de poten is prima voor alle honden. Laat ze heel voor een grote hond of laat ze op een beter formaat zagen voor kleinere honden.

Een slagerij heeft deze botten meestal wel. Als je ze niet ziet, kun je erom vragen. Maar het meeste succes heb ik altijd bij kleinere slagerijen. Een slager bij mij in de buurt bewaart altijd een groot stuk been, met aan beide kanten een stuk gewricht. Dit zaagt hij dan voor mijn honden in een paar kleinere stukken: twee halve schenkels en een stuk been.

Sommige mensen koken het bot eerst, maar ik vind dit niet nodig. Ik laat ze er een dag of zo op kauwen voordat ik ze weggooi.

Nog wat waarschuwingen over botten: als je meerdere honden hebt, kun je beter geen vers bot geven. De honden kunnen hierom gaan vechten. Geef je hond ook geen bot als er kinderen in de buurt zijn, tenzij je voor de volle honderd procent zeker weet dat je hond een kind niets zal doen. Een hond kan opeens uithalen. Snijd eventueel vet ook eerst van het bot. Je hond kan anders diarree krijgen, of erger.

Maar serieus: botten kunnen veel troep geven. Je kunt ze daarom het best buiten of in de keuken geven. En als je me niet gelooft, heb ik het bewijs in mijn tapijt zitten.

PAS OP

Gedroogde runderhuid, hoeven en botten kunnen bij agressieve kauwers problemen geven. Sommige grotere honden kunnen hele stukken huid afbijten en doorslikken en kunnen hoeven en botten versplinteren. Dit kan voor inwendige problemen zorgen, zoals een stuk bot dat verdraait en een verstopping veroorzaakt die zelfs operatief moet worden verwijderd.

Let dus op hoe je hond kauwt. Geperste huid en grote knopen zijn het best voor enthousiaste knagers. Let op of de hond geen grote stukken doorslikt en gooi deze snacks weg als ze zo ver zijn opgekauwd dat je hond ze in één keer zou kunnen doorslikken.

IN DIT HOOFDSTUK

Een positieve benadering hanteren

Trainen met een bench

Een trainingsschema maken

Een dwergras zindelijk maken

Hoofdstuk 8

Puppy's en honden zindelijk maken

Het trainen van honden is in de afgelopen decennia enorm veranderd en dit geldt met name op het gebied van zindelijkheidstraining.

Generaties lang werden honden zindelijk gemaakt via een proces van proberen en uitsluiten. De eigenaar van de puppy schreeuwde als ze ontlasting in huis vond, sleurde de pup er met zijn neus doorheen en gaf hem een stevige tik. 'Goed, daar mag het dus niet', dacht de puppy, die deze rare, met een krant zwaaiende dame bovendien niet erg aardig vond. Uiteindelijk vond de puppy dan de plek waar hij geen straf kreeg; een kwestie van toeval en geluk dus.

Misschien raakte hij het idee dat zijn baasje gevaarlijk was nog wel een keer kwijt. Maar een ding was zeker: een hond zindelijk maken was voor iedereen een vies werkje.

De huidige trainingsmethoden zijn vriendelijker, sneller en minder rommelig. Hiervoor mag je de veranderde trainingsbenadering naar positieve stimulans en het wijdverbreide gebruik van de bench dankbaar zijn.

TECHNISCHE INFO

Alles is nu zo anders dat zelfs de terminologie wat verandert. Trainers spreken liever over 'zindelijkheidstraining' dan 'zindelijk maken'. De term training klinkt nu eenmaal wat positiever en dat is uiteindelijk belangrijk voor een goed resultaat.

Een positieve benadering

In de afgelopen jaren is de bench gemeengoed geworden onder kundige trainers en fokkers. Door een bench te gebruiken kun je het ontlastingsgedrag van je puppy vormen door hem drie mogelijkheden te geven. Tijdens de training mag hij:

- loslopen onder jouw begeleiding;
- zijn ontlasting doen waar jij zegt dat dit mag;
- in zijn bench worden opgesloten.

In zijn bench worden opgesloten. Is dat niet wreed? Voor jou en mij misschien wel, maar bekijk het vanuit het perspectief van de hond. Honden hebben graag een eigen nest; een klein gebied dat helemaal van hen is en waar ze zich veilig voelen. Hun wilde verwanten werpen hun jongen in een nest en huishonden hebben instinctief nog steeds een voorkeur voor een gebied dat hen aan een nest doet denken. Zoals de ruimte achter de bank. Of zoals een bench.

Informatie over benches, wat het zijn en welk type en welke maat je moet kiezen, vind je in hoofdstuk 6.

Heeft een hond een hekel aan een bench? Kon je dit mijn honden maar vragen. Ik heb in de woonkamer standaard twee benches staan, waarvan de grootste als tafel naast mijn stoel staat. De deuren van de benches staan altijd open en er ligt altijd wel een hond in, helemaal vrijwillig. Iedere ervaren hondenliefhebber vertelt je hetzelfde verhaal. Als je ze op een goede manier traint en ze leert dat de bench geen plek is waar je straf krijgt, gaat ook jouw hond houden van zijn bench.

Er speelt nog een instinct mee als je een bench gebruikt om je hond zindelijk te maken. Als een dier zijn nest bevuilt, wordt dit al snel onbruikbaar. Daarom houdt een hond zijn slaapplek altijd schoon. Deze les leert hij al van zijn moeder doordat zij de ontlasting van haar pups opeet (vies, maar waar). Later leren haar pups hun ontlasting buiten het nest te doen, net als zij. Daarom zal een puppy zijn bench als het even kan niet bevuilen. Jij kunt hem hierbij helpen.

TECHNISCHE INFO

DANK JE, MAM!

Sommige puppy's hebben in hun nieuwe huis al een voorsprong gehad in de zindelijkheidstraining, dankzij de inspanningen van de moeder en de fokker. Hondenmoeders houden hun leefgebied graag schoon en doen hun best dit hun jongen ook aan te leren.

Goede fokkers helpen de moeder door de ruimte waar de puppy's zitten brandschoon te houden, zodat geen puppy er ooit aan zal wennen in zijn eigen vuil te zitten. Als puppy's ouder worden, zorgt een goede fokker voor een puppyren met een speciaal gedeelte voor de ontlasting, bijvoorbeeld via een open deur of over een lage afscheiding naar een gedeelte met zaagsel of schaafsel.

Tegen de tijd dat een pup het nest verlaat, snapt hij de basisbeginselen van de zindelijkheidstraining, ook al kan hij dit met zijn kleine lijf nog niet perfect uitvoeren.

Deze extra instincten, de behoefte aan een nest en de wil dit schoon te houden, vormen de basis van de zindelijkheidstraining met een bench. Met een bench moedig je je puppy aan om zijn behoefte op te houden totdat je tijd hebt om hem mee te nemen naar een plek waar hij zijn behoefte kan doen. Als je daar bent, kun je aan de daad zelf een commandowoord koppelen en hem natuurlijk belonen als hij heeft gehoorzaamd. Positieve bekrachtiging. Minder rotzooi. Kan het nog beter?

TIP

GEMAKKELIJK OPRUIMEN

Als je pup of hond een ongelukje heeft, moet je dit meteen en grondig opruimen. Niet alleen omdat dit beter is voor je tapijt. Honden blijven teruggaan naar de plek waar ze eerder een ongelukje hadden en blijven de plek bevuilen. Zelfs als je al het zichtbare bewijs van de rotzooi opruimt, blijven er genoeg geurtjes over om de plek aantrekkelijk te houden voor je hond. Hier lees je een paar schoonmaaktips:

- **Gebruik geen schoonmaakmiddelen op basis van ammonia.** Voor een pup ruiken deze middelen naar urine. Ammonia is namelijk een nevenproduct van ontbindende urine. In plaats van dat de plek lekker gaat ruiken, wordt zo'n plek door de ammonia nog aantrekkelijker voor honden.
- **Gebruik producten die zijn ontwikkeld voor het opruimen van dierlijke ontlasting.** Deze vloeibare producten bevatten enzymen die afval afbreken en geuren neutraliseren. Kristalliserende producten werken ook goed. Ze absorberen de vloeistof in enkele minuten, waarna je de boel kunt opzuigen.

Verse urine kun je ook goed opruimen met een zelfgemaakt reinigingsmiddel van water, witte azijn en een zachte vloeibare handzeep. Hondenliefhebber Anne Cotton uit Massachusetts heeft een recept dat ik met succes heb gebruikt: ongeveer een liter heet water uit de kraan, een theelepel handzeep en een theelepel witte azijn (dit neutraliseert de geur). Schud het geheel door elkaar. Dep het gebied droog met keukenpapier en maak het gebied daarna nat (maar niet doorweekt) met de vloeistof. Laat dit een kwartiertje intrekken en dep het opnieuw droog.

- **Maak het gebied zo snel mogelijk schoon.** Doe dit voordat de ontlasting in de onderlaag van je vloerbedekking kan trekken. Het is erg moeilijk de geur hier weer uit te krijgen. Als de urine door de vloerbedekking heen is getrokken, moet je dit optillen om zeker te weten dat het gebied echt schoon is.
- **Zoek oude vlekken en neutraliseer deze.** Zelfs als jij niets meer ruikt, kan een oude vlek nog steeds aantrekkelijk ruiken voor een puppy. Sommige dierenwinkels verkopen blacklights waarmee je oude vlekken kunt vinden die je met het blote oog niet ziet. Soms kun je deze ook huren bij een dierenarts of trainer. Oude vlekken verwijder je het best met enzymenreinigers. Maar het kan zijn dat je een gebied een paar keer moet schoonmaken.

Als je puppy helemaal zindelijk is, wil je waarschijnlijk je tapijt laten reinigen. Maar als je tijdens de training heel consequent opruimt, zijn er waarschijnlijk geen permanente vlekken. Maar houd schoonmaakmiddelen bij de hand; je hond kan altijd weer een ongelukje hebben of ziek worden.

TECHNISCHE INFO

Waarom wil je dat je hond zijn behoefte op commando doet? Eigenaars van stadshonden kunnen je dit vast beter vertellen dan ik. Als je je puppy kunt vertellen dat het tijd is om zijn behoefte te doen, sta je veel minder lang buiten op je hond te wachten tot hij eens aan de slag gaat. Je huisdier weet wat er van hem wordt verwacht en doet dit. Het is ook veel gemakkelijker om te reizen of wandelen met een hond die op commando zijn behoefte doet, omdat jij de plek en het moment kunt kiezen waarop hij mag toiletteren. Daarna kun je zijn behoefte oprapen en verder gaan met je leven. Ik gebruik het commando 'Schiet eens op', maar je kunt alles gebruiken wat je maar wilt en durft te zeggen in het openbaar. Als jij het geen probleem vindt om tegen je hond te zeggen 'Leg je poepie hier maar neer' moet je dat helemaal zelf weten.

BELANGRIJK

Ik garandeer je dat de zindelijkheidstraining sneller, schoner en gemakkelijker gaat met een bench. Als je de bench hierna niet meer wilt gebruiken, koop er dan een die je alleen tijdens de eerste weken van de puppyopvoeding gebruikt. De kans is groot dat dit je minder kost dan de spullen die je puppy anders zou vernielen.

Puppy's doen hun behoefte van nature op een andere plek dan waar ze eten of slapen. Helaas groeien sommige pups zo op dat dit bijna onmogelijk is. Puppy's die altijd in hun eigen viezigheid zitten, raken hier zo aan gewend dat het heel moeilijk wordt om ze zindelijk te krijgen. Misschien moet je hiervoor zelfs de hulp van een trainer of gedragsdeskundige inroepen.

Puppy-postrategie

Training met een bench beperkt de mogelijkheden voor een puppy en vormt de basis voor training met positieve bekrachtiging. Puppy's moeten als ze wakker worden, na het eten of drinken en na een tijdje spelen naar het toilet. Puppy's kunnen niet lang zonder eten, drinken, slapen en ontlasten. Stel een schema op dat is afgestemd op zijn behoeften en vorm zo zijn gedrag.

TIP

Misschien wil je voor je hond wel altijd eten hebben staan als hij volwassen is. Ik raad dit af, omdat je dan veranderingen die een gezondheidsprobleem kunnen aanduiden, niet kunt zien. Ook kun je eten niet meer gebruiken als middel om je status als leider te versterken. Voor je zindelijke hond moet je wel altijd water hebben staan.

Tijdens de zindelijkheidstraining van een puppy moet je voer *en* water reguleren. Als je puppy steeds eet en drinkt, heeft hij ook steeds ontlasting. Hiermee wordt het zindelijk maken vrij moeilijk. De eerste paar maanden moet een puppy drie keer per dag eten: voor je naar je werk gaat, tussen de middag en als je 's avonds thuis komt. Als je puppy vier maanden is, moet hij grotendeels zindelijk zijn en kun je overschakelen naar twee maaltijden per dag en mag er altijd water staan.

Ga tussen de middag naar huis, vraag een buur of betaal een hondenoppas om tijdens de eerste maanden bij je pup te zijn. Voor de *sociale* ontwikkeling van je pup is het geen probleem als hij de hele dag alleen is, als je dit in het weekend maar goed maakt en hem goed socialiseert. Maar je puppy kan niet de hele dag zonder zijn behoefte te doen. Hierdoor zal het langer duren voordat hij zindelijk is.

BELANGRIJK

Als je je puppy onverhoopt toch een keer de hele dag alleen moet laten, help hem dan een beetje. Laat de deur van de bench open, zorg voor water en wat kranten. Als je thuis komt, tref je vast wat troep aan. Ruim het op zonder boos te worden op je puppy; het is niet zijn schuld.

TIP

Hoe lang kan een puppy overdag in een bench blijven? Een goede vuistregel is evenveel uur als zijn leeftijd in maanden. Een puppy van twee maanden kan dus twee uur in de bench blijven, een puppy van drie maanden drie uur, enzovoort. Maar hoe oud je puppy ook wordt, ik raad je aan hem overdag nooit langer dan zes uur op te sluiten in een bench.

Het ideale schema voor je puppy ziet er ongeveer zo uit:

» **Eerste actie 's ochtends.** Neem je puppy uit zijn bench en stimuleer hem jou naar buiten te volgen, naar de plek waar hij van jou zijn behoefte mag doen. Als hij onderweg al begint zijn behoefte te doen, zeg je duidelijk 'Nee' en neem je hem naar het 'toilet' in je tuin. Geef het commando dat je hebt gekozen ('Schiet eens op', 'Toe maar' of wat dan ook) en beloon hem als hij zijn behoefte doet. Neem hem mee naar binnen, geef hem eten en drinken en ga meteen weer naar buiten. Een volle maag drukt namelijk op de blaas. Geef het commando en beloon hem als hij zijn behoefte doet.

  Als je naar je werk gaat, zet je hem weer in de bench. Als je niet naar je werk gaat, laat hem dan een paar uur spelen. Maar laat hem niet in het hele huis; sluit deuren of zet babyhekjes neer om hem uit bepaalde ruimtes te houden, zoals de keuken of de speelkamer voor de kinderen. Neem hem na twee uur nog een keer naar buiten, herhaal het commando en beloon. Nu is hij wel toe aan een dutje. Zet hem daarom tot de middag in zijn bench.

» **De middagpauze.** Haal je puppy uit de bench en ga weer naar buiten voor een rondje commando, behoefte en beloning. Ga dan weer naar binnen voor eten en drinken. En dan weer naar buiten.

  - Als je tussen de middag thuis bent, speel je wat met hem tot hij weer in zijn bench moet.
  - Als je 's middags thuis blijft, laat je hem spelen waar jij bent en waar je hem in de gaten kunt houden. Neem hem in de middag nog een keer naar buiten en zet hem dan in zijn bench voor een middagdutje.

» **Avondeten.** Hetzelfde als in de middagpauze. Neem hem mee naar buiten, geef hem eten, neem hem mee naar buiten en laat hem spelen. Laat hem in een ruimte waar je hem kunt zien, zodat hij kan spelen en socialiseren. Geef hem een paar uur voordat hij gaat slapen nog wat water, maar geen eten meer.

» **Bedtijd.** Ga nog een laatste keer naar buiten. Misschien ben je inmiddels moe en wat humeurig, maar laat dit je puppy niet merken. Wees *consequent*: geef je commando en beloon hem als hij netjes zijn behoefte heeft gedaan. Neem je kleine bolleboos weer mee naar binnen en zet hem voor de nacht in zijn bench. Als hij niet binnen een paar minuten plast of poept, zet je hem gewoon in zijn bench. Je bent toch snel genoeg weer wakker.

» **Het holst van de nacht.** Misschien scheelt het om te weten dat een puppy minder werk is dan een mensenbaby. Maar in de eerste week moet je er waarschijnlijk toch in het holst van de nacht nog even uit. Soms moet dit ook als je puppy wat ouder is, omdat hij zo druk aan het verkennen is dat hij vergeet om zijn behoefte te doen. Als hij de hele nacht goed doorslaapt, zeg van elf uur 's avonds tot zo rond half zeven in de ochtend, dan is dat prima, Maar als hij rond drie uur wakker wordt en gaat piepen, trek dan je schoenen aan en neem hem even mee naar buiten.

FIGUUR 8.1: Zindelijkheidstraining kan voor een jonge pup erg vermoeiend zijn.

Foto met dank aan Debbie Bacon

ZINDELIJKHEIDSTRAINING ZONDER BENCH

TECHNISCHE INFO

Natuurlijk kun je je pup ook zonder bench zindelijk krijgen. Het is alleen lastiger, tijdrovender en rommeliger. Maar gebruik ook hierbij een positieve benadering.

Houd je puppy in het oog, of laat hem alleen in een kleine, veilige ruimte als je er niet bent. Babyhekjes zijn ideaal om je puppy bij je in de buurt te houden en een ruimte af te zetten waar hij moet blijven als je weg bent. Met een deur zit hij helemaal alleen, maar met een babyhekje kan hij zijn familie wel zien, horen en ruiken.

Gebruik hetzelfde schema (zie eerder in dit hoofdstuk) voor het uitlaten: 's ochtends, na het spelen en eten, tussen de middag, na het avondeten en 's avonds laat. Geef het commando, beloon en blijf belonen als hij op de goede plek zijn behoefte doet.

Omdat je je puppy in het oog houdt, kun je het zien als hij 'ik moet nodig' bewegingen maakt, zoals snuffelen en rondjes draaien. Neem hem dan mee naar buiten. Maar soms kun je er niet op tijd bij zijn. Als je hem betrapt, zeg je streng 'Nee' en neem je hem mee naar buiten om het werk af te maken. Maak het gebied grondig schoon zonder iets te zeggen.

Een volwassen hond zindelijk maken

Als je van een volwassen hond een betrouwbaar huisdier wilt maken, moet je één ding goed begrijpen:

> ***Een gedeeltelijk zindelijke hond bestaat niet. Hij is zindelijk, of hij is niet zindelijk.***

Waarom is dit zo belangrijk? Omdat een hond die soms wel en soms niet betrouwbaar is op dit gebied, het niet helemaal snapt. Waarschijnlijk omdat niemand ooit de tijd heeft genomen om het hem goed te leren. Je moet dus bij het begin beginnen.

Maar eerst moet je controleren of je niet te maken hebt met twee problemen die niet spelen als je een puppy zindelijk maakt:

» **Ziekte.** Als je een hond hebt die eerst wel zindelijk was, maar nu niet meer, moet je zeker weten dat het geen lichamelijk probleem is, maar een gedragsprobleem. Ga langs de dierenarts. Als je net een volwassen hond hebt geadopteerd die een paar keer per dag urineert, moet je hem ook laten onderzoeken voordat je ervan uitgaat dat hij niet zindelijk is. Misschien heeft hij wel een blaasontsteking of een andere medische aandoening.

» **Territorium markeren.** Als je reu in huis zijn territorium markeert, maar ook buiten zijn behoefte doet, kun je het probleem het beste oplossen door hem te laten castreren Zie de paragraaf 'Zorg voor routine' in hoofdstuk 5. Het is absoluut nodig om elke plek waar je hond heeft gesproeid zeer zorgvuldig schoon te maken. Als je dit niet doet, kan de geur ervoor zorgen dat hij het opnieuw doet.

  In huis markeren kan erg lastig af te leren zijn. Als je het probleem niet kunt oplossen en zeker als je ook andere problemen hebt met het gedrag van je hond, roep je de hulp in van een trainer of gedragsdeskundige.

Als er geen medische oorzaak is en je hond niet zijn territorium markeert, volg je voor de zindelijkheidstraining van een volwassen hond hetzelfde regime als voor een puppy. Je moet alleen nog toegewijder zijn, omdat je de hond ook dingen moet afleren.

Maar je moet je hond eerst leren wat goed is voordat je hem kunt corrigeren als hij iets verkeerd doet. Zorg er daarom voor dat hij twee weken lang alleen maar dingen goed kan doen, door hem geen gelegenheid te geven dingen verkeerd te doen. Je doet dit als volgt:

» **Zet hem aan zijn riem en bind die aan jou vast, zodat je hem tijdens de trainingsperiode iedere seconde in het oog kunt houden.** Als hij begint te plassen of poepen, corrigeer je hem met een duidelijk 'Nee', neem je hem mee naar buiten, geef je hem toestemming en beloon je hem uitbundig omdat hij het goed heeft gedaan. Let op: het is ontzettend belangrijk de hond, voordat je hem dwingt tot zulk nauw contact met jou, op zijn gemak is bij jou in de buurt. Een angstige hond op deze manier behandelen is dierenmishandeling. Wen de hond aan jou, aan jouw nabijheid en aan het feit dat hij aan jou is vastgebonden. Als je hond zich hier niet comfortabel bij voelt, zal hij niet zindelijk worden.

» **Zet hem in de bench als hij niet met zijn riem aan jou vast zit.** Een volwassen hond kan veel langer dan een puppy in een bench zitten. Er is dan ook niets mis mee om hem ekele uren in zijn bench op te sluiten, als hij verder maar voldoende beweging krijgt. Als je naar je werk gaat, zet je hem met wat kauwspeelgoed in zijn bench, zodat hij zich kan vermaken en zet je de radio aan zodat hij wat leven hoort. Let wel: ook hier geldt dat de hond het moet hebben geleerd om in de bench te zitten. Als je een hond die dat niet gewend is, urenlang opsluit in zijn bench, raakt hij angstig en gestrest. Het devies: bouw de training en het verblijf in de bench langzaam op.

» **Neem hem meteen 's ochtends vroeg mee naar buiten, aan het eind van de middag, zodra je uit je werk komt, en 's avonds voor je gaat slapen (voordat je hem voor de nacht in zijn bench zet).** Denk er echt *altijd* aan dat je het commando zegt en beloon hem als hij heeft gedaan wat je vraagt.

BELANGRIJK

Het moeilijkste tijdens de zindelijkheidstraining van een volwassen hond, is de manier waarop je zijn mogelijkheden op zo'n manier beperkt dat de kans op slagen het grootst is. Dat betekent een riem en een bench. Mensen lijken een bench minder een probleem te vinden voor puppy's. Misschien omdat ze dan meer van de rust genieten als hun kleine dictator is opgesloten. Waarschijnlijk vind je het vervelender je volwassen hond in een bench op te sluiten. Denk er dan aan dat dit niet voor altijd is. Maar je moet het wel even doen.

ZINDELIJKHEIDSTRAINING MET EEN KRANT

TECHNISCHE INFO

Je puppy zijn behoefte laten doen op kranten of in een hondentoilet, is eigenlijk alleen een optie als je een kleine hond hebt. Met het volume dat een grote hond produceert, heb je anders erg veel werk aan het opruimen.

Soms maken mensen het zichzelf bij de zindelijkheidstraining onnodig lastig door eerst kranten te willen gebruiken, alsof dit de verplichte eerste stap is. Als je geen kranten nodig hebt, begin hier dan niet aan. Neem je puppy of hond vanaf de eerste dag mee naar buiten.

Als je kranten of een hondentoilet wilt gebruiken (bijvoorbeeld omdat je een kleine hond in een stadsappartementje hebt), train je je hond op dezelfde manier als wanneer je hem mee naar buiten neemt. Neem hem mee naar de kranten, geef het commando en beloon hem als hij zijn behoefte heeft gedaan. Maar denk eraan: als je je hond hebt getraind om kranten te gebruiken, moet je hem weer helemaal opnieuw trainen als je hem buiten zijn behoefte wilt laten doen. Dit opnieuw trainen is niet zo heel moeilijk als je de aanwijzingen eerder in dit hoofdstuk volgt. Maar je kunt niet van je hond verwachten dat hij dit op eigen houtje snapt.

HET ONGELUK DAT GEEN ONGELUK IS

PAS OP

Je huisdier lijkt wel trots te zijn op zijn slechte gedrag. Hij komt naar je toe lopen en plast recht voor je neus. Word niet boos! Je hond is bang en probeert je te gunstig te stemmen met een voor honden klassiek teken van onderwerping.

Trainers en gedragsdeskundigen noemen dit gedrag *onderdanig urineren*. Een andere hond herkent zo'n deemoedsplasje als teken van respect naar een dominanter lid van de roedel. In veel gevallen wordt dit gedaan voor de man des huizes. Meestal is dit het grootste lid van de familie en degene met de zwaarste stem.

Als je je huisdier hiervoor straft, maak je jezelf in zijn ogen nog machtiger, waarmee het probleem alleen maar groter wordt.

Een puppy of hond met dit probleem is erg gevoelig en heeft te weinig zelfvertrouwen. Je moet begrijpen dat onderdanig urineren geen zindelijkheidsprobleem is. Het is een relatieprobleem. Deze puppy moet met zachte hand wat gehoorzaamheidstraining krijgen. Daarnaast moet je hem laten inzien dat jij dan misschien de baas bent, maar dat je wel zachtaardig bent en hem goed gezind bent.

Straf je hond niet als hij plast uit onderdanigheid. Ontwikkel een relatie van liefde en respect met je puppy. Hij krijgt dan meer zelfvertrouwen, wordt minder bang en stopt met onderdanig urineren.

Als je consequent bent, weet je hond na enkele weken wat er van hem wordt verwacht en kun je hem wat meer vrijheid geven. Maar laat hem nog niet in het hele huis los. Geef hem een klein gebied en laat hem kamer voor kamer meer ruimte verdienen als hij laat zien dat hij de huisregels begrijpt en zich eraan houdt.

Een ongelukje kan altijd gebeuren. Als je hem betrapt, corrigeer je hem met een duidelijk 'Nee', neem je hem mee naar buiten en geef je hem de gelegenheid zijn fout te corrigeren. Geef het commando en beloon hem als hij zijn behoefte doet. Ruim de rommel meteen grondig op zodat hij niet de neiging krijgt om opnieuw zijn geur achter te laten. Als je hem niet betrapt, houd je hem onvoldoende in de gaten: ga weer terug naar de bench en riem en begin weer bij het begin.

BELANGRIJK

Consequentie en geduld zijn erg belangrijk voor de zindelijkheidstraining van een volwassen hond. Als je beide hebt, is de kans groot dat je slaagt. Zonder deze eigenschappen, moet je heel erg veel moeite doen om misschien hetzelfde resultaat te bereiken.

Speciale tips voor eigenaars van dwergrassen

Dwergrassen hebben meer dan een paar eigenaardigheden; sommige leuk, andere wat minder. Hun positieve kanten: ze zijn absoluut schattig. Ze zijn draagbaar. Ze worden meestal behoorlijk oud. Hun negatieve kant: ze lijken bijzonder moeilijk zindelijk te maken.

Het probleem zit meestal bij de mens. Mensen zijn verzot op hun dwerghond en onderschatten de problemen die een eigenaar van een grotere hond nooit over het hoofd zou zien of ze gaan hier te inconsequent mee om. Een drolletje van een dwergpoedel is tenslotte heel wat gemakkelijker op te ruimen dan de bolus van een Ierse wolfshond.

Om te beginnen moet je de dingen bekijken vanuit het standpunt van een kleine hond. En dat kan erg moeilijk zijn voor mensen die hun hond beschouwen als klein mens. Ik geef hier een paar tips:

- » Beperk de ruimte die je hond in huis heeft. Sluit deuren en gebruik babyhekjes om de hond binnen zicht te houden. Een kleine hond kan zo even wegglippen om ergens zijn behoefte te doen.
- » Zorg ervoor dat je hond zich veilig voelt op de plek die je buiten hebt uitgekozen als ontlastingsgebied. Als een hond zijn behoefte doet, is hij niet op zijn hoede. En als je maar vijf kilo weegt, moet je zeker zijn dat je niet wordt aangevallen. Houd bovendien het gras kort, anders krijgt je hond het gevoel dat hij door een oerwoud moet ploeteren.
- » Houd je kleine hond warm. Bij koud weer is de zindelijkheidstraining lastiger. Kleine honden koelen snel af en gebruiken liever een warm hoekje in huis dan dat ze de kou in moeten. Een trui is helemaal niet gek voor een kleine hond en kan nuttig zijn tijdens de zindelijkheidstraining.
- » Houd consequent een schema aan voor het voeren en naar buiten gaan. Het is tegenover de hond niet eerlijk als je de ene dag besluit dat je geen zin hebt om naar buiten te gaan en hem de volgende dag straft omdat hij op het tapijt heeft geplast.
- » Beloon goed gedrag, maar bestraf foutjes niet. Als je je hond goed in de gaten houdt, zie je het aankomen als hij zijn behoefte wil gaan doen. Schreeuw nooit. Een groot mens is best eng voor een kleine hond. Duw hem in plaats daarvan naar buiten en beloon hem als hij het karwei buiten afmaakt.

TIP

Niet alleen bij de zindelijkheidstraining zijn kleine honden anders. Het beste boek (wel Engelstalig) voor iedereen die een dwergras overweegt, is *Small Dogs, Big Hearts, A Guide to Caring for Your Little Dog* van Darlene Arden (Turner Publishing Company).

IN DIT HOOFDSTUK

- **Aan de slag met de opvoeding van je puppy**
- **Je puppy de basisbeginselen leren**
- **Omgaan met de gebreken van je puppy**

Hoofdstuk 9

Vroege puppytraining

Ook tegenwoordig zie je nog steeds in je pup wat onze voorouders zagen toen deze fantastische soortoverschrijdende relatie zich net begon te vormen. In de ogen van dat wolfsjong duizenden jaren geleden zagen zij toen hetzelfde als iedereen die ooit een puppy in huis heeft genomen wel moet zien: het begin van een prachtige vriendschap.

Maar vaak gaat zo'n prachtig begin een verkeerde kant op en proberen veel mensen, zoals gedragsdeskundigen, asieldirecteuren, sociologen en epidemiologen op dierengebied, te achterhalen waarom, hopend de stroom halfvolwassen honden die in de asielen belanden, te stoppen. Verkeerde keuzes, verkeerde timing en slechte planning spelen allemaal een rol. Maar in veel gevallen is 'te weinig' de droeve grafrede bij het einde van een relatie die zo veelbelovend leek. Te weinig tijd, te weinig training.

Je wilt niet dat dit jou overkomt. Jouw belang ligt bij je puppy en ervoor zorgen dat hij zich zo ontwikkelt als jij wilt. Je wilt niet over een jaar opgescheept zitten met een hondentiran en je wilt zeker niet op zoek moeten naar een nieuw thuis omdat je hem niet meer aankunt.

Je kunt nog heel ver komen met een puppy die, voordat je hem kreeg, onvoldoende opvoeding heeft gehad, maar je kunt het zorgvuldige fokken van een kundig en gerenommeerd fokker en zijn zorgvuldige omgang met de pup volledig tenietdoen. De keuze is helemaal aan jou. Als je je puppy negeert of hem verkeerd opvoedt, krijg je hier zeker spijt van.

BELANGRIJK

Houd van je puppy, speel met je puppy, geniet van je puppy. Maar je moet altijd, echt altijd nadenken over hoe je deze baby vormt, zodat hij de zelfverzekerde, gehoorzame hond van je dromen wordt. Dit vereist socialisatie en training. En het vereist vooral veel tijd. In het leven van een puppy gaat de tijd veel te snel. Een paar kritieke weken zijn, als ze voorbij zijn, echt voor altijd voorbij. Neem dus de tijd. Doe er moeite voor. Je werk in de eerste paar maanden van het leven van je puppy betaalt zich tijdens het leven van je hond dubbel en dwars terug.

Goed gedrag vormen

Vergeet alles wat je ooit hebt gehoord over dat je pas met zes maanden met de training kunt beginnen. Je puppy leert vanaf de dag dat hij wordt geboren. Vanaf het moment dat je hem krijgt, tussen de zeven en tien weken, is hij als een spons die alle indrukken en geluiden van de wereld opslorpt en hierin zijn eigen plekje probeert te vinden. De positie die hij voor zichzelf ziet, kan heel anders zijn dan de positie die jij voor hem in gedachten hebt. Daarom moet je bij dit proces betrokken zijn, terwijl hij het leven bij zijn nieuwe, menselijke familie leert kennen.

En het is echt niet zo moeilijk. Je puppy wil deel uitmaken van jouw gezin en heeft behoefte aan een liefhebbende leider. Je moet alleen met een paar dingen rekening houden terwijl je van je pup geniet:

- Socialiseer je pup en vorm een band met hem.
- Laat je puppy nooit iets doen waarvan je niet wilt dat hij dit als volwassen hond doet.
- Leer je puppy met positieve methoden (lees: door middel van belonen), maak het leren leuk!
- Besef dat je puppy fouten zal maken en word niet boos als dit inderdaad gebeurt.
- Onthoud dat het echt altijd gemakkelijker is slechte gewoonten te voorkomen dan ze later te moeten afleren.

Elke minuut die je met je puppy doorbrengt, is niet alleen machtig mooi, maar ook een investering in de toekomst. Wat gebeurt er als je je puppy zonder jou laat opgroeien? Na een bezoekje aan het asiel weet je het. In hoofdstuk 14 lees je stapsgewijze instructies voor het trainen van volwassen honden en puppy's. Hoofdstuk 8 bevat een handleiding voor de zindelijkheidstraining van puppy's.

Een band vormen

Een van de redenen waarom honden zich zo goed aan hun rol als metgezel voor de mens hebben aangepast, is dat de sociale behoeften van de beide soorten redelijk gelijk zijn. Honden en wolven wonen en werken samen in een sociale eenheid of *roedel*. Dit is wat wij een *familie* of *gezin* zouden noemen. Omdat ze alleen kunnen overleven door samen te werken, hebben ze een communicatiesysteem ontwikkeld met de nadruk op sociale rangorde en samenwerking. En ditzelfde hebben wij gedaan, van familie tot voetbalteam tot bedrijf. Honden en mensen vertrouwen op elkaar, om elkaar op te voeden en te helpen overleven.

BELANGRIJK

Als je een puppy in huis neemt, vraag je hem om jouw familie te accepteren in plaats van een hondenfamilie. En dit doet hij graag en met bijzonder weinig problemen, als jij je maar aan jouw deel van de afspraak houdt: vriendschap en een plek in de sociale rangorde.

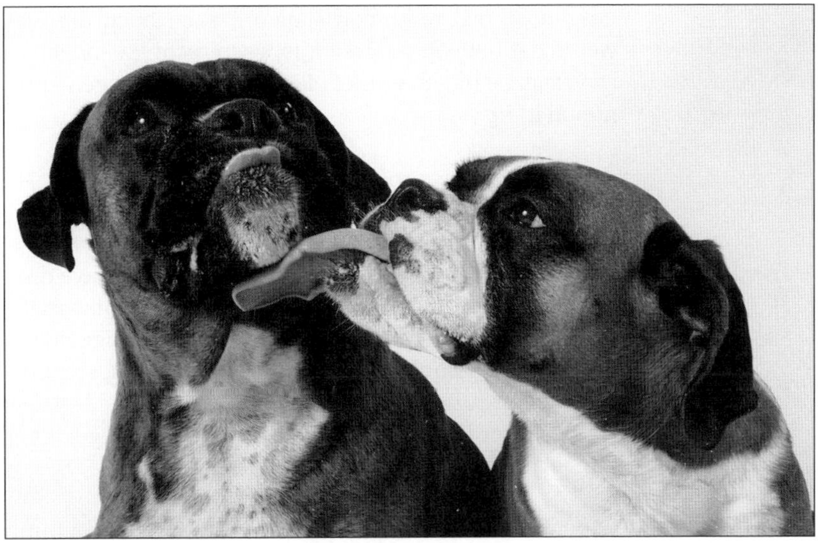

FIGUUR 9.1: Een goed gesocialiseerde hond gaat respectvol om met de andere leden van zijn familie.

Foto met dank aan de HSUS/Joseph R. Spies

Een puppy voelt zich alleen thuis in jouw familie als je hem deel van je leven laat uitmaken. Eenvoudig gezegd: een puppy vormt geen band met mensen die hij nauwelijks kent.

Een band vormen is niet erg moeilijk. Breng tijd door met je puppy. Praat met hem. Zing tegen hem. Raak hem aan. Gebruik babyhekjes in plaats van een gesloten deur als je bepaalde delen van je huis tegen hem wilt beschermen. Zo kan hij je wel horen en zien en voelt hij zich opgenomen in het gezin. Vanaf het moment dat je hem mee naar huis neemt, ben jij zijn enige familie. Neem hem op in je gezin, dan wordt hij een beter huisdier.

TIP

Een van de gemakkelijkste manieren om snel een goede band met je puppy te vormen, is door hem in een bench in je slaapkamer te laten slapen. Het lijkt wel of je vals speelt: jij slaapt, hij slaapt, maar terwijl hij slaapt, vormt hij een band met jou. Hij ruikt jouw heerlijke geur en hoort elk geluid dat je maakt. De hele nacht. En hij vindt het niet eens erg dat je snurkt.

PAS OP

Ik zeg daarbij wel duidelijk in de slaapkamer, niet op het bed. Als je je hond in jouw bed laat slapen, krijgt hij het idee dat hij een hogere status heeft gekregen. Dit kan tot problemen leiden. Je puppy moet vanaf de eerste dag weten dat jij de baas in huis bent. Maar je bent wel een vriendelijke baas. Daarom regel je een knusse bench of een zacht bed voor hem om op te slapen. Maar jij blijft hoe dan ook de baas.

Als je puppy volwassen is en zich uitstekend weet te gedragen, kun je hem vragen op bed te komen slapen. Daar slapen die van mij ook. Maar ze weten dat het een voorrecht is, geen recht. Ze mogen pas op het bed als ik ze vraag. Ze liggen er niet elke nacht en ze mogen er nooit komen als ik er niet al in lig.

Socialiseren

Je kunt een puppy gewoon niet aan te veel nieuwe dingen, mensen, plekken en andere dieren blootstellen. En juist hier maken puppyeigenaars het werk van veel gerenommeerde fokkers ongedaan. Als een puppy niet voortdurend kennismaakt met nieuwe dingen, stopt de sociale ontwikkeling of wordt deze in veel gevallen zelfs ongedaan gemaakt. Je wilt een zelfverzekerde, extraverte hond, niet een verlegen of agressieve hond. Dit kun je alleen bereiken door socialisering.

We vragen veel van onze honden, veel meer dan hun wilde neven nodig hebben om te kunnen overleven. Wilde honden en wolven leven in harmonie met andere leden van de roedel en zijn een belangrijk lid van hun ecosysteem. Ze kennen hun eigen familie en hoeven niet te kunnen omgaan met leden van andere roedels. Niemand vraagt ze om vredig naast andere roofdieren te leven en ze hebben alleen een relatie met prooidieren op het moment dat dit dier hun avondeten wordt. Wilde honden en wolven kennen de seizoenen en alle geuren in hun omgeving en kunnen vluchten als er iets onbekends op hen af komt.

Houd dat beeld nu eens naast wat gedomesticeerde honden zonder morren moeten ondergaan. We vragen een hond, die is geboren uit een moederhond en is opgegroeid tussen andere honden, om een familieband te vormen met leden van een heel andere soort. We vragen ze in vrede samen te leven met deze vreemde familie en verwachten dat ze volgzaam zijn bij mensen die niet bij hun roedel horen. We vragen ze ook om goed te kunnen blijven opschieten met anderen van hun eigen soort, zowel in hun eigen familie als bij evenementen zoals hondenshows. We vragen ze bovendien om de aanwezigheid van andere roofdieren, zoals een kat, te tolereren en daarnaast de aanwezigheid te negeren van dieren die door iedere wolf als heerlijk hapje worden beschouwd, ondanks dat wij ze huisdier noemen: konijnen, vogels en andere kleinere dieren. We vragen onze honden zelfs met ons op reis te gaan.

Honden zijn er genetisch meer op uitgerust om deel te kunnen uitmaken van de menselijke samenleving dan wolven of coyotes. En voor sommige rassen gedomesticeerde honden is het nog weer eenvoudiger. Vergelijk bijvoorbeeld het kameraadschapsvermogen van een goede golden retriever, die is gefokt om nauw samen te werken met mensen, met het soms wantrouwende karakter van een Duitse herder of rottweiler, die zijn gefokt om mensen, vee en eigendommen te beschermen.

Het gaat dus gedeeltelijk om de genen, maar ook gedeeltelijk om jou. Ga er met je puppy op uit! Met hoe meer mensen en dieren hij in contact komt, hoe beter hij als volwassen hond te socialiseren is.

PAS OP

De wereld zit vol enge dingen, zeker in de ogen van een puppy. Soms verstijft zelfs de moedigste pup omdat hij niet weet wat hij moet beginnen met iets wat hij nooit eerder heeft gezien. Je reactie op zijn angst is erg belangrijk. Stel hem gerust.

Door hem te aaien en te zeggen ‘het is goed, schatje’ geef je de boodschap dat je er voor hem bent, dat hij ‘het’ niet alleen hoeft op te knappen. Jouw steun geeft hem vertrouwen. Wees kordaat en bemoedigend. Laat hem merken dat er wat jou betreft niets is om bang voor te zijn. Laat hem de situatie goed bekijken en beloon hem voor zijn moed als hij zijn angst overwint. En ga dan over tot de orde van de dag. Vroeger gingen sommige mensen er vanuit dat het beter was de angst van de hond te negeren om dat je door hem te troosten, zijn angst zou bevestigen. Moderne hondengedragsdeskundigen raden juist aan om een steun voor je puppy te zijn als hij bang is.

Je dierenarts weet wat voor je puppy het beste is en heeft je waarschijnlijk verteld hem nergens mee naartoe te nemen voordat hij alle inentingen heeft gehad. Ik zeg dat je hem moet socialiseren. Zijn deze adviezen tegenstrijdig?

Ja en nee. Je puppy loopt het risico op besmettelijke ziekten van andere honden voordat hij volledig is ingeënt. Daarom moet je hem niet meenemen naar plekken met onbekende honden, zoals het park, hondenshows of dierenwinkels, totdat de dierenarts zegt dat dit veilig is. Maar je moet hem wel meenemen naar plekken die waarschijnlijk wel veilig zijn, bijvoorbeeld op bezoek bij vrienden of laten spelen met hun gezonde, volledige ingeënte honden. Of naar plekken waar mensen komen, zoals een plek waar je 's zomers lekker buiten kunt zitten of een terras bij het café om de hoek. Waarom zou je die risico's nemen? Omdat dit allemaal zo belangrijk is. Gedragsproblemen zijn voor je puppy net zo gevaarlijk als, of zelfs nog gevaarlijker dan, besmettelijke ziekten.

Gebruik je gezonde verstand. Plan veilige uitstapjes en draag je pup om te voorkomen dat hij via zijn pootjes besmettelijke ziekten kan oplopen als je het niet helemaal vertrouwt. En als hij met 14 of 16 weken de laatste inenting achter de rug heeft, kun je op volle kracht gaan socialiseren.

TIP

Wees creatief in het verzinnen van dingen waarmee je je puppy laat kennismaken. Een van mijn favorieten ervaringen voor een puppy is hem mee te nemen door een autowasstraat, met veel lawaai en beweging, maar absoluut geen gevaar.

Consequentie

Puppy's zijn schattig, ook als ze ondeugend zijn. Of misschien juist als ze ondeugend zijn. Als je je kleine pluizenbaal met je slof in zijn bek betrapt of ziet dat hij de zoveelste toiletrol aan het versnipperen is, ben je niet boos, maar glimlach je. Vervolgens lach je. En daarna pak je de camera.

Deze reactie is heel normaal, maar het is niet de goede manier om een puppy op te voeden die weet dat hij van sloffen en toiletrollen moet afblijven. Als je wilt dat je puppy leert, moet je consequent zijn in wat acceptabel gedrag is en wat niet.

Maar dat weet je al. Daarom houd je je gezicht af en toe zo lang mogelijk zo streng mogelijk, totdat ... nou ja, wie zou er nou niet in lachen uitbarsten bij de aanblik van een schattige puppy helemaal omwikkeld met toiletpapier?

BELANGRIJK

Ik weet dat het moeilijk is. Hij is schattig en je wilt hem zijn gang laten gaan. Maar over een paar maanden heb je er spijt van als je je niet aan de volgende regel houdt: ***laat een puppy nooit iets doen waarvan je niet wilt dat hij het als volwassen hond doet***.

Je moet even nadenken en wat moeite doen om een consequente aanpak van de ondeugende streken van je pup te ontwikkelen.

TIP

PUPPYLES

Vaak zijn mensen verbaasd als ik ze aanraad al vroeg met de socialisatie en training van puppy's te beginnen. Vaak reageren ze met: 'Volgens experts moet je een hond toch pas gaan trainen als hij zes maanden is?'

Wat de experts hier bedoelden, was formele training, in een echte les. En zelfs dat is achterhaald. Bijna elke trainer biedt al lessen aan voor puppy's vanaf 12 weken.

En ik raad dit sterk aan.

Je moet het volgende begrijpen: dit zijn geen bootcamptrainingen voor probleempups. Het doel hier is socialisatie en gewoon lekker veel lol. Grote puppy's spelen met kleine puppy's en iedereen aait de pup van anderen. En tegelijkertijd leren de puppy's nieuwe dingen, soms zelfs alle basiscommando's op een manier die is gebaseerd op stimulering en beloning.

Puppyles is goed voor je puppy en voor jou. Tijdens een puppyles heb je de kans om elke week met de trainer te overleggen over de problemen die je thuis tegenkomt en krijg je tips om te voorkomen dat je puppyprobleempjes uitgroeien tot hondenrampen. Voor je puppy is de les een megadosis socialisering, een voortdurende les dat leren leuk is en de basis voor een leven lang goede hondenmanieren.

Let bij puppylessen op het volgende: zorg ervoor dat je een trainer kiest die vraagt om het inentingsbewijs (ter bescherming van alle puppy's in de les), die traint op een veilige plek en die geen ruwe correctiemiddelen of sliphalsbanden gebruikt bij de puppy's. Als je een of twee lessen meekijkt, heb je een veel beter idee van de vaardigheden en de filosofie van de trainer dan je uit welk telefoongesprek of welke folder ook kunt halen. En een goede trainer is blij als je eerst een keer komt kijken.

Vorm eerst een beeld van het huisdier waarmee je wilt leven. Sommige mensen zijn veel losser met hun hond (of kind) dan anderen. Als jij het prima vindt dat de hond op de bank ligt, dan laat je je puppy daar liggen. Maar als je vindt dat een *puppy* alleen op de bank mag liggen zodat je ermee kunt knuffelen, is dat niet eerlijk.

Houd je vervolgens aan alle basisregels, keer op keer. Je kunt niet laks worden omdat je moe bent. Je kunt hem niet met streken laten wegkomen omdat hij zo schattig is. Als hij de eerste keer op de bank springt, en die eerste keer gaat zeker komen, zeg dan 'Eraf' en zet hem op de grond. Als hij weer op de grond staat, beloon je hem omdat hij een brave puppy is. Als hij tegen jou of de kinderen omhoog springt, zeg je 'Nee' en 'Zit' en pak je hem bij zijn halsband om te laten zien wat je bedoelt. Beloon hem als hij zit en alle vier zijn poten op de grond houdt.

TIP

Consequentie betekent ook dat ieder menselijk lid van de familie weet wat de puppyregels zijn en de puppy helpt om te leren zich volgens deze regels te gedragen. Als je besluit dat je hond niet om eten mag bedelen, wordt dit erg lastig als je zoon je puppy tijdens het televisiekijken chips toeschuift. Stel regels in en zorg ervoor dat iedereen zich eraan houdt.

Het is gemakkelijker de teugels op een gegeven moment te laten vieren dan om de regels aan te scherpen. Een puppy die tijdens het opgroeien denkt dat al zijn irritante acties oké zijn, groeit op tot een hond waarmee lastig samen te leven is en die je niet met fatsoen ergens mee naartoe kunt nemen. Als je puppy eenmaal een goed opgevoede hond is, kun je hem eens op de bank vragen of hem leren zijn poten op je schouders te zetten om je een slobber over je wang te geven. Er is een groot verschil tussen een hond die doet wat hij wil en een hond die met jouw toestemming doet wat hij wil.

Beloning en correctie

Er zijn de afgelopen decennia miljoenen woorden geschreven over de theorie van hondentraining. Laat ik het simpel zeggen: opvoeding is een kwestie van belonen en 'straffen'. En de afgelopen jaren is dit veel meer belonen en veel minder straf geworden. Deze verandering komt door twee dingen. Ten eerste wil geen humaan mens een hond straffen en ten tweede realiseert ieder intelligent mens zich dat je met het belonen van goed gedrag meer kans maakt een sterke vertrouwensband te creëren dan met straffen.

Fysieke correctie, geen fysieke mishandeling, heeft zijn plek in hondentraining. In hoofdstuk 14 en 15 ga ik hier dieper op in. De laatste tijd is hondentraining meer richting het positieve verschoven en de benadering bij puppytraining is nog weer positiever.

PAS OP

Sla je puppy nooit: niet met je hand, niet met een opgerolde krant. Schreeuw nooit naar je puppy. Als je een van beiden doet om je puppy te laten zien 'wie de baas is', krijg je een puppy die jou wantrouwt en die jou een vervelend figuur vindt. Je wilt dat je puppy van je houdt en je respecteert. Dat hij zijn plek in de familie weet en zich hier veilig en gelukkig voelt. Hiervoor moet je hem aanmoedigen en vaak liefhebbend belonen.

TIP

Wees niet zuinig met je lof. Als je puppy iets goed doet, laat hem dit dan weten. De eerste keer dat er in dat koppie een lampje gaat branden en hij het woord 'zit' koppelt aan het laten zakken van zijn achterkant (als je kijkt, zie je de radartjes achter zijn ogen draaien), moet je er helemaal klaar voor zijn om hem te vertellen dat hij de allerslimste, perfectste, prachtigste en meest geliefde puppy in de hele geschiedenis van de wereld is op het moment dat dat kleine puppykontje de grond raakt. Zing het voor hem. Geef hem schouderklopjes en knuffel hem.

Maar je puppy is ook echt wel eens minder perfect. Op dat soort momenten moet je zijn kwajongensgedrag corrigeren. Onthoud: de straf moet passen bij de overtreding. Een verbale correctie, op het juiste moment, in de juiste toonaard en met de juiste bewoordingen, is het zachtaardigst. Als je dit goed doet, is dit type correctie alles wat je nodig hebt in bijna alle situaties waarin je tijdens het opvoeden van je pup kunt belanden. Ik noem hier enkele manieren waarop je duidelijk afkeur kunt laten blijken:

- **Negeren.** Voor een hond is aandacht van levensbelang. Als hij van jou geen aandacht krijgt, als jij doet alsof hij niet bestaat, voelt dat voor je puppy daadwerkelijk als straf. Negeren wordt lastig als hij jouw nieuwe peperdure schoenen aan het opeten is, maar als je pup tegen mensen opspringt of om een snoepje bedelt, is consequent negeren (en soms moet je dat best lang volhouden) de beste manier om zijn hinderlijke gedrag te stoppen.
- **De grote wisseltruc.** Deze techniek is vooral nuttig bij jonge pups. Je stopt hiermee gedrag dat je niet wilt en biedt de puppy de mogelijkheid gedrag te ontwikkelen dat wel acceptabel is. Als je jonge puppy bijvoorbeeld op je mooie leren schoenen ligt te kauwen, maak je een geluid om hem te laten schrikken en af te leiden, zoals een klap op tafel of in je handen. Meteen daarna geef je hem iets waarop hij wel mag kauwen, zoals speelgoed. Als hij dit aanpakt, beloon je hem.
- **Vraag om ander gedrag.** Met oudere puppy's kun je slecht gedrag stoppen door om beter gedrag te vragen. Zeg tegen een puppy die tegen je op springt 'Nee!', zeg dan 'Zit' en beloon hem als hij is gaan zitten. Zeg hem dit één keer. Als hij niet doet wat je vraagt (en je zeker weet dat hij wel snapt wat je bedoelt), duw je zijn achterkant op de grond zodat hij zit en beloon je hem.
- **De time-out.** Deze techniek heeft twee niveaus. Je moet goed naar je puppy kijken om de passende correctie te kiezen. Puppy's bloeien op bij aandacht, ook negatieve aandacht. Bij de time-out neem je deze beloning weg en geef je hem een paar minuten om over zijn gedrag na te denken. 'Wacht, als ik dat doe, dan mag ik niet bij hem blijven', zal hij denken. Deze techniek is vooral goed voor een puppy die op van alles kauwt. Voor meeste mensen is dit een erg slechte gewoonte. Als de puppy begint te happen, zeg je 'Nee' en houd je daarna je mond. Je pakt

hem op en zet hem vijf minuten in zijn bench. Negeer het gejammer en gepiep. Na een paar minuten laat je hem zonder gedoe uit de bench en mag hij een tijdje rustig bij je zijn.

PAS OP

NEE, NEE, NEE, NEE, NEE, NEE, NEEEEHEEEE

Bijna iedereen gebruikt één woord veel te veel en onjuist tijdens de opvoeding van een puppy. Welk woord? 'Nee.' Sommige puppy's horen dit woord zo vaak dat ze denken dat het een deel van hun naam is: 'RakkerNEE!' 'LunaNEE!' Als het woord 'Nee' voortdurend en vooral met een vragende of bijna zeurende stem wordt gebruikt, verliest het zijn waarde als trainingsmiddel.

'Nee' moet stellig en scherp worden uitgesproken, met een zware stem, als een diepe grom, zoals de moeder van een puppy haar ongenoegen uit. Voorkom dat je klagend klinkt in je correctie: 'Nee, nee, nee, *nee*. Mama's pluisje is stout, stout, stout.' Werp het woord in plaats daarvan naar je pup.

Sommige trainers raden aan een ander geluid te gebruiken voor je correcties. Iets dat meer klinkt als een grom, zoals 'arrrggghhh'. Ik gebruik zowel het woord 'Nee' als een 'argh'-geluid achter uit mijn keel als correctiewoorden, maar ik gebruik 'Nee' niet als waarschuwingswoord. Als een van mijn honden een aanval voorbereidt op iets waarvan hij weet dat hij er niet aan mag komen, gebruik ik 'doe eens niet'. Maar ook hierbij is het belangrijk hoe je dit zegt. Ik zet een zware stem op en grom 'DOE EENS NIET'.

Vervolgens kijken ze me heel onschuldig aan, alsof ze willen zeggen dat ze er zelfs niet eens over nadachten. Maar ik weet wel beter.

Als je puppy al een tijd lekker heeft rondgerend en wat kwajongensachtig lijkt, is hij misschien moe. Zet hem in dat geval met een stuk speelgoed om op te kauwen in zijn bench, zodat hij wat kan slapen. Doe ook dit zonder gedoe. Waarschijnlijk slaapt hij binnen een paar minuten.

Leren wat elke puppy moet weten

Mensen vertellen me soms dat ze niet in hondentraining geloven, omdat ze met training de levenslust van de puppy breken. 'Ik wil dat hij vrij is', zegt de eigenaar van de losgeslagen hond. Deze houding zag je vooral in de jaren zestig en zeventig van de vorige eeuw, toen loslopende honden elkaar achterna zaten in openbaar groen. Maar ook nu nog zijn er mensen die hiervan groot voorstander zijn, ondanks wetgeving over het aanlijnen van honden (en handhaving hiervan) in sommige landen.

En het is niet alleen de overlast die ze veroorzaken. Wijlen trainer Job Michael Evans zei wel dat als je hond op schoot sprong bij een gast en die gast zei 'Oh, dat is niet erg, ik houd van honden', dat de gast waarschijnlijk vooral beleefd wilde zijn en zich ondertussen afvroeg waarom je de hond niet opvoedde.

BELANGRIJK

Geen hond ter wereld heeft meer vrijheid dan een hond die goed is opgevoed. En geen hond is gemakkelijker om mee te leven. Dit soort honden kun je meenemen als je gaat winkelen of op vakantie gaat. Ze zijn welkom bij de dierenarts en de trimmer. Een goed opgevoede hond helpt de trend in wetgeving die is gericht tegen honden een halt toe te roepen. Ze helpen in sommige gemeenschappen zelfs mensen open te laten staan voor het idee van hondenparken waar goed opgevoede honden kunnen worden beloond door vrij te kunnen rondrennen!

Er zijn duizenden redenen om je puppy te trainen en er is er slechts één om dit niet te doen: domheid. Doe jezelf en je hond een plezier en train hem. Onthoud mijn motto: ***Het is eenvoudiger om een puppy goed op te voeden dan om naderhand problemen op te lossen***.

Wennen aan halsband en riem

Je kunt je puppy een halsband met gesp omdoen vanaf het moment dat je hem mee naar huis neemt. Ik ben dol op lichte nylon halsbanden. Ze zijn niet heel duur om ze te vervangen terwijl je puppy er uitgroeit en ze zijn verkrijgbaar in allerlei leuke kleurtjes.

Halsbanden met een snelsluiting zijn ook oké en kunnen vaak wat groter worden gemaakt. Controleer regelmatig of de halsband nog goed past. En vergeet niet om er een klein identificatielabel aan te hangen. Zie hoofdstuk 6 voor meer informatie over halsbanden.

Tegen de tijd dat je pup tien weken oud is, kun je hem aan een riem doen. Begin met een paar minuten. Gebruik de riem niet om hem jouw kant op te dwingen, maar loop een tijdje met hem mee. Ga na een tijdje door de knieën en roep hem zachtjes. Als hij omdraait en naar je toe komt, beloon je hem. Daarna sta je op, klop je tegen je been en lok hem vriendelijk pratend met je mee. Introduceer een commando, bijvoorbeeld 'Volg' of 'Kom mee' zodat hij dit associeert met het feit dat hij jouw kant op moet meelopen. Begin met een paar minuten. Probeer het later op de dag nog een keer. Je kunt ook een keer van richting veranderen terwijl je het gekozen commando zegt. Beloon de puppy als hij je volgt.

De eerste riem voor je puppy moet twee meter lang zijn, dun en zo licht mogelijk, vooral bij de gesp. Als je nog een zware riem hebt van een eerdere hond, bewaar je deze voor later en haal je voor nu een riem die geschikt is voor je puppy. Zelfs een stuk licht koord met een gesp is beter dan een te zware riem. Zie hoofdstuk 6 voor meer informatie over riemen.

Als je de puppy op de riem laat knagen, laat je hem aan jouw gezag knagen. Bovendien moet je dan regelmatig een nieuwe riem kopen, aangezien een puppy scherpe tanden heeft. Dit wil je allemaal niet. Laat je puppy daarom niet aan de riem knagen. Geef een rukje naar boven om de riem uit zijn bek te trekken en zeg ondertussen stellig 'Nee'. En beloon hem. Vergeet nooit om je puppy te belonen als hij doet wat je vraagt.

Vachtverzorging

Alle honden moeten leren om in bad te gaan en te worden geborsteld, om hun nagels te laten knippen en hun oren schoon te laten maken. Sommige rassen, zoals poedels, terriers en cocker spaniels, moeten hun hele leven regelmatig professioneel worden getrimd.

TECHNISCHE INFO

Het haar van een poedel is als mensenhaar: het stopt nooit met groeien. Als je dit niet laat knippen, groeit de vacht door, gaat deze vilten en in lange klitten over de grond slepen. Net als bij sommige andere rassen is het vervelend om met zo'n vacht te moeten leven als je deze niet regelmatig laat trimmen.

BELANGRIJK

Het beste moment om je puppy kennis te laten maken met deze ervaringen, is op de dag dat je hem mee naar huis neemt. Pak zijn poten en tenen beet, streel zijn oren en vertel hem voortdurend dat hij een prachtige puppy is. Doe dit steeds maar even en eindig altijd met een positieve noot.

Leg voor het borstelen en kammen een handdoek op een hoog, solide oppervlak, zoals je wasmachine, om rugklachten (bij jezelf) te voorkomen. Houd je puppy vast terwijl je hem borstelt. Hij zal misschien even gaan kronkelen en tegenspartelen, maar laat je hierdoor niet weerhouden. Borstel steeds even en eindig de sessie door daar te borstelen waar de meeste honden dol op zijn: hun buik. Houd het dan weer even voor gezien.

TIP

Laat je puppy wennen aan het idee van een scheerapparaat door een apparaatje dat licht bromt, zoals een elektrische tandenborstel of tondeuse bij hem in de buurt te houden. Houd het handvat zachtjes tegen hem aan zodat hij de trilling voelt. Laat hem een paar seconden aan het gevoel wennen en beloon hem naderhand omdat hij zo dapper is geweest.

Als je puppy van een ras is dat professioneel moet worden getrimd, maak dan de eerste afspraak zodra hij al zijn inentingen heeft gehad, dus met 14 tot 16 weken. Zo loopt hij zo min mogelijk risico aan ziekten te worden blootgesteld. Laat heel duidelijk aan de trimmer weten dat je een afspraak maakt voor een puppy, zodat ze wat extra tijd kan inplannen.

Zitten als je iets wilt

Het commando 'Zit' kun je een puppy bijna moeiteloos leren. Je hoeft hem met geen vinger aan te raken. Je hebt alleen zijn voerbak en de zwaartekracht nodig. Het werkt als volgt:

TIP

Roep de naam van je puppy en houd zijn voerbak boven zijn kop. Zo dwing je hem zijn snuit omhoog te steken om zijn eten in de gaten te houden. Hij verliest al snel zijn evenwicht en zijn achterpoten vouwen dubbel. Precies op het moment dat dit gebeurt, zeg je 'Zit.' Als zijn romp de grond raakt, beloon je hem en geef je hem zijn voer. Als je dit consequent volhoudt, gaat hij binnen de kortste keren automatisch zitten voor zijn voer.

Controleer of hij het commando begrijpt door het op verschillende momenten te geven. Beloon hem daarna voor het behaalde succes (ook al heb je hem daarbij een handje geholpen).

Als je puppy weet wat 'Zit' betekent, breid je de situaties uit waarin je hem hierom vraagt. Laat hem zitten voordat je zijn riem omdoet, voordat je met hem gaat wandelen, zitten in plaats van opspringen (al moet je waarschijnlijk wel eerst zijn slechte gedrag corrigeren). Mijn honden gaan zitten voor alles wat ze willen: hun eten, hun speelgoed, voordat ze het huis of de auto verlaten, of om door gasten te worden geaaid. Zitten maakt het niet alleen eenvoudiger om met ze samen te leven, vooral met de retriever van een slordige 35 kilo. Het versterkt ook voortdurend en moeiteloos mijn rol als roedelleider. En net als elke aardige en gulle leider, bedank ik mijn honden altijd met wat gekroel langs een oor of op de borst, een lief woord of een knuffel.

TIP

Het vormen van goed gedrag met behulp van eten is de reden dat ik vrij voeren bij puppy's afraadt. Als jij en andere gezinsleden degenen zijn die het eten geven en zorgen dat de puppy gaat zitten voordat hij het krijgt, integreer je de puppytraining naadloos in het leven van het hele gezin.

'Zit' is niet het enige commando dat je je puppy kunt leren. 'Lig', 'Hier', 'Blijf': puppy's kunnen en moeten deze commando's allemaal leren. Zie hoofdstuk 14 en 15 voor stapsgewijze instructies om deze gehoorzaamheidsbeginselen te leren.

Gebruik je fantasie en leer je puppy zo veel mogelijk. Denk er wel aan dat je altijd consequent dezelfde termen gebruikt. Gebruik niet de ene keer 'Af' en de andere keer 'Lig'.

FIGUUR 9.2: Je puppy leren om te zitten voor wat hij wil, helpt je ervoor te zorgen dat hij opgroeit als goedgemanierde hond.

Foto met dank aan Richard D. Schmidt

Problemen oplossen die veel puppyeigenaars tot wanhoop drijven

Alle honden kauwen, springen, blaffen en happen. Dat doen honden nu eenmaal. Sommige honden doen dit meer dan andere. Sommige rassen keffen meer, sommige graven meer. Al deze activiteiten zijn onderdeel van de genetische blauwdruk van elke hond. Als je deze activiteiten niet in je leven duldt, vooral in het puppystadium, dan kun je beter een leguaan kopen.

Dat was het slechte nieuws. Het andere slechte nieuws is dat puppy's hier niet zomaar overheen groeien. Die hoop kun je meteen laten varen.

Het goede nieuws is dat je dit gedrag tijdens de opvoeding van je puppy kunt verminderen, sturen en beheersen of in het geval van happen zelfs uitbannen. Maar wees nou eens eerlijk: je kunt toch niet van een puppy (of hond) verwachten dat deze de saaie, lege dagen doorkomt zonder de tijd te vullen met activiteiten die jij misschien niet leuk vindt. Een hond heeft zijn hele leven lang een baas nodig die voldoende tijd vrij maakt voor training en beweging.

Kauwen

Alle puppy's kauwen. Dat zou jij ook doen als je tandvlees zo zou jeuken als dat van een pup. Helemaal als deze zo'n vier maanden is en het volwassen gebit doorkomt. De truc is in dit geval het gedrag te sturen. Houd hiervoor de spullen waar je pup niet op mag kauwen uit zijn buurt en geef speelgoed dat hij wel mag gebruiken. Vergeet vooral niet om hem te belonen als hij op zijn eigen speelgoed kauwt.

TIP

Een van de oudste adviezen, is dat je je puppy geen dingen moet geven die lijken op de dingen waar hij van jou niet aan mag komen. Met andere woorden: als je hem oude sloffen geeft om op te kauwen, kun je niet verwachten dat hij je nieuwe sloffen niet ook eens onderhanden neemt.

Sommige voorwerpen, zoals tafelpoten en, in het geval van een puppy die ik zelf heb opgevoed, muren, kun je nu eenmaal niet oppakken en wegzetten. Ontmoedig het kauwen aan dergelijke voorwerpen door een antikauwspray (verkrijgbaar in de dierenspeciaalzaak) op de favorieten plekken te spuiten. Het spul smaakt zo afschuwelijk dat je puppy er niet aan zal denken zijn tong er nog eens aan te wagen. Ook tabasco werkt goed.

Puppy's moeten nu eenmaal kauwen. Als je die van jou betrapt terwijl hij op een verboden voorwerp kauwt, maak dan geen stampij. Klap in je handen om hem af te leiden, geef speelgoed waarop hij mag kauwen en geef hem toestemming om te kauwen met een commando, zoals 'Kauw maar schatje.' Beloon hem vervolgens als hij op het toegestane voorwerp kauwt.

Laat je puppy *nooit* vrij door het huis lopen en zelf kiezen waarop hij wil kauwen. Als je hem niet in de gaten kunt houden, zet hem dan in een veilige ruimte, zoals een bench. Maar ook een kleine ruimte, zoals de bijkeuken, afgezet met een babyhekje is goed. Zorg ervoor dat hij een paar stukken speelgoed heeft om op te kauwen.

Houd het hoofd koel bij pijnlijk puppytandvlees. Ik neem graag een stuk runderbeen (zonder vet), dat ik een tijdje in de vriezer leg voordat ik het aan een puppy geef die aan het wisselen is. Ik vraag om een mooie schenkel en vraag aan de slager om deze in stukken van ongeveer tien centimeter te zagen, zodat de puppy het merg eruit kan kauwen. Maar je kunt bij de dierenspeciaalzaak ook gesteriliseerd bot kopen, dit vullen met wat pindakaas en in de vriezer stoppen.

Onwenselijke begroetingen: snuffelen en springen

Wat doen honden als ze elkaar tegenkomen? Ze houden de neuzen even tegen elkaar en snuffelen daarna aan elkaars geslachtsdelen. Dit is volkomen natuurlijk, normaal en niet te stoppen hondenbegroetingsgedrag. En toch willen we absoluut niet dat honden dit bij ons doen. We willen geen hond die zijn neus bij iemand in het kruis duwt en we willen geen hond die tegen mensen opspringt om even te neuzen. Het eerste vinden we gewoon smerig, het tweede kan ronduit gevaarlijk zijn bij kinderen en mensen die niet stevig op hun benen staan.

Maar jouw hond kan er niets aan doen dat hij genetisch niet is ingesteld op het omgaan met een soort die liever elkaar de hand schudt dan aan elkaars bips te snuffelen en van wie de neus zo ver van de grond is dat je wel moet springen om ze vriendelijk te begroeten!

VOORKOMEN DAT EEN PUPPY AGRESSIEF OPGROEIT

PAS OP

Agressie is een lastig probleem voor hondentrainers en gedragsdeskundigen en een ernstig gevaar voor de volksgezondheid. Honden bijten uit angst, pijn, dominantie en tijdens de jacht.

In tegenstelling tot wat de eigenaar vaak zegt, bijt een hond bijna nooit zomaar uit het niets. Vaak zijn er voldoende waarschuwingen die de eigenaar mist, verkeerd interpreteert of goedpraat. En soms zelfs aanmoedigt, omdat ze trots zijn op het machogedrag van hun hond.

Puppy's groeien niet over agressie heen. Met training en socialisering moet je ervoor zorgen dat je pup begrijpt dat ieder mens hoger staat dan hij in de rangorde en dat agressie tegen andere honden en het opjagen van kleinere dieren niet wordt getolereerd.

Ik geef een paar tips:

- **Laat je puppy nooit op jou of andere gezinsleden kauwen, ook niet uit speelsheid.** Corrigeer dit met een streng woord en geef in plaats van het lichaamsdeel een stuk speelgoed. Of geef de hond een time-out als hij steeds de fout in blijft gaan.
- **Laat kinderen en puppy's nooit zonder toezicht spelen en laat ze nooit ravotten zoals een pup met zijn nestgenoten zou doen.** Laat je kinderen

geen krachtmeting met je pup doen, maar leer ze om de puppy te laten apporteren.

- **Zorg ervoor dat ieder lid van het gezin zich gedraagt als leider.** Leer je puppy manieren, zoals zitten voor zijn eten en laat iedereen zich hieraan houden als ze de puppy eten geven.
- **Oefen het afnemen en teruggeven van speelgoed aan je puppy.** Geef het commando 'Geef' en pak het speelgoed, of beter nog: ruil het in voor een hondenkoekje. Beloon hem voor zijn gehoorzaamheid.
- **Laat je puppy castreren.** Jonge, ongecastreerde reuen maken, in vergelijking met alle andere honden, de meeste kans betrokken te raken bij een ernstig bijtincident.
- **Roep de hulp in van een trainer of gedragsdeskundige als je zelfs maar vermoedt dat je een probleem hebt; hoe eerder hoe beter.** Een professional kan je helpen inzien op welke manier je agressie aanmoedigt en je helpen de roedelstructuur te herzien om agressie uit te bannen.

Denk aan het volgende: deze regels gelden alleen voor puppy's. Als je een volwassen hond met een agressieprobleem hebt, ga je meteen naar de laatste stap en roep je de hulp in van een trainer om je te helpen de situatie te verbeteren voordat het echt mis gaat.

Deze problemen verhelp je met sturing en consequentie. Als je puppy springt, zeg je zeer stellig 'Nee' tegen hem, gevolgd door het commando 'Omlaag' of 'Af' en dan 'Zit'. Als dat niet helpt, pak je de poten van de puppy en help je hem naar de grond. Dan geef je het commando 'Omlaag' op het moment dat zijn poten richting de grond gaan.

Misschien vind je het eenvoudiger om je puppy aan de riem te doen en iemand te vragen je te helpen. Het is veel eenvoudiger om het correctiewoord 'Nee' te zeggen, vervolgens het commando 'Omlaag', de puppy plots van je gast te trekken, het commando 'Zit' te geven en dan je puppy te belonen.

PAS OP

Ik heb gemerkt dat consequentie hierbij het grootste probleem is. Mensen laten hun puppy wegkomen met springen en snuffelen omdat het een puppy is, zo schattig en klein. Maar vergeet niet dat ze niet lang klein blijven. Het is veel eenvoudiger om ervoor te zorgen dat een labradorpuppy van 10 kilo niet de gewoonte krijgt om tegen je op te springen, dan het is om een volgroeide labrador van 35 kilo ervan te overtuigen dat hij dit beter kan afleren.

Blaffen

Sommige rassen en rastypen maken meer kabaal dan andere. Terriers, poedels en shelties kunnen zeer irritant keffen. En dat zelfs gerenommeerde fokkers het geen probleem vinden om te fokken met de meest blafgrage honden, zolang ze maar winnen op de showvloer, helpt hier niet echt aan mee. Voor de kenners is er niets mooier dan een krachtige blaf van een hond. Maar in een buitenwijk wordt het melodieus blaffen van de beagle van de buren door de buurt al snel beschouwd als een constante ergernis.

PAS OP

Vaak wordt het geblaf door honden getraind door hondeneigenaars die niet nadenken tijdens de opvoeding van hun puppy. De puppy blaft om aandacht, de eigenaar pakt hem op. De puppy blaft omdat hij zijn speelgoed wil, de eigenaar geeft dit aan. Een vriendin ontdekte dat ze haar golden retriever alleen stil kreeg door hem een hondenkoekje te geven. Het resultaat was een altijd blaffende, veel te dikke hond.

Je kunt een ras dat veel keft niet veranderen in een stille puppy, maar je kunt hem wel leren om de volumeknop op commando op nul te zetten. Als hij blaft, zeg je stellig 'Nee', het commando 'Stil' of 'Ssjt' en beloon je hem als hij zich stil houdt. Schreeuw nooit naar een blaffende puppy. Hij denkt dan dat je gezellig meedoet.

Leer hem vooral niet te blaffen door hem te belonen voor zijn gedrag. Als hij om aandacht blaft, omdat hij uit zijn bench wil of omdat hij een stuk speelgoed wil, zeg je 'Nee' en vervolgens 'Stil' voordat je hem oppakt, uit zijn bench laat of zijn speelgoed geeft. Of nog beter: 'Stil' en 'Zit'. Een hond die gaat zitten voor iets dat hij wil is veel prettiger om mee te leven dan een hond die ervoor blaft.

In hoofdstuk 15 vertel ik meer over blafproblemen en -oplossingen.

Happen en bijten

Happen en bijten zijn zeer ernstige zaken die je ook echt zo moet zien. Net als springen en snuffelen aan geslachtsdelen is dit voor honden tegenover elkaar natuurlijk gedrag. Lekker ravotten waarbij de tanden volledig, maar wel zachtjes, worden ingezet. Dat is prima als je als hond met andere honden speelt, maar niet als je met een mens speelt. Onze huid is veel dunner en heeft geen beschermende vacht. Puppy's moeten leren dat ze nooit, maar dan ook echt nooit hun tanden mogen gebruiken bij een mens. Ook niet tijdens het spelen.

Alle puppy's happen, de een meer dan de ander. Puppy's die te jong uit het nest zijn gehaald, hebben misschien nooit geleerd hoeveel pijn ze een ander kunnen doen met die kleine tandjes en hebben misschien meer de neiging om ze te gebruiken dan een puppy die minstens zeven weken bij zijn broertjes en zusjes in het nest is gebleven. Aan de jongste puppy's kun je dit op dezelfde manier duidelijk maken als hun nestgenoten zouden doen: door schel te roepen en ophef te maken als die vlijmscherpe tandjes je vel raken.

Voor sommige puppy's is dit genoeg. Anderen hebben wat meer uitleg nodig. Corrigeer *scherp* met een 'Nee' voor het happen en negeer hem als hij jouw aandacht vraagt.

Als het je niet lukt je puppy het happen en bijten af te leren, vooral als hij hierbij ook gromt, roep je onmiddellijk de hulp in van een trainer. Door al vroeg een-op-een te overleggen kun je een drama op latere leeftijd voorkomen.

De ruwe kantjes afschaven

Welkom in de hondenpubertijd; die vaak uitdagende periode als je pup tussen de drie en zes maanden oud is, de ene groeispurt de nadere opvolgt, de hormonen door zijn lijf beginnen te gieren en de hersenen van je puppy zich voor je ogen volledig opnieuw te lijken ontwikkelen. Net als sommige kinderen, gaan sommige honden door een stadium waarin ze op de meest vreemde manieren groeien: achterpoten langer dan voorpoten, lichaam te lang of te kort. Uiteindelijk komt onder dit lelijks een prachtige hond tevoorschijn, al zul je hier soms gedurende dat proces ernstig over twijfelen.

BELANGRIJK

Maar op andere momenten zou je willen dat een lelijke hond je grootste probleem was. Het hondenfenomeen dat met elf weken al leerde hoe hij moest gaan zitten en hier zelf bijzonder trots op was, kijkt je nu misschien aan alsof hij het woord 'Zit' nog nooit heeft gehoord, laat staan dat hij snapt wat je op dat moment van hem verwacht. Of misschien herkent hij het woord best wel, maar heeft hij iets veel belangrijkers te doen dan jouw zin.

Dit betekent niet dat je puppy in deze periode een complete wilde wordt. Soms is hij een toonbeeld van netheid, maar soms ook niet. Ook hij heeft het nu moeilijk. Zijn volwassen tanden komen door en maken hem gek, en jou daarbij, doordat hij voortdurend wil kauwen om zich beter te voelen. Misschien is hij zelfs af en toe een week opeens heel verlegen. Denk eens terug aan je eigen pubertijd, dan snap je het iets beter.

Het gedrag van je puppy is echt doodnormaal. Jouw eigen gedrag kan het begin van het eind van jullie relatie zijn. Hoe gek je op dat moment ook van hem wordt, je moet hem blijven trainen en socialiseren. Zelfs als je soms absoluut niet tot hem kunt doordringen. Als je het bij de eerste tekenen van problemen al opgeeft, heb je later nog veel meer problemen. In dit stadium kunnen slechte gewoonten echt diep wortelen.

BELANGRIJK

Onthoud ook dat ook dit allemaal voorbij gaat. Aan het eind van deze periode wordt je hond geslachtsrijp en wordt je hond, jawel, het hondenequivalent van een tiener!

3

Je hond gezond houden

IN DIT DEEL . . .

In dit deel lees je alle informatie die je nodig hebt over preventieve zorg en het omgaan met ziekte. De eerste defensielinie tegen ziekte is een goede verzorging: al dat borstelen, nagels knippen en vlooien bestrijden helpen je hond gezond te houden en helpen jou om kleine problemen op te merken voordat het grote problemen worden. In dit deel lees je ook alles over andere maatregelen voor preventieve zorg, zoals vaccinaties, een dierenarts vinden met wie je goed kunt samenwerken en die je de informatie geeft die je nodig hebt over veelvoorkomende gezondheidsproblemen bij honden. Het laatste hoofdstuk van dit deel is gewijd aan oudere honden. Hierin vertel ik alles wat je moet weten om je ouder wordende hond gezond en vrolijk te houden.

IN DIT HOOFDSTUK

- **Verzorgingsmiddelen kiezen**
- **De vacht van je hond verzorgen**
- **Besluiten wanneer je een professionele trimmer inschakelt en waar je deze vindt**
- **Vervelende beestjes aanpakken**

Hoofdstuk 10
Goede lichaamsverzorging

Als het om de gezondheid van je hond gaat, is preventieve zorg beter voor je hond en voor je bankrekening. Van kop (tanden en oren) tot staart (anaalklieren) is de huidige zorg erop gericht kleine problemen aan te pakken voordat het grote problemen worden. Verzorging is een essentieel onderdeel van elk regime dat is gericht op preventieve zorg.

Ben je verbaasd? Dacht je dat lichaamsverzorging alleen voor showhonden was of de poedel van een pietlut? Dan zit je ernaast! Iemand met een komondor is veel meer tijd kwijt aan verzorging dan iemand met een labrador, doordat de lange draderige vacht van een komondor zo vreselijk moeilijk schoon te houden is. Maar lichaamsverzorging moet voor iedere hondenliefhebber een vast onderdeel van de verzorgingsroutine zijn. Door lichaamsverzorging blijft het leven van je hond aangenaam, kun je beginnende problemen herkennen, is je hond een prettigere huisgenoot en versterk je de band tussen jou en je hond. Prachtig toch?

Maar lichaamsverzorging is geen wondermiddel. Hoeveel je ook borstelt, je hond zal altijd verharen. Maar je kunt de hoeveelheid haren die op je kleding en meubelen komt wel verminderen. (Wat je er met een borstel of kam uithaalt, komt niet op plekken waar je het niet wilt.) Ook verander je er een hevig verharende hond als een Duitse herder niet mee in een nauwelijks vacht verliezende hond als een Rhodesian ridgeback. Op sommige dingen heeft alleen de natuur invloed.

De lengte van de vacht en de mate van verharen zijn punten waarmee je rekening moet houden als je een hond kiest. Lees hoofdstuk 1 voor meer informatie over hoe de vacht een rol speelt in het keuzeproces.

BELANGRIJK

Met vachtverzorging verander je een eeuwig verharende hond niet in een vachtloos wonder, maar elke keer dat je een borstel of kam pakt, is goed. Je merkt een knobbel op voordat deze dodelijk wordt, stopt huidproblemen voordat deze gaan jeuken en merkt een oorontsteking op voordat deze pijnlijk wordt en een hoge dierenartsrekening oplevert. Als je nu het aantal vlooien en teken op je hond terugdringt, dan heeft hij later minder gezondheidsproblemen. En je hond ziet er ook nog eens prachtig uit.

Lichaamsverzorging is maar een deel van de preventieve zorg, maar het is wel het deel waarvoor jij direct verantwoordelijk bent. Voor de rest, zoals inentingen en gebitsverzorging, heb je een dierenarts nodig. In hoofdstuk 11 lees je alles wat je moet weten over preventieve dierenartszorg.

Verzorgingsmiddelen kiezen

Verzorgingsmiddelen kunnen een stevige investering zijn, vooral als je met je hond aan shows wilt meedoen. Mensen die zich serieus bezighouden met hondenshows, hebben kasten vol kammen, borstels, scharen, uitdunscharen, nagelscharen, nagelvijlen, tangen en andere benodigdheden. Sommige deelnemers aan deze shows geven al een paar honderd euro uit aan scharen die er voor de meeste mensen gewoon uitzien als een hippe schaar.

Je hoeft echt niet *zo veel* geld uit te geven, maar het is wel het best meteen goed materiaal te kopen. Met een aantal goedgekozen stukken gereedschap doe je je hele leven en kun je alles doen wat je moet doen. Kies metalen kammen en borstels met stevige haren in een comfortabel houten handvat.

TIP

Goede onlineshops hebben een uitgebreide selectie verzorgingsmiddelen en natuurlijk kun je ook bij de fokker of je plaatselijke dierenspeciaalzaak om advies vragen.

Kammen en borstels

Voor de meeste honden begint de verzorgingsuitzet met een kam en een borstel. Welke je kiest, is afhankelijk van het type vacht van je hond. Als je een puppy of hond hebt gekocht bij een gerenommeerde fokker, kan hij je een specifiek type kam en borstel aanbevelen en advies geven over de vachtverzorging. Misschien krijg je zelfs een formulier met advies mee als je je puppy ophaalt. Voor kruisingen neem je de middelen die het meest geschikt zijn voor het ras waarop de vacht van je hond het meest lijkt. Vergeet niet dat dit aanbevelingen zijn om de vacht van een gewoon huisdier in goede conditie te houden. Lichaamsverzorging voor showhonden is een heel ander verhaal en kost meer toewijding en verzorgingsmiddelen. Het kan jaren duren voordat je goed hebt geleerd hoe je het lijf van een hond in showconditie krijgt en houdt. En ik kan een heel boek schrijven om het je uit te leggen. Er zijn zelfs hele boeken geschreven over de verzorging van een *enkel ras*, zoals de sheltie.

In de volgende alinea's vertel ik welke basisvachttypen er zijn en welke middelen je nodig hebt om ze in goede conditie te houden:

- **Korte, gladde vacht (labrador, mopshond, rottweiler).** Je komt er gemakkelijk vanaf. Bij deze vacht heb je genoeg aan een kam om de losse haren weg te kammen of een borstelhandschoen waar je je hand in steekt en die je over je hond haalt. Het is net aaien en honden zijn er dol op.
- **Gekrulde vacht (poedel, Portugese waterhond, zachte terriers).** Deze rassen moeten ook worden getrimd. Als je zelf wilt trimmen, heb je een instructiehandleiding en een basisset met tondeuse en opzetstukken nodig. Voor de dagelijkse verzorging kun je met een middellange metalen kam de klitten verwijderen, gevolgd door een borstelbeurt met een zogeheten 'slickerborstel'.
- **Middellange vacht (golden retriever, Australische herder).** Met een middellange metalen kam en een borstel met natuurlijk haar houd je deze vacht in uitstekende conditie.
- **Lange zijdeachtige vacht (Afghaanse windhond, Yorkshire terrier, maltezer).** Gebruik een middellange metalen kam en een borstel met natuurlijk haar om deze breekbare vacht voorzichtig te kammen en borstelen. Sommige mensen vinden dit te veel werk en laten de vacht van hun hond trimmen door een professionele trimmer.
- **Ruwharige vacht (de meeste terriers, schnauzer, ruwharige jachthonden).** Met een middellange kam en slickerborstel verwijder je het vuil. Voor shows worden sommige ruwharige honden geplukt; een tijdrovend werkje waarbij alle dode en kapotte haren uit de vacht worden

getrokken. Ruwharige jachthonden hoeven niet te worden getrimd, maar moeten wel worden geborsteld.

» **Lange en dubbele vacht (sheltie, collie, keeshond, Alaska malamute).** Voor deze vacht heb je een metalen kam met brede tanden (of colliekam), een borstel met natuurlijke haren en een ontviltingskam nodig. Deze rassen zijn ontwikkeld om te kunnen overleven in koude omstandigheden en ruien hevig. Hun vacht heeft daarom veel onderhoud nodig. Door stevig tegen de vachtrichting en tot op de huid te borstelen, voorkom je dat de wollige ondervacht volledig vervilt.

FIGUUR 10.1: Het is belangrijk om het lijf van je hond goed te verzorgen, maar je hoeft het niet te overdrijven.

Foto met dank aan Christy Waehner

Nagelknippers

Omdat sommige (oké, de meeste) honden er een hekel aan hebben als je hun nagels knipt, wordt dit onderdeel van de lichaamsverzorging het vaakst overgeslagen. Veel mensen laten het over aan de dierenarts of de trimmer of wachten zelfs tot de hond om een of andere reden onder narcose moet.

TIP

Je kunt beter elke week een stukje van de nagels knippen dan je hond te laten worstelen met zijn lange nagels. Als je lange nagels te lang negeert, kan je hond hierdoor kreupel worden. En nee, tijdens de dagelijkse wandeling slijten ze te weinig om ze kort te houden.

Er zijn drie soorten nagelknippers die veel worden gebruikt: de nageltang in guillotinestijl, de nagelschaar en de elektrische nagelvijl. De laatste is de duurste, circa 25 euro, maar is erg handig om nagels kort te houden zonder het risico te lopen in het 'leven' te knippen, wat bij nagelscharen vaak gebeurt. Als je hond lichtgekleurde nagels heeft zie je het leven duidelijk zitten. Bij donkere nagels is dit veel moeilijker en het risico dus groter. Een nagelvijl is misschien ook gemakkelijker bij een hond die een hekel aan het nagelknipritueel heeft, al kan hij schrikken van het geluid en de trilling.

Nagelscharen worden het meest gebruikt. Welk type je gebruikt, is een kwestie van voorkeur, maar beide werken goed en snel. Omdat ik nogal de neiging heb nagelscharen kwijt te raken, heb ik van beide typen een exemplaar liggen. Ik gebruik het type dat op dat moment het handigst is. Ik gebruik ook een nagelvijl.

Shampoos en conditioners

Vergeet dat oude gezegde dat je je hond maar een of twee keer per jaar moet wassen. Wie wil er nou een stinkende hond in huis?

Het klopt dat je een hond niet zo vaak hoeft te wassen als wij onszelf wassen, omdat ze niet zweten. Maar - afhankelijk van jouw hond, zijn ras, zijn voorkeuren voor zand, modder of water en zijn vacht - vies worden ze wel degelijk. Als je een hond regelmatig wast, bijvoorbeeld een keer per week, kan een hond beheersbaar worden voor veel mensen met een allergie. Bovendien is een schone hond gewoon veel prettiger voor iedereen in zijn omgeving.

BELANGRIJK

Misschien heb je weleens gehoord dat je door regelmatig wassen de natuurlijke huidvetten uit de vacht van de hond wast. Dit is tot op zekere hoogte waar. Maar als eigenaar van een paar retrievers kan ik je vertellen dat sommige rassen dan nog meer dan voldoende huidvet overhoudt. Als het nodig is, kun je na het wassen met shampoo altijd een conditioner gebruiken om weer wat oliën in de vacht aan te brengen. Een goede voeding heeft bovendien veel meer invloed op een glanzende vacht dan wassen. Was die hond dus gewoon.

Er zijn shampoos in allerlei soorten; om donkere vacht donker te houden of om andere vacht lichter te maken. Shampoos met alle mogelijke geuren, shampoos tegen vlooien, shampoos tegen jeuk. Als je hond een huidprobleem heeft, vraag dan je dierenarts om advies. Of probeer verschillende middelen tot je een product vindt dat goed werkt.

Om vlooien onder controle te houden werkt een normale shampoo bijna net als een vlooienshampoo: ze zijn geen van beide erg effectief. Als je je hond wast, met een gewone shampoo of een vlooienshampoo, is het resultaat hetzelfde: je spoelt de vlooien door de afvoer. Maar een vlooienshampoo werkt maar kort. En als je vlooien wilt bestrijden door alleen je hond te behandelen, kom je nergens. Ook de omgeving van je hond zul je onder handen moeten nemen, met een omgevingsspray en door heel regelmatig en goed te stofzuigen.

Andere leuke en noodzakelijke spulletjes

Afhankelijk van het soort hond kun je nog wat meer spullen aan je verzameling verzorgingsmiddelen toevoegen, zoals:

- **Badmat en sproeikop.** Een natte badkuip of douchecabine is glad en niets maakt een hond zo nerveus als niet stevig op alle vier de poten kunnen staan. Het ideaalst is een mat die je hele bad vult, maar in nood werkt een handdoek onder in het bad ook prima. Sommige mensen spoelen de hond af met het vuile badwater. Maar hiermee ga je voorbij aan het nut van het wassen van de hond: hem schoonmaken. Gebruik daarom een sproeikop. Er zijn speciale rubberen douchekoppen voor honden die je gewoon kunt aansluiten op de badkraan.
- **Maïzena.** Erg nuttig voor het verwijderen van vilt. Niet-klevende bakspray werkt prima bij het verwijderen van klitten. (Zie de kadertekst 'Viezigheid verwijderen' verderop in dit hoofdstuk.)
- **Wattenbollen of wattenstaafjes.** Fantastisch voor het schoonmaken van de binnenkant van de oorschelp (let op: steek nooit een wattenstaafje in de gehoorgang) en voor het wegvegen van traanstrepen, vouwen in de huid en viezigheid uit het oog.
- **Oude handdoeken.** Gooi oude handdoeken nooit weg. Zelfs met de meest verschoten, versleten en gescheurde handdoek kun je nog prima een hond afdrogen na zijn bad of zijn modderige poten afvegen na een wandeling.
- **Pincet.** Prima voor het verwijderen van oorhaar, vooral bij cocker spaniels en poedels. Voor teken gebruik je speciale tekentangen. Pincetten zijn niet echt geschikt voor het verwijderen van teken, omdat je dan in de teek knijpt, waardoor je juist risico loopt op besmetting. Met een tekentang pak je alleen het stukje waarmee de teek vastzit in de huid.

De schijn ophouden

Goede verzorging levert meer op dan alleen een mooie, lekker ruikende hond. Dat is gewoon een prettige bijkomstigheid. Met regelmatige verzorging ontspant een hond die hieraan gewend is. Het is bovendien een speciaal moment tussen jou en je hond. Een vacht zonder vilt en klitten en een huid zonder vlooien en teken is voor je hond net zo comfortabel als schone kleren voor jou: je voelt je er gewoon lekkerder in. Voor je huisdier geldt hetzelfde.

Met goed geknipte nagels kan je hond zich gemakkelijker bewegen en door oren schoon te houden en overvloedig haar te verwijderen, voorkom je oorontstekingen. En je voorkomt een beruchte bron voor een onaangename hondengeur.

Borstelen en kammen

Bij honden zorgt, net als overal in het leven, niets voor zoveel succes als overdaad. Daarom zijn de honden die tijdens hondenshows winnen altijd de honden met een uitbundige vacht. Rassen als cocker spaniels, collies en Afghaanse windhonden hebben een rijke, prachtig glanzende vacht. Bij hun oorspronkelijke doel zou dit absoluut onpraktisch zijn, maar die prachtige vacht zorgt ervoor dat ze er aan de showriem nog mooier uitzien.

FIGUUR 10.2: Goede vachtverzorging is essentieel, vooral bij honden met een lange vacht.

Foto met dank aan Marilyn en Buckley Peterson

Maar ook aan een alledaagse riem zien ze er prachtig uit. Daarom zijn deze spectaculaire rassen zo populair. Maar deze schoonheid heeft ook een prijs. Als jij hier niet voor opdraait, dan de hond wel. Denk bijvoorbeeld aan een vervilt stuk vacht, wat je zo gemakkelijk over het hoofd ziet. Heb je je haar wel eens in een paardenstaart gehad die te strak zat? Een stuk vervilte vacht voelt ongeveer net zo, alsof er steeds aan je huid wordt getrokken. Probeer je eens voor te stellen dat je dit over je hele lichaam hebt. Dan heb je een idee hoe ongemakkelijk een ongekamde vacht kan aanvoelen. Maar een ongekamde vacht kan zelfs gevaarlijk zijn voor de gezondheid, als de huid zo beschadigd raakt dat vliegen er eieren in leggen en er maden uit voortkomen. Getver!

BELANGRIJK

Je hond hoeft nooit te weten hoe vervilte vacht voelt als je hem regelmatig borstelt en kamt. Kijk hem elke dag even na en verwijder vervilting en teken (hierover later in dit hoofdstuk meer) uit zijn vacht. Borstel hem bovendien elke week een keer grondig. Voor kortharige honden is dit zo gebeurd. Haal elke dag je hand even over zijn hele lijf, borstel hem elke week een keer en klaar is Kees. Nog een voordeel van honden met een korte (en sommige rassen met een middellange) vacht: je kunt een vlooienkam gebruiken. Vlooienkammen hebben de tanden heel dicht bij elkaar staan en vangen de kleine bloedzuigers daar waar ze eten: op je hond. Met een vlooienkam kam je vanuit de huid naar buiten, beetje bij beetje. De vangst gooi je in een bak heet zeepwater. Als je klaar bent, spoel je de vlooien, waarvan de meeste dan al zijn verdronken, door het toilet. Vergeet niet dat je een vlooienprobleem niet oplost met alleen het kammen van je hond. Zie de paragraaf over vlooien elders in dit hoofdstuk voor een compleet antivlooienprogramma.

Voor andere rassen kost de vachtverzorging wat meer werk. Rassen met een langharige, dubbele vacht, zoals collies, chowchows, keeshonden en Alaska malamutes hebben een donzige ondervacht die als een dikke viltkoek tegen de huid kan gaan zitten als je hier niets tegen doet. Om dit te voorkomen verdeel je de vacht in kleinere plukken en kam je (met een grove kam) tegen de haren in naar buiten. Werk de vacht van kop naar staart stukje bij beetje af. In het voor- en najaar (de tijd van de grote verharing) heb je na afloop voldoende van die wollige ondervacht om een hele nieuwe hond van een jas te voorzien. Blijf kammen en denk aan de voordelen: de vacht die je met een kam verwijdert, komt niet op je meubelen. Ook blijft je hond zonder die oude jas in de zomer koeler en kan er nieuwe isolatie groeien voor de winter.

TIP

Als je het deel waar je aan het borstelen bent met een plantenspuit een beetje nat maakt, ga je gemakkelijker door de vacht en voorkom je dat je de langere topharen breekt.

PAS OP

Scheer je langharige hond niet kaal voor de zomer. Waarom zou je je prachtige hond een half jaar zo lelijk maken? Honden met een dubbele vacht hebben in de zomer veel minder vacht dan in de winter; het grootste deel van de ondervacht laten ze in het voorjaar vallen. Als je wat overblijft goed schoon houdt en borstelt, is dit een goede isolatie tegen warmte en tegen kou. Honden die het meest last hebben van de zomer zijn, ironisch genoeg, kortharige honden: honden met een korte neus, zoals boxers en mopshonden, en honden met een zwarte vacht, zoals rottweilers en sommige dobermanns. Als je zo'n hond hebt, let er dan extra goed op dat je hem bij warm weer koel houdt. Als de langharige vacht van je hond helemaal vervilt is, heb je geen andere keuze dan kortwieken, maar scheer je hond niet helemaal kaal tot op de huid.

Honden met een zijdeachtige vacht, zoals Afghaanse windhonden, cocker spaniels en maltezers moeten ook regelmatig worden gekamd om klitten te voorkomen. Kam net als bij honden met een dubbele vacht steeds kleine stukjes per keer, vanuit de huid naar buiten en borstel uiteindelijk alles netjes terug voor een glanzende vacht. Doordat dit type vacht zoveel aandacht nodig heeft, kan het praktisch zijn om de vacht van de hond halflang te laten trimmen door een professionele trimmer.

Krullende en ruwharige vacht, zoals van poedels en terriers, moet elke week worden gekamd. Ook hier kam je tegen de richting in en daarna nog een keer met de vacht mee. Een krullende vacht moet elke zes weken worden getrimd, een ruwharige vacht twee tot drie keer per jaar. Al ziet je terrier er wel veel krachtiger uit als je hem elke zes weken laat trimmen.

Het is niet zo heel erg moeilijk om te leren hoe je je eigen hond kunt trimmen. Je moet er alleen mee kunnen leven dat het kapsel van je hond in het begin niet altijd even geslaagd is. Hondentondeuses zijn bij de dierenspeciaalzaak en in onlineshops eenvoudig verkrijgbaar. Deze sets bevatten basisinstructies die je helpen je huisdier netjes geschoren te houden.

TECHNISCHE INFO

Als je terrier er na een bezoekje aan de trimmer niet uitziet als een showhond, is daarvoor een reden: plukken. De meeste terriervachten komen pas in showstaat als al het dode haar er met de hand en een speciale borstel uit wordt getrokken. In plaats daarvan trimmen de meeste trimmers de hond. De terrier ziet er dan ook keurig uit, maar niet zo 'correct' (in showstaat) als na een plukbeurt. Trimmen is een praktisch compromis voor ruwharige honden met de taakomschrijving 'huisdier'.

TIP

Na elke kambeurt moet je je hond nog even goed aaien. Zo heeft de hond een prettige laatste indruk van de vachtverzorging.

Je hond wassen

Hoe komt het toch dat vanaf het moment dat de eerste druppels uit de kraan komen en vanaf de seconde dat je de shampoofles pakt, je hond zich een weg zoekt naar het donkerste, verste hoekje in huis? De hond die jou niet hoort als je tegen hem roept dat hij van de bank moet verdwijnen, verstaat je prima als je fluistert: 'Volgens mij moet de hond in bad.'

Net als de meeste honden kan jouw hond prima leven in een omgeving die naar hond ruikt. Water is om te drinken of om in te zwemmen en er hoort geen zeep in. Jammer dan. Wij bepalen de regels en wij vinden hondengeur stinken.

BELANGRIJK

Was je hond niet vaker dan nodig is. Heb je een stinkerdje dat regelmatig in bad moet? Gebruik dan een hoogwaardige shampoo en een conditioner om de vacht te verzorgen en wat olie aan te brengen ter vervanging van het huidvet dat je door het wassen verwijdert. Nog een voordeel van wassen: mocht je hond vlooien hebben dan spoel je het merendeel meteen door het afvoerputje.

Borstel je hond voordat je hem wast. Klitten en vervilte plekken kun je lastiger verwijderen als ze nat zijn. Dan zul je moeten wachten tot je hond droog is of je moet de klitten er met de hand uit knippen. Laat je hond nog even met rust terwijl jij shampoo en handdoeken binnen handbereik klaarzet in de badkamer. Je wilt niet moeten reiken naar de shampoo terwijl je uit alle macht probeert een spartelende hond in bad te houden.

MASSAGE VOOR EEN HUISDIER? JAZEKER!

TIP

Een extra leuke manier om de huidverzorging af te sluiten, is met een massage. Nee, niet voor jou, maar voor je hond. Ferme, zachte druk over het lichaam kan vooral voor oudere honden zeer welkom zijn. Let wel: een onervaren hondenmasseur kan een oude hond met bijvoorbeeld artrose pijn doen. Masseer dus met beleid: niet te hard!

In de afgelopen jaren zijn massagetechnieken voor mensen aangepast voor gebruik op huisdieren. Er zijn voldoende boeken en video's te vinden waarmee je dit kunt leren. Je hond gaat hierdoor alleen maar meer van je houden.

VIEZIGHEID VERWIJDEREN

TIP

Veel zaken waar honden zich in begeven of die op een hondenvacht terecht kunnen komen,, moeten worden weggeknipt. Maar probeer eerst een van de volgende trucjes voordat je de schaar pakt:

- **Klitten:** spuit een beetje bakspray op de klit en probeer met je vingers voorzichtig de klit uit de nu gladdere vacht te werken.
- **Viltplekken:** strooi maïzena over het gebied, haal een scherpe schaar door de onderkant van het vilt en snijd deze een paar keer doormidden. Als je geduldig (en vooral ook heel erg voorzichtig!) bent, kun je de vacht met je vingers loswerken. Kam vervolgens met een kam met brede tanden om vuil en dode haren te verwijderen die het probleem hebben veroorzaakt. Er zijn speciale klittenkammen te koop waarmee je vilt vrij gemakkelijk kunt 'wegsnijden'. Let wel: als de vervilte plekken dusdanig overtallig zijn dat de hond pijn heeft, zit er niets anders op dan wegscheren. Om nog meer leed te voorkomen is het raadzaam dat door een hondentrimmer te laten doen, die is er vast handiger in dan jij.
- **Vlooien:** met een vlooienkam haal je deze wel uit de vacht van je hond. Maar als je geen grootschalig antivlooienprogramma opzet, kom je er niet vanaf. Verderop in dit hoofdstuk lees je meer over vlooien.
- **Teken:** gebruik een tekentang of pincet, pak het lichaam (of beter nog, net voor de kop) beet en draai de teek voorzichtig los. Verderop in dit hoofdstuk vertel ik meer over teken. Als je geen tekentang hebt, kun je een teek ook voorzichtig met je vingers verwijderen. Let dan op dat je niet te hard in de parasiet knijpt en verwijder de teek met een draaiende beweging. Daarna even goed je handen wassen.
- **Verf of teer:** gebruik nooit oplosmiddelen om verf of teer te verwijderen. Hiermee irriteer je de huid van de hond, deze middelen zijn giftig en ontvlambaar. Knip in plaats daarvan de vuile vacht weg.
- **Kauwgom of andere plakkerige troep:** je kunt met wat pindakaas proberen de vacht wat gladder te maken om de kauwgom eraf te schuiven, maar dit is niet gemakkelijk. Meestal is knippen de enige oplossing.

Een hond met een vacht vol klitten, vervilte plekken of gedroogde verf of teer kun je het best meenemen naar een trimmer en laten tonderen. Deze oplossing is niet alleen het gemakkelijkst voor jullie allebei, maar geeft ook een mooier resultaat dan een vacht waaruit allemaal plukken zijn geknipt. Maak je geen zorgen, de vacht groeit sneller aan dan je denkt.

Honden hebben hele goede oren en sommige raken in paniek als ze het bad horen vollopen en weten dat het voor hem of haar is. Als het bad vol genoeg is (het water zou ongeveer tot de knieën moeten komen), draai je de kraan dicht en laat je het water even voor wat het is terwijl je de hond voorbereidt op de grote duik. Je kunt je hond natuurlijk ook prima onder de douche wassen. Vaak is het dan het handigst om samen onder de douche te gaan, anders zou het best kunnen dat jouw kleding na het wassen net zo nat is als de hond.

Een kleinere hond kan prima in een grote teil of de gootsteen. En wat dacht je van een buitenbad – in de zomer? Vaak is het dan het handigst om samen onder de douche te gaan, anders zou het best kunnen dat na het wassen, jouw kleding net zo nat is als de hond Honden worden al generaties lang buiten afgespoeld zonder kwalijke gevolgen. Maar warm water is wel vriendelijker, zeker voor oudere honden met reuma.

TECHNISCHE INFO

VUILE KARWEITJES: DE ANAALKLIEREN SCHOONMAKEN

Veel hondeneigenaars weten tot hun grote vreugde niets van de anaalklieren: twee kleine, lastige organen die vloeistof produceren met de unieke geur waaraan honden elkaar herkennen (de anaalklieren zijn een van de redenen waarom honden aan elkaars achterkant snuffelen als ze elkaar tegenkomen). Van deze onwetendheid worden honden minder blij. *Als een van deze klieren, of vloeistofzakjes, ontstoken raakt, moet je met je hond naar de dierenarts.*

Deze problemen kun je het best voorkomen door elke keer voordat je je hond wast de anaalzakjes leeg te maken. De minst vieze manier is door het gebied en je hand in te smeren met een sopje. Dan plaats je je duim en wijsvinger net buiten de klieren, net onder de huid aan beide kanten van de anus. Je voelt dan twee kleine bobbeltjes net onder de huid. Knijp je vingers rustig naar elkaar. Als dank voor je moeite komt er een smerig goedje uit. Smeer nog een paar keer in met zeep en spoel af om alles schoon te maken.

Als de hond gaat piepen als je de klieren aanraakt, of als het gebied opgezwollen is, bel je de dierenarts. Als je er te erg van walgt de anaalklieren te moeten leeg maken, kun je dit natuurlijk altijd door je dierenarts of trimmer laten doen.

Wees niet te zuinig met liefkozingen en aanmoedigingen terwijl je je hond naar de badkamerdeur lokt. Ik heb gemerkt dat je als je met honden werkt met een positieve houding veel bereikt, maar met een negatieve houding nog veel meer, maar dan wel precies het tegendeel van wat je wilt. Als je hond weet wat voor een hekel jij eraan hebt hem in bad te stoppen, hoe kan hij dan positief (of op zijn minst neutraal) tegen het hele circus aankijken? Blijf opgewekt en bespaar niet op de complimentjes. Vergeet ook niet om hem na het wassen uitgebreid te belonen.

Maak als eerste met shampoo een schuimring rond de nek. Werk daarvandaan naar voren en naar achteren. Vergeet ook niet tussen de tenen van je hond te soppen. Maak eventueel de anaalzakjes leeg (zie de kadertekst ‘Vuile karweitjes: de anaalklieren schoonmaken’) en maak het hele gebied goed schoon met sop. Spoel daarna goed af en herhaal het hele proces als dit nodig is voordat je een conditioner aanbrengt. Til dan je hond uit het bad en hang losjes een handdoek over hem heen terwijl hij zich uitschudt. Je hond kan meer water afschudden dan jij met een handdoek kunt afdrogen. Laat hem dus lekker zijn gang gaan en wrijf hem droog als hij klaar is.

TIP

Een van de redenen waarom mensen hun hond niet graag wassen, is dat het vaak zo’n zooi wordt. Hoe goed je hond ook is opgevoed en hoe snel je ook bent met de handdoek, je hond is altijd sneller met schudden en spettert zo je hele badkamer nat. Er zijn bedrijven die ruimte aanbieden waar je je hond kunt wassen. Ze hebben baden met water (het bad vaak op hoogte en het water warm) en verkopen zeep en verhuren handdoeken als je zelf niets meebrengt. Er zijn zelfs dierenspeciaalzaken met een speciale ‘hondenwasstraat’, waar je je hond tegen betaling kunt wassen. Je wandelt naar buiten met je schone hond en laat de rommel voor wat het is.

Als het koud is, houd je je hond binnen totdat hij droog is. Zorg er vooral bij jonge en oude honden voor dat je een deken of een plekje bij de kachel hebt om ervoor te zorgen dat ze lekker doorwarmen terwijl ze drogen. Je kunt dit versnellen met een föhn, maar de meeste honden hebben dit liever niet.

Als je je hond binnen houdt terwijl hij droogt, blijft hij langer schoon. En dat is voor jullie allebei een mooi extraatje.

Teennagels knippen

Veel hondeneigenaars mijden het knippen van teennagels (al heeft dit een andere reden dan het mijden van het leegmaken van de anaalzakjes). Het knippen van teennagels is een karweitje dat niet zonder risico is: je kunt namelijk in het zogenoemde leven knippen (zie hierna). Bij veel honden slijten de teennagels automatisch af door het lopen, maar er zijn ook honden die hulp nodig hebben bij het inkorten van hun nagels. Veel mensen laten de nagels van hun hond knippen door de dierenarts of trimmer. Maar als je deze net zo vaak bezoekt als veel andere hondeneigenaars, worden de nagels van je hond niet vaak genoeg geknipt. Met lange nagels kan het voor een hond ongemakkelijk worden om te lopen. Daarom is het goed om regelmatig een kritische blik te werpen op de nagels van je hond. Als je hond staat, mogen de nagels net de grond raken. Als de nagels zo lang zijn dat ze de teentjes omhoog duwen, zijn de nagels te lang.

Het probleem met nagels is dat in elke nagel een bloedvat zit, dit noemen we 'het leven'. Je moet net na dit bloedvat knippen. Als je het bloedvat raakt, gaat de nagel bloeden en doe je de hond lelijk pijn. Als je per ongeluk in het leven knipt, kan het handig zijn om een bloedstopper bij de hand te hebben voordat je gaat knippen. In de meeste gevallen echter stopt de bloeding vanzelf. Als je hond lichtgekleurde teennagels heeft, is het roze gedeelte het bloedvat.

TIP

Zwarte nagels zijn lastiger, maar je kunt het bloedvat zien door een zaklamp achter de nagel te houden. Als je het bloedvat niet kunt zien, knip dan steeds een heel klein stukje nagel af.

Als de nagels van je hond zo lang zijn dat hij zijn poot niet meer goed kan neerzetten, kun je de nagels op twee manieren inkorten tot de juiste lengte. Als eerste kun je ze elke dag een stukje inkorten. Het leven trekt zich dan langzaam terug. De tweede manier is door de dierenarts of hondentrimmer de nagels te laten inkorten. Als de nagels van voor- en achterpoten weer de juiste lengte hebben, kun je ze met een wekelijkse snelle knipbeurt kort houden.

BELANGRIJK

Wat je ook doet, negeer lange nagels niet. Lange nagels zijn een van de meest verwaarloosde onderdelen van de basisverzorging van een hond. Als je lange nagels bij je hond negeert, veroorzaak je onnodig ongemak bij je hond.

Als je hond veel stampij maakt als je zijn nagels wilt knippen, werk hier dan langzaam naartoe door eerst zijn poten, dan zijn tenen en tot slot zijn nagels aan te raken. Beloon hem voortdurend als hij netjes stil blijft staan. Als hij eraan is gewend dat je zijn poten aanraakt en beetpakt, houd je de schaar of vijl tegen zijn nagels en beloon je hem weer. Knip of vijl er vervolgens een beetje af, enzovoort. En blijf steeds belonen. Dit kan een paar weken duren als je elke avond oefent. Maar als je geduldig, consequent en volhardend bent, kom je er wel.

Niet alle honden hebben een *hubertusklauw*, ook wel wolfsklauw genoemd, de loshangende teen aan de binnenkant van de achterpoot. Voor honden die deze teen wel hebben, kunnen verwaarloosde nagels een probleem zijn. Ze blijven hangen aan zaken als bekleding, waardoor de teen deels van de poot kan scheuren. Daarom laten sommige mensen ze verwijderen. Ook voor de hubertusklauw is het belangrijk om de nagel kort te houden. Als de hubertusklauwen bij jouw hond voortdurend problemen geven, kun je aan je dierenarts vragen of hij ze kan verwijderen.

TIP

Een andere manier om het grote nagelworsteldrama te omzeilen is met de aloude pindakaastruc van Karen Peterson. Haar flat-coated retriever Ciro heeft een hekel aan nagelknippen, maar is dol op pindakaas. Peterson smeert een stevige lik pindakaas op de deur van haar koelkast, op neushoogte voor Ciro. En terwijl de hond de deur schoonlikt, knipt zij zijn nagels.

Vlooien de baas blijven

Volgens de experts werd de eerste band met onze huisdieren gevormd via eten. Wij hadden meer dan zij en zij dachten dat we het wel zouden delen als ze lief voor ons waren. Maar ik heb een alternatieve theorie. Noem het de *achterwerktheorie*.

Kijk maar wat je hiervan vindt. De voorouders van onze honden dachten dat onze voorouders de enigen waren die op die vervelende jeukplekken konden krabbelen waar ze zelf niet bij konden. Zoals het achterwerk. Het is vast geen toeval dat vlooien het liefst daar gaan zitten waar honden zelf niet goed bij kunnen. Zoals net boven de staart. Zelfs de meest doordringende aandacht van de scherpste mensennagels geeft maar kort wat verlichting tijdens een vlooienplaag.

Gelukkig zijn er de afgelopen jaren veiligere en effectievere middelen op de markt gekomen om vlooien onder controle te houden. Veiliger, omdat nieuwere producten de voortplantingscyclus van vlooien doorbreken zonder dat ze schadelijke stoffen voor hond (of mens) bevatten. Effectiever omdat deze producten erop zijn gericht te voorkomen dat vlooien het volwassen stadium bereiken, waarin ze gaan bijten.

PAS OP

Vlooien kunnen veel ellende opleveren, om nog maar te zwijgen van de eigenaar die naar het eindeloze gekrab moet luisteren. En wat dacht je van een vlooienplaag in huis? Sommige honden zijn zo allergisch voor vlooienbeten dat ze zichzelf compleet kapot krabben om de jeuk te stoppen. En zelfs honden die minder gevoelig zijn, kunnen vieze wonden maken, ook wel *hotspots* genoemd, die direct door dierenarts moeten worden behandeld.

Het goede nieuws: vlooienproblemen kunnen voorkomen en verholpen worden. Bijvoorbeeld met een spot-on vlooienbestrijdingsmiddel. Je hebt maar een paar druppels per maand nodig. Daarnaast zijn er prima werkende vlooienbanden, middelen die ervoor zorgen dat vlooien zich niet meer voortplanten en sprays die de vlooien op je hond of in zijn omgeving doden. Vraag je dierenarts of je dierenspeciaalzaak naar een effectief middel tegen vlooien. En let op: Als je hond vlooien heeft, zitten die ook in zijn mand, jouw vloerbedekking en waarschijnlijk ook in jouw bankstel en je bed (als hij daar mag liggen). Wanneer je de vlooien in de omgeving van je hond niet bestrijdt (met een goede omgevingsspray en heel goed stofzuigen) krijg je het vlooienprobleem NIET onder controle. Larven en poppen die in je huis aanwezig zijn, zullen voor problemen blijven zorgen als je ze niet bestrijdt.

Zijn er natuurlijke alternatieven? Elektronische vlooienbanden en verschillende voedingssupplementen, zoals knoflook, biergist en vitamine B worden wel aangeraden om vlooien te bestrijden. Maar dat geld kun je beter in je zak houden. Sommige hondeneigenaren zweren hierbij, maar er is geen enkel wetenschappelijk bewijs dat deze middelen effectief zijn. De beste remedie tegen vlooien heb je al in huis: je wasmachine en stofzuiger. Als je regelmatig de deken in de hondenmand wast en het gebied zuigt waar je huisdier slaapt en vooral je hond wekelijks controleert op vlooien, houd je de vlooienpopulatie al grotendeels in bedwang.

Teken de baas blijven

Teken werden altijd al beschouwd als vies en vervelend. Maar sinds de ontdekking van de ziekte van Lyme, die zowel honden als mensen kan treffen, maakt men zich er oprecht zorgen om.

Standaard bestrijdingsmiddelen zoals banden die werken tegen vlooien en teken en spot-ons (vloeistof die je op de huid aanbrengt) hebben effect op teken. Toch moet je deze beestjes waarschijnlijk nog van je hond plukken als je de natuur in gaat.

PAS OP

Gebruik om teken te verwijderen bij voorkeur een tekentang of tekenpincet. Pak het lijf stevig vast en trek de teek met een vloeiende beweging van het lijf. Wikkel de teek in een stukje keukenrol of toiletpapier en spoel hem door het toilet. Ook kun je hem in een stukje plakband plakken en weggooien. Het is echt geen ramp als er een stukje van de tekenkop in je hond blijft zitten. Dit komt er na verloop van tijd wel uit. Ontsmet de plek met wat ontsmettingsmiddel om infecties te voorkomen. Als de ziekte van Lyme in jouw omgeving voorkomt, overleg dan met je dierenarts over een vaccinatie. En heel belangrijk: controleer niet alleen je hond, maar ook jezelf na elke warme wandeling in de natuur op teken.

Speciale zorg voor speciale oren

Het maakt niet uit wat voor hond je hebt, maar als die van jou flaporen heeft, is het erg belangrijk dat je elke week de oren van je hond even optilt en stevig snuffelt.

Waarop controleer je dan? Dat is moeilijk te omschrijven, maar de kans is groot dat je het weet zodra je het ruikt. Een oorontsteking kun je bij een hond goed ruiken. Een hoop rommel in zijn oor is ook wel een teken aan de wand.

Het kan lastig zijn om oorontstekingen uit te bannen. Je hebt hiervoor de hulp van je dierenarts en veel geduld nodig. Lees hoofdstuk 12 voor meer informatie over oorproblemen.

Als de oren van je hond er goed uitzien en niet stinken, kun je dat zo houden door ze regelmatig te verzorgen. Alle honden profiteren ervan als je de binnenkant van hun oorschelp schoonmaakt met ontsmettingsmiddel of een nolvasanoplossing (verkrijgbaar bij je dierenarts) op een wattenstaafje. Nolvasan, of soortgelijke producten, kun je ook prima gebruiken om de gehoorgang schoon te maken. Doe de vloeistof in het oor van je hond en masseer de basis, tegen de kop aan, om vuil los te maken. Laat je hond zijn kop even goed schudden en dep het oor en de oorschelp schoon. Doe hetzelfde met het andere oor.

Net als bij het knippen van hondennagels, kun je de oren misschien het best met twee personen schoonmaken: de een houdt de hond vast, de ander brengt de vloeistof aan. Als je voorzichtig en geduldig bent, kun je je hond laten wennen aan een regelmatige oorbehandeling.

TECHNISCHE INFO

HONDENADEM

Een vieze adem onder controle houden, is een kwestie van lichaamsverzorging en dierenartszorg. Tandreiniging en tandsteenverwijdering vormen een belangrijk onderdeel van preventieve medische zorg (zie hiervoor ook hoofdstuk 11).

Maar tussen de dierenartsafspraken door moet je als hondeneigenaar zelf ook de tanden van je hond schoon (kunnen) houden.

Door de opbouw van plak op tanden trekt het tandvlees terug. Hierdoor ontstaan ruimtes bij de wortel van de tanden die een waar paradijs vormen voor bacteriële infecties. Als je deze infecties negeert, kan dit leiden tot het verlies van tanden. Hierdoor wordt eten voor de hond pijnlijk en wordt het immuunsysteem van de hond aangetast. Dit heeft negatieve gevolgen voor de ingewanden, met ziekte en vroegtijdige veroudering tot gevolg. Sommige hondeneigenaars pakken het probleem aan met middeltjes die helpen tegen de vieze adem, maar die de onderliggende oorzaak niet aanpakken.

Sommige trimmers en hondeneigenaars verwijderen tandplak zelf, maar hiermee wordt het probleem bij de wortel niet aangepakt. Tandreinigende snacks en het eten van harde hondenbrokken kunnen ervoor zorgen dat vuil van de tanden geschraapt wordt. Als je daarnaast regelmatig de tanden van je hond poetst met een tandenborstel en tandpasta voor honden, voorkom je plakvorming en kun je voorkomen dat de dierenarts de tanden van je hond moet reinigen.

Net als met nagelknippen kun je je hond er het best in kleine stapjes aan laten wennen dat je zijn tanden poetst. Hier komt natuurlijk ook weer veel geduld en beloning bij kijken.

Controleer wekelijks de oren van je hond en maak de oorschelp goed schoon. Als je hond graag zwemt, raad ik je aan de oren na elke zwembeurt schoon te maken. Ook honden krijgen zwemmersoren!

PAS OP

Als de oren van je hond vol smeer en troep zitten, gevoelig zijn of stinken, moet je ermee naar de dierenarts voor een behandeling. Sommige rassen lijken wel standaard een oorontsteking te hebben. Vooral cocker spaniels en poedels hebben hier last van, maar elke hond met flaporen loopt een risico. Overtollig haar uit de gehoorgang verwijderen, lijkt wel te helpen. Toch doen veel hondeneigenaars dit liever niet, omdat het pijn doet. Vraag het anders aan je dierenarts of trimmer.

Doe niet lichtzinnig over oorverzorging en negeer het zeker niet helemaal. Oorontstekingen kunnen voor je hond heel veel ongemak veroorzaken.

IN DIT HOOFDSTUK

- Een gezondheidsschema volgen voor puppy's
- De juiste dierenarts vinden
- Begrijpen wat normaal is voor je hond
- Een noodgeval herkennen

Hoofdstuk 11

Preventieve gezondheidszorg

Als het om de gezondheid van je hond gaat, is er één persoon die de grootste invloed heeft op hoe lang en gezond je hond leeft. Wie denk je dat dit is?

Je dierenarts? Goede gok, maar niet helemaal goed.

Vergis je niet: dierenartszorg is essentieel voor het welzijn van je hond. Je hebt een vakkundige dierenarts nodig, die van dieren houdt en alle ontwikkelingen in de diergeneeskunde bijhoudt. Je hebt iemand nodig die niet bang is voor je hond en bij wie jij je voldoende op je gemak voelt om alle vragen te stellen die je moet stellen.

Als de belangrijkste persoon voor de gezondheid van je hond niet de dierenarts is, wie is het dan wel? Heel eenvoudig: jij.

BELANGRIJK

Jij bent degene die de hond elke dag ziet, hem voert, hem beweging geeft en zijn ontlasting opruimt. Jij bent degene die weet waar hij graag slaapt en hoe vriendelijk hij is naar andere dieren en naar mensen toe. Jij kent als geen ander zijn blaf, weet welk speelgoed hij het liefst heeft en welke speciale spelletjes alleen jullie tweeën kennen.

Maar bovenal ben jij degene die het merkt als er aan je hond iets anders dan anders is. Jouw observatievermogen houdt hem gezond en redt hem misschien wel het leven.

Maar je moet meer doen dan hem goed in de gaten houden. Bij jouw rol in het gezond houden van je hond hoort ook preventieve zorg. En natuurlijk de belangrijke taak van de juiste dierenarts te kiezen. Dat laatste is essentieel; ook al kun jij zelf de belangrijkste bijdrage leveren om je hond gezond te houden, je hebt hierbij een partner en die partner is je dierenarts. Voor het welzijn van je hond is het essentieel dat je de juiste dierenarts kiest, voor jou en je hond, en dat je leert hoe je efficiënt met hem en zijn personeel kunt werken.

Een ander onderdeel van de preventieve zorg bestaat uit een goede lichaamsverzorging van en goede voeding voor je hond. Lichaamsverzorging heeft meer om het lijf dan alleen een knap uiterlijk; het is een onderdeel van de preventieve gezondheidszorg voor je hond. Lees hoofdstuk 10 voor de juiste hulpmiddelen en technieken om de vacht en nagels van je hond in goede conditie te houden. In hoofdstuk 7 lees je de ins en out over goede voeding.

Een dierenarts kiezen

Als je een gezond huisdier wilt, heb je de hulp van een dierenarts nodig. Veel mensen denken dat er weinig verschil tussen dierenartsen zit of het moeten de tarieven zijn die ze rekenen. Ik heb altijd geloofd dat je je huisdier tekortdoet als je geen moeite doet om de juiste dierenarts te kiezen.

Als je efficiënt met je dierenarts wilt samenwerken, moet je in de loop van de tijd een relatie met hem (of haar) ontwikkelen, zodat hij een medische geschiedenis van je hond kan opbouwen en jou en je hond goed leert kennen. Groepspraktijken zijn fantastisch: twee, drie, vier of nog meer hoofden weten meer dan één als je hond ziek is en de diagnose niet meteen duidelijk is. Wel is het verstandig om binnen een groepspraktijk vooral met één dierenarts samen te werken als primaire zorgverlener voor je hond.

TIP

MOET JE HOND EEN ZIEKTEKOSTEN-VERZEKERING HEBBEN?

Geld hangt altijd als een donkere diergeneeskundige wolk boven elk voorstel van een dierenarts en elke beslissing waarover een klant nadenkt. Een manier om deze donkere wolk wat lichter te maken, is via een ziektekostenverzekering voor je hond.

Een verzekering dekt geen bestaande aandoeningen en de eisen en vergoedingen kunnen per aanbieder erg verschillen. Neem de tijd om verschillende huisdieren-verzekeringen te vergelijken. Sommige aanbieders vergoeden slechts een aantal basisbehandelingen, maar er zijn ook verzekeraars die bijvoorbeeld behandelingen tegen kanker of kostbare operaties vergoeden. Een verzekering kan het verschil betekenen tussen leven en dood voor een huisdier.

De premie die je maandelijks kwijt bent is afhankelijk van onder andere de leeftijd van je dier. Als je dier onverhoopt ernstig ziek wordt of gewond raakt, kan dit je veel geld schelen. Praat eens met je dierenarts over verzekeringen die de pijn van een dergelijk drama wat kunnen verzachten.

Je dierenarts moet ter zake kundig zijn, op de hoogte zijn van de recentste behandelingen en bereid zijn om meer informatie op te zoeken voor jouw huisdier of samen te werken met een specialist. Hij moet zich goed kunnen uiten, kunnen uitleggen wat er met je hond aan de hand is op een manier dat je het goed begrijpt en bereid zijn je vragen te beantwoorden, zodat je een verantwoorde keuze kunt maken voor je huisdier. Maar bovenal moet je je dierenarts vertrouwen. Je kunt immers niet weten wat er bij de dierenarts gebeurt als je je huisdier daar achterlaat.

TIP

Als er dingen zijn waarover je je zorgen maakt, praat hier dan over met je dierenarts. Hij zal je met plezier rondleiden en je precies laten zien hoe en waar je hond wordt ondergebracht als je hem in een kliniek achterlaat. Heb er begrip voor als je hiervoor een afspraak moet maken. Het kan er in een dierenkliniek net zo hectisch aan toegaan als je op de televisie bij eerstehulpafdelingen van ziekenhuizen wel ziet. Op het moment dat je vraagt om een rondleiding, komt dit misschien niet goed uit.

TIP

Voordat je een dierenarts kiest, vraag je vrienden, collega's en buren om aanbevelingen. Dierenliefhebbers kunnen je na een aantal jaar wel vertellen welke dierenartsen voldoende kennis hebben, gepassioneerd zijn en hard werken. Deze dierenartsen worden altijd opgehemeld door tevreden cliënten. Maar er zijn meer factoren die je kunnen helpen je lijstje met kanshebbers in te korten:

» **Is de kliniek of het ziekenhuis gemakkelijk te bereiken, met openingstijden waarmee je kunt leven?** Als je een 9-tot-5-baan hebt, heeft je huisdier niet zoveel aan een dierenarts die maar van 9 tot 5 uur open is. Veel dierenartsen hebben minstens één avondspreekuur en er zijn er die ook op zaterdag open zijn of bereid zijn om op afspraak buiten hun normale werktijden te helpen.

» **Wat voor spoedeisende hulp is er beschikbaar?** Als je in geval van nood met je dier bij een dierenkliniek of vervangende dierenarts voor spoedeisende hulp komt, is deze voorbereid op noodgevallen. Maar ze kennen je huisdier niet. Als je eigen dierenartspraktijk niet 24 uur per dag hulp kan bieden, wordt er dan samengewerkt met een praktijk waar dit wel gebeurt?

» **Heb je een goede verstandhouding met deze persoon? Durf je vragen te stellen? Over tarieven te praten?** De uiteindelijke beslissing of een dierenarts voor jou de juiste keuze is, maak je op basis van ongrijpbare zaken. Als je je niet op je gemak voelt, is de kans kleiner dat je je dierenarts vragen stelt. Een gebrek aan communicatie kan op de lange termijn schadelijk zijn voor je hond.

Samenwerken met je dierenarts

Soms lijkt de zoektocht naar wat er mis is met een ziek huisdier een beetje op het binnenlopen van een bioscoopzaal een half uur nadat de film is begonnen. Je hebt een moment geen idee waarover het verhaal gaat en weinig kans de uitkomst goed te voorspellen. Maar na een paar scenes begin je te begrijpen wat er aan de hand is. Vaak krijgt de dierenarts alleen die eerste glimp. De cliënt wil een antwoord, een injectie of een pil zodat zijn dier beter wordt. Hij wil dat het probleem wordt opgelost en wel nu meteen.

Hoewel de cliënt ook graag onmiddellijk een oplossing wil voor zijn eigen gezondheidsprobleem, is hij gelaten genoeg om 'ja' te zeggen op diagnostische tests om het juiste antwoord te vinden. Zolang de ziektekostenverzekering de rekening maar oppakt. Kun je je de aanklachten voor nalatigheid al voorstellen die een arts om zijn oren zou krijgen als hij niet eerst via testen zou proberen een goede diagnose te stellen?

TECHNISCHE INFO

TRADITIONELE VERSUS ALTERNATIEVE GENEESKUNDE

Alternatieve geneeskunde is erg populair in de menselijke geneeskunde. Het zal je niet verbazen dat dit ook in de diergeneeskunde het geval is. De groei van alternatieve geneeskunde is deels een reactie op de hightech, onpersoonlijke (en dure) zorg, waarin vaak meer interesse lijkt te zijn voor de ziekte dan voor de patiënt. Maar het is ook deels een teruggrijpen op de basisbeginselen van degelijke preventieve zorg. Alternatieve geneeskunde omvat veel behandelingsmogelijkheden, variërend van acupunctuur tot chiropractie en van homeopathie tot magneettherapie.

In de holistische geneeskunde wordt de hele patiënt onder de loep genomen, niet alleen de ziekte. De traditionele geneeskunde doet het over het algemeen beter bij acute ziekten, zoals bacteriële infecties, of trauma, zoals een gebroken been. De alternatieve geneeskunde helpt in sommige gevallen (en in de ogen van sommige mensen) bij chronische aandoeningen die kunnen worden genezen door de conditie van het hele lichaam te verbeteren.

Sommige traditioneel opgeleide dierenartsen accepteren elementen van alternatieve zorg als aanvulling op de traditionele geneeskunde. Mijn persoonlijke advies is: zoek een dierenarts die openstaat voor het gebruik van alternatieve benaderingen voor problemen die niet reageren op traditionele behandelingen. Ik ben niet zo dol op dierenartsen die de alternatieve geluiden zo enthousiast omarmen dat het meer op een geloof gaat lijken dan op medische aanbevelingen. Het is voor elke dierenarts goed om open te staan voor andere ideeën, ongeacht aan welke kant hij of zij staat.

Als je meer wilt weten over alternatieve diergeneeskunde, is hierover op internet veel te vinden. Maar er zijn inmiddels ook veel Nederlandse en Belgische dierenartsen die een alternatieve benadering aanbieden. Neem voor meer informatie eens contact op met een dierenarts bij jou in de buurt.

Is het niet vreemd dat een arts die geen diagnostische tests wil aanbevelen en een dierenarts die dit wel wil vaak door hun cliënten worden bekritiseerd? Wat is het verschil? Vaak is dat geld.

De cliënt draait bijna altijd op voor de dierenartsbehandelingen. En hoewel dierenartskosten slechts een fractie zijn van een vergelijkbare behandeling in de menselijke geneeskunde, is het toch geen geruststelling als je honderden euro's van je zuur verdiende geld moet uitgeven. Het is niet zo vreemd dat je je dan afvraagt of alle onderzoeken waarmee je voor je huisdier akkoord bent gegaan echt wel nodig zijn.

Jij en je dierenarts zitten in hetzelfde team (dit zou in ieder geval zo moeten zijn). Jullie werken er samen aan om je hond gezond te houden. Je hond verdient het beste, net als jij. Neem voor het welzijn van je hond de tijd om een goede relatie met je dierenarts op te bouwen. Als je omgang met je dierenarts niet vijandig is, voel jij je niet bedrogen en voelt de dierenarts zich niet ondergewaardeerd.

De keuze van de juiste dierenarts heeft meer om het lijf dan gemak en shoppen voor de laagste prijs. Het oude gezegde 'alle waar is naar zijn geld' geldt zeker ook voor het kiezen van een dierenarts. De dierenarts met de laagste tarieven is niet altijd de beste keuze voor je hond en misschien zelfs uiteindelijk niet de voordeligste.

BELANGRIJK

Een goede diagnose en een passende behandeling zijn essentieel als je huisdier ziek is. Het is natuurlijk een fantastisch idee om alles te leren over een ziekte. Maar als huisdiereigenaar heb je ook je grenzen. Je dierenarts heeft jarenlang gestudeerd om je huisdier te kunnen behandelen. Geen boek, geen advies van vrienden en geen website kan opboksen tegen de expertise van een goede dierenarts.

Wanneer heeft mijn hond een specialist nodig?

In de diergeneeskunde zijn er minder specialisten dan in de menselijke geneeskunde, maar dit aantal groeit wel gestaag. Op redelijk korte afstand zijn vast wel een paar specialisten te vinden. En dit aantal zal op de korte termijn alleen maar groeien. Je dierenarts moet ervoor open staan je door te verwijzen naar een specialist, of hier namens jou mee te overleggen, als dit nodig is voor de gezondheid van je huisdier.

In de meeste stedelijke gebieden zijn wel onafhankelijke specialisten of gespecialiseerde praktijken te vinden. In minder dichtbevolkt gebied maak je meer kans op de dichtstbijzijnde universiteit met een faculteit voor diergeneeskunde. Momenteel vind je binnen de diergeneeskunde onder andere de volgende specialiteiten voor gezelschapsdieren:

- anesthesiologie
- cardiologie
- chirurgie
- dermatologie
- gedrag
- interne geneeskunde
- klinische farmacologie
- neurologie

- oncologie
- oogheelkunde
- radiologie
- spoedeisende hulp en kritische zorg
- tandheelkunde

TECHNISCHE INFO

Wat is er zo speciaal aan specialisten? Om diergeneeskundig specialist te worden, moet je na je zesjarige opleiding tot dierenarts nog een extra opleiding van drie tot vier jaar volgen, gevolgd door een afzonderlijk examen voor elke specialiteit. Daarna mag je je specialist in een bepaald diergeneeskundig vakgebied noemen. De aanvullende opleiding bestaat uit enkele onderdelen. Zo moet je enkele jaren werken onder toezicht van een erkend specialist of bij verschillende erkende specialisten, voldoende gevallen/patiënten zien, artikelen publiceren in internationale vakbladen en een examen doen. De regels hiervoor zijn binnen Europa gelijkgetrokken.

Als je dierenarts niet voorstelt je dier door te verwijzen naar een specialist en je het idee hebt dat je hond hier wel baat bij zou hebben, breng dit dan ter sprake. Als je een goede relatie hebt met je dierenarts, is het inroepen van de hulp van een specialist geen probleem.

Als je dierenarts je eigenlijk niet wil doorverwijzen, is het goed te onthouden dat jij altijd uiteindelijk de beslissing neemt over de zorg voor je hond. Maar blijf wel altijd in gesprek en zorg ervoor dat je dierenarts volledig op de hoogte blijft als je een specialist bezoekt.

TECHNISCHE INFO

De relatie tussen je vaste dierenarts en een specialist is een extra relatie, met respect voor elkaars kennis. Je dierenarts weet dat de specialist geen cliënten probeert af te snoepen en de specialist realiseert zich dat hij duidelijkheid moet geven over zijn beperkte rol: doorverwijzingen ontvangen. Je dierenarts deelt het medisch dossier van je huisdier met de specialist, om tijd en geld te sparen. Ook bespreken ze samen de ziekte van je huisdier. De specialist vraagt waarschijnlijk om extra tests om informatie te krijgen waarmee hij een accurate diagnose kan stellen en een passende behandeling kan ontwikkelen. Een specialist behandelt patiënten niet in het wilde weg. Als zijn hulp wordt ingeroepen, is het zijn doel om uit te zoeken wat er precies aan de hand is. Vervolgens vertelt hij je dierenarts en jou wat je mag verwachten en werkt hij samen met je dierenarts om al het mogelijke te doen om het je dier zo comfortabel mogelijk te maken terwijl hij zijn best doet om de hond te genezen.

Puppy's een goede start geven

Het eerste bezoekje van je puppy aan de dierenarts is eigenlijk net zo goed voor jou als voor je puppy. Je krijgt de gelegenheid vragen te stellen en eventuele zorgen te uiten. Als je naar het eerste onderzoek gaat, neem dan het paspoort van je hond mee. Hierin staat alle informatie over de vaccinaties die hij heeft gehad..

Je dierenarts beantwoordt dan je vragen en werkt dan waarschijnlijk het volgende lijstje af:

- » Hij weegt je puppy, neemt de temperatuur op (normaal is deze 38 tot 39 °C) en controleert de hartslag en de ademhaling.
- » Hij luistert of alles goed is met hart en longen en onderzoekt andere interne organen door eraan te voelen. Dit wordt ook wel palpatie genoemd.
- » Hij controleert de oren van je puppy om er zeker van te zijn dat ze er niet alleen goed uitzien, maar ook goed ruiken. Een slechte geur is een teken van infecties of parasieten.
- » Hij controleert de geslachtsdelen van de puppy, om er zeker van te zijn dat reutjes twee testikels hebben en dat teefjes geen afscheiding of infecties hebben.
- » Hij bekijkt de ogen, neus, huid en het gebied rond de anus om te controleren op afscheiding of andere tekenen van ziekte of parasieten.
- » Hij opent de bek om te controleren of de tanden en het tandvlees er goed uitzien.

Verderop in dit hoofdstuk lees je meer over hoe je zelf thuis basiscontroles voor de gezondheid van je huisdier kunt doen.

Het onderzoeken van een puppy is een van de leukste dingen voor een dierenarts. Hij probeert het ook voor de puppy leuk te houden. Hij wil een goede relatie opbouwen met je puppy, waarbij deze eraan went om te worden aangeraakt zonder bang of agressief te worden. Jij bent een belangrijk onderdeel van dit leerproces. Stel je puppy niet gerust, daarmee stimuleer je dat hij verlegen of agressief wordt. Wees positief en kordaat bij alle sociale interacties van je puppy. Zo krijg je een zelfverzekerde, veilige hond.

TIP

Vraag je dierenarts of deze een *puppyplan* of een ander pakket heeft waarmee je goedkoper uit bent dan met losse bezoeken en behandelingen. In zo'n plan zitten dan onderzoeken, alle vaccinaties, ontwormingen en soms zelfs castratie of sterilisatie.

PAS OP

Je puppy is nog niet zo goed beschermd tegen ziekten als een volwassen hond. Pas daarom op bij contact met andere honden en laat hem niet in aanraking komen met uitwerpselen van andere honden (vermijd daarom liever overvolle uitlaatveldjes). In de behandelkamer zorgt het personeel ervoor dat je dier veilig is. Zo wordt de behandeltafel ontsmet en wast het personeel de handen tussen de behandeling van verschillende patiënten.

WOW, WAT HEB JE GROTE TANDEN

PAS OP

Je zult blij zijn als je puppy met een maand of negen zijn scherpe puppytandjes wisselt voor het volwassen gebit. Je pup krijgt in plaats van 28 melktanden 42 permanente tanden. Maar dit gaat niet altijd zonder problemen.

Soms blijven melktanden zitten als de volwassen tanden doorkomen. Hierdoor kunnen problemen ontstaan als onjuiste plaatsing van volwassen tanden, verkeerde ontwikkeling van de kaak en ontstekingen. Controleer het gebit van je puppy tijdens het wisselen elke week. Als je een dubbele rij tanden ziet, vooral bij de voortanden, blijven er melktanden zitten.

Laat je dierenarts verdachte ontwikkelingen onderzoeken. Melktanden die niet vanzelf uitvallen, moeten door de dierenarts worden verwijderd.

FIGUUR 11.1: Opgroeien is best vermoeiend voor een puppy. Er is dan ook goede preventieve zorg nodig om hem voor te bereiden op een gezond volwassen leven.

Foto met dank aan Shannon Foley

Puppyvaccinaties?

Vaccinaties zijn een van de gebruikelijkste redenen om met je huisdier naar de dierenarts te gaan. Toch is het een onderdeel van de gezondheid van huisdieren waar de meeste eigenaars het minst van begrijpen. Ze weten vaak niet eens waartegen het dier wordt gevaccineerd of hoe vaak de vaccinatie moet worden herhaald. In de spiekbrief voor in dit boek lees je een paar richtlijnen.

TECHNISCHE INFO

Puppyvaccinaties en boostervaccinaties (voor vier tot zes ziekten, afhankelijk van je omgeving en de aanbeveling van je dierenarts), zijn verzwakte doses van de ziekte waartegen het dier moet worden beschermd. Ze worden in het lichaam van dier ingebracht om het immuunsysteem te leren om een sterkere aanval van deze ziektekiem te herkennen en aan te vallen. Het immuunsysteem werkt met *antilichamen*. Dit zijn de deeltjes in het lichaam die virale en bacteriële indringers omcirkelen en vernietigen.

Met een gezond immuunsysteem kan een volwassen hond een ziekte proberen te overwinnen. Maar zelfs een puppy die sterk lijkt, heeft deze mogelijkheid niet.

TECHNISCHE INFO

Puppy's worden in het begin beschermd door antilichamen die ze via de moedermelk binnenkrijgen. Deze bescherming wordt in de eerste weken van het leven van de puppy minder. Dit loopt niet helemaal synchroon met de voordelen die vaccinaties bieden op het gebied van preventieve zorg. Omdat niet precies duidelijk is wanneer een vaccinatie effectief is, krijgen puppy's in de eerste maanden van hun leven een reeks injecties. De meeste dierenartsen raden nu een reeks van minstens vier vaccinaties aan, met tussenpozen van drie weken. Hiermee begin je als de pup zes tot acht weken oud is.

De eerste vaccinaties worden al bij de fokker gegeven. Daarna ga je zelf met je pup naar de dierenarts voor de overige injecties. Soms herhaalt de dierenarts de eerste injectie als hij denkt dat deze te vroeg is gegeven. Volg de aanbevelingen van je dierenarts op om je puppy zo goed mogelijk te beschermen. Als je het bij één injectie laat, bestaat het risico dat je puppy ziekten oploopt.

TECHNISCHE INFO

Bijna alle combinatievaccins beschermen je hond tegen hondenziekte (de ziekte van Carré), het parvovirus, de ziekte van Weil (leptospriose), en HCC (leverontsteking). Andere vaccinaties die in sommige gevallen worden aanbevolen beschermen je hond tegen kennelhoest (als hij ondergebracht wordt in een pension) en hondsdolheid (als je met je hond naar het buitenland gaat).

Titeren

Bij titerbepaling wordt gemeten hoe veel antilichamen tegen bepaalde ziektes er nog aanwezig zijn in het bloed van je hond. Als de bescherming nog voldoende is, is het vaak niet nodig om bijvoorbeeld jaarlijks te vaccineren. Als je de titer van je hond wilt laten bepalen, neemt de dierenarts bloed af om dit te onderzoeken op de hoeveelheid antilichamen. Zo voorkom je overbodig vaccineren.

Darmparasieten onder controle houden

Als mensen de algemene term wormen gebruiken voor wormen bij honden, hebben ze het meestal over *spoelwormen*. Dit komt doordat bijna geen enkele puppy wordt geboren zonder hiermee te zijn besmet. Maar puppy's kunnen ook besmet raken met andere darmparasieten, zoals *haakwormen, zweepwormen, lintwormen* en *eencellige parasieten*, zoals *coccidia* en *giardia*.

PAS OP

HONDSDOLHEID

Hondsdolheid of *rabiës* komt in Nederland hoogst zelden voor. Deze ziekte wordt veroorzaakt door een virusinfectie van het zenuwstelsel. De meeste gevallen van hondsdolheid komen voor bij wilde dieren. Je hond kan het bijvoorbeeld oplopen als hij in het buitenland gebeten wordt door een wild dier of een hond die de ziekte heeft. Omdat honden vaak in het territorium van wilde dieren komen, lopen ze het risico te worden gebeten door een wild dier dat besmet is. (Dieren die normaal schuw zijn, worden agressief als ze hondsdol zijn.) De meeste gevallen van hondsdolheid bij honden worden veroorzaakt door beten van vleermuizen, andere honden of vossen. Maar elk hondsdol zoogdier kan de ziekte overdragen.

Het risico dat je door je hond wordt besmet met hondsdolheid is heel klein. Maar de ziekte is zo dodelijk dat je hond, als deze besmet raakt, moet worden afgemaakt en dat je zelf moet worden gevaccineerd. Om mens en dier te beschermen tegen deze vreselijke ziekte, gelden strenge eisen bij het importeren van honden uit het buitenland.

Een hond met hondsdolheid verstopt zich, wordt onrustig of nerveus en wordt agressief. Ook ontstaan er vaak problemen met drinken. De ziekte heeft altijd een dodelijke afloop.

Als je darmparasieten niet behandelt, kunnen deze de groei van jonge dieren vertragen en ze verzwakken. Wormen, met name rondwormen, kunnen ook gevaarlijk zijn voor mensen. Net als met alle ziekten die van dier op mens worden overgedragen, kun je met enkele verstandige sanitaire maatregelen, zoals plekken schoonhouden waar je huisdier veel komt en je handen wassen, het risico op besmetting minimaliseren.

Puppy's moeten worden ontwormd als ze twee, vier, zes en acht weken oud zijn. Tot de leeftijd van een half jaar is het raadzaam elke maand te ontwormen. Een volwassen hond kun je het beste vier keer per jaar een middel geven tegen wormen. Wormmiddelen voor honden zijn verkrijgbaar bij de dierenspeciaalzaak of bij de dierenarts.

Informatie over uitwendige parasieten, zoals vlooien en teken, vind je in hoofdstuk 10.

Couperen van de staart en verwijderen van hubertusklauw

Misschien herinner je je nog wel dat honden als de dobermann of terriers vroeger een korte (gecoupeerde) staart hadden. Ook werd vaak de hubertusklauw geamputeerd, een overbodige teen die is overgebleven uit de evolutie. Couperen werd vroeger uit praktische overwegingen gedaan, zodat de hond er tijdens zijn werk minder last van had en hieraan niet gewond kon raken. Toen de honden niet meer als werkdier werden ingezet, werd de staart vaak nog gecoupeerd om de hond aan de rasstandaard te laten voldoen. De nagel aan de hubertusklauw kan erg lang worden en blijft dan in struiken hangen. De klauw werd daarom bij pups binnen enkele dagen geamputeerd. Ook zijn er rassen waar deze teen niet gewenst is en daarom werd deze geamputeerd om de poot er mooi glad te laten uitzien.

Tegenwoordig is couperen van de staart zowel in Nederland als in België bij wet verboden. Als een hond zonder staart is geboren, of vanwege een medische noodzaak moet worden geamputeerd, moet hiervan melding worden gemaakt bij de Raad van Beheer in Nederland of de Belgische KMHC.

Amputatie van de hubertusklauw is toegestaan als dit medisch noodzakelijk is. De beste manier om problemen met deze klauwtjes te voorkomen, is door de nagels regelmatig te knippen. Meer hierover lees je in hoofdstuk 10.

Couperen van de oren

Ook oren werden vaak gecoupeerd. Het enige doel hiervan was het veranderen van een dubbelgevouwen oor in een puntig, omhoog staand oor. Ook het couperen van oren is zowel in Nederland als in België tegenwoordig verboden.

Ook in Engeland en Duitsland wordt het couperen van oren gezien als wreed en is het daarom verboden. In de Verenigde Staten en Canada is hier nog geen wetgeving over. Wel zijn er ook daar dierenartsen die weigeren deze procedure uit te voeren, hoewel velen van hen minder moeite hebben met het couperen van een staart of het amputeren van hubertusklauwen.

TECHNISCHE INFO

DE EERSTE KEER DAT PUP ZIJN POOTJE LICHT

Elk jaar krijg ik wel een paar telefoontjes van puppyeigenaars die zich zorgen maken omdat hun pup zijn achterpoot niet optilt. Mannelijke puppy's beginnen als ze een maand of vier zijn op deze manier hun territorium te markeren, maar hier zit wel veel variatie in. Een puppy die een andere reu zijn achterpoot ziet optillen, zal dit gedrag sneller gaan vertonen. Net als een hond die niet op jonge leeftijd is gecastreerd.

Uiteindelijk tillen bijna alle reuen hun achterpoot op om hun geur achter te laten. Maar sommige doen dit met meer overtuiging dan andere. Sommige honden plassen gewoon met vier poten op de grond. Ze leunen hierbij een beetje voorover, maar zakken niet zo ver door de achterpoten als teefjes. Om het af te ronden tillen ze hun achterpoot nog op een paar plekken op. Andere honden lijken te denken dat elke druppel die ze kwijt moeten het best tegen een verticaal object kan worden gesproeid. Dit valt allemaal binnen normaal gedrag; je hoeft je echt geen zorgen te maken.

TIP

JONG CASTREREN

Castreren van een reu kan vnaf zes maanden. Teefjes worden meestal gecastreerd zo'n twee of drie maanden na hun eerste loopsheid.

Vroegcastratie (castreren vanaf acht weken) is in Amerika de gewoonste zaak van de wereld. In Nederland zijn dierenartsen verdeeld over het castreren van pups en teefjes op zo'n jonge leeftijd.

De bloemetjes, de bijtjes en je puppy

Mannelijke honden zijn vroegbloeiers. Ze vertonen al tekenen van seksueel gedrag (beklimmen van zowel mannelijke als vrouwelijke nestgenoten) vanaf het moment dat ze kunnen lopen. Vrouwelijke puppy's beklimmen hun nestgenoten ook wel, maar dit komt veel minder vaak voor. Het is misschien normaal gedrag, maar als je ziet dat je puppy honden en mensen 'berijdt', kun je hem het beste er zachtjes van weerhouden dit te doen. Niet straffen, maar gewoon zonder iets te zeggen hem zachtjes omlaag duwen.

Niet alle teefjes zijn op dezelfde leeftijd geslachtsrijp. Kleinere rassen zijn er vaak eerder bij dan grotere rassen. De eerste keer dat een hond *loops* is (met de bijbehorende vaginale bloeding) kan variëren van een leeftijd van 6 tot 24 maanden. De meeste honden worden de eerste keer loops voordat ze een jaar oud zijn.

Het moment waarop een reu vruchtbaar wordt, is minder goed zichtbaar. Maar ze kunnen al met zes maanden voor nageslacht zorgen.

Er is geen reden voor paniek als jouw teefje ook na een jaar nog niet loops lijkt te zijn geweest. Sommige honden bloeden weinig of houden zichzelf erg goed schoon. Als je ook een reu in huis hebt of er een dicht in de buurt woont, is de kans erg groot dat je het merkt als je teefje loops is. Zo niet, dan kan het ook volledig aan je voorbijgaan.

Vraag aan de fokker wanneer de meeste van zijn teefjes de eerste keer loops worden. Als er nog niets is gebeurd als je met je hond naar de dierenarts gaat voor de jaarlijkse vaccinaties, praat er dan eens over met hem.

BELANGRIJK

Als je niet van plan bent om met je hond aan shows te gaan meedoen of ermee te fokken, is het soms beter je hond te laten castreren. Vraag hierover advies bij je fokker en bij je dierenarts.

Je hond in goede gezondheid houden

Als je hond volwassen is, moet je jaarlijks met hem naar de dierenarts voor een grondige neus-tot-staartcontrole en de benodigde vaccinaties. Maar tussen deze jaarlijkse beoordelingen van je dierenarts door ben jij degene die ziekte al in een vroeg stadium moet herkennen.

In tegenstelling tot katten en vogels, die tekenen van ziekte verbergen, laat je hond waarschijnlijk duidelijke signalen zien dat hij ziek is. Hij heeft bijvoorbeeld minder trek, of is aanhankelijker. Toch herkennen veel huisdierliefhebbers de tekenen van ziekte niet, die bij nader inzien toch best wel duidelijk waren. Daarom moet je leren wat goed is voor je hond en alert blijven op alles wat afwijkt van het normale gedrag van je hond.

Deze les leerde ik jaren geleden, met mijn eerste hond. Ook toen al hadden mijn honden een stuk tuin waar ze volgens hun eigen schema hun behoefte konden doen. Ik hoorde het hondenluik 's nachts een paar keer, maar concludeerde hieruit nog niet dat er iets mis was met mijn hond Lance. Uiteindelijk zag ik bloed in zijn urine. Hij had een tumor die tegen zijn blaas drukte en waaraan hij uiteindelijk overleed. Ik heb me lang schuldig gevoeld dat ik dit niet eerder had gezien. Zou het verschil hebben gemaakt? Dat zal ik nooit weten. Maar het verlies van zo'n heerlijke hond heeft me een waardevolle les geleerd die ik nooit zal vergeten.

TIP

Maak er een gewoonte van je huisdier goed in de gaten te houden. Bekijk hem een keer per week goed van top tot teen, zonder hier een heel circus van te maken. Maak van deze gezondheidscheck gewoon een onderdeel van een zeer uitgebreide aaisessie. Alles wat jij en je hond leuk vinden, blijf je regelmatig doen. En een routinecontrole van zijn gezondheid moet regelmatig gebeuren, anders heeft het geen zin.

Het lichaam van de hond

Voordat je een mogelijk gezondheidsprobleem kunt herkennen, moet je eerst kunnen herkennen wat voor jouw huisdier normaal is. Scherp je instincten aan en leer erop te vertrouwen. Jij kent je hond beter dan wie ook. En jij bent degene die besluit wanneer je hulp moet inroepen. Soms is de toestand van de hond zo ernstig dat er geen twijfel mogelijk is en je wel een dierenarts moet bezoeken. Maar soms zijn de veranderingen zo subtiel dat je ze gemakkelijk mist, totdat je hond al te ziek is om hem nog te kunnen helpen.

TIP

Een dagboek is een van de gemakkelijkste manieren om de gezondheid van je hond bij te houden. Je hebt maar een eenvoudig notitieblokje nodig en hoeft alleen af en toe wat aantekeningen te maken om kleine problemen te herkennen voordat dit grote problemen worden.

Als je je hond elke keer op dezelfde manier onderzoekt, is er minder kans dat je problemen mist. De volgende dingen moet je regelmatig controleren:

- **Algeheel voorkomen.** Voordat je je hond echt gaat onderzoeken, doe je een stapje achteruit en kijk je een paar minuten naar hem. Kijk naar zijn houding, mate van activiteit, manier van lopen, vacht en algeheel voorkomen om een goede indruk te krijgen van zijn gezondheid.

  Abnormaal: kale plekken, dunne of droge vacht, ribben die uitsteken, sloomheid, mankheid of gebrek aan veerkracht in zijn tred of andere subtiele tekenen waarvan je denkt 'dit klopt niet helemaal'.

- **Gewicht.** Een normaal gewicht kan variëren van anderhalf tot twee kilo bij de dwergrassen tot misschien wel tachtig kilo bij de grootste honden. Maak je geen zorgen om hoeveel je hond weegt, maar let op het vet op zijn lijf. Je hond moet genoeg vet hebben om zijn ribben te bedekken, maar je moet de ribben wel gemakkelijk kunnen voelen als je heel licht drukt met je handen. Kijk ook naar de *taille* van de hond, net achter de ribbenkast. Op die plek moet het lijf naar binnen vallen. Voor sommige honden is het normaal dat hun gewicht met de seizoenen varieert, afhankelijk van hun mate van activiteit. Zo kan minder beweging in de winter bij een binnenhond leiden tot gewichtstoename. Dit kun je compenseren door minder eten te geven.

  Abnormaal: te veel of te weinig vet en plotselinge verandering van lichaamstype, zowel dunner als dikker. Opzwellen van de buik.

- **Neus.** Vochtig en schoon.

  Abnormaal: droog, gescheurd, korsten of geïrriteerd, afscheiding uit de neus, bloeden.

- **Ogen.** Helder, vochtig en schoon, midden tussen de oogleden en beide pupillen even groot. Het wit van de ogen mag niet gekleurd zijn en er mogen maar een paar bloedvaten zichtbaar zijn. De pupillen moeten evenveel krimpen als je met een zaklampje een voor een in beide ogen schijnt. Ook moeten ze evenveel vergroten als de hond opgewonden of bang is, als je de oogleden dichthoudt en loslaat of als je de kamer verduistert.

  Abnormaal: doffe of ingevallen ogen, die droog lijken of waar viezigheid aan hangt. Een of beide ogen niet gecentreerd of pupillen van verschillende grootte. Gele, lichtbruine of bloeddoorlopen ogen. Pupillen die niet of verschillend reageren op veranderingen in lichtintensiteit.

- **Oren.** De huid moet schoon, droog en glad zijn zonder wonden. Het gehoorkanaal moet schoon en zo goed als geurloos zijn.

  Abnormaal: zwellingen, wonden of korsten, of tekenen van uitslag. Korsten, vocht, afscheiding, viezigheid of een sterke geur uit het gehoorkanaal. Pijn bij aanraking of een rare stand van kop of oren.

- **De bek.** De tanden van je hond moeten schoon en wit zijn, met egaal roze tandvlees. Druk met je vinger of duim op het tandvlees en laat snel weer los. Waar je hebt gedrukt, wordt het tandvlees wit. Dit moet binnen twee seconden weer dezelfde kleur krijgen als het omliggende weefsel. Hiermee controleer je de *capillaire hervulling* of de hervulling van de haarvaten *(capillary refill time* of *CRT).* Dit is een ruwe inschatting van de bloeddruk.

Abnormaal: losse of ontbrekende tanden, tandsteen (verkleurde, korstachtige afzetting rond de basis van de tand) of tandvlees dat rood of blauw, bleek, ontstoken of pijnlijk is en wijkend tandvlees. Een opgezette tong, bobbels in de bek, blaasjes in de bek, grote amandelen zichtbaar achter in de bek. Een snelle of trage CRT.

» **Ademhaling.** Als je hond ligt te rusten, moet je de ademhaling nauwelijks kunnen horen (hijgen is normaal na beweging of als het warm is) en zijn borstkas moet ondertussen rustig op en neer bewegen. Je moet de ademhaling vooral in de borstkas zien. De buik mag nauwelijks bewegen.

Abnormaal: ongebruikelijke geluiden tijdens het ademen als je hond ligt te rusten, zoals gerasp of gepiep, kunnen een probleem aanduiden, vooral als je het geluid niet eerder hebt gehoord. Zware ademhaling waarbij ook de buik meewerkt. Bobbels of zwellingen op de borst en in de nek kunnen ook op problemen duiden. Hijgen is normaal, zo houdt een hond zichzelf koel. Maar panisch hijgen is een van de tekenen die erop kunnen wijzen dat je hond oververhit is en acute medische zorg nodig heeft.

» **Buik.** Begin net achter de ribben en duw je handen zachtjes in de buik. Als je hond net heeft gegeten, voel je misschien links, net onder de ribben een verdikking. Laat je handen zachtjes over de buik van je hond naar achteren gaan. Je mag geen bobbels of verdikkingen voelen en het zachtjes duwen van je handen mag voor de hond niet ongemakkelijk zijn. Enkele bobbels in de buik zijn normaal. Dit zijn interne organen, zoals de nieren. Deze mag je voelen. Het is belangrijk om met een gezonde hond te beginnen. Als je regelmatig deze gezondheidscontroles uitvoert, weet je welke bobbels in het lijf thuishoren en welke niet.

Abnormaal: bobbels en verdikkingen die je normaal niet voelt maar die duidelijk aanwezig zijn als je nog een keer controleert. Je hond kreunt of heeft problemen met zijn ademhaling terwijl je voelt. Een harde, gespannen of opgezette buik.

» **Vochtniveau.** Controleer of je hond voldoende vocht heeft door de huid net achter de schouderbladen bij elkaar te knijpen en snel los te laten. De huid moet meteen terugschieten naar zijn normale positie. Een ander goed teken voor voldoende vocht is dat het tandvlees net boven de tanden vochtig aanvoelt.

Abnormaal: de huid keert maar langzaam terug of blijft iets overeind staan. Het tandvlees voelt droog en plakkerig of de ogen zijn ingevallen.

Vitale functies

Een goed onderzoek met je handen is een belangrijk hulpmiddel om te kunnen bepalen wat normaal is voor je hond en om problemen in een vroeg stadium te herkennen. Maar er zijn nog drie diagnosehulpmiddelen die elke hondenliefhebber moet kennen: het meten van temperatuur, hartslag en ademhaling van je hond. Deze informatie is nuttig als je je dierenarts belt, om hem te laten inschatten of je met je huisdier langs moet komen. Ook heeft hij dan alvast een idee waar hij mee te maken krijgt als je komt.

BELANGRIJK

Je moet leren hoe je de temperatuur, hartslag en ademhaling van je hond meet voordat hij ziek wordt. Oefen thuis, als je hond en jij allebei ontspannen zijn. Als je het lastig vindt, vraag je de volgende keer dat je voor de jaarlijkse controle bij je dierenarts bent of hij dit wil voordoen.

Deze belangrijke handelingen voer je als volgt uit:

» **De temperatuur van je hond meten.** In dierenspeciaalzaken en bij webshops kun je speciale dierenthermometers kopen. Maar je kunt de temperatuur van je hond ook prima meten met een gewone 'mensenthermometer' die je bij de drogist of apotheek kunt kopen.

  Als je een mensenthermometer gebruikt, markeer deze dan duidelijk met het woord 'hond' of iets soortgelijks. Zo voorkom je dat je het instrument ooit per ongeluk voor jezelf gebruikt. Het maakt niet uit hoe schoon het ding is: je wilt geen thermometer in je mond nadat deze in het achterwerk van de hond heeft gezeten.

  Smeer de thermometer in met vaseline of een glijmiddel op waterbasis. Steek de thermometer voorzichtig, langzaam in de anus van je hond. (Als het instrument niet eenvoudig naar binnen glijdt of als je hond tegenwerkt, zet dan geen kracht.)

  Laat de thermometer twee minuten zitten. Lees daarna de temperatuur af en noteer hem. Bij een normale hond is de temperatuur rond de 38 of 39 °C (op hete dagen mag dit bij een normale hond iets hoger zijn). De thermometer moet na het verwijderen ook bijna schoon zijn. Bel je dierenarts als de temperatuur lager dan 37 °C of hoger dan 40 °C is, of als er op de thermometer slijm, bloed, diarree of zwarte, teerachtige ontlasting zit.

» **De hartslag van je hond meten.** Voel de hartslag van je hond met een hand op zijn linkerzij, achter zijn voorpoot. Tel het aantal hartslagen in 15 seconden en vermenigvuldig dit met vier om de hartslag te krijgen in *slagen per minuut* (*beats per minute* of *bpm*). De hartslag van een normale hond ligt tussen 80 en 140 bpm. Bij kleine honden gaat dit meestal naar de hoogste van deze waarden. Bel de dierenarts als de hartslag van je hond te snel of te langzaam is. Een iets onregelmatige hartslag is normaal bij honden.

» **De ademhaling van je hond meten.** Doe een stapje naar achteren en kijk naar de ademhaling van je hond terwijl hij ontspannen staat. Kijk hoe de buik en borstkas bewegen. Het tellen van het aantal ademhalingen is vaak het gemakkelijkst door naar de buik te kijken. Tel het aantal bewegingen in 60 seconden om de ademhaling in *ademhalingen per minuut* te krijgen. Een normale hond ademt tussen de 15 en 30 keer per minuut, waarbij kleine honden weer dichter bij het hoogste van deze twee waarden zitten. Probeer de ademhaling niet te meten als je hond het warm heeft, opgewonden is of hijgt.

TIP

Misschien vind je het meten van de temperatuur, hartslag en ademhaling gemakkelijker als iemand anders de hond vasthoudt. Zeker als je het nog moet leren.

BELANGRIJK

Als je de moeite neemt om temperatuur, hartslag en ademhaling te meten, schrijf deze gemeten waarden dan samen met de datum in een logboek. Vergelijk nieuwe metingen met eerdere waarden. Bel je dierenarts bij plotselinge veranderingen of bij duidelijke, geleidelijke veranderingen over een langere periode.

De emotionele hond

Je moet niet alleen het lichaam van je hond goed kennen en in de gaten houden, maar ook zijn persoonlijkheid. Vaak wordt een gedragsverandering die door de eigenaar wordt opgemerkt later bevestigd als ziekte via diagnosehulpmiddelen als bloed- of urineonderzoek. Ook hier geldt weer dat je eigen instinct soms beter werkt dan je zelf beseft. Wees je altijd bewust van subtiele veranderingen in het gedrag van je hond. Vooral bij de volgende zaken:

» **Verandering in eetgewoonten, vooral verlies van eetlust.** Kijk hoeveel en met hoeveel eetlust je hond eet en wees alert op veranderingen. Een of twee dagen wat minder eten is geen reden voor paniek bij een verder gezonde hond. Sommige honden hebben soms gewoon wat minder eetlust, zeker als het erg warm is. Als de hond langer dan twee dagen slecht eet, is het tijd om de dierenarts te bellen.

» **Verandering in mate van activiteit.** Als een hond die altijd klaarstaat om te rennen en spelen opeens veel liever slaapt, moet je dit laten onderzoeken.

» **Verandering in drinkgewoonten.** In de zomer drinken honden meer dan in de winter. Maar ook los daarvan moet je alert zijn op veranderingen in de drinkgewoonten van je hond. Zorg ervoor dat je weet hoeveel je hond normaal drinkt en let op veranderingen. Je hoeft niet elke centiliter te meten. Let wel op hoe vaak je water moet bijvullen.

» **Verandering in stemgeluid.** Klinkt de blaf van je hond anders. Verandert zijn blafpatroon? Is hij waakzamer, of juist minder waakzaam?

FIGUUR 11.2: De houding van je hond (energiek, speels en extravert) is een teken van een goede gezondheid.

Foto met dank aan Mary Lou Kinnane

BELANGRIJK

Vertrouw op je instinct. Ik ben de tel kwijtgeraakt van het aantal keren dat ik met een dier naar de dierenarts ging terwijl het dier nog maar net ziek aan het worden was. Hierdoor heb ik mezelf veel geld, tijd en zorgen en het huisdier lijden bespaard. Ik betaal liever af en toe voor vals alarm vanwege overbezorgdheid dan dat ik de kans om een serieus probleem tijdig aan te pakken aan me voorbij laat gaan.

Spoedgeval!

Als je niet zeker weet wat er aan de hand is, kun je altijd de dierenarts bellen. Maar aan sommige dingen moet je echt onmiddellijk aandacht besteden. Hier volgt een lijstje met dingen waarvoor je echt meteen naar de dierenarts moet:

- toeval, flauwvallen of in elkaar zakken;
- oogwond, hoe onschuldig ook;
- overgeven of diarree als dit binnen een dag meer dan twee tot drie keer gebeurt;
- allergische reacties, zoals zwellingen op de kop, of netelroos (bulten), vooral op de buik;
- elk vermoeden van vergiftiging, inclusief antivries, een beet door een knaagdier of slak of geneesmiddelen voor mensen;
- thermische stress, te koud of te warm, zelfs als de hond lijkt te zijn opgeknapt (intern kan het een heel ander verhaal zijn);
- elke open, bloedende wond of snee, elke beet van een dier;
- trauma, bijvoorbeeld van een aanrijding door een auto, zelfs als de hond niets lijkt mankeren;
- ademhalingsproblemen: zoals chronisch hoesten, moeizame ademhaling of bijna-verdrinking.

Sommige problemen zijn niet levensbedreigend, maar kunnen je hond wel veel irritatie en pijn opleveren. Stel zaken dus niet te lang uit. Tekenen van pijn zijn onder andere:

- hijgen
- moeizame ademhaling
- verhoging
- lusteloosheid
- rusteloosheid
- verlies van eetlust

Let op: sommige honden zoeken je meer op voor geruststelling, anderen trekken zich juist meer terug.

Medicijnen geven

Ik heb mijn lezers ooit eens gevraagd om hun beste tip om pillen ongemerkt bij je hond naar binnen te krijgen. Wekenlang kreeg ik brieven. Ik kan me niet voorstellen dat er veel voedsel is waarin geen hondeneigenaar ooit eens een pil heeft gestopt. Tot aan olijven toe, als ik het mij goed herinner. De populairste 'verpakkingen' voor pillen waren hotdogs en pindakaas. Maar ook boter, kaas, leverworst en smeerkaas kregen veel stemmen.

Natuurlijk hoef je dit soort maatregelen niet te nemen, als je dat niet wilt. Je kunt ook voorzichtig de bek van je hond open doen door je hand over zijn neus te leggen en met duim en wijsvinger aan beide kanten stevig te drukken. Als de bek open is, stop je de pil achter in de bek, bij de aanhechting van de tong. Houd daarna de snuit van je hond een tijdje dicht en naar boven en blaas in zijn neus terwijl je over zijn keel aait.

En daarom gebruiken de meeste mensen een hotdog.

Als je wat voorzichtig of onervaren bent, kun je de medicijnen ook met twee personen geven. De een houdt de hond vast, de ander dient de medicijnen toe. Gebruik de volgende tips:

» **Vloeibare medicatie.** Vraag je dierenarts om wat grote spuiten zonder naald. Deze hebben doseermarkeringen op de zijkant en helpen je vloeibare medicijnen daar te krijgen waar je ze wilt hebben. Houd de snuit van je hond omhoog en til aan een kant zijn lip op. Steek de punt van de spuit naar achter in zijn keel en laat de vloeistof er met een vloeiende beweging in stromen.

» **Oormedicatie.** Leg een grote handdoek over je schoot en laat je hond zijn kop hierop leggen. Masseer en stimuleer hem hierbij. Breng oordruppels aan en masseer tegelijkertijd zachtjes de basis van het oor.

» **Oogmedicatie.** Laat je hond tussen je benen gaan zitten en til zijn snuit van achteren omhoog. Breng zachtjes een streepje medicatie uit de tube aan over de lengte van het oog. Zorg ervoor dat je het oppervlak niet raakt. Probeer druppels precies in het midden te laten vallen. Sluit het ooglid een paar seconden om de medicatie gelijkmatig te verdelen.

IN DIT HOOFDSTUK

Samenwerken met je dierenarts

Levensbedreigende ongelukken mijden

Veelvoorkomende ziekten begrijpen

Optimaal gebruikmaken van dierenspecialisten

Hoofdstuk 12

Veelvoorkomende gezondheidsproblemen bij honden

Je hond leeft langer en gezonder als je zorgt voor preventieve gezondheidszorg en hem beschermt tegen ongelukken en infectieziekten. En als hij dan toch ziek wordt, is de kans dankzij voortdurende verbeteringen in de medische wetenschap steeds groter dat je dierenarts ervoor kan zorgen dat je hond weer gezond wordt.

We beschouwen onze huisdieren als familie en geven jaarlijks miljarden aan ze uit. Dit heeft geleid tot een ware interesse-explosie in hun gezondheidsbehoeften. Bij de beste opleidingsinstituten ter wereld wordt voortdurend onderzoek gedaan naar hondenziekten. Hetzelfde geldt voor academische dierenklinieken en farmaceutische bedrijven. De afdelingen voor diergezondheidszorg van deze bedrijven hebben het drukker dan ooit.

De wetenschap voor diergeneeskunde heeft ook grote sprongen voorwaarts gemaakt, nu hulpmiddelen voor het stellen van diagnoses en behandeling uit de menselijke geneeskunde breed beschikbaar zijn gekomen voor huisdieren. Procedures als CAT-scans, MRI's, heupoperaties en bestralingstherapie zijn nu bij faculteiten voor diergeneeskunde en gespecialiseerde dierenartspraktijken dagelijkse routine geworden. Er zijn bovendien meer specialisten op het gebied van diergeneeskunde, waardoor er op het gebied van diergeneeskundige zorg nog meer kennis en mogelijkheden zijn voor hondenliefhebbers.

Wat betekenen al deze ontwikkelingen voor jou en je huisdier? Als je zorgvuldig preventieve zorg verleent en beide geluk hebt, krijgt je hond misschien nauwelijks te maken met deze revolutie in de diergeneeskunde. Maar als je wel hulp nodig hebt, is deze nu beschikbaar. En het wordt alleen maar beter.

Ondanks de ongelofelijke vooruitgang in de diagnose en behandeling van ziekten bij honden, heb jij een van de belangrijkste elementen voor het in goede gezondheid houden van je huisdier nog steeds in eigen handen. Letterlijk. Zie hoofdstuk 11 voor alles wat je moet weten om zelf thuis je hond te onderzoeken. Hier lees je ook welke andere belangrijke maatregelen op het gebied van preventieve zorg je kunt nemen. En vergeet vooral ook niet het belang van goede voeding. In hoofdstuk 7 lees je alles wat je moet weten om je hond goed te laten eten.

Dingen waarvan een hond ziek wordt

Ik heb vaak gehoord van honden die hun hele leven niet ziek worden, wat ze ook te eten krijgen en hoe ze ook worden verzorgd. Maar ik ben nog nooit iemand tegengekomen die zo'n hond had. En ik heb zelf zeker nooit zo'n huisdier gehad. In de loop van de jaren is het dossier over mijn huisdieren bij mijn dierenarts uitgegroeid tot het formaat telefoonboek van een middelgrote plaats.

Het spreekt voor zich dat sommige gezondheidsproblemen vaker voorkomen dan andere. In de rest van dit hoofdstuk stip ik een paar veelvoorkomende problemen aan. Ook vertel ik je wat je moet weten om goede beslissingen te nemen als je met je dierenarts samenwerkt.

BELANGRIJK

De belangrijkste rol die je speelt om je hond gezond te houden, is preventief. Houd de door je dierenarts aanbevolen maatregelen voor preventieve zorg goed bij en maak er een gewoonte van alert te zijn op veranderingen in de gedragingen, de uitstraling en de houding van je hond. Lees hoofdstuk 11 voor meer informatie over preventieve zorg.

Sommige gezondheidsproblemen komen vaker voor bij oudere honden. Deze problemen bespreek ik daarom in de paragraaf over oudere honden in hoofdstuk 13. Dit zijn bijvoorbeeld problemen bij de beweging en verminderde werking van de zintuigen. Maar ook tandproblemen, doordat je te weinig aandacht hebt besteed aan de tanden en het tandvlees.

Allergieën

Hatsjie! Je hond krijgt een niesbui van jewelste. Betekent dit dat hij allergisch is? Een hond niest meestal vanwege een vervelende geur of om iets uit zijn neus te krijgen wat er niet hoort. Bijvoorbeeld een zaadje met weerhaakjes of een irriterend grassprietje.

Bij honden uiten allergieën zich eerder als huidproblemen. En dat kan een echt probleem zijn voor eigenaars. Ze zien een ontstoken plek en willen dit vaak behandelen met wat crème of een voedingssupplement waarvan ze hopen dat het de huid en vacht van de hond weer gezond en mooi maakt. Helaas is het probleem bijna nooit zo gemakkelijk op te lossen. Huidproblemen die worden veroorzaakt door allergieën zijn voor dierenliefhebbers en dierenartsen vaak een raadsel. Het kan een tijd duren voordat alle aanwijzingen zijn onderzocht en er een behandeling is waarmee de allergische reactie kan worden voorkomen.

BELANGRIJK

Een chronisch huidprobleem los je niet op met giswerk en af en toe een eetlepel olijfolie. Je moet samen met je dierenarts op zoek naar een accurate diagnose en een gedegen behandelplan om je dier te verlossen van de pijn en irritatie die met allergieën gepaard gaan.

Allergieën zijn bij honden vaak een reactie op een van de volgende drie triggers:

» **Vlooien.** Sommige honden ontwikkelen een allergie voor de minieme hoeveelheid eiwit die een vlo achterlaat als die bijt. Hierdoor ontstaat een jeukplek die al snel groter wordt dan de oorspronkelijke beet. Voor deze honden is een vlooienbeet niet een beetje jeuk, maar een *kwelling*. De dieren trekken hun huid kapot in hun verwoede pogingen om het jeuken te stoppen. Vaak maken ze de situatie alleen maar erger, doordat de wond ontstoken raakt. Kort gezegd: een dierenarts kan het jeuken stoppen en de ontsteking bestrijden, maar op de lange termijn kan de hond alleen maar hopen dat jij als eigenaar je plichten nakomt en vlooien onder controle houdt. (In hoofdstuk 10 geef ik enkele strategieën om vlooien onder controle te houden.)

» **Voedsel.** Vaak zorgt een enkel ingrediënt in hondenvoer voor een allergische reactie, bijvoorbeeld rundvlees of granen. De hond heeft over zijn hele lijf jeuk, moet braken of heeft diarree. Om de allergie te kunnen behandelen, moet de dierenarts wat gokken op basis van zijn ervaringen en met veel vallen en opstaan proberen te achterhalen wat de oorzaak van het probleem is. Daarna kan het ingrediënt definitief uit het dieet worden geschrapt.

» **Inhalatie.** Honden met een inhalatieallergie krijgen vaak jeuk op de voorste helft van hun lijf. Ze wrijven over hun kop en kauwen op hun poten of likken hieraan. Ook kunnen ze overdreven reageren op een krabbel over hun nek of borstkas. De oorzaak kunnen pollen of stof, maar ook veel andere triggers in de omgeving zijn. Bij inhalatieallergieën kan het bijzonder lastig zijn om de oorzaak te vinden. Het is ook moeilijk om dit op de lange termijn te behandelen, omdat het bijna onmogelijk is alle allergietriggers in de omgeving weg te nemen.

Parvo en andere nare virussen

De zeer ernstige ziekte *parvo* heeft zoveel puppy- en hondenlevens gekost en zoveel eigenaars angst ingeboezemd dat we bijna zouden vergeten dat deze ziekte maar relatief kort heeft geheerst. Het virus werd in 1978 voor het eerst geïdentificeerd en wordt beschouwd als een mutatie van een virus dat andere dieren raakt.

Waar parvo ook vandaan komt, het is een nare aanvulling op de verzamelingen dingen waar honden opeens heel erg ziek van kunnen worden. Jonge, oude en zieke honden kunnen hieraan overlijden.

Gelukkig zijn er vaccinaties tegen het virus. Dit is goed nieuws voor volwassen honden, maar niet altijd voor puppy's. Het duurt een paar weken voordat het immuunsysteem van een puppy hem kan beschermen. Hierdoor is hij erg kwetsbaar voor een aanval van het parvovirus. Als ze eenmaal besmet zijn, overlijden sommige dieren al voordat de eigenaar goed en wel door heeft dat ze ziek zijn. Andere dieren krijgen hoge koorts, moeten extreem braken en hebben bloederige diarree. Een agressieve behandeling door een dierenarts is essentieel, maar garandeert niet dat het dier het overleeft.

Socialisatie is belangrijk voor de emotionele ontwikkeling van puppy's (zoals je kunt lezen in hoofdstuk 9). Maar vanwege parvo moet je heel erg voorzichtig zijn als je je puppy met nieuwe dingen kennis wilt laten maken totdat de pup al zijn vaccinaties heeft gehad (dit is als hij 16 weken oud is). Houd hem tot die tijd uit de buurt van plaatsen waar ongevaccineerde honden zijn en laat hem niet in contact komen met ontlasting van vreemde honden.

De ziekte van Carré, of de *hondenziekte*, is nog zo'n virus dat voor alle honden dodelijk kan zijn. Tegenwoordig maken we ons er niet zo druk meer om. Door breedschalige vaccinatie is het risico op blootstelling erg beperkt. Maar soms steekt het virus toch de kop op. Voor honden vaak met zeer nare gevolgen. Een hond met hondenziekte is zieker dan je je kunt voorstellen. Onder de symptomen vallen moeite met ademhalen, toevallen, diarree en afscheiding uit ogen en neus.

Net als met parvo is dierenartszorg essentieel. Maar veel honden die de hondenziekte oplopen, overleven dit niet. En honden die het wel overleven, herstellen nooit helemaal.

Hondenziekte en parvo zijn twee van de ziekten waartegen je hond wordt beschermd door zijn jaarlijkse vaccinaties. Zie hoofdstuk 11 voor meer informatie over vaccins en andere strategieën voor preventieve zorg.

HOTSPOTS

PAS OP

Honden met een lange of dubbele vacht (een wollige ondervacht en stevige, lange bovenvacht) zijn erg gevoelig voor *hotspots*. Dit is een lokale irritatie die dierenartsen *acute huidontsteking* noemen. Het probleem begint meestal met een lichte irritatie, bijvoorbeeld een vlooienbeet, bij het achterwerk van de hond. De hond valt de plek dan vol overgave aan en binnen korte tijd is het hele gebied een vieze, ontstoken bende.

Als je er snel genoeg bij bent, kan een hotspot thuis worden behandeld. Zodra het gebied ontstoken en slijmerig is, moet je ermee naar je dierenarts.

Knip de vacht weg zodat er lucht bij kan en maak het gebied uitgebreid schoon met een middel met antibacteriële werking. In sommige gevallen helpt het om de hond met antihistaminica te behandelen. Hiermee stop je de jeuk en laat de hond het gebied misschien met rust. Je dierenarts kan je advies geven over de dosis. Onthoud wel dat antihistaminica bij honden veel minder effectief zijn dan bij mensen. Als je nog een hondenkraag hebt van een eerdere behandeling, doe deze dan ook om.

Als je de hotspot ontdekt terwijl deze net ontstaat, heb je misschien geluk en kun je met de voorgaande tips voorkomen dat het verder gaat. Als het wel erger wordt, bel je meteen je dierenarts. Het probleem is niet levensbedreigend, maar je hond zal zich er wel ellendig bij voelen.

Urologische problemen

De *nieren* zijn de bloedfilters van het lichaam. Deze organen helpen overtollig vocht te verwijderen als je hond meer drinkt dan nodig, ze houden vocht vast als je hond minder drinkt dan nodig en ze voeren afvalstoffen van eten, drinken of medicijnen en andere restproducten af. Urine wordt opgeslagen in de blaas totdat de hond dit uit het lichaam werkt. Het systeem is niet helemaal perfect en sommige honden krijgen hier problemen mee, vooral als ze ouder worden.

Nierproblemen

Nierziekten komen vooral voor bij oudere honden, maar kunnen op elke leeftijd ontstaan. In het begin merk je misschien wat veranderingen in plas- en drinkgedrag (beide gebeuren vaker). Maar als de ziekte doorzet, zie je misschien dat de hond gewicht verliest. Ook kan je hond gaan braken, omdat zich in het lichaam giftige stoffen ophopen.

Wees op je hoede als je hond veel plast en drinkt. Deze symptomen kunnen op veel problemen duiden, waaronder een nierziekte. Oplettende eigenaars zien misschien ook dat de hond minder eet, vaker braakt, algeheel zwakker is en gewicht verliest. Dit zijn vaak symptomen van het resultaat van vergevorderd nierfalen.

Sommige diergeneeskundig onderzoekers stellen dat chronische nierproblemen worden veroorzaakt door bacteriën die terechtkomen in het bloed van honden met ontstoken tandvlees. De invloed van een ontsteking in de bek is nog onderwerp van gesprek. Toch blijkt uit onderzoek het belang van preventieve tandzorg voor je huisdier. Lees hoofdstuk 11 voor meer informatie over preventieve tandzorg.

Om chronisch nierfalen onder controle te houden, moet je hond waarschijnlijk een dieet volgen. In het verleden schreven dierenartsen vaak voer voor met weinig eiwitten en weinig zout, als de hond ook hoge bloeddruk had. Nu blijkt dat deze traditionele beperking van de hoeveelheid eiwitten mogelijk niet de beste aanpak is. Daarom wordt er nu meer nadruk gelegd op voeding met hoogwaardige eiwitten die goed verteerbaar zijn als goede aanpak voor honden met nierproblemen. Maar wees niet verbaasd als deze aanbevelingen blijven veranderen. Dergelijke veranderingen zijn een vast onderdeel van de evolutionaire aard van de medische wetenschap. (Zie hoofdstuk 7 voor meer informatie over voeding.)

Werk samen met je dierenarts om de situatie van een hond met een nierziekte in de gaten te houden. Waarschijnlijk moet het bloed van je huisdier regelmatig worden onderzocht om problemen en veranderingen te herkennen. Misschien moet je hond wel worden opgenomen voor een infuus of moet je je huisdier zelf thuis vloeistof toedienen onder de huid. Je kunt zelf helpen in de gaten te houden hoe je hond onder de ziekte is. Houd hiervoor in een logboek zijn gedrag, eetlust en gewicht bij. Hiermee kun je trends zien die erop kunnen wijzen dat extra aandacht van de dierenarts nodig is, voordat deze trends zich ontwikkelen tot een ernstig probleem.

BELANGRIJK

Helaas kunnen we nierziekten en nierfalen niet altijd genezen. De behandeling van nierfalen vereist toewijding op de lange termijn. De laatste tijd is er ook veel vooruitgang geboekt om de ziekte onder controle te houden. Vaak kun je met een nierdieet een grote vooruitgang boeken. Overleg met je dierenarts over de nieuwste mogelijkheden, variërend van een dieet tot medicijnen die de aanmaak van rode bloedcellen stimuleren en van bloeddrukmedicijnen tot niertransplantaties.

TECHNISCHE INFO

KLEINE WEZENS, GROTE PROBLEMEN

Enkele van de dodelijkste wezens in onze wereld kun je alleen zien met een krachtige microscoop. Ziekteverwekkers, dierenartsen noemen dit *pathogenen*, zijn overal. We kunnen deze lastpakken onderverdelen in drie categorieën:

Bacteriën. Deze eencellige levensvormen vind je zowel op de buitenkant van je huisdier als in zijn ingewanden. De meeste hiervan leven in vreedzame co-existentie met hun gastheer. Sommige bacteriën, *de normale bacteriële flora*, zijn zelfs goed. Je kunt ze beschouwen als antikraak; ze voorkomen dat gevaarlijke bacteriën zich kunnen nestelen.

Gevaarlijke bacteriële infecties kunnen meestal goed worden bestreden met antibiotica, als de dierenarts eenmaal weet waar ze mee te maken heeft. Je moet het volgende weten over bacteriën. Ze vermenigvuldigen zich in het lichaam van een levend wezen, maar ook op het oppervlak van voer- en waterbakken, aanrechten en speelgoed. Een voorbeeld van een ziekte die door bacteriële besmetting wordt veroorzaakt, is voedselvergiftiging.

Virussen. Virussen zijn geen echte levende wezens. Ze reproduceren zich via de cellen van hun gastheer. Er is een groot verschil in hun vermogen om buiten het lichaam van een gastheer te overleven. Sommige, zoals parvo, kunnen lang overleven. Daarom is het zo belangrijk om advies te vragen aan je dierenarts over grondige schoonmaakprocedures voordat je een nieuwe hond of puppy introduceert in een huishouden waar een andere hond aan een besmettelijke ziekte is overleden. Antibiotica hebben geen effect op virussen, net als de meeste medicijnen. Maar gelukkig zit er vooruitgang in de behandeling. Dit is vooral te danken aan onderzoek naar virusziekten bij andere zoogdiersoorten, zoals hiv bij mensen en het feliene leukemievirus bij katten. De strijd tegen virussen is in feite een kwestie van voorkomen. Sommige virussen kunnen worden gestopt via vaccinatie, andere kunnen worden voorkomen met goede preventieve zorg. Een gezond huisdier heeft meer kans een aanval door een virus te weerstaan.

Schimmels. Schimmels zijn primitieve plantachtige levensvormen die gedijen in een vochtige, warme omgeving en die sporen loslaten die je kunt inademen. Schimmels zijn opportunisten. Je vindt ze vooral op individuen die al verzwakt zijn door ziekte of die een minder goed werkend immuunsysteem hebben. Ook langdurige of onjuiste behandeling met antibiotica geeft ze een voorsprong, doordat ze normale bacteriën doden die schimmelinfecties kunnen tegenhouden. Voor de bestrijding van schimmelinfecties heb je speciale schimmeldodende medicijnen nodig, niet antibiotica.

Blaasproblemen

De minerale afzettingen die bij mensen tot nierstenen leiden, zoeken bij honden hun weg naar de blaas. De minerale samenstelling varieert vaak per ras. Het type stenen of kristallen dat vaak in dalmatiërs wordt aangetroffen, kan heel anders zijn dan bij een ander ras.

Honden met blaasstenen of -kristallen hebben vaak moeite met plassen. Ook bevat hun urine vaak bloed. Soms janken ze als ze proberen te plassen.

Als je deze blaasstenen niet behandelt, kunnen ze de urineleiding verstoppen. Dit is een potentieel levensbedreigend probleem waarvoor je echt onmiddellijk naar de dierenarts moet. Sommige stenen kunnen met speciaal dieetvoer (verkrijgbaar bij je dierenarts) worden afgebroken. In sommige gevallen is een operatie, antibiotica of doorspoelen van het urinewegstelsel nodig.

FIGUUR 12.1: Vooral dalmatiërs zijn erg gevoelig voor bepaalde soorten blaasstenen; hiervoor moeten ze dan de rest van hun leven op dieet.

Foto met dank aan Howell Book House/Winter-Churchill

Hartaandoening

Hartaandoeningen komen relatief vaak voor bij honden. Je dierenarts herkent een hartkwaal bij je hond meestal op een van de volgende twee manieren:

- **Hij hoort een abnormaal geluid** (een ruis of onregelmatige hartslag) met zijn stethoscoop tijdens een routineonderzoek.
- **Hij onderzoekt je hond** nadat je hebt opgemerkt dat je hond langzamer wordt, hoest, problemen heeft met beweging, flauwvalt, snel ademt of moeite heeft met ademhalen.

Wat voor veel hondeneigenaars een plotselinge verandering is, ontwikkelt zich vaak gedurende langere tijd tot iets wat kan worden waargenomen. Daarom vind je in hoofdstuk 11 informatie over hoe je de hartslag en ademhaling van je hond kunt meten. Zo weet je wat normaal is en wat niet en beland je niet opeens in een noodsituatie.

Andere tekenen van een hartaandoening zijn:

- **Gewichtsverandering.** Merkbaar aankomen of afvallen binnen een paar weken is altijd een reden om je zorgen te maken.
- **Ongemakkelijk gevoel.** Soms is het moeilijk om onder woorden te brengen wat er precies mis is met je hond. Vaak zijn je instincten beter dan je denkt.

Als een ernstige hartkwaal wordt ontdekt of vermoed bij je hond, moet je als eerste een mogelijk levensbedreigende situatie stabiliseren. Je dierenarts stelt misschien voor om met medicijnen of een naald vloeistof uit of rond de longen te verwijderen.

Als de situatie niet zo ernstig is en je een hartkwaal vermoedt of als je hond moeite had met ademhalen, maar zich nu weer beter voelt, wil je dierenarts nog steeds wel weten wat er mis is met je hond. Voor een diagnose is vaak een grondig lichamelijk onderzoek, röntgenfoto's van de borstkas en een echocardiogram (echo van het hart) nodig. Een elektrocardiogram (ecg) kan ook nuttig zijn, vooral als er een abnormaal hartritme is vastgesteld. Daarnaast kan je dierenarts vragen om bloed- en urinetests.

Nadat een accurate diagnose is gesteld, bepaalt de dierenarts of diergeneeskundig specialist, eventueel in gezamenlijk overleg, de beste combinatie van medicijnen, een dieet en controle waarmee je hond de beste kans heeft op een lang, gezond leven. Maar je krijgt geen garanties. Bij een hond met een hartkwaal kunnen altijd ernstige complicaties optreden of kan het dier zelfs plotseling overlijden. Dit is geen leuk vooruitzicht, maar je moet je er wel op voorbereiden.

TECHNISCHE INFO

Hartkwalen bij honden zijn vaak erfelijk en sommige honden hebben er meer last van dan andere. Kleine rassen hebben regelmatig hartruis, wat vaak wordt veroorzaakt door een lekkende hartklep. Andere rassen hebben andere problemen. Als je een raspuppy wilt aanschaffen, doe dan onderzoek naar erfelijke afwijkingen en problemen die later optreden bij het ras. Koop geen puppy van een ras dat extra risico loopt, tenzij de ouders beide door een dierencardioloog zijn getest op hartkwalen.

Tumoren

Tumoren komen helaas vaak voor bij honden. Sommige tumoren zijn uiteindelijk dodelijk, andere zijn maar een ongemak.

Het belangrijkste bij tumoren is dat je heel zorgvuldig alle knobbels bij je hond in de gaten moet houden. Hij vindt het heerlijk als je hem wrijft, aait en betast. Hoe vaker je dit doet, hoe beter je weet wat normaal is bij je hond en wat nieuw is ontstaan. Wees ook altijd alert op gewichtsverlies of andere tekenen dat je hond zich niet lekker voelt. Overleg bij het eerste teken van problemen met je dierenarts. Hij onderzoekt je huisdier en voert wat diagnostische tests uit, zoals bloedonderzoek, röntgen en een echo. Je dierenarts neemt misschien ook wat vloeistof uit de bobbel om de inhoud te onderzoeken.

Als de dierenarts kanker vermoedt, is de belangrijkste test een biopsie.

Je dierenarts adviseert misschien om te overleggen met een diergeneeskundig oncoloog om de ernst van de tumor te bepalen en welke zorgmogelijkheden er zijn. Behandeling kan bestaan uit een operatie, chemotherapie en bestraling, vaak in combinatie. Je dierenarts kan je, mogelijk samen met de oncoloog, helpen begrijpen wat je kunt verwachten bij het aangetroffen type tumor.

Oorproblemen

Honden kunnen dankzij hun veel geavanceerdere gehoor veel beter horen dan wij. Maar hiervoor betalen ze ook een prijs. Als een mens een bijna onhoorbaar geluid beter wil horen, vormt hij een schelp rond het oor om dit beter op te vangen. Het oor van een hond is van nature al zo ontworpen dat geluidsgolven worden opgevangen en in de gehoorgang worden geleid. Helaas is dat niet het enige, ook vreemde voorwerpen komen gemakkelijker binnen, gevolgd door ontstekingen. Enkele van de meest voorkomende problemen zijn:

» **Oorontstekingen.** Rassen met hangende flaporen krijgen vaker ontstekingen in de gehoorgang dan rassen waarbij het gehoorkanaal altijd vrij is voor frisse lucht. Je hondentrimmer of dierenarts kan je helpen de gehoorgangen van je hond schoon en vrij van haren, vuil en oorsmeer te houden. Als je ziet dat je hond veel met zijn kop schudt, houd dan rekening met een ontsteking en ga naar de dierenarts.

» **Vreemde voorwerpen.** Bijna elk klein voorwerp kan problemen veroorzaken in de gehoorgang van een hond. Maar een van de meest voorkomende dreigingen van vreemde voorwerpen is waarschijnlijk de grasaar. Grasaren of kruipers bewegen maar één kant op, naar voren. Als ze eenmaal in de gehoorgang zitten, moet een dierenarts ze verwijderen voordat ze te veel schade aanrichten. Deze zaden kunnen extra schade veroorzaken via ontstekingen. De behandeling bestaat vaak uit antibiotica voor deze secundaire infectie. Een goede indicatie dat je hond een vreemd voorwerp in zijn oor heeft (en voor de meeste andere oorproblemen) is schudden met de kop. Helaas beweegt het voorwerp hierdoor vaak alleen maar dieper het oor in.

» **Auditief hematoom (kussenoor).** Met de kop schudden vanwege problemen in het oor kan ook problemen buiten het oor veroorzaken, op de oorschelp. Een hematoom ontstaat als op de oorschelp een bloedvat knapt. De oorschelp zwelt duidelijk op, voelt warm aan en is pijnlijk voor het dier. De wond geneest uiteindelijk vanzelf. Maar dit is een pijnlijk proces en het oor is naderhand vaak rafelig en heeft littekens. De meeste huisdiereigenaars zien dit liever niet. Het alternatief is een chirurgische ingreep, waarbij de dierenarts het gebied opensnijdt om de druk te verminderen. Hierna kan de wond genezen.

EEN ONSJE PREVENTIE

BELANGRIJK

Dierenartsen zien veel ziekten die niet kunnen worden voorkomen. Maar ze behandelen ook veel dieren voor kwalen die vermijdbaar zijn. Maar weinig dingen zijn zo moeilijk te verwerken als het verlies van een huisdier door een ongeluk. Dit geldt niet alleen voor de eigenaar, maar ook voor de dierenarts. Houd daarom rekening met de volgende dingen:

Auto's. Honden belanden vaak in een dierenkliniek voor spoedeisende hulp nadat ze door een auto zijn geraakt. De beste manier om dit te voorkomen: hekken en riemen. Zorg ervoor dat het hek rond je tuin solide is en laat je hond alleen los van de riem op een veilige plek, zoals een omheind hondenpark waar ze kunnen rennen. *Geen enkele hond is zonder riem volledig betrouwbaar.* Vlak bij mijn huis zie ik joggers met hun hond los naast zich, terwijl ze vlak langs een drukke weg rond een druk park rennen. Er hoeft maar een eekhoorn te lopen en de best opgevoede hond rent zo de straat op. Riskeer dit niet, houd je hond aan de riem.

Gif. Huishoudelijke schoonmaakmiddelen, bestrijdingsmiddelen, antivries, medicijnen en zelfs tuinplanten eisen af en toe een huisdier op. Lees het etiket, berg producten veilig op en ruim het meteen op als je hebt geknoeid.

Hitte. Honden kunnen zichzelf niet zo efficiënt koel houden als wij en raken gemakkelijk oververhit. Ga niet uitgebreid wandelen of rennen met je hond als het heet is en laat hem niet in een kleine ruimte, zoals een auto.
Gezond verstand? Absoluut. Maar ik heb een vriend die graag verklaart dat gezond verstand lang niet altijd wordt gebruikt. En dat geldt zeker bij het voorkomen van ongelukken. Bescherm je hond. Als het ondenkbare gebeurt, ga dan meteen naar een dierenarts. Het leven van je hond ligt in jouw handen.

PAS OP

Wat de oorzaak ook is, oorontstekingen kunnen moeilijk uit te bannen zijn. Meestal omdat de aandacht bij mensen na een tijdje verslapt. Dierenartsen vertellen me wel dat oorontstekingen hierdoor een van de meest frustrerende problemen zijn waar ze mee te maken hebben. Mensen willen één keer langskomen met hun hond, medicijnen krijgen en deze (of het meeste hiervan) aan hun hond geven en verwachten dan dat het probleem voorgoed is opgelost. Maar bij oorontstekingen is regelmatig een langere antibioticakuur of een wisseling naar andere medicijnen nodig. En daarvoor moet de eigenaar meer dan één tripje naar de dierenarts maken. Ja, het is frustrerend om een chronisch probleem te bestrijden. Maar het is nog veel moeilijker om ermee te leven als je huisdier er last van heeft. Volg bij oorontstekingen het advies van je dierenarts tot in detail op. Inclusief het controlebezoek achteraf. Je wilt niet weten hoeveel honden ik heb gezien met pijnlijke oorontstekingen die jaren duurden, omdat de eigenaar het probleem niet erkende of dacht dat het erbij hoorde. De situatie kan nog een stuk ernstiger worden als een extern oorprobleem niet wordt behandeld en zich ontwikkelt tot en midden- of binnenoorontsteking. Als je ooit een oorontsteking hebt gehad, weet je hoe pijnlijk dit is.

IN DIT HOOFDSTUK

Het verouderingsproces verzachten

Omgaan met gezondheidsklachten van oudere honden

Afscheid nemen

Hulp tijdens het rouwproces

Je huisdier verzorgd achterlaten

Hoofdstuk 13

De zorg voor een oudere hond

Mensen geven hoog op over puppy's, maar voor mij is een geliefde, oudere hond een van de mooiste wezens op aarde. Een oudere hond heeft iets nobels, een blik in de ogen die jaren van speciale liefde uitstralen die alleen een huisdier kan geven: vol vertrouwen, zonder oordelen en altijd en eeuwig trouw.

Je hebt de gezondheid van je hond niet volledig in eigen hand als hij ouder wordt. Maar je kunt wel grote invloed hebben op zijn houding. Het is heel normaal dat je wat triest wordt als je die eerste grijze haren rond de neus ziet. Een hond wordt lang niet zo oud als wij. Die eerste tekenen dat je hond ouder wordt, zijn een duidelijk teken dat de jaren tussen de eerste ademhaling van een puppy en de laatste ademtocht van een stervende hond niet zo ver uit elkaar liggen.

Maar onthoud het volgende goed: je hond weet niet dat hij ouder wordt. Hij maakt zich geen zorgen om zijn grijze haren of andere zichtbare effecten van de tand des tijds: het dikker wordende lijf, het dunner worden van de ledematen. Hij telt niet hoe vaak hij een bal kan ophalen voordat hij moe wordt. Hij vergelijkt dit niet met het aantal keer dat hij dit kon toen hij een jonge hond in de bloei van zijn leven was.

Een hond leeft in het nu. Hij denkt net zomin na over het verleden, als hij zich de toekomst kan voorstellen. Hij weet niet dat zijn dagen zo langzamerhand zijn geteld en dat hij zwakker, blind of misschien doof wordt. Hij weet niet dat hij een keer dood zal gaan.

Jij weet dit allemaal wel, maar deze informatie kun je het best voor je houden. Je hond richt zich naar jou. Als jij opgewekt en bemoedigend bent en van hem houdt, is hij op zijn best, hoe oud hij ook is. Houd je ouder wordende hond fit en gezond en sluit hem niet buiten als je iets gaat doen.

Deze periode kan voor jullie beiden heel speciaal zijn. Het is aan jou om ervoor te zorgen dat jullie hier optimaal van genieten.

FIGUUR 13.1: Honden hebben liefde en speciale zorg nodig om gelukkig te blijven terwijl ze ouder worden.

Foto met dank aan Gay Currier

Speciale zorg voor senioren

De beste vriend voor je hond, naast jijzelf, is zijn dierenarts. Preventieve zorg is niet alleen rendabeler dan acute zorg. Het is ook een manier om ervoor te zorgen dat je problemen opmerkt *voordat* ze de kwaliteit van het leven van je hond beïnvloeden.

Het kan me niet schelen dat je hond zo weinig ziek is geweest dat hij de dierenarts zelden heeft gezien. Neem hem, als hij een jaar of acht is, een keer mee naar de dierenarts voor een uitgebreid seniorenonderzoek. Bij echt grote rassen kan dit beter al met een jaar of zes, bij de dwergrassen is een jaar of tien ook prima. Laat ook de tests uitvoeren die je dierenarts nodig vindt: bloed, urine enzovoort. Met de informatie uit deze tests kun je behandelbare problemen eerder herkennen. Ook heeft je dierenarts zo basisgegevens waarmee hij nieuwe gegevens kan vergelijken als er problemen ontstaan.

TIP

Ik heb niets tegen groepspraktijken. Sterker nog, de gesprekken die de dierenartsen intern hebben, kunnen goed zijn voor de algehele zorg voor mijn hond. Maar voor mijn honden werk ik het liefst met één dierenarts. We gaan naar een uitstekende, gespecialiseerde groepspraktijk, maar maken altijd een afspraak met deze ene dierenarts, omdat hij onze honden, hun behoeften en hun eigenaardigheden het best kent. Deze informatie en rapportage is belangrijker dan ooit als je je hond door zijn gevorderde jaren leidt.

Voeding

De voedingsbehoeften van je huisdier veranderen naarmate hij ouder wordt. Hier moet je dus rekening mee houden in zijn voer. Als je tevreden bent over een bepaald soort voer, kun je misschien overstappen naar de seniorenvariant van dit merk. Als het merk dit niet heeft, kun je je dierenarts vragen om een geschikt merk seniorenvoer.

PAS OP

Het grootste door voeding veroorzaakte probleem bij oudere honden is obesitas. Hierdoor ontstaat meer druk op gewrichten en interne organen die hier niet tegen bestand zijn. Als je hond te dik is, overleg dan met de dierenarts hoe je hem langzaam kunt laten afvallen. Vergeet niet dat honden, in tegenstelling tot mensen, geen controle hebben over hoeveel ze eten. Het gewicht van je hond is afhankelijk van *jouw* zelfbeheersing, niet die van hem. Honden met chronische gezondheidsproblemen moeten misschien speciaal dieetvoer krijgen dat je alleen bij de dierenarts kunt kopen. Dit dieetvoer, dat als blikvoer en als droge brokken beschikbaar is, is speciaal gericht op de specifieke gezondheidsbehoeften van je hond. Sommige honden vinden het misschien niet lekker, zeker niet na het vette, snoepachtige voer dat ze eerder kregen. Maar ondermijn de zorg voor je dier niet door lekkers bij het eten te doen. Een eenvoudige bouillon getrokken van kippenbot en een of twee gekneusde teentjes knoflook (uiteraard zonder zout), maakt het geheel opeens een stuk smakelijker voor je hond. Maar overleg eerst met je dierenarts voordat je iets aan een dieetvoer toevoegt.

Zie hoofdstuk 7 voor alle ins en outs over hondenvoer: wat erin zit, wat je hond nodig heeft en hoe je goed voer kiest.

Beweging

Stilstand is achteruitgang. Dit geldt voor honden net zo goed als voor mensen. Met beweging blijft je hond in conditie en geef je hem betere kansen voor een gezonde oude dag.

Het geheim zit hem erin vaker, maar minder intensief te bewegen. Neem je hond niet meer een keer per week mee naar het park om hem achter tennisballen te laten aanrennen totdat hij uitgeput is, maar ga elke dag een stuk met hem wandelen. Als je toch met een tennisbal wilt spelen, gooi deze dan laag, zodat je hond niet hoeft te springen en draaien, met het gevaar op harde landingen. Ook kun je naar het park en terug lopen, in plaats van de auto te pakken. Rustig opwarmen en afkoelen zijn erg belangrijk voor oudere honden. Hun lichaam kan niet zo goed meer tegen oneindig stuiteren zoals een jonge hond dat wel kan. Passiviteit, onderbroken door plotselinge uitspattingen van overdreven inspanning is voor geen enkele hond goed. Maar voor een oudere hond kan dit pijnlijk, of zelfs gevaarlijk zijn.

JUNIOR VERVANGT DE PLAATS VAN SENIOR

TIP

Als je een oudere en een jongere hond hebt, kan de strijd tussen de beide frustrerend zijn voor de oudere hond. Met de volgende oefening kun je de oudere hond laten winnen en de gehoorzaamheid van de jongere hond verbeteren.

Nadat je jongere hond een paar ballen heeft teruggebracht om zijn overtollige energie kwijt te raken, laat je hem zitten en blijven (zie hoofdstuk 14). Als je deze oefening nog nooit onder dit soort verleidelijke omstandigheden hebt gedaan, laat je zijn riem om en ga je er op staan. Herhaal het commando 'Blijf' en gooi de bal (een korte worp) voor de oude hond. Laat hem de bal een paar keer halen, laat daarna de jongere hond gaan en beloon hem. Vertel ze allebei dat ze prachtige honden zijn.

TIP

Hoe goed je bedoelingen ook zijn, soms gedraagt een oudere hond zich weer alsof hij puppy is en wil hij ruig spelen. Dit voelt hij de volgende ochtend ook. Als je hond langer dan een dag stijf blijft, bel dan even met je dierenarts.

Wandelen is goede beweging voor een oudere hond. Hetzelfde geldt voor zwemmen onder toezicht, als je een hond hebt die hiervan houdt. Ga naar een meer of plas, niet naar een rivier, en houd hem dicht bij de oever. Het maakt niet zoveel uit wat je doet, als je je hond maar elke dag laat bewegen. Probeer hem iets verder en langer te laten lopen, of in ieder geval niet te minderen. Put hem niet uit, laat hem het tempo bepalen.

TIP

Denk ook na over spelletjes die hij net zo goed kan doen als toen hij jonger was (of nu misschien zelfs beter). Ik heb een oudere hond, Andy, die niet meer achter tennisballen aan kan rennen. In plaats daarvan geef ik het commando 'Blijf', laat ik hem een stuk speelgoed zien en verstop dit, zodat hij het kan zoeken. Hij is hier zo goed in, dat ik er wel eens over denk hem aan de politie te verhuren om smokkelwaar te zoeken. En hij is er zo trots op dat hij zo slim is, dat ik met heel veel plezier kijk naar hoe hij rondsnuffelt.

Er zijn maar weinig honden, zelfs jonge, die voldoende beweging krijgen om hun nagels kort te houden. Bij oudere honden lukt dit gewoon niet. Door jicht en stijve spieren is het al moeilijk genoeg voor oudere honden om te bewegen. Met lange nagels wordt dit nog erger. Dit is iets wat jij volledig in de hand hebt; houd zijn nagels daarom kort genoeg. (Zie hoofdstuk 10 voor tips over hoe je nagels kort kunt houden.)

FIGUUR 13.2: Zwemmen is prima beweging voor honden van alle leeftijden.

Foto met dank aan Desiree Weber

Tandverzorging

Een van de belangrijkste recente ontwikkelingen in de verzorging van oudere honden, is de mondverzorging. Als je tijdens de preventieve zorg de tandheelkundige zorg negeert, kan dit een groot gevaar voor je hond opleveren.

Preventieve zorg is onder andere het poetsen van de tanden van je hond (twee of drie keer per week is prima). Hiervoor gebruik je een tandenborstel of verbandgaas rond je vinger gewikkeld. Kijk wat je hond het minst vervelend vindt. Er is tandpasta speciaal voor honden, met voor honden lekkere smaakjes en ingrediënten die mogen worden doorgeslikt. Honden kunnen niet spugen. Daarom is tandpasta voor mensen of zuiveringszout (dat veel natrium bevat) niet geschikt.

Voordat je met je thuiszorgprogramma begint, moet je je hond waarschijnlijk laten behandelen door je dierenarts. Een volledige tandheelkundige behandeling onder narcose duurt 45 minuten tot een uur. In deze tijd worden de tanden niet alleen gereinigd, maar ook kapotte of rottende tanden, gaatjes, abcessen en tandvleesaandoeningen behandeld. Deze procedure is vooral belangrijk als je de bek van je huisdier een tijd hebt verwaarloosd. Door de tanden van je hond te poetsen voorkom je plak, maar het helpt niet (meer) tegen vuil dat al is opgebouwd en het helpt niet tegen rotte tanden en ontstekingen.

BELANGRIJK

Tandheelkundige zorg is erg belangrijk bij oudere honden. Vooral kleine hondjes waarvan de tanden dicht op elkaar staan. Met een verwaarloosde bek kan eten pijn doen. Ook infecties zijn een probleem. De schadelijke effecten van bacteriën uit chronische ontstekingen in de bek hebben invloed op de interne organen van de hond en kunnen het immuunsysteem overbelasten. Bacteriën kunnen zelfs vanuit de bek via het bloed in het hart komen en daar de hartkleppen infecteren.

De voordelen van deze zorg gaan verder dan alleen maar het voorkomen van een slechte adem bij een oudere hond. Als je hond geen last meer heeft van ontstekingen en pijn, wordt niet alleen zijn gezondheid, maar ook zijn humeur beter, wat weer goed kan zijn voor zijn eetlust.

TECHNISCHE INFO

NARCOSE EN OUDERE HONDEN

Narcose is in de diergeneeskunde heel gewoon. Toch bestaan er veel misvattingen over het gebruik hiervan bij oudere honden. Het idee dat het risico van narcose niet opweegt tegen het belang van preventieve diergeneeskundige zorg, zoals tandheelkundige zorg, wordt niet meer ondersteund door ervaringen van dierenartsen.

Het risico kan met een paar basistests behoorlijk worden verkleind, zoals een bloed- en urinetest, een röntgenfoto van de borstkas en misschien een elektrocardiogram. Ze maken de hele procedure wel duurder, maar zorgen ervoor dat een dierenarts levensverbeterende en levensverlengende voordelen van preventieve zorg kan bieden aan de huisdieren die dit het meest nodig hebben.

Een bespreking van de gevaren van narcose is niet volledig zonder een paar woorden over jouw verantwoordelijkheden met betrekking tot narcose:

- Volg de instructies van je dierenarts over de voorbereiding van je hond op de operatie. Je hond moet nuchter zijn voor de operatie, dus breng hem met een lege maag. Een van de gemakkelijkste manieren om het risico te verkleinen is deze eenvoudige instructie op te volgen. Onder narcose kan de inhoud van een volle maag worden ingeademd in de longen.
- Wees voorbereid op speciale zorg thuis als je je huisdier weer mee krijgt. Vaak geeft de dierenarts je dier al mee naar huis voordat de verdoving volledig is uitgewerkt. Deze dieren moeten worden beschermd tegen kou en hitte, omdat hun reflexen nog niet goed werken. Als je liever niet voor een nog gedeeltelijk verdoofd dier zorgt, vraag dan aan je dierenarts of je huisdier wat langer in de praktijk kan blijven.
- Wees niet bang om vragen te stellen. Zorg ervoor dat je begrijpt wat de procedures zijn en wat je mag verwachten. Zo moeten dieren na narcose vaak hoesten, omdat het slangetje dat hiervoor wordt gebruikt, wat irritatie kan veroorzaken. Neem contact op met de dierenarts als je hond na een paar dagen nog hoest.

De narcose geeft waarschijnlijk geen problemen als jij en de dierenarts er alles aan doen om de risico's te verkleinen. Hoe jong of oud je hond ook is.

Een paar veelvoorkomende problemen

Elke hond is een individu, maar toch lijken veel honden last te krijgen van een paar aan hun leeftijd gerelateerde ziekten. Natuurlijk moet je met je dierenarts bespreken hoe deze ziekten het leven van je hond beïnvloeden en hoe je ze het best kunt behandelen. Maar het is handig er al een beetje over te weten voordat het zover is.

Ik noem enkele problemen waar veel oude honden last van hebben en de dingen die je kunt doen om deze te verlichten:

- **Achteruitgang van de zintuigen.** Dove en blinde honden kunnen nog prima mee, zolang je ze maar een handje helpt en ze beschermt tegen gevaren die door hun handicap worden veroorzaakt. Vooral blindheid is een probleem waaraan honden zich met veel gemak aanpassen, vaak tot grote verbazing van de eigenaar. Maar denk eens aan het volgende: honden hoeven de krant niet te lezen, ze kijken geen tv en vertrouwen erop dat jij de ingrediënten op de zak van hun brokken leest. Zicht is bij honden toch al niet het primaire zintuig. Het zou veel erger zijn als ze hun reukvermogen verliezen. Als ze eenmaal weten waar dingen staan, botsen ze bijna nooit ergens tegenaan (zolang je er geen hobby van maakt de meubels steeds te verplaatsen). Gehandicapte dieren mogen niet los lopen omdat ze gevaar niet kunnen zien en jouw waarschuwingen niet kunnen horen.

  Ik had eens een pleeghond waarvan ik vermoedde dat ze volledig blind was. Ik ging met haar naar de dierenarts om dit te laten controleren. 'Wacht hier maar even', zei hij nadat hij haar had onderzocht. 'Ik heb een speciaal apparaat daarvoor.' Hij kwam terug met een... stuiterbal! Hij stuiterde met de bal voor haar neus, maar ze knipperde niet eens. We hadden ons antwoord.

  Zelfs als je oudere hond blind is (of doof, dit controleer je door achter zijn hoofd te klappen), is er *misschien* wel iets aan te doen. Vraag aan je dierenarts een verwijzing naar een specialist (bijvoorbeeld een dierenoogarts). Problemen als staar kunnen met medicijnen en operaties worden behandeld.

- **Incontinentie.** Ik krijg steeds brieven van gefrustreerde eigenaars die zich afvragen of hun hond opeens niet meer zindelijk is en hoe ze het dier weer in het gareel kunnen krijgen. Als eerste kijk je bij een plotseling optredend gedragsprobleem of het geen gezondheidsprobleem is. Ik kan niets verzinnen waarbij dit meer geldt dan bij een oudere hond die opeens in huis gaat plassen. Je huisdier heeft misschien last van een ontsteking, of als het om een oudere, gesteriliseerde teef gaat, heeft misschien last van verzwakte spieren door een verlaging van het hormoonniveau. Beide problemen zijn te behandelen, dus ga hiervoor naar je dierenarts. Vanaf een bepaalde leeftijd is het bijna onvermijdelijk dat er af en toe wat urine lekt. Vooral als je hond slaapt. Ik leg een oude rubberen badmat op de plekken waar mijn oudere honden het liefst slapen. Deze vangen de druppels op, zijn gemakkelijk te wassen en zijn gemakkelijk vrij te houden van geurtjes, vocht en vlooieneieren. Huisdieren kunnen, net als kinderen, veel troep veroorzaken. Letterlijk. Als je wilt weten hoe je door dieren veroorzaakte vlekken uit je tapijten en meubelen kunt krijgen, lees dan hoofdstuk 6.

- **Bobbels en bulten.** Goedaardige, vetrijke tumoren komen vaak voor bij oudere honden. Over de meeste hiervan hoef je je geen zorgen te maken. Goedaardige tumoren zijn rond, zacht en hebben duidelijk afgebakende randen. Meestal kun je je vingers er bijna helemaal rond krijgen en ze lijken niet goed vast te zitten. Het is wel belangrijk dat je ze door je dierenarts goed laat onderzoeken. Houd de dierenarts ook op de hoogte van veranderingen in grootte en vorm. Vooral als dit vrij snel gebeurt. Als je dierenarts zich zorgen maakt vanwege de grootte, het uiterlijk of de plek, kan hij voorstellen de bobbel te verwijderen en te laten onderzoeken. Maar meestal wordt er niets aan dit soort bobbels gedaan. Het beste moment om op bobbels te controleren? Tijdens het borstelen. In ieder geval elke week. Haal je hand over elke centimeter van je hond en vergeet daarbij niet om lief tegen hem te praten. Voor hem is het dan net alsof je hem aanhaalt.

Ken je ras. Sommige rassen, zoals boxers, hebben veel meer kans op kanker en moeten daarom veel zorgvuldiger worden onderzocht op bulten. Werk nauw samen met je dierenarts om er bij eventuele problemen vroeg bij te zijn.

» **Stijfheid.** Je dierenarts kan je helpen bepalen of de stijfheid door tijdelijke spierpijn komt, bijvoorbeeld omdat je hond iets te ruig heeft gespeeld, of dat het om beginnende artritis gaat. Veel honden hebben het met kou en 's ochtends zwaarder. Artritis komt vaak voor bij oudere honden. Omdat er geen medicijn tegen is, moet je het je huisdier zo gemakkelijk mogelijk maken. Je dierenarts schrijft misschien aspirine met vertraagde werking, voedingssupplementen of ontstekingsremmers voor. Je hond moet deze waarschijnlijk de rest van zijn leven nemen. Jij moet er verder voor zorgen dat je hond niet te zwaar wordt en zeer regelmatig beweging krijgt, zonder dit te overdrijven.

PAS OP

Niet-steroïde ontstekingsremmers, waarvan Rimadyl de bekendste is, hebben het leven van tienduizenden oudere honden draaglijker gemaakt. Maar deze medicijnen zijn niet helemaal zonder risico's. Rimadyl wordt in verband gebracht met de dood van veel honden. Vooral labradors lijken hiervoor erg gevoelig. Laat deze tragediën je er niet van weerhouden een medicijn te gebruiken dat wonderen kan verrichten, maar vraag je dierenarts wel om alle risico's en voordelen duidelijk uit te leggen, zodat je de beslissing kunt nemen die voor je hond het beste is.

TIP

Sommige dieren verliezen kracht in hun achterlichaam als ze ouder worden of ze raken verlamd door ruggengraatletsel. Dit hoeft niet meteen tot euthanasie te leiden. Er bestaan rolstoelen voor honden, die het gewicht van de hond ondersteunen en waarmee de hond weer mobiel is. Hiervan bestaan verschillende varianten voor honden van verschillende grootte en met verschillende kwalen, variërend van een zwak achterlijf tot verlamde of geamputeerde achterpoten. Op internet vind je voor Nederland en België adressen waar je deze rolstoelen kunt bekijken en kopen.

Redelijke voorzieningen

Je hond heeft geen gevoel van schaamte of verlegenheid. Hij zal het dus geen probleem vinden als je dingen verzint om hem het leven gemakkelijker te maken. Ik heb eens een kar gekocht waarin een oudere hond met zwakke poten naar het park kon. Het mooiste was het harnas waarmee de jongere hond de kar kon trekken. Het aantal manieren waarop je je oudere hond kunt plezieren wordt alleen beperkt door je eigen verbeelding. Ik geef alvast een paar tips om je fantasie op gang te helpen:

» **Bedden.** Denk hierbij aan zacht. Denk aan kussens. Denk aan een lage instap. Denk aan verwarmd. Je hond is je hier absoluut dankbaar voor, vooral als het koud is.

» **Kleren.** Hondenkleding is niet meer alleen voor poedels. Oudere honden hebben net als oudere mensen moeite om warm te blijven. Dit probleem kan nog groter zijn voor slanke, kortharige rassen, zoals de greyhound of whippet. Neem daarom een duik in de truienafdeling van de lokale dierenwinkel. Of pas een oude trui van jezelf aan zodat deze past.

  Mijn favoriet in deze zelfontworpen hondenwarmers komt van mijn vriendin Judy Harper. Zij deed haar oude Ierse setter, Shannon, een versleten trui aan waarvan ze de mouwen had afgeknipt. 'De lengte was heel modieus, in capri-stijl', merkte ze op. Shannon vond het prachtig.

» **Bakken.** Water- en voerbakken op een standaard zijn voor grote honden van alle leeftijden een goede keuze. Maar ze maken het vooral voor de rug van oudere honden veel gemakkelijker. Dit soort voerbakken zijn verkrijgbaar bij de dierenwinkel. Maar je kunt ze ook zelf maken.

» **Platformen en trapjes.** Als je honden op de bank en op bed mogen (die van mij mogen dat), moet je iets zoeken of maken waarmee de hond niet meer één grote sprong hoeft te maken. Je wilt toch niet lekker tv kijken zonder je hond aan je zijde?

TIP

OUDERE HOND VERSUS NIEUWE PUPPY

Een hond kan ronduit chagrijnig worden door alle problemen die hij krijgt als hij ouder wordt. Sommige mensen willen daarom graag weer een puppy in huis hebben. Je wilt natuurlijk wel zeker weten dat je oudere hond deze verandering leuk vindt of op zijn minst tolereert. Is het verstandig om een puppy in het leven van je oudere hond te brengen?

Dat hangt ervan af. Voor sommige oudere honden is een puppy een enorme boost voor het enthousiasme van senior. Voor andere honden is al die energie van en aandacht voor een puppy de druppel en willen ze weg. Aan jou de taak om uit te zoeken hoe jouw oudere hond zal reageren.

Over het algemeen profiteert een oudere hond die nog wel fit en levenslustig is van jong leven in huis. Echt oude of ernstig verzwakte honden hebben er het minste plezier van. Maar houd de interactie altijd goed in de gaten totdat je weet hoe beide dieren op elkaar reageren, ongeacht hoe oud je hond is. Laat je oudere hond zich niet te erg opwinden en zet de puppy af en toe in zijn bench of achter een babyhekje om de oudere hond ook eens rust te gunnen. Zorg er ook voor dat je tijd en energie overhoudt voor hond nummer één. Breng samen tijd door, zonder anderen, zodat hij weet dat je nog steeds heel veel van hem houdt.

Afscheid nemen

Euthanasie, de technische term voor het laten inslapen van een hond, is een van de moeilijkste beslissingen die je zult moet nemen. En het wordt niet gemakkelijker, hoe vaak je er in de loop van de jaren ook mee te maken krijgt. Je dierenarts kan advies geven, je vrienden kunnen je steunen, maar jij moet helemaal zelf de beslissing nemen. Als je een oudere of ongeneeslijk zieke hond hebt, kijk je hem elke ochtend in de ogen en vraag je jezelf af: is dit de dag?

Dit kun je gewoon niet zeker weten.

Sommige eigenaars wachten niet totdat het ongemak van hun huisdier overgaat in pijn en kiezen veel eerder voor euthanasie dan anderen. Sommige eigenaars gebruiken de eetlust als graadmeter. Zij redeneren dat, als een oud of ziek dier niet meer is geïnteresseerd in eten, hij nergens meer in geïnteresseerd is. En sommige eigenaars wachten tot er echt geen twijfel meer is dat de tijd is gekomen.

Elke leidraad is de juiste, voor sommige honden en voor sommige eigenaars op sommige momenten. Je doet je best, probeert de beslissing achter je te laten en verwerkt je verlies. Ironisch genoeg heeft de ongelofelijke vooruitgang in de diergeneeskunde van de afgelopen tientallen jaren de beslissing voor veel mensen alleen maar moeilijker gemaakt. Nog niet zo lang geleden, was het beste dat je voor een ernstig ziek dier kon doen, het hem zo gemakkelijk mogelijk te maken, totdat het echt niet meer ging. Tegenwoordig zijn bijna alle behandelmethoden voor mensen, variërend van chemotherapie tot pacemakers, beschikbaar voor onze huisdieren.

Als je je dergelijke zorg kunt veroorloven en realistische verwachtingen hebt dat dit het leven van je huisdier kan verbeteren, in plaats van alleen maar verlengen, dan moet je dit zeker doen. Maar laat je niet dwingen om beslissingen te nemen op basis van een schuldgevoel of wensdenken.

BELANGRIJK

Euthanasie is een gunst voor een geliefd huisdier. Een beslissing die we ten koste van onszelf nemen. Het is een laatste daad van liefde, niets minder.

Euthanasieopties

Moet je erbij zijn als je huisdier sterft? Wat doe je met het stoffelijk overschot? Deze vragen zijn moeilijk, maar er is geen fout antwoord. Zoals euthanasie door de dierenarts wordt uitgevoerd, is het een snel en vredig proces. Het dier is binnen enkele seconden bewusteloos en overlijdt binnen een minuut. Het eufemisme 'laten inslapen' is een perfecte omschrijving. Wie deze procedure ooit heeft meegemaakt, weet zeker dat het dier niet bang is geweest en geen pijn heeft gehad.

Sommige mensen blijven bij hun huisdier totdat dit is gestorven, anderen niet. Maar welke beslissing je over deze laatste minuten van het leven van je huisdier je ook neemt, het verandert niets aan de liefde die jullie jarenlang voor elkaar hebben gevoeld, tot dit allerlaatste moment. Als je erbij wilt zijn, doe dat dan vooral. Maar het overlaten van euthanasie aan de dierenarts is zeker niet minder humaan en echt geen teken dat je niet van je dier houdt.

WAT DOE JE MET HET STOFFELIJK OVERSCHOT?

TECHNISCHE INFO

Je kunt op veel manieren omgaan met het stoffelijk overschot van je dier. De keuze wordt gemakkelijker als je hier van tevoren een beslissing over neemt. Je kunt het dier naar een destructiebedrijf (laten) brengen, het in je achtertuin of op een andere plek begraven (waar dit wettelijk en door de landeigenaar is toegestaan, natuurlijk), laten cremeren of een uitgebreide uitvaart regelen bij een dierenbegraafplaats. Sommige mensen laten hun dier zelfs opzetten als jachttrofee of laten het stoffelijk overschot invriezen om het dier later te kunnen laten klonen. Ook hier geldt weer dat er geen foute keuze is. Doe wat voor jou het best aanvoelt en je het meest troost.

Het volgende onderwerp is lastig, maar je moet er wel over nadenken. Wat als je dier onverwacht of in de zorg van de dierenarts sterft, de doodsoorzaak onduidelijk is en je dierenarts denkt dat een autopsie leerzaam kan zijn? Sta dit dan toe. Voor jouw hond helpt dit niet meer, maar misschien wel voor honderdduizenden andere honden. Hoe kun je beter laten zien dat je van je hond hield, dan een bijdrage te leveren aan een betere zorg voor dieren met dezelfde gezondheidsproblemen?

Bel de dierenarts om een afspraak en maak duidelijk waarvoor je komt. (Waarschijnlijk snapt hij dat al door je gesnik.) Zo kan ervoor worden gezorgd dat je niet in de wachtkamer hoeft te blijven zitten, maar dat je meteen naar een spreekkamer wordt geleid, als je bij je hond wilt blijven. Je dierenarts doet zijn best om ervoor te zorgen dat al je vragen worden beantwoord en dat je het eens bent met de procedure voordat hij begint. Waarschijnlijk scheert hij de vacht van een voorpoot om gemakkelijker een ader te kunnen vinden om het euthanaseermiddel te injecteren. Mogelijk verdooft hij je dier ook eerst nog. Onthoud: het is heel normaal dat je huilt en je dierenarts zal dit ook zeker begrijpen. En ik weet zeker dat je huisdier het ook begrijpt. Ik houd altijd mijn hand bij de neus van mijn hond, zodat hij met zijn laatste adem nog mijn geur ruikt. Ik weet niet of dit het voor de hond gemakkelijker maakt. Voor mij in ieder geval wel.

Misschien wil je naderhand nog even bij je dier blijven zitten. Je dierenarts begrijpt dit en geeft je de tijd die je nodig hebt om het verlies te gaan verwerken.

Misschien voel je je er prettiger bij als je dier thuis kan worden geëuthanaseerd. Als je dit wilt, overleg dit dan meteen met je dierenarts. Veel dierenartsen zijn hier wel toe bereid, als dit mogelijk is. Als je eigen dierenarts dit niet wil, kun je overleggen of een andere dierenarts dit wel wil.

TIP

Voor een graf in je eigen tuin worden grafstenen aangeboden. Kijk hiervoor maar eens in hondentijdschriften of online. Maar je kunt natuurlijk ook een mooie steen plaatsen of een boom of struik planten. Zelfs als je je huisdier of zijn as niet in je tuin begraaft, kun je ook een gedenkteken op een speciale plek zetten om de pijn te verzachten.

Een andere mooie manier om je hond te gedenken is via een donatie aan een lokale vereniging voor dierenbescherming, regionale opleiding voor diergeneeskunde of een ander goed dierendoel. Een donatie uit naam van een dier is bovendien een prima manier om een vriend bij te staan die een dier heeft verloren.

Omgaan met verlies

Veel mensen zijn verbaasd over de krachtige emoties die losbarsten na de dood van een dier en schamen zich voor hun verdriet. Het kan helpen als je bedenkt dat dieren meer voor ons betekenen dan alleen de liefde die we voor het dier voelen. Vaak realiseren we ons niet dat we niet alleen om het dier treuren, maar ook om de speciale tijd die het dier vertegenwoordigt. Toen een vriendin haar heel speciale Duitse herder verloor, kwam het verdriet dubbel hard aan. Ze had het dier als puppy gekregen van haar vader kort voordat hij aan kanker overleed. Opeens rouwde ze om beiden.

Het is belangrijk dat je ook in deze moeilijke tijd voor jezelf zorgt. Sommige mensen (die zeggen 'het was maar een dier') begrijpen je gevoelens niet en vinden je verdriet maar kinderachtig. Gezelschap van andere dierenliefhebbers is belangrijk. Spreek met ze af om je gevoelens te delen. In sommige regio's zijn er lotgenotengroepen om elkaar na het verlies van een huisdier steun te geven. Ook op internet is veel hulp te vinden. Zoek maar op 'lotgenoten overleden hond' of 'rouwverwerking huisdier' en je vindt sites waar je hulp kunt krijgen.

Het is absoluut een moeilijke tijd. Maar vergeet niet dat de herinneringen na verloop van tijd een bron van plezier worden, niet van pijn. Dit duurt bij de een langer dan bij de ander, maar het gebeurt. Dat beloof ik je.

TIP

Voor jezelf is het lastig om met de dood van een huisdier om te gaan. Maar denk ook aan je kind. Misschien was het dier er al toen hij geboren werd en kent hij geen leven zonder. Er zijn enkele mooie boeken over dit onderwerp geschreven. Kijk bijvoorbeeld eens naar *Sjuleke* van Pimm van Hest, *Als een huisdier doodgaat* van Nynke Endenburg (ook geschikt voor volwassenen) of het uit het Engels vertaalde *Dat is heel wat voor een kat, vind je niet?* van Judith Viorst.

Wat als je zelf eerst overlijdt?

Om maar bij het begin te beginnen: je hond kan je huis en spullen niet erven. Voor de wet is een dier een 'goed', met dezelfde wettelijke status als een stoel. Om diezelfde reden kun je ook geen trust oprichten voor je huisdier. De begunstigde van een trust moet een persoon zijn. Dat jij je hond als persoon beschouwt, is niet relevant. Een rechtbank ziet dit echt anders.

Je kunt dit natuurlijk met je notaris bespreken. Maar het is veel belangrijker om het hierover te hebben met familie en vrienden. Je moet ervoor zorgen dat je iemand vindt die voor je huisdier zorgt als jij er niet meer bent. Je moet je 'hondeneigendom' aan diegene nalaten, met voldoende geld voor de verzorging. Je hebt geen controle meer over het verdere verloop. Daarom moet je iemand kiezen die je vertrouwt en er dan voor de hond op hopen dat alles goed komt.

Niemand denkt graag na over de dood, maar je bent verantwoordelijk voor degenen die je achterlaat, ook je huisdieren. Praat met vrienden, familie en zelfs je dierenarts. Bel een notaris. Vertrouw er niet op dat vreemden uit goedheid wel voor je huisdier zullen zorgen als jou iets overkomt. Je hond verdient beter.

Op internet zijn huisdierclausules te vinden die je aan je testament kunt toevoegen. Hierin kun je aangeven wat er met je huisdier moet gebeuren en ervoor zorgen dat er voldoende geld wordt gereserveerd voor de verzorging. Overleg met je notaris of deze de clausule kan opnemen.

4

Gelukkig leven met je hond

IN DIT DEEL . . .

Iedereen wil een goed opgevoede hond. In dit deel vind je de hulpmiddelen die je nodig hebt om je hond goed te trainen. Je leert niet alleen de basiscommando's voor een gehoorzame hond (Zit, Lig, Af), maar ook ander gedrag waarmee het leven van je hond veel gemakkelijker wordt. En hoe zit het met gedragsproblemen, zoals graven en blaffen? Je vindt hier strategieën om de situatie te veranderen en jezelf en je hond uiteindelijk gelukkiger te maken. Je leest alles wat je moet weten over hoe je met je hond kunt fokken. En uiteindelijk krijg je in de hoofdstukken over hondensporten en reizen met je hond nog veel ideeën hoe je meer lol kunt hebben met je huisdier.

IN DIT HOOFDSTUK

Alles wat je moet weten over agressie

Nadenken over je houding tegenover training

De basis leggen voor succes

Hoofdstuk 14

Je hond manieren leren

Een oude uitspraak voor hondentrainers geldt ook nu nog: iedere trainer krijgt de hond die hij verdient.

Met andere woorden: het belangrijkste bij training is niet je hond, maar jij. Jij bent zijn vriend en zijn leider, of dat moet je zijn, en je moet voldoende weten over de taal van je hond om hem jouw taal te kunnen leren. Je moet je hond laten zien wat hij moet doen en hem een reden geven om het te doen. En je moet hem laten begrijpen dat het onacceptabel is als hij niet doet wat je van hem vraagt.

Je hond wordt getraind, of je hier nu wel of niet actief mee bezig bent. Als je hem niet leert wat goed gedrag is en hem beloont als hij dat gedrag vertoont, leert hij zich gedrag aan dat je absoluut niet leuk vindt. Als jij niet leidt, dan leidt hij. En dat is slecht voor een hond. Dierenasielen, reddingsgroepen en advertenties in de krant puilen uit van dit soort honden: honden met problemen. Hun kans op een gelukkig leven, of zelfs op een leven, is niet erg groot.

Zo hoeft het niet te zijn.

BELANGRIJK

Besluit dat je je hond moet trainen en dat training niet een eenmalige actie is. Het is onlosmakelijk en voortdurend verbonden met de belofte die je aan je hond doet als je hem in huis neemt.

Denk ook na over wat trainen oplevert. Natuurlijk levert het een goed opgevoede hond op. Maar een veel grotere beloning is dat, terwijl je je hond traint, de band en de liefde tussen jullie sterker wordt.

De speciale relatie tussen een eigenaar en een goed opgevoede hond is de Totale hondenervaring. Deze mogen jullie beide niet missen.

In hoofdstuk 9 laat ik zien waarom socialisatie en vroege training voor puppy's belangrijk is. Methoden voor zindelijkheidstraining vind je in hoofdstuk 8 en oplossingen voor ander hinderlijk gedrag in hoofdstuk 15.

Een paar woorden over agressie

Als je ooit, al is het maar heel even, bang bent geweest voor je hond of wat hij zou doen, lees dan de rest van deze paragraaf zorgvuldig door en leg dan het boek weg, tenminste voor nu dan. De rest van dit hoofdstuk en het volgende hoofdstuk zijn niet voor jou. In ieder geval nog niet. Je hebt absoluut individuele hulp nodig, of je je dat nu realiseert of niet.

Agressie in honden heeft genetische en aangeleerde aspecten. Sommige honden zijn geboren met het potentieel om agressief te zijn. Dat potentieel kan volledig werkelijkheid worden in een huishouden waarin agressief gedrag wordt gestimuleerd of dat niet is uitgerust om ermee om te gaan. Andere verder vriendelijke honden kunnen onbetrouwbaar worden als ze worden mishandeld.

Is je hond misschien gevaarlijk? Wees meedogenloos eerlijk in het beantwoorden van de volgende vragen:

» **Heeft je hond je wel eens lang aangekeken?** Ik heb het niet over een liefdevol staren. Mijn honden houden dat minuten vol. Ik heb het over hard, koud aanstaren, eventueel in combinatie met een stijve houding, met stijve poten, oren naar voren en de nekharen overeind.

» **Mijd je bepaalde activiteiten met je hond omdat hij hierdoor gaat grommen of zijn tanden ontbloot?** Kun je je hond bijvoorbeeld niet benaderen als hij aan het eten is of als je hem van de bank wilt hebben?

» **Verzin je excuses voor zijn agressieve gedrag of denk je dat hij er wel overheen zal groeien?** Of vind je een grommende puppy wel schattig?

» **Vind je je hond veilig, behalve bij een bepaald soort mensen, bijvoorbeeld kinderen?** Als hij gromt naar de dierenarts, maak je jezelf dan wijs dat het gedrag begrijpelijk is en dat de dierenarts hiermee moet kunnen omgaan?

» **Heeft je hond ooit iemand gebeten, al is het maar één keer, per ongeluk, omdat hij bang was, ook al is hij anders altijd zo lief, of een andere, net zo onvergeeflijke redenering?** Mensen verzinnen vaak excuses voor het gedrag van kleine honden. Grommen en happen door een dwergkeeshond is niet minder ernstig dan door een pitbull.

PAS OP

Als je na het beantwoorden van deze vragen vermoedt dat je een probleem hebt, vraag dan hulp. *Nu*. Agressie moet je net zomin zelf proberen te genezen als kanker. De reden is dezelfde: je bent er niet voor opgeleid. Als je opeens probeert de leiding van de roedel over te nemen van een hond die zichzelf tot leider heeft benoemd, krijg je problemen. Als je ook maar probeert oogcontact met zo'n hond te maken, loop je de kans te worden gebeten. Doe dit dus niet.

Vraag je dierenarts je door te verwijzen naar een trainer of gedragsdeskundige die ervaring heeft met agressieve honden. En realiseer je meteen dat agressie, net als kanker, een ziekte is die soms niet te genezen is. Het kan helpen je hond te laten castreren (de meeste honden die betrokken zijn bij een aanval, zijn jonge, niet-gecastreerde reuen) en volg het advies van de expert op. Maar als je uiteindelijk nog steeds een hond hebt die niet te vertrouwen is, zoek dan samen met je gedragstherapeut naar een eigenaar die wel met hem overweg kan, of laat hem euthanaseren.. Sorry dat dit ik dit zo hard zeg, maar het is echt het enige verantwoorde dat je nog kunt doen. Als je hond agressief is, wordt hij waarschijnlijk uiteindelijk toch een keer geëuthanaseerd. Het verschil is dat er dan eerst iemand gewond is geraakt.

Misschien ontken je het probleem liever en hoop je dat je hond nooit betrokken raakt bij een incident. Meer dan 4,5 miljoen Amerikanen worden jaarlijks met hun neus op de feiten gedrukt. Dit is namelijk het door de U.S. Centers for Disease Control and Prevention geschatte aantal aanvallen door honden. Van deze aanvallen was in 1994 bij 800.000 gevallen onmiddellijk medisch ingrijpen nodig en waren er 15 fataal. Kinderen zijn het vaakst slachtoffer. In Nederland waren volgens de recentste cijfers in 2007 150.000 mensen slachtoffer van bijtincidenten door honden, bij 6900 gevallen was een bezoek aan de spoedeisende hulp van een ziekenhuis noodzakelijk, 430 personen moesten opgenomen worden (bron: *Minder hondenbeten*, WUR, 2017).

Heb je nog meer redenen nodig om in actie te komen? Je WA-verzekering in Nederland of BA-verzekering in België zorgt misschien voor de financiële afhandeling, maar wil je de gevolgen voor het slachtoffer op je geweten hebben? En na meerdere claims lukt het je misschien niet meer een verzekeraar te vinden die jou nog accepteert.

Agressief gedrag gaat nooit vanzelf over. Het wordt alleen erger. Vraag dus hulp. Nu.

De juiste trainingshouding aannemen

Prijs jezelf gelukkig als je hond niet agressief is. Maar dan nog kun je wel een hond hebben die wat uit het gareel loopt. Een hond waarvan je af en toe gek wordt. Meestal is dit een jongvolwassen hond. Je hoopt niet meer dat hij over het slechte gedrag heen groeit (dit gebeurt namelijk nooit) en vindt het tijd geworden om ... zucht ... hem te gaan trainen. Je baalt ervan, maar moet toch maar aan het trainen. Er is geen ontkomen aan, net als het schoonmaken van de dakgoten.

Stop!

Denk eens na over het volgende: als je met een negatieve houding aan de training begint, geldt dit ook voor je hond. Als je aan de training begint alsof het een vervelend karweitje is, zal hij er een hekel aan krijgen, elke minuut dat je bezig bent. Als je vloekend aan zijn halsband loopt te trekken, vraagt hij zich af wat hij heeft misdaan dat je boos op hem bent. Vervolgens is hij hierdoor te erg van slag om ook maar iets te leren.

Als je hem vertelt dat hij een domme hond is, dan wordt hij dat ook.

BELANGRIJK

Verwacht dat hij iets zal leren en wees bereid hier zelf ook iets voor te doen. Beloon hem niet alleen als hij het goed doet, maar ook als hij dit probeert. Leren is voor hem moeilijk en stressvol. Beschouw je hond als iemand die net bij je is komen wonen vanuit een land waar een andere taal en andere gewoonten gelden. Een uitwisselingsstudent van een heel ander ras. Hij is natuurlijk een hond en je vraagt hem om te leven als lid van een mensengezin. Je vraagt hem de taal te leren en de regels te volgen.

Dat dit überhaupt ooit lukt, is eigenlijk een wonder. Vier het dus met hem.

Bedenk dat hondentraining geen vaste oorzaak-gevolg activiteit is, waarbij als jij X doet, je hond Y doet. Het is een organische bezigheid, het leeft en het verandert voortdurend. Een goed opgevoede hond wordt van top tot teen en van binnen naar buiten helemaal zoals jij hem wilt hebben. 'Zit' en 'Blijf' zijn wel het minste en het enige zichtbare resultaat van hoe de hond van binnen is: een zelfverzekerd, prettig en veilig lid van een liefhebbende mensenroedel. Een hond die, kort gezegd, een zeer aangename aanvulling op het gezin is.

PAS OP

We zijn allemaal wel eens chagrijnig. Als je een rotdag hebt gehad op het werk, ruzie met je partner of de monteur vertelde je dat de reparatie van je auto 2500 euro gaat kosten, kun je maar beter niet proberen om je hond iets nieuws te leren. Gebruik je hond in plaats daarvan om wat stoom af te blazen: laat hem apporteren of ga gewoon lekker samen wandelen. Streel hem terwijl je tv kijkt; dat is goed voor je bloeddruk.

En als je met de training begint en merkt dat je gefrustreerd raakt en boos wordt, forceer het dan niet. Eindig positief. Vraag je hond iets te doen waarvan je weet dat hij het goed kan en beloon hem als hij het doet. En rond het daarmee af. En als zelfs dat niet lukt, stop dan voordat jullie allebei gefrustreerd raken.

Bedenk gewoon: morgen is er weer een dag.

HONDENGEVECHT!

TIP

Iedereen die weleens met een hond heeft gewandeld, kent dat angstaanjagende moment waarop een gemene, loslopende hond jouw hond wil aanvallen. Dit is een gevaarlijke situatie, ook voor eigenaars van een grote hond. Voor kleine honden kan dit zelfs dodelijk aflopen.

Men ging er altijd vanuit dat castratie agressie van reuen zou verminderen maar moderne hondengedragstherapeuten betwijfelen dit. Er zijn steeds meer aanwijzingen dat castratie een dusdanige negatieve invloed heeft op het zelfvertrouwen van een reu, dat het de kans op agressie juist vergroot.

Probeer altijd honden te mijden die agressief overkomen. Bijvoorbeeld een hond die strak rechtop staat in plaats van de ontspannen houding van een hond die met zijn oren licht naar achteren jouw hond uitnodigt om te spelen. Maar soms kun je gewoon niet om een dominante hond heen.

Als de eigenaar van de andere hond in de buurt is, eis dan dat hij zijn bullebak aanlijnt. Als hij zo dom is om te zeggen dat zijn hond vriendelijk is, roep dan terug dat die van jou dat niet is en herhaal je eis.

Als twee grote honden gaan vechten, blijf hier dan buiten. Je kunt gewond raken. Probeer je hond met een commando tot orde te roepen (roep 'nee', of 'stop') of probeer de honden te laten schrikken. Soms kan een emmer water helpen, of een hard geluid. Als je het risico op een beet durft te nemen en er nog iemand anders in de buurt is die kan helpen, trek de honden dan aan hun achterpoten uit elkaar. Probeer niet de halsband te pakken! Als je alleen bent en er een tuinslang in de buurt is, spuit dan bij beide een stevige straal vol in de bek. Dan houden de meeste honden het wel voor gezien.

Als je eigen honden steeds vechten, vraag dan hulp bij een trainer of gedragsdeskundige. Zij kunnen je helpen een strategie te ontwikkelen waarbij je beide honden duidelijk maakt dat ze met elkaar overweg moeten kunnen. Realiseer je wel dat het misschien niet mogelijk is om tot een vreedzaam samenleven te komen en dat je voor een van de honden misschien een nieuw thuis moet zoeken.

Sleutels tot succes

Vraag iemand die nog nooit een hond heeft gehad of getraind om een hond te leren om te gaan zitten. Ik wed dat hij zonder hulp een prima plan kan verzinnen. Neem een hondensnack tussen duim en wijsvinger, houd het voor de neus van je hond en beweeg het boven zijn kop. Als hij zijn hoofd optilt, maakt zijn achterwerk vanzelf een beweging omlaag. Zodra zijn kontje omlaag gaat, geef jij het commando 'zit'. Prijs je hond en geef hem zijn beloning. Het commando mag 'zit' zijn, 'op de kont' of zelfs 'toetsenbord', als je maar consequent hetzelfde woord gebruikt. De manier waarop training werkt, is niet zo moeilijk te begrijpen. Je hebt wat meer nodig als je wilt dat je hond altijd en vrolijk in de gaten houdt wat jij wilt.

Een hond train je niet met puur acht avondjes op donderdagavond naar de hondenclub. De training is nooit af. Je leert en je oefent, in steeds lastigere omstandigheden. Je corrigeert of negeert gedrag dat je niet wilt. En je integreert de lessen voor je hond in het dagelijks leven, zodat het geleerde nooit verloren gaat. Wat weet je nog van de lessen Frans op school? Hoe goed spreek je de taal nu nog? Als je het niet gebruikt, zakt het weg. Ditzelfde geldt voor de vaardigheden die je je hond leert.

Als hij de taal kent, vraag hem dan steeds om deze te gebruiken. In de volgende paragrafen lees je een paar tips waar jullie beiden iets aan hebben.

Speel voor hetzelfde team

Beschouw de training van je hond niet als een inspanning waarin je het tegen je hond opneemt. Zie het als een teamsport waarin jullie voor hetzelfde team spelen, in net wat andere posities. Beschouw jezelf als opbouwende middenvelder. Jij bepaalt het spel. Het zal je zijn opgevallen dat de speler in deze positie niet ver komt zonder de hulp van medespelers. Winnen doe je als team.

Natuurlijk moet je hond eerst het spel leren kennen en jij moet hem dit leren. Maar deze relatie is niet vijandig. Jij laat je hond zien wat hij moet leren. Dit doe je met liefde en respect, wat je vervolgens terugkrijgt van je hond.

Om je hond op te nemen in het team en te laten zien welk spel je wilt spelen, moet je tijd met hem doorbrengen. Neem hem op in je leven. Laat hem in je slaapkamer slapen en oefen het commando 'Zit' met hem in de keuken. Hoe meer interactie- en oefenmogelijkheden je hebt, hoe sneller en betrouwbaarder je hond presteert.

Wees positief

Deze tip hangt natuurlijk samen met een goede houding. Maar het is meer dan dat. Beloningen, zoals snacks en complimenten, die goed getimed en passend in de situatie zijn, zijn essentieel voor het leerproces van je hond. Als je steeds alleen maar 'Nee' zegt tegen je hond, hebben jullie geen goede relatie. Hoe zou je het vinden om voor zo'n baas te werken?

Vooral complimenten zijn goedkoop, gratis zelfs. Gebruik ze daarom uitbundig. Geef de hond een compliment als hij probeert iets goed te doen. Geef nog meer complimenten als het de hond ook lukt. Geef ze als je hond op je let; verderop lees je dat dit de eerste stap in het trainingsproces is. Je hoeft niet voortdurend de overtreffende trap te gebruiken, maar je moet het je hond wel laten weten als je trots op hem bent.

Wees eerlijk met correcties

Zorg ervoor dat je hond begrijpt wat je wilt voordat je hem corrigeert omdat hij het niet doet. Een correctie moet *geen* woede-uitbarsting zijn, waarbij je opgekropte gevoelens uitstort over de schijnbare oorzaak van het probleem: je hond. Een correctie is een vorm van communiceren met je hond, om hem duidelijk te maken dat hij niet doet wat jij van hem verlangt. Voordat je hem corrigeert (door bijvoorbeeld 'foei' te zeggen om je stem te verheffen), moet je er zeker van zijn dat je hond begrijpt wat je van hem vraagt. Als je het zo aanpakt, is een goede correctie gewoon een extra manier om de band tussen jou en je hond te versterken.

Een correctie kan eruit bestaan dat je geen compliment geeft, de hond geen aandacht geeft of verbaal corrigeert. Denk er altijd eerst aan om voor jezelf duidelijk te krijgen of je eerlijk bent naar je hond, voordat je toegeeft aan de neiging negatief te reageren op je hond. Een correctie is een hulpmiddel. Een van de vele die je als trainer kunt gebruiken. Het heeft niets te maken met boosheid of wraak. Negatieve stimulans moet maar zeer beperkt en altijd eerlijk worden gebruikt. Straf je hond nooit voor iets waarvan hij niet wist dat het niet mocht.

Wees consequent

Hoe zou jij het doen op je werk als je baas steeds de namen van je taken zou veranderen of je zou vragen twee dingen tegelijk te doen? Of als hij voor verschillende plekken en tijdstippen verschillende regels heeft. Hier zou je toch gek van worden? En toch is het precies wat mensen voortdurend met hun hond doen. Denk eens na over het volgende:

» **Consequentie in training.** Onthoud de volgende twee dingen: als je hond een commando kent en consequent laat zien dat hij het kent, gebruik dat commando dan altijd op dezelfde manier en verander nooit de betekenis. Wat je hierbij het vaakst ziet, is dat mensen 'Af' zeggen tegen een hond, terwijl ze eigenlijk 'Zit' bedoelen. Voor jou is het misschien zonneklaar dat je hetzelfde bedoelt, maar als je je hond 'Zit' en 'Af' als twee verschillende commando's leert, dan snap je toch dat dit verwarrend is. Wat wil je nou?

Hetzelfde geldt voor 'Af' als je eigenlijk 'Eraf' bedoelt. Ik was eens op bezoek bij iemand toen haar cocker spaniel naast me op de bank sprong. Haar eigenaar beval haar 'Af', waarop de hond naast me ging liggen. 'Ze is zo eigenzinnig', klaagde de vrouw, die niet in de gaten had dat de hond haar perfect had gehoorzaamd.

» **Consequentie in situatie.** Sommige honden herkennen situaties waarin de normale regels niet gelden. Ze leren bijvoorbeeld dat je minder streng bent als je haast hebt. Je wilt je hond bijvoorbeeld even snel eten geven, zegt 'Zit'. Hij doet dit niet, maar je zet het eten toch neer.

Als 'Zit' niet altijd 'Zit' betekent, betekent het uiteindelijk nooit 'Zit'. Leer je hond dat 'Zit' echt altijd 'Zit' betekent, waar en wanneer je het ook van hem vraagt.

Een andere vorm van inconsequentie is als je nooit van je hond verwacht dat hij luistert totdat je het commando een paar keer hebt herhaald. Als een hond een commando kent, laat hem dan altijd gehoorzamen. En beloon.

TIP

GEDOL AAN DE TELEFOON

Ik werd eens gebeld door iemand die telefonisch bestellingen opnam voor een postorderbedrijf. Hij wilde een antwoord op iets waar hij helemaal dol van werd: waarom blaffen honden als hun eigenaar telefoneert?

Omdat wij ze dat leren.

Het probleem begint als een hond één keer naar je blaft als je aan de telefoon zit. Als hij naar je blaft terwijl je alleen tv zit te kijken, dan beloon je dit gedrag niet. Je negeert het of je corrigeert het. Maar dat wil je niet als je aan de telefoon zit. Je bent tenslotte met iets anders bezig en je wilt niet dat degene aan de andere kant van de lijn denkt dat je: a) een onopgevoede hond hebt, en b) een gemene hondeneigenaar bent. En daarom aai je je hond om hem stil te krijgen.

En voordat je het weet, heb je een hond die steeds begint te janken als je de telefoon oppakt. Je hebt hem dit onbedoeld aangeleerd. Ik heb een vriend die dit nog een stap verder doorvoerde. Als ze haar hond snacks gaf terwijl ze aan de telefoon zat, dan hield hij zich stil zolang hij aan het knagen was. Ze realiseerde zich niet dat ze hem beloonde voor een gedrag dat ze absoluut niet wilde. Al snel kon ze geen telefoongesprek meer voeren zonder een doos hondenkoekjes naast zich. Als je haar aan de lijn had, hoorde je dwingend geblaf, afgewisseld door het gekraak van koekjes. En haar honden werden in een mum van tijd veel te zwaar.

Namens mensen die voor hun beroep de hele dag aan de telefoon zitten: laat het met je hond niet zover komen. Spreek met een aantal vrienden af dat ze je speciaal bellen, zodat je je hond kunt negeren als hij om je aandacht zeurt. Als je dit consequent volhoudt, zal het gedrag 'uitdoven'. Wat je op dat moment ook aan het doen bent. Laat hem merken dat je hierin consequent bent terwijl je met je vrienden kletst.

Bouw verder op successen

Hondentraining gaat in stappen en met creativiteit. Je traint steeds langer en breidt het aantal situaties uit waarin je hond een commando moet uitvoeren. Ook zoek je nieuwe manieren om de commando's die hij kent toe te passen om de band tussen jou en je hond te ontwikkelen en versterken.

Leerhulpmiddelen

Hondentraining is niet duur. Of dat hoeft het in ieder geval niet te zijn. Je hebt een riem, wat snacks en een goed passende halsband nodig. Wat je verder nodig hebt is gratis. De truc is weten wat dit is, hoe het werkt en hoe je het moet gebruiken.

Een twee meter lange riem die goed in de hand ligt (nylon of leer, beide niet te breed of te dun), is een must, net als een goed passende halsband, die ook wordt gebruikt.

De meeste (moderne) hondenscholen maken gebruik van een gewone, ouderwetse platte halsband. Andere hebben liever een platte halsband, een halster of zelfs een halsband met pennen. Concentreer je op het trainen, niet op forceren. Sliphalsbanden en zeker slipkettingen worden tegenwoordig veelal afgeraden, omdat ze vaak verkeerd worden gebruikt, waardoor de hond wordt gewurgd in plaats van gecorrigeerd. Bovendien zijn de halsbanden moeilijk correct te gebruiken door de meeste mensen die voor het eerst een hond trainen. Een ruk aan een slipketting kan de hond ernstig verwonden.

De aandacht van je hond op je vestigen

Je kunt je hond nooit iets leren als je zijn aandacht niet hebt. Een van de beste manieren om hem dit te leren, is om te leren je aan te kijken als je daarom vraagt.

Oogcontact is een van de belangrijkste communicatiemiddelen voor honden. Door oogcontact onder de knie te krijgen, zoals honden dit doen, versterk je je relatie. Laat je hond naar je kijken door met een snackje in je hand zijn aandacht te vangen., Zodra je echt oogcontact hebt, houd je dit een oogwenk vast, lach je en beloon je hem door hem het snackje te geven en hem uitgebreid te vertellen dat hij braaf is. Het kan even duren voordat je hond dit commando onder de knie heeft, omdat honden oogcontact mijden om zo hun respect te tonen. Bouw dit op totdat je hond je aankijkt en blijft kijken omdat hij zijn beloning wil krijgen. Oefen dit een paar keer per dag op een liefhebbende en stimulerende manier.

Terwijl je hond leert je meer te respecteren en vertrouwen, merk je dat hij je meer aankijkt. Hij wil zien wat je doet, omdat jij het middelpunt van de actie bent.

Je hond moet leren dat zijn naam geen commando is om naar je toe te komen en ook geen scheldwoord. Hij moet het zien als een verzoek om zijn aandacht. Beloon hem als hij naar je kijkt als je zijn naam gebruikt en bouw dit uit zodat je zijn naam kunt gebruiken om zijn aandacht te krijgen voordat je een commando geeft. Als je oogcontactoefeningen doet, kijkt hij op een gegeven moment al naar je als je zijn naam zegt, nog voordat je het commando 'Kijk' geeft. Beloon hem. Uiteindelijk heb je het commando 'Kijk' niet eens meer nodig. De volgorde is: 'Bosco' (niet schreeuwend, maar duidelijk en stimulerend), een korte pauze en dan het commando. Eindig altijd met een compliment.

TIP

GRENSVERLEGGEND: CLICKERTRAINING

Een van de mooiste ontwikkelingen in hondentraining in de afgelopen jaren is de opkomst van een klein stukje kunststof met metaal, de clicker. Met de clicker wordt de klassieke *operante conditionering*, bekend van de training van dolfijnen en walvissen voor shows in zeezoogdierparken, geïntroduceerd in de hondentraining.

Denk maar eens aan de dolfijn. Die kun je niet aan een riem doen. Hij is echt te groot en glibberig om hem te dwingen te doen wat je wilt. Een robbertje worstelen met een orka in het water is nog lastiger en ook nog eens gevaarlijk. Daarom moesten trainers een manier verzinnen om te communiceren, om het gedrag te vormen, zonder hun fysieke inzet. Dit werd de clicker.

Trainers, van honden en dolfijnen, beginnen met het geluid van de clicker te koppelen aan een beloning: een vis voor de dolfijn, een hondenkoekje voor de puppy. Het dier begrijpt al snel dat de clicker, die gemakkelijker goed te timen is dan een gesproken compliment, betekent dat het iets goed heeft gedaan en een beloning heeft verdiend. Deze techniek is vooral nuttig voor het vormen van complex gedrag. Dit is bijvoorbeeld nodig in de gehoorzaamheidsarena, waar honden die goed scoren niet alleen moet zitten, maar ook nog eens met de poten keurig recht moeten zitten en precies de goede positie moeten hebben ten opzichte van hun trainer om veel punten te scoren.

Een dergelijke precisie krijg je door het gedrag te vormen. De hond krijgt een klik en een snack omdat hij zit. Als hij dat onder de knie heeft, wacht de trainer met de klik/snack totdat de hond gedrag laat zien dat dichter bij het doel ligt. En dan nog een beetje. En nog een beetje enzovoort. Al snel krijgt de hond alleen een klik/snack voor de perfecte positie.

Clickertraining is leuk voor de eigenaar en de hond. En het werkt voor elk dier. Mijn collega Steve Dale, die een column schrijft voor een dagbladcombinatie, trainde zijn kat om op een speelgoedpiano te spelen. Hij vormde het gedrag van de kat met een clicker en kattensnoepjes.

Als er bij jou in de omgeving een trainer is die clickertraining geeft, volg daar dan eens een les. Je zult je zeker vermaken. Als er in jouw omgeving niemand deze training geeft, zoek je op internet naar instructies, een instructieboek of instructievideo's over clickertraining.

Clickertraining neemt een steeds belangrijkere plaats in, bij het trainen van allerlei dieren. Steeds meer trainers stappen over op deze trainingsmethode.

Belonen

Alle beloning is goed, maar beloning die speciaal is afgestemd op de manier waarop de hond reageert, is tien keer zo effectief. Ik geef een paar tips:

FIGUUR 14.1: Je hond leren oogcontact te maken is een van de eerste stappen in de training.

» **Gebruik de juiste toon.** Honden communiceren met elkaar via geluiden die gemakkelijk door mensen kunnen worden geïmiteerd. Als je bijvoorbeeld boos bent op je hond, kun je door met een zware stem te spreken het gegrom van een hond nabootsen. Gebruik voor een compliment een lieve, hoge stem: 'Liiiiieeeeeve hoooooond. Ben jij mijn liiiiiieeeeeve hooooond?'

- » **Pas je aaistijl aan je hond aan.** Sommige honden gaan er helemaal in op als je ze aait, andere merken het nauwelijks. Klop even kort op de borst en krabbel even over de kop als je hond overenthousiast wordt en wees wat uitbundiger bij honden die eerst een beetje moeten opwarmen. Laat je hond het aaien niet gebruiken als excuus om helemaal dol te worden. Geef wat minder schouderklopjes, maar corrigeer hem niet. Gebruik vooral je stem voor de beloning.
- » **Lach!** Honden begrijpen veel van onze gezichtsuitdrukkingen, omdat ze in hun onderlinge communicatie soortgelijke uitdrukkingen gebruiken. Een lachend gezicht is voor beide soorten begrijpelijk. Maar als je het echt duidelijk wilt maken, lach dan zo breed en open als je kunt. Probeer die brede, hijgende grijns van een blije hond na te doen. Het hijgen is optioneel (maar wel grappig).

En hoe zit het met snacks tijdens de training van je hond? Je kunt er prima en snel mee tot je hond doordringen en snacks zijn waarschijnlijk de gemakkelijkste manier voor verse hondeneigenaars om hun hond te trainen. Sinds ik de eerste editie van dit boek schreef, hebben hondentrainers enorme sprongen gemaakt in de ontwikkeling van trainingsmethoden met behulp van voer. Voedsel helpt geweldig om je hond te trainen. Sterker nog: bij moderne trainingsmethoden zijn snoepjes, koekjes en hapklare kleine snackjes onmisbaar. Maar om een daadwerkelijk een band met je hond te vormen en een relatie met hem te ontwikkelen, heb je meer nodig dan voer en snoepjes.

Snacks zijn fantastisch om je hond te trainen, vooral voor trucjes. Maar ze werken ook prima om een gedrag te trainen waarbij je hond heel nauwkeurig de juiste houding moet aannemen, zoals vereist is bij deelnemers aan de hoogste klassen van gehoorzaamheidswedstrijden. Geef altijd complimentjes, maar niet altijd een snack, als de hond de les eenmaal snapt.

Als je je hond leert dat hij met een bepaald gedrag krijgt wat hij wil (snacks of complimenten), koppel dit dan aan een woord (het commandowoord). Op deze manier leer je de hond echt iets aan en leert hij echt iets.

In controle blijven en corrigeren

Tijdens de training controleer je de hond via een halsband en riem, maar ook via je lichaam. Je gebruikt al deze middelen om je hond te leiden naar een juiste houding en om hem weg te sturen van een verkeerde houding. Bijvoorbeeld hard van je wegrennen.

Daarnaast corrigeer je je hond met je stem. Let er hierbij op dat je je stem en je termen goed gebruikt. Ik gebruik het woord 'Nee' niet, omdat het te veel wordt gebruikt. In plaats daarvan maak ik een 'stoute hond'-geluid, zoals het geluid van een fout antwoord in een tv-quiz, 'uhnggg'. Vaak adem ik eerst heel luidruchtig in, zoals je onbewust doet als je merkt dat je hond je favoriete schoenen heeft opgeknaagd. Het woord of geluid dat je gebruikt, moet scherp, uit de keel en dramatisch klinken. Gooi het geluid naar je hond, als een steen. Benadruk het correctiewoord, niet de naam van je hond. Je wilt niet dat hij bij zijn naam een negatief gevoel krijgt.

Een vrijgavewoord gebruiken

Het laatste wat je nog nodig hebt, is een woord waarmee je hond weet dat het commando dat je hebt gegeven, is afgelopen. Het meestgebruikte woord is waarschijnlijk 'Oké'. Helaas is dat ook het woord dat ik gebruik. Maar er is een hele goede reden om een ander woord te kiezen. Er zijn mensen die in iedere zin wel een keer oké zeggen, zoals oké, je snapt wat ik bedoel, oké?

Als jij zo iemand bent, kies dan een ander woord. 'Vrij' is bijvoorbeeld een prima woord. Bij drijfwedstrijden worden Engelse termen gebruikt. Hun vrijgavewoord vind ik ook wel erg mooi: 'That'll do' (Zo is het goed). Het klinkt heel vriendelijk.

Maar het maakt niet uit wat je gebruikt, als je het maar consequent gebruikt.

TECHNISCHE INFO

Je vrijgavewoord kan meer betekenen dan het eind van een oefening. Je kunt hem er ook toestemming mee geven om weer vrij rond te lopen na het commando 'Blijf'. Het vrijgavewoord is ook een soort algehele term voor 'op de plaats rust'. Als je hond bijvoorbeeld dicht aan je voet loopt over een drukke stoep, kun je het vrijgavewoord gebruiken om hem te laten weten dat hij best een beetje mag rondsnuffelen of zijn achterpoot optillen.

Basiskennis voor elke hond

In de voorgaande paragrafen heb ik verteld *hoe* je traint en *waarom* je traint. In deze paragraaf vertel ik wat meer over *wat* je traint. De basiszaken komen in elke gehoorzaamheidsles aan de orde en worden in gehoorzaamheidswedstrijden tot in de puntjes uitgevoerd. Je kunt natuurlijk thuis aan de slag gaan met je hond, maar ik raad je met klem aan om op zoek te gaan naar een goede hondenschool en daar een puppycursus te volgen. Niet alleen belangrijk omdat je daar leert hoe je een pup dingen leert, maar vooral ook omdat het ontzettend leuk is om samen met andere puppy-eigenaren je hondje te trainen.

Spreek je commando's op een duidelijke, normale toon uit en luid en helder genoeg zodat je hond ze kan horen. Schreeuw nooit. Jengel ook niet als je een commando geeft: 'Tiijjgerrrrr, zzzziiitttt, schaaaaatje' en zeg het nooit boos of ruw. Geef het commando alsof je verwacht dat je wordt gehoorzaamd en er zeker van bent dat dit ook gebeurt.

Hoe vaak moet je je hond trainen? Als je hem iets nieuws wilt leren, is twee keer per dag een korte les ideaal. Je hoeft je hond niet alles in een keer te leren omdat je maar vijf of zes gehoorzaamheidslessen hebt geboekt. Train een week lang twee keer per dag 'Zit' als je niet meer tijd hebt. Train daarna 'Lig' enzovoort. Zorg er alleen voor dat je, jawel, consequent bent. Als je dezelfde les twee dagen doet en daarna twee weken niet, bereik je nooit iets. Als je hond het commando kent, oefen het dan bij elke gelegenheid. En beloon.

Zit

Hiervoor zijn twee varianten. Bij beide neem je het losse deel van de riem in je rechterhand, zonder strak te trekken. Houd in je rechterhand een snack net boven en achter de kop van je hond en geef het commando 'Zit'. Misschien gaat hij al zitten puur doordat hij zijn evenwicht verliest. Als dit gebeurt, beloon hem en geef hem de snack.

TIP

Je kunt een puppy leren om te gaan zitten met behulp van zwaartekracht en een bak voer. Als je zijn bak net boven en achter de kop van je pup houdt, verliest hij zijn evenwicht, totdat hij ... zit! Vergeet niet op het juiste moment het commandowoord te gebruiken. Voilà.

Lees voor meer tips over puppy's hoofdstuk 6 en 8. Lukt het niet? Informeer naar een puppycursus of vraag een ervaren hondentrainer (die op de hoogte is van moderne, hondvriendelijke en op beloning gebaseerde trainingsmethodes) om je te helpen.

Af

Het commando 'Af' bouwt voort op 'Zit'. Zorg er daarom voor dat je hond dat eerst goed snapt. Begin met de hond zittend aan je linkerkant en met een niet slap hangende riem.

Geef het commando 'Af' en gebruik een snack om je hond in de juiste houding te leiden. Haal de snack hiervoor tussen zijn voorpoten door naar voren. Als hij ligt, geef je hem de snack en beloon je hem.

PAS OP

In sommige trainingsmethoden wordt de hond gedwongen om 'Af' te gaan. Dit werkt al generaties lang prima. Toch is dit geen goede aanpak. Honden vinden het niet leuk als ze naar de 'Af'-positie worden gedwongen. In de hondenwereld is kruipen namelijk een teken van onderdanigheid.

Blijf

Het commando 'Blijf' wordt samen met een ander commando gebruikt. Je vraagt je hond om de positie aan te houden die je met het eerdere commando hebt opgedragen, of dit nou 'Zit', 'Af' of 'Op de bank' is. Als je hond eenmaal in een positie heeft geleerd wat 'Blijf' betekent, kun je het commando heel gemakkelijk voor andere posities gebruiken.

Begin met 'Zit' met de hond naast je en houd de riem, zonder dat deze slap hangt, in een rechte lijn vanaf zijn kop omhoog. Haal je open handpalm voor de neus van je hond langs en zeg 'Blijf'. Je kunt handsignalen gebruiken in combinatie met allerlei commando's, maar hier werkt het erg goed. Ga voor je hond staan, zodat hij niet naar voren kan bewegen. Als hij beweegt, haal je je hand weer voor zijn neus langs en herhaal je het commando 'Blijf'. Als hij blijft, ga je terug naar je positie naast hem. Na twee seconden beloon je hem, geef je hem een snack. Laat hem vrij met je vrijgavewoord en beloon hem weer.

Dit gebruik je als basis om in kleine stapjes de duur en afstand uit te breiden. Als hij opstaat, ga je terug en corrigeer je hem verbaal. Daarna herhaal je de commando's en probeer je het nog een keer. Als je hond weer opstaat, verklein je de afstand tussen jullie. Dat is de sleutel tot succes bij het aanleren van elke oefening. Als het niet lukt, zet je een stapje terug zodat de hond weer snapt wat je van hem vraagt.

Volg

Er zijn twee versies voor het commando 'Volg', maar de meeste mensen hebben er maar één nodig. Tijdens gehoorzaamheidswedstrijden is het commando 'Volg' verheven tot een kunst die bijna gelijk staat aan stijldansen. Eén misstap van handler of hond haalt de hele oefening onderuit. De honden huppelen aan de zijde van hun trainer, bijna rond hun benen gekruld, kop ingedraaid, snoet omhoog en ogen naar boven gericht. Er is maar een haarbreedte ruimte tussen de handler en de hond, en samen glijden ze sierlijk door de oefening.

Dat is prachtig, zul je zeggen, maar ik wil alleen maar dat mijn hond me niet de hele straat door sleurt. Maak je geen zorgen, die variant hebben we ook. Om je hond dit te leren, moet hij links van je zitten. Zeg zijn naam, zeg 'Volg' en beweeg je linkerbeen naar voren zodat hij ziet dat je gaat lopen. Gebruik een snack of een speeltje om zijn aandacht vast te houden. Beloon hem als hij ook gaat lopen en naast je blijft. Maar als hij naar voren springt, zich omdraait en de andere kant op spurt, herhaal je 'Volg' en beloon je hem als hij reageert. Houd de aandacht van je hond vast en beloon hem voor zijn pogingen. Als je stopt, vraag je je hond met 'Zit' om naast je te gaan zitten. Uiteindelijk wordt dat 'Zit' dan een automatisme.

Het is erg indrukwekkend om een professionele trainer een hond het commando 'Volg' te zien leren. Hij werkt snel en houdt de hond druk bezig zodat deze geen keuze heeft en alleen maar op hem kan letten en naast hem kan blijven. Dat is wat jij ook moet proberen. Laat de hond bewegen zoals jij dat wilt, met alle aandacht op jou gericht. Houd het snel, houd het opgewekt, *houd het in beweging.*

Laat de riem losjes hangen en laat de riem en halsband corrigeren. Beloon je hond en geef hem een snack! En beloon nog een keer! Maar houd vooral de halsband los genoeg. Een hond kan nu eenmaal niet leren als hij niet kan ademen. Als de halsband te strak zit, doe je hem pijn en heb je geen speelruimte meer voor correctie.

Van alle basiscommando's is hiervoor waarschijnlijk de meeste coördinatie van jouw kant nodig. Als je niet tegelijkertijd kunt lopen en kauwgom kunt kauwen, wordt het ook lastig om 'Stella, Volg!' te zeggen, met je linkervoet naar voren te stappen, de hond te belonen en de riem voldoende los te laten zodat de halsband los genoeg blijft. Als je hoofd al gaat duizelen als je de instructie alleen maar leest, kun je beter hulp zoeken bij een trainer; in een groep of een individuele sessie.

TECHNISCHE INFO

Waarom is de positie links? Omdat je je geweer rechts hebt natuurlijk. De oefening 'Volg' komt voort uit de training van vogelhonden. De hond liep links aan de voet, zodat ze geen gevaar liep als de eigenaar zijn geweer naar zijn rechterschouder hief om op vogels te schieten. De hond moest daarna het geschoten wild ophalen, aan de eigenaar geven en weer aan de voet gaan. Tegenwoordig is het gewoon traditie dat je hond aan de linkervoet loopt. Kun je je hond ook leren om rechts aan de voet te gaan? Natuurlijk, maar als je wel eens samen met vrienden en hun honden op stap gaat, een gehoorzaamheidscursus volgt of aan een wedstrijd wilt meedoen, ben je de pineut.

Hier

Het commando 'Hier' is eenvoudig aan te leren. Doe je hond de riem om, geef het commando 'Zit-Blijf', zeg vrolijk en uitnodigend 'Hier' en haal hem met een snack en een compliment naar je toe. Als hij bij je is, geef je nog een compliment, een uitgebreide knuffel en een snack. Eenvoudiger kan het niet, toch? Maar heb je wel eens gemerkt hoeveel hondeneigenaars er maar het beste van hopen als ze hun hond roepen?

In theorie is 'Hier' heel eenvoudig aan te leren. In de praktijk wordt het meestal slecht uitgevoerd. Doe jij ook een schietgebedje voordat je je hond roept? Lees verder voor een paar redenen waarom je hond misschien niet op je commando 'Hier' reageert:

- **Je hond is bang om bij je te komen.** Herken je het volgende scenario? Je dochter van tien komt binnen, je hond schiet erlangs en gaat ervandoor. Je rent achter hem aan en roept 'Hier' in alle varianten die je maar kunt verzinnen: 'SANDY KOM!' 'HIER! Sandy, ik zeg HIER! NU!' 'JE ZULT WAT BELEVEN ALS IK JE TE PAKKEN KRIJG! HIER!' enzovoort. Sandy blijft wegrennen, maar uiteindelijk heb je hem in een hoek. Hij weet dat je witheet bent. Daarom probeert hij misschien om je gunstig te stemmen door te gaan liggen of een stap naar voren te doen. Je grijpt hem bij de halsband en schreeuwt naar hem (of erger) omdat hij niet wilde komen. Nu mag je aan mij vertellen: wat denk je dat hij de volgende keer zal doen? Blijven rennen? Absoluut.

  Je moet je hond hier juist vriendelijk bij je terug halen. Kniel. Spreid je armen. En als hij jouw kant op komt, beloon je hem. Als hij bij je is, beloon je hem nog meer. Ook al wil je hem eigenlijk de nek omdraaien. *Corrigeer nooit een hond die naar je toe komt.*

- **Je hond kent het commando echt niet.** Er zijn maar weinig mensen die dit commando oefenen. Waarschijnlijk gebruik je het commando 'Zit' alleen thuis al een paar keer per dag. Maar hoe vaak zeg je thuis 'Hier' tegen je hond als je wilt dat hij naar je toe komt. Waarschijnlijk gebruik je alleen zijn naam. Of misschien zelfs dat niet, omdat je hond al bij de koelkast staat nog voordat je de klink beetpakt. Maar je hond kent het woord 'Hier' niet. Hij weet alleen dat, als hij op de juiste plek gaat zitten, je misschien wel iets voor hem laat vallen. Dat is een groot verschil.

- **Je hond ziet geen reden om te komen.** 'Hier' is zo'n commando waarbij je de vruchten plukt van al dat harde werk om een goede relatie met je hond te ontwikkelen. Een hond die weet wat er van hem wordt verwacht en die jou respecteert, houdt jou in de gaten. Een hond die weet dat je geen godheid bent, maar een slak met platvoeten die nog geen bus kan halen, behandelt jou als de idioot die hij vindt dat je bent.

Hoe corrigeer je dit? Train je hond in stapjes met het commando 'Hier'. Aan de riem, aan een langere riem en aan een hele lange, lichte lijn. Leer het hem ook op verschillende plekken: in huis, in de tuin, in het park, terwijl je een kat voorbijloopt, terwijl je kinderen aan het spelen zijn. Zorg ervoor dat jij leuk genoeg bent om naartoe te komen als hij het commando 'hier' hoort. Laat hem nooit in een situatie komen waarin hij leert dat het je niet zoveel kan schelen als hij ervantussen gaat. Oefen. Niet alleen in een speciale training, maar gewoon in het dagelijks leven. Bouw je successen uit. Vergeet niet om af en toe een snack te geven en vergeet zeker niet om complimentjes te geven.

TIP

Als je ongetrainde hond ertussenuit piept, probeer dan een commando dat hij wel kent, zoals 'Zit' in plaats van 'Hier'. Dit is een noodgeval: met één verkeerde beweging kan je hond worden overreden. De meeste honden kennen 'Zit' zo goed, dat ze onmiddellijk hun achterwerk op de grond parkeren. Dan kun je de halsband pakken en je hond belonen. Je kunt ook wegrennen van je hond en hem uitdagen om je te volgen. Dit jachtinstinct is erg sterk bij honden.

Bedenk dat een situatie waarin je hond losloopt geen kwestie is van je hond trainen, maar van je hond redden. Een bijna-noodgeval zoals dit moet je ervan overtuigen dat het tijd is om je hond te gaan trainen. Als je dit niet doet, loopt het de volgende keer misschien niet zo goed af.

Geweldige dingen die je tijdens de gehoorzaamheidstraining niet leert

Een hond kun je echt eindeloos veel dingen leren. Je hoeft geen genoegen te nemen met de vijf basiscommando's uit het voorgaande gedeelte. Mijn vriendin Gay Currier kwam met hondentraining in aanraking toen ze werkte bij de organisatie voor hulphonden Canine Companions for Independence. Jaren geleden zette ze me aan het denken over het uitbreiden van de woordenschat van mijn honden. Laramie, de fantastische dobermann van Gay, is inmiddels overleden. Maar hij kende echt tientallen heel nuttige commando's. In de volgende paragrafen bespreek ik er een paar die ik zelf zo mooi vind, dat ik ze mijn honden heb geleerd. Ik beveel mijn lezers ook al jaren aan ze aan hun hond te leren.

BELANGRIJK

Laat je fantasie niet stoppen omdat die van een trainer (of schrijver) is opgedroogd. Na dit hoofdstuk weet je hoe je een hond moet trainen. Bouw daarom voort op je eigen successen. Als er iets is dat je je hond wilt leren, geef het gedrag dan een naam en leer het je hond!

Wacht

Dit is anders dan 'Blijf' omdat de hond niet in dezelfde houding hoeft te blijven. Hij mag alleen niet over een denkbeeldige lijn komen die jij voor hem hebt getrokken. Als je dit commando wilt leren, zet je je hond in een deuropening, roep je zijn naam, zeg je 'Wacht' en haal je je hand voor zijn ogen van de ene naar de andere kant van de deuropening. Loop de kamer weer in en laat hem bewegen. Stap daarna de kamer weer uit. Als hij je over de denkbeeldige lijn volgt, herhaal je het commando en handsignaal. Geef een compliment en een snack als hij netjes aan de andere kant van de lijn blijft. Laat hem vervolgens vrij, geef hem nog een complimentje en wat snacks.

Dit commando kan in veel situaties worden gebruikt. Ik zeg 'Wacht' tegen mijn honden als ik de autodeur open doe, zodat ze niet voor het verkeer uit de auto springen. Ze wachten ook voordat ze bij iemand binnen mogen of voordat ze ons eigen huis uit mogen.

Het commando 'Wacht' kan je ook helpen voorkomen dat je tuin wordt omgespit. Zie hoofdstuk 22 voor tips over de combinatie hond en tuin.

Ga naar je bed

Dit commando borduurt voort op 'Af', maar is minder formeel. Het betekent: 'Ga naar je plek en maak het je daar gemakkelijk, maatje.' Het is erg handig als je je hond even uit de weg wilt hebben. Zeg de naam van je hond, zeg 'Ga naar je bed', leid hem daar naartoe en zeg 'Af'. Met wat oefening (en consequentie) wordt het 'Af' een automatisme.

Mijn vriendin Laura leerde haar hond precies het omgekeerde. In plaats van haar border collie Pancha te leren waar hij moest liggen, leerde ze de hond waar hij niet mocht zijn. Het commando 'De keuken uit' betekende 'Overal, maar niet in deze kamer'.

Eraf

'Eraf' is wat mensen vaak bedoelen als ze 'Af' zeggen. Dit is geen straf, maar een commando. Als je hond zonder toestemming op de bank of jouw bed ligt, pak je hem bij de halsband, zeg je 'Eraf' en leid je hem naar de grond terwijl je hem beloont. Hetzelfde geldt voor een springende hond, al kun je het commando daarvoor beter aanleren met een halsband en een riem. Zeg 'Eraf' en breng de riem omlaag totdat alle vier de poten op de grond staan. Vraag de hond 'Zit' en beloon.

Apporteren

Ik moet toegeven dat dit commando bij mijn honden het gemakkelijkst te leren is. Het zijn tenslotte retrievers, die het aangeschoten wild naar hun baas moesten brengen. Ze zijn gefokt op hun aangeboren behoefte om dingen op te halen, te apporteren. Jij gooit iets, zij halen het weer op. Zo zitten ze in elkaar.

Maar ik heb ook vrienden met Rhodesian ridgebacks. Deze honden zijn gefokt om op leeuwen te jagen. Niet echt een prooi die een hond in zijn bek naar de jager terugbrengt. Ze zijn van nature niet erg geïnteresseerd in apporteren. Als je bij een ridgeback iets weggooit, kijken ze je aan met een blik: 'Tja, blijkbaar wilde je dat niet meer, anders zou je het niet weggooien. Je verwacht toch niet dat ik hier iets aan ga doen? Ophalen? Ben je nou helemaal mal.'

Sommige honden zijn geboren apporteurs. Sommige raken er verzot op, zoals een retriever op water, als je ze het eenmaal aanleert. Andere honden zijn maar moeilijk enthousiast te krijgen. Maar het is in ieder geval de moeite waard om te proberen je hond te leren om te apporteren. Al is het maar omdat hij dan voldoende beweging krijgt zonder dat jij je helemaal in het zweet moet werken. Je hoeft niet te rennen, alleen maar te gooien.

BELANGRIJK

Als je hond van nature geen apporteur is, moet je geduld hebben en tevreden zijn met kleine stapjes vooruit. Een hond die ook maar een heel klein beetje de neiging krijgt om op commando een voorwerp op te pakken, levert al een hele prestatie. Begrijp dit en beloon je hond uitgebreid als hij apporteert en bouw voort op je successen. Verlies je geduld niet.

TIP

Om het apporteren aan te leren, gebruik je een speeltje waar je hond dol op is. Een stuk speelgoed waarvoor hij de moeite neemt om er achteraan te rennen en het terug naar jou te brengen.

Houd de sessies kort en positief, neem kleine stapjes en beloon vaak met complimenten en snacks. Laat je hond het tempo bepalen, haast je niet om het volgende niveau te bereiken.

Leer je hond eerst om zijn bek open te doen. Zeg 'Pak vast' en bied je hond een snack aan. Als je hond vol verwachting zijn bek open doet na het commando 'Pak vast', leg je snel, heel even het speeltje in zijn bek. Geef een compliment en een snack. Probeer dit nog een paar keer en beëindig dan de les.

Vervolgens leg je het speeltje in zijn bek en zeg je 'Houd vast'. Voordat hij het loslaat (al is dat nog geen seconde later) zeg je 'Geef' en laat hem het speelgoed loslaten. Geef een compliment en een snack.

In de volgende stap houd je het speelgoed net voor de bek van je hond en zeg je 'Pak vast'. Pakt hij het in zijn bek, al is het maar heel even? Knuffel hem en vertel hem dat hij de beste hond van de wereld is. Geef hem een snack.

Vanaf dat moment maak je de afstand gewoon steeds groter, stapje voor stapje, les na les. Een halve meter, een meter, dan laten oppakken vanaf de grond, dan laten oppakken van de grond op een meter afstand, enzovoort. Oefen de commando's 'Houd vast' en 'Geef' apart, net als het commando 'Hier' dat ik eerder in dit hoofdstuk uitleg.

BELANGRIJK

Apporteren is niet één aparte vaardigheid, maar een combinatie van vaardigheden. Het voorwerp vastpakken is er één. Het voorwerp vasthouden is er ook een, net als het terugbrengen. Het commando 'Geef' om het voorwerp los te laten, is het laatste stukje. Elk deel moet apart worden geoefend en dan naadloos worden samengevoegd. Sommige honden leren dit heel snel, als een tweede natuur, andere honden niet. Maar als je langzaam en geduldig blijft oefenen, leert je hond het wel.

IN DIT HOOFDSTUK

- Slecht gedrag begrijpen
- Problemen oplossen, geen symptomen bestrijden
- Strategieën vinden voor goed gedrag
- De rol van medicijnen beoordelen

Hoofdstuk 15 Problemen oplossen

Een van de dingen die me het meest verbaast in de jaren dat ik al over honden schrijf en naar hondenliefhebbers luister, is niet hoe vaak honden door een probleem, hoe klein ook, in een asiel belanden, daar ben ik inmiddels helaas aan gewend, maar hoe vaak dit niet gebeurt. Ik heb de afgelopen jaren zelfs waanzinnige verhalen gehoord over wat mensen allemaal pikken. Honden die voor duizenden euro's aan meubelen slopen, honden die hun achterpoot optillen tegen hun eigenaar, honden die echt continu blaffen, zodat het wel een salvo van een machinegeweer lijkt.

Wie vindt het prettig om dit soort beestachtige honden te hebben? Niemand toch? Maar sommige hondeneigenaars houden stug vol en hopen dat de hond het gedrag afleert voordat hij overlijdt. En tot die tijd maken ze er maar het beste van.

Anderen zijn duidelijk minder tolerant. Sommige mensen proberen eens wat, sommigen proberen heel veel. Maar uiteindelijk gooien veel mensen de handdoek in de ring en denken dat iemand anders, met meer ruimte, geen kinderen of wat zij ook als probleem zien, door de tralies van de asielren verliefd op de hond wordt en dat alles uiteindelijk goed komt.

Met geen van deze benaderingen los je het probleem op.

Ik ga niet vertellen dat al je hondenproblemen kunnen worden opgelost. Met sommige problemen lukt dat gewoon niet. Soms kun je het best wat dingen aanpassen, zodat je leven met je hond wat gemakkelijker wordt. Soms heb je het verkeerde ras voor je huishouden (zie hoofdstuk 2 voor meer informatie over raskeuze) of heb je een hond met problemen door verkeerd fokken, een gebrek aan socialisatie als pup of een hond die is mishandeld voordat hij bij jou kwam. Daarom vertel ik in andere delen van dit boek ook waarom het zo belangrijk is de juiste hond bij de juiste verkoper te halen en er alles aan te doen om jullie relatie meteen goed te beginnen. Het moment om je te realiseren dat een hyperactieve, niet-gesocialiseerde rottweiler van een onwetende of onzorgvuldige fokker niet past bij je werk als oppasmoeder, is voordat je de hond koopt, niet daarna.

Toch kun je best veel doen. Ook al heb je al wat fouten gemaakt en heeft de hond niet de beste achtergrond. Wat dat is, vertel ik in dit hoofdstuk.

Maar net als met de basistraining moet je ten eerste willen werken met je hond en moet je je realiseren dat het een verhaal van de lange adem wordt. Vaak moet je de relatie met je hond veranderen om probleemgedrag te kunnen veranderen. Problemen als veel graven of veel blaffen zijn vaak symptomen van een groter probleem. Dit los je niet op met symptoombestrijding.

PAS OP

Als je hond zich agressief gedraagt, heb je geen probleem, maar een potentiële ramp. Stop hier met lezen en ga terug naar hoofdstuk 14, 'Je hond manieren leren'. Lees de paragraaf 'Een paar woorden over agressie'. Als je in die beschrijving je hond herkent, bel je nu meteen een trainer of gedragsdeskundige. Je hebt meer hulp nodig dan ik je met dit boek kan geven.

Problemen van binnenuit oplossen

Net als wanneer je je hond basisgehoorzaamheid aanleert, moet je voor gedragsproblemen naar het grotere geheel kijken. Dit komt omdat problemen vaak een symptoom zijn van iets groters: meestal een hond waarbij het op fysiek, sociaal of mentaal vlak ergens aan ontbreekt.

Vergeet niet dat honden sociale dieren zijn. Hun voorouders leefden lang geleden in een roedel, waarin ze samen jaagden en hun jongen opvoedden. Daarna werden honden gefokt die werkten in dienst van mensen; als jachthonden, sledehonden of herdershonden. Het is dan toch niet vreemd dat een intelligent ras als de border collie, dat is gefokt om heel nauw en toegewijd samen te werken met een menselijke kameraad, zich doodongelukkig voelt als hij urenlang werkeloos alleen zit? Het zal je dan toch niet verbazen dat een Alaska malamute, die afstamt van dieren die sledes over de toendra sleurden, zoveel energie heeft dat hij dit in een kale achtertuin alleen kwijt kan door de picknicktafel tot tandenstokers te verwerken of gaten te graven die groter zijn dan de gemiddelde kelder? En wat dacht je van die labrador-herderkruising, waarvan beide ouders uit een lijn van intelligente, actieve en hardwerkende honden komen? Denk je nou echt dat hij de hele dag gaat zitten wachten tot jij een paar minuutjes tijd voor hem hebt?

Wees eerlijk. Vergelijkingen tussen honden en mensen werken niet altijd goed. Maar deze is wel erg duidelijk: hoe zou jij je voelen als je nooit ergens naartoe mocht en niemand ooit iets van je verwachtte? Wat zou jij doen om de verveling en onrust te verdrijven? Ook jij zou na een paar weken blij zijn met een picknicktafel als afleiding.

Je hebt dus een probleem. Of twee. Je wilt tegen je hond schreeuwen. Je wilt je hond slaan. Maar beide zijn geen oplossing voor je probleem en met beide beschadig je de liefdevolle relatie met je hond. In de gereedschapskist voor trainen is geen plek voor boosheid. Onthoud altijd de volgende dingen:

» Blijf kalm.

» Denk eraan dat slecht gedrag vaak een symptoom is, geen ziekte.

» Probeer problemen door slecht gedrag te voorkomen, door tegemoet te komen aan de behoeften van je hond.

Voorkom problemen; kies een ras dat past bij je levensstijl. In hoofdstuk 2 geef ik een overzicht van de populairste rassen. Als je denkt over een kruising, lees dan vooral die paragraaf.

Recepten voor het oplossen van gedragsproblemen proberen

In de volgende paragrafen geef ik wel een paar aanwijzingen over hoe je met specifieke gedragsproblemen kunt omgaan. Maar de basis voor het oplossen van gedragsproblemen, van binnenuit, is veel meer waard dan welke gerichte strategie ook. Ik heb ooit een lijstje gemaakt van alle gedragsproblemen waar mijn lezers me de afgelopen jaren vragen over hebben gesteld. Het waren er ruim honderd, maar veel van deze problemen waren varianten op een paar veelvoorkomende thema's.

Als je weet waardoor gedragsproblemen ontstaan, kun je er beter mee omgaan als je ermee te maken krijgt. Er is een oud gezegde: *geef een man een vis en hij eet een dag, leer een man om te vissen en hij eet zijn hele leven.* Ik wil dat je de vaardigheden voor probleemoplossing aanleert die je nodig hebt om altijd gelukkig te zijn met je hond, welke problemen ook de kop opsteken.

Als ik je bovendien alleen zou leren hoe je een probleem verhelpt, zonder te laten zien hoe je de oorzaak wegneemt, verzint je hond misschien een nieuwe slechte gewoonte. In plaats van te blaffen, gaat hij graven, of in plaats van te graven, gaat hij kauwen.

Sommige honden hebben problemen omdat ze niet zeker zijn van hun plek in de roedel. Voor tips over hoe je je hond de hulp kunt geven die hij nodig heeft, begin je ermee een riemband met je hond te vormen en hem de regel 'mensen eerst' uit de paragraaf 'Zorg voor routine' in hoofdstuk 5 te leren. Dit is een goede opfriscursus voor het basisprincipe 'ik mens, jij hond'. Dit is een belangrijke basis voor goed hondengedrag.

Zorgen voor een goede gezondheid, van binnen en buiten

De eerste stap naar het oplossen van een gedragsprobleem is controleren of het geen gezondheidsprobleem is. Dit is extra belangrijk als er verder niets is veranderd, maar je wel opeens een hond met een probleem hebt. Als je hond bijvoorbeeld door het lint gaat als je probeert de klitten uit het pluizige haar achter zijn oren te halen, heeft hij misschien een pijnlijke oorontsteking. Nog twee voorbeelden: soms wordt kauwen veroorzaakt door een voedingstekort en sommige zindelijkheidsproblemen worden veroorzaakt door een urineweginfectie.

Mijn vriendin Kathy Diamond Davis is hondentrainer en schrijver van boeken over therapieën bij dieren en hoe je je hond opvoedt tot verantwoord burgerhond. Ze is daarnaast online expert hondengedrag voor de website Pet Care Forum (www.vin.com/petcare). Ze vertelde eens een verhaal over een lieve border collie die graag op zijn rug rolde om heerlijk over zijn buik te worden geaaid, maar dan gromde tijdens het aaien. De eigenaars maakten zich zorgen dat hun hond vals was. Na onderzoek bleek dat de hond problemen had met zijn heupen en dat hij pijn had. Toen het medische probleem eenmaal was opgelost, gromde hij nooit meer.

PAS OP

Probeer niet om een gedragsprobleem op te lossen voordat je zeker weet dat je hond gezond is. Elke gedragsdeskundige zal je vertellen dat je als eerste stap bij het oplossen van gedragsproblemen zeker moet weten dat het geen medisch probleem is. Ga niet op goed geluk thuisdokteren. *Ga naar de dierenarts*. Betaal voor de tests die je dierenarts aanraadt. Deze middelen zijn nodig om achter de oorzaak van het vreemde gedrag te komen.

BELANGRIJK

Zelfs als het gedragsprobleem van je hond niet direct wordt veroorzaakt door een lichamelijk ongemak, maar hij ook niet helemaal gezond is, dan heeft hij vast moeite om te leren zich beter te gedragen. Als je ook maar enige kans wilt maken het gedragsprobleem van je hond op te lossen, moet je met je dierenarts samenwerken om gezondheidsproblemen op te lossen. Uiteindelijk bespaar je zo waarschijnlijk geld en bespaar je je hond zeker ongemak.

Als je hond medisch is doorgelicht en alles in orde is, moet je aan de slag met de andere voorwaarden voor een gezond hondenleven:

» **Mentale oefening.** Trainen doe je een leven lang. Je hond moet blijven leren en alles blijven gebruiken wat hij heeft geleerd. Maar dat betekent niet dat je altijd formele gehoorzaamheidstraining moet blijven doen. Bedenk in plaats daarvan creatieve manieren om het werkvocabulaire van je hond uit te breiden en integreer de vaardigheden die hij heeft geleerd in jullie leven samen.

  Varieer bijvoorbeeld als je hem laat apporteren. Laat hem eerst gaan zitten voordat je de bal van hem aanpakt. Laat hem blijven terwijl je de bal weggooit en laat hem er dan achteraan gaan. Laat twee gezinsleden thuis roepspelletjes met hem spelen. De een roept hem en beloont hem. Daarna doet de tweede hetzelfde. Deze spelletjes houden hem bezig en helpen zijn plek in het gezin te bevestigen. Zo voelt hij zich zelfverzekerd en veilig.

» **Lichamelijke oefening.** Een van de belangrijkste oorzaken van gedragsproblemen bij honden is dat de hond veel te weinig beweging krijgt. (Gebrek aan beweging levert bovendien een belangrijke bijdrage aan gezondheidsproblemen: door te veel eten en te weinig beweging worden honden te dik, wat weer andere gezondheidsproblemen veroorzaakt.) Met beweging bedoel ik niet een blokje om en bij elke struik, lantaarnpaal en prullenbak even snuffelen. Deze wandelingen zijn zeker ook belangrijk voor zijn mentale gezondheid, maar geven hem niet de beweging die zijn lichaam nodig heeft.

Honden in beweging houden

Het goede nieuws is dat je niet op het platteland hoeft te wonen om je hond in beweging te houden. Zo zijn er in grote steden hondenuitlaatvelden en speelgroepen voor honden. Je hebt alleen wat tijd en creativiteit nodig.

Kijk eerst goed naar je hond. Een dier dat is gefokt voor een stevige dagtaak, zoals schapen hoeden of een slee trekken, heeft veel meer beweging nodig dan een ras dat is gefokt om bij iemand op schoot te liggen, af en toe wakker te worden of een inbreker af te schrikken. Dan kijk je naar de bewegingsbehoeften van je hond, op basis van de indeling door de FCI. Als je een kruising hebt, bepaal je de bewegingsbehoefte op basis van het dominante ras, bijvoorbeeld een Duitse herder.

TECHNISCHE INFO

WAT HONDEN NIET WETEN EN WAT MENSEN WEL ZOUDEN MOETEN WETEN

Honden hebben geen schuldgevoel. Ze weten niet dat een bepaald gedrag 'slecht' is tot jij ze dat vertelt. Ze zijn dus ook niet haatdragend. Het zijn gewoon honden. Ze leven in het nu en wraakgevoelens komen niet voor in hun genenpoel. Blaffen, kauwen en graven zijn een heel ander verhaal. Dit is natuurlijk, normaal gedrag dat in het DNA van elke hond zit.

Veel drijfveren die we als mens aan een hond toebedelen, slaan nergens op. Je hond kauwt niet op de meubels omdat hij boos is omdat je hem alleen hebt gelaten; hij kauwt omdat hij gestrest is omdat hij alleen is. Kauwen is tijdverdrijf en hij voelt zich er beter door.

'Aha!' zeg je nu, 'als dat zo is, waarom kijkt mijn hond dan zo schuldig en probeert hij zich te verstoppen als ik thuis kom en mijn huis een puinhoop is?'

Bekijk de situatie eens door zijn ogen. Je eigenaar komt thuis, je huppelt hem vrolijk tegemoet en je hoort ... gevloek. Je wacht even, onzeker. Dan ... geschreeuw. En ergens in de woordenbrij *hoor je je naam*. En je realiseert je: hij is boos *op mij*. Je hebt geen idee waarom. Je bent al lang vergeten dat je zijn ondergoed aan reepjes hebt gescheurd, maar je bent bang. En je weet zeker dat je er het best van tussen kunt gaan.

Als de baas je vindt, is hij zo boos dat je bang voor hem bent. Je doet je best om hem gunstig te stemmen, zoals je dat als hond doet. Je rolt op je rug en laat je buik zien. Misschien laat je zelfs een beetje urine lopen. Een hond beschouwt deze dingen als pogingen om te zeggen: 'Het spijt me, het spijt me, ik weet niet waarom je zo boos bent, maar het spijt me echt.' In plaats daarvan hoor je nog meer geschreeuw en krijg je misschien zelfs een klap.

Snap je het? Van deze hele vertoning leert je hond helemaal niets of hooguit dat je een onvoorspelbare gek bent. En jij komt op jouw beurt niet dichter bij een oplossing voor het probleem.

PAS OP

Als je denkt geluk te hebben met een hond die, volgens mijn omschrijving, niet al te veel beweging nodig heeft, kun je het wel eens mis hebben. Ook jij komt nog aan de beurt. Alle honden hebben beweging nodig, de een alleen wat meer dan de ander. En vergeet niet dat rassen die opgroeien tot meegaande bankhangers tijdens het opgroeien vaak nog meer behoefte aan beweging hebben; meestal tot ze een jaar of twee zijn.

- **Jachthonden.** De retrievers, spaniels en waterhonden uit deze groep zijn gefokt voor een dag hard werken in zware omstandigheden. Deze honden kun je gewoon nooit voldoende laten bewegen. Dertig tot zestig minuten per dag is ideaal. Wekelijks drie sessies van dertig minuten aërobe oefeningen zijn het absolute minimum.
- **Windhonden.** Honden die ook wel zichthonden worden genoemd, zoals greyhounds, Afghaanse windhonden en deerhounds, zijn gefokt om hun energie in een korte, intense uitbarsting te gebruiken en slapen liever dan dat ze rennen. Elke dag een rustige wandeling en twee keer per week een stevige work-out is prima.
- **Terriers.** De honden die de meeste mensen als terriers zien (klein, ruwharig, zoals de Schotse terrier), zijn zo vreselijk beweeglijk dat ze op eigen houtje al voldoende beweging krijgen. En door hun kleine lichaam en korte poten is een stevige wandeling voor deze hondjes al een goede aërobe work-out. Drie keer per week een goede wandeling is prima. Het andere type terrier (de Amerikaanse of Engelse Staffordshire) zijn krachtig honden die echt baat hebben bij drie keer per week een goede aërobe work-out.
- **Overige rassen.** Het is helaas niet mogelijk om de overige rassen over één kam te scheren. Kijk daarom naar de achtergrond van het ras en gebruik dat als basis. Een ras als het schipperke lijkt veel op de ruwharige terriers: energieke, kleine nieuwsgierige hondjes. Ze hebben net zoveel beweging nodig. Buldoggen liggen liever lekker te snurken, maar met een paar wandelingen per week blijven ze in vorm. De rassen die zijn gefokt voor de bewaking, zoals rottweilers, mastiffs en Duitse doggen, hebben minder beweging nodig dan een ras als de Portugese waterhond, dat is gefokt om visnetten uit koud water te halen. Elke dag een portie stevig bewegen is prima voor deze waterhond (zeker als hij dan ook nog mag zwemmen). Maar een aantal van de grote honden in deze groep vinden een lekkere wandeling en af en toe een stevige aërobe work-out wel genoeg.
- **Gezelschapshonden.** Dwergrassen uit deze groep hebben weinig hulp nodig om voldoende beweging te krijgen. Ze zijn altijd in de weer en door hun korte pootjes is een stevige wandeling een goede work-out. Leer deze pientere hondjes apporteren en je kunt ze in je eigen huis al een goede aërobe work-out geven. Dwerghonden hebben net als alle andere honden beweging nodig, maar ze hebben hiervoor wat minder

ruimte nodig. De wollige poedels zien er misschien niet zo uit, maar zijn van oorsprong wel degelijk jachthonden en hebben alle beweging nodig die je ze kunt geven.

- **Herdersgroep.** Herdershonden hebben heel erg veel beweging nodig. Ideaal is dertig minuten per dag, al kan een superatleet zoals de border collie gerust vijf keer zoveel aan. Het negeren van lichaam en geest van deze honden is geheel op eigen risico.

Maar wat moet je dan doen om het hart van je hond stevig aan het pompen te krijgen? De mogelijkheden zijn eindeloos.

Apporteren is een prachtige manier om je hond aërobe beweging te geven. Pak er een oud tennisracket bij om een paar ballen echt ver weg te meppen.

Joggen is nog zo'n mooie manier om beweging te geven. Als je zelf niet jogt, maar je hond zich wel keurig gedraagt aan de riem, mag hij misschien wel mee met een vriend of buurman die wat gezelschap en extra bescherming wel prima vindt. Zwemmen zit bij retrievers in de natuur. En als je geluk hebt en in de buurt woont van een hondenuitlaatweide waar honden los mogen lopen, is spelen met andere honden ook een uitstekende manier voor een hond om beweging te krijgen.

Ook fietsen is een prima methode om je hond te laten bewegen. Er zijn drie producten op de markt om veilig met je hond te kunnen fietsen. Het product zit aan je fiets, zodat je beide handen aan het stuur kunt houden. Dit is natuurlijk veel veiliger dan fietsen met één hand aan het stuur en de riem in de andere hand.

Beweging op de openbare weg, zoals joggen of meerennen naast de fiets, kan goed zijn voor een hond. Denk er wel aan een goed tempo aan te houden voor je hond: een stevige draf is ideaal.

PAS OP

Er zijn wel een paar dingen waar je op moet letten als je je hond beweging geeft, vooral als je dit op de weg doet. Overleg met je dierenarts over een trainingsprogramma. Laat je hond controleren op gewrichtsproblemen waardoor bepaalde soorten beweging misschien niet goed voor hem zijn. Bouw het langzaam op, vooral als je hond wat te zwaar is. Laat je hond het tempo bepalen en controleer regelmatig zijn voetzolen (de zachte delen heten kussens) op scheuren of sneeën.

Honden kunnen hun lichaamstemperatuur niet zo goed beheersen als mensen. Geef je hond daarom beweging als het koel is, neem altijd water mee en zorg ervoor dat je signalen van hittestress herkent: glazige blik, overmatig hijgen. Als je hond problemen krijgt, maak hem dan nat en bel meteen je dierenarts.

FIGUUR 15.1: Een rustige wandeling is zeker interessant voor je hond, maar hij heeft ook beweging nodig waar zijn hart stevig van gaat pompen.

Foto met dank aan Gay Currier

FIGUUR 15.2: Verschillende producenten maken producten waarmee je je hond veilig aan de fiets kunt meenemen.

PAS OP

Dwing puppy's niet om een stevig tempo aan te houden, vooral op bestrating. Hierdoor kan schade ontstaan aan de botten die nog in ontwikkeling zijn. Ga dus niet joggen of fietsen met je hond totdat deze zijn pubertijd voorbij is. Twee jaar is een mooie leeftijd, maar overleg het vooral ook met je dierenarts.

Beperk kans op baldadig gedrag

Net zoals bij elke relatie moet je je aanpassen aan het leven met je hond. Je kunt bijvoorbeeld geen vleesresten meer in een open prullenbak doen, die ook nog eens precies de goede hoogte heeft voor een hondenneus. Ja, je kunt je hond corrigeren als je hem met zijn neus in de afvalemmer betrapt. Maar eigenlijk is de enige juiste oplossing gewoon een dichte vuilnisbak of een vuilnisbak onder de gootsteen, achter een deurtje. Soms hoef je iets alleen maar net anders te doen met een hond in huis. Ik wil de toiletoorlog die in sommige huishoudens woedt niet aanwakkeren, maar als je wilt weten hoe je voorkomt dat je hond uit de toiletpot drinkt, wat dacht je dan van het meest voor de hand liggende antwoord: doe het deksel naar beneden.

Sommige aanpassingen zijn voor altijd, andere maar tijdelijk. Stel dat je een hond hebt die door het lint gaat als je hem alleen laat. Het antwoord, terwijl je natuurlijk zijn zelfvertrouwen probeert te versterken en voldoende beweging geeft, is niet om hem meer keuzes te geven, maar juist minder. Zet hem als je weggaat bijvoorbeeld in een bench of een kleine ruimte, met een stuk speelgoed om op te kauwen en geef hem langzaam meer ruimte, kamer voor kamer.

Ook hier is de bench een prima hulpmiddel om met hondenproblemen om te gaan. Ga voor meer informatie over het kiezen van een bench voor je hond naar de paragraaf over benches in hoofdstuk 6.

Vervang door ander gedrag

Ga niet tekeer tegen je hond omdat hij heeft gekauwd op iets waarop hij niet mag kauwen. Geef hem een stuk speelgoed waar hij wel op mag kauwen en beloon hem als hij dit doet. Zorg ervoor dat zijn speelgoed aantrekkelijker is dan jouw schoenen of de afstandsbediening. Een hele goede oplossing is hondenspeelgoed dat je kunt vullen met snacks of blikvoeding. Dit houdt je hond echt uren bezig.

Zie hoofdstuk 9 voor meer informatie over kauwen door puppy's, waarbij dit een normaal onderdeel is van het wisselproces.

Je kunt ook gedrag dat je niet tolereert vervangen door gedrag dat je wel kunt verdragen. Leer je hond die tegen mensen opspringt bijvoorbeeld dat hij de aandacht die hij zo graag heeft, pas krijgt als hij gaat zitten en niet als hij springt. En wees consequent: als je niet wilt dat je hond als begroeting tegen iemand opspringt, laat hem dit dan nooit doen. Je kunt van een hond niet verwachten dat hij snapt dat hij wel mag springen als je een spijkerbroek draagt, maar niet als je netjes bent opgedoft voor een avondje uit.

FIGUUR 15.3: In losloopgebieden kunnen honden lekker rennen en ravotten.

Foto met dank aan Joan Mahone

DRIE HOERAATJES VOOR LOSLOOP-GEBIEDEN!

TIP

Als het gaat over het laten rennen van mijn honden, ben ik vaak in overtreding. En ik ben hierin niet alleen. In de wachtkamer bij de dierenarts, in dierenwinkels, bij hondenwedstrijden en op internet wisselen massa's doorgewinterde hondenliefhebbers informatie uit over waar je je hond lekker los kunt laten rennen.

We willen geen criminelen zijn. We willen onze honden legaal laten rennen: geef ons losloopgebieden. Als ik de keuze heb, ga ik naar een speciaal hondenpark om mijn honden te laten rennen. Maar ik heb niet altijd tijd om naar de stad te rijden, dus ga ik naar plekken dichterbij waar ik mijn honden los kan laten rennen, maar dan wel illegaal. Ik ga op ongewone tijdstippen, als ik weet dat het park leeg is. En ik ga nooit in het weekend. Mijn honden zijn vriendelijk en gesocialiseerd, ze luisteren goed. En ja, ik ruim hun troep op.

Waarom moeten hondenliefhebbers spelletjes spelen? Als je puur naar de aantallen kijkt, zijn we met meer dan tennissers of voetballers of alle groepen waarvoor in hun behoeften worden voorzien in bestemmingsplannen. We nemen een hond als recreatie en we hebben net als elke andere groep recht op faciliteiten.

Waar ik me meer zorgen om maak, zijn niet de mensen die hun hond illegaal los laten lopen, maar de mensen die hun hond nooit los laten lopen. Vernielzucht en asociaal gedrag komen vaak door verveling en een overschot aan nerveuze energie. Hoeveel honden zou je een enkeltje asiel kunnen besparen als ze regelmatig kunnen worden gesocialiseerd en voldoende beweging kunnen krijgen? Als je bedenkt dat gedragsproblemen de belangrijkste reden zijn om een dier af te staan, zouden het er wel eens heel veel kunnen zijn.

Hondenparken werken en zijn prima voor zowel hondenhaters als hondenliefhebbers. Als dierenliefhebbers ruimte hebben voor hun recreatie, kun je ze op andere plekken zonder problemen weigeren. Hoge boetes voor eigenaars van loslopende honden zijn prima op sommige plekken voor menselijk gebruik, als er maar alternatieven zijn om je hond eens lekker zonder riem te laten ravotten. En hondenparken stimuleren verantwoording bij de eigenaar. Zo krijg je gezondere, blijere en beter gesocialiseerde honden. En dat zijn goede burgerhonden.

Ik wil niet graag de wet overtreden. En ik zou dit ook niet doen als aan mijn gerechtvaardigde behoeften als hondeneigenaar tegemoet zou worden gekomen. Als je hier ook zo over denkt, neem dan contact op met de gemeente. Elke gemeenschap heeft wel wat ruimte waar honden kunnen rennen.

FIGUUR 15.4: Vroeger raadden hondentrainers aan om de hond af te leren uit de vuilnisbak te eten, door muizenvallen tussen het afval te verstoppen. Vandaag de dag zeggen we: doe de vuilnisbak dicht of zorg dat de hond er niet bij kan.

Problemen beheersen waardoor honden in het asiel komen

Ben je er klaar voor om problemen op te lossen? Laat maar eens zien hoe je je nieuwe kennis toepast op de problemen die echt een gevaar vormen voor het leven van je hond, doordat hij hierdoor in het asiel belandt.

Twee problemen waardoor honden vaak in het asiel komen, bespreek ik in andere hoofdstukken. Voor problemen met zindelijkheid in huis lees je hoofdstuk 8. Voor tekenen van agressie ga je naar hoofdstuk 14.

Blaffen

Hierdoor loopt je hond gevaar door de mensen bij jou in de buurt. Het gebeurt nog regelmatig dat een hond wordt vergiftigd omdat hij veel te veel blaft. En zelfs als je buren niet zo snel het heft in eigen hand zullen nemen, kun je door een blaffende hond nog wel problemen krijgen met de politie. En als je het probleem niet verhelpt, kun je bekend komen te staan als onverantwoordelijke en achteloze hondeneigenaar.

In de krant lees je vaker over agressieve honden, maar de blaffende hond is de echte gesel van de buurt.

TIP

KATTENBAKKENHOND

Ik hoor regelmatig van lezers die verbaasd zijn dat hun hond de uitwerpselen in de kattenbak als lekkernij beschouwt. Deze mensen zijn altijd wanhopig op zoek naar een oplossing voor deze smerige gewoonte.

Voor een mens klinkt het misschien ongeloofwaardig, maar voor veel honden zijn kattendrollen echt net zo interessant als hondenkoekjes, door de niet-verteerde eiwitten.

Als er altijd een portie kattendrollen klaarstaat, waar ze ook nog eens goed bij kunnen, zal geen enkele hond dit lang kunnen weerstaan. Daarom lukt het ook bijna nooit om een hond te leren de kattenbak te negeren. Je kunt er beter voor zorgen dat de hond er gewoon niet meer bij kan. Dit kun je op een paar manieren doen, zoals:

- Koop een kattenbak met deksel.
- Zet de kattenbak op een andere plek. Pas wel op dat je kat hier niet door van slag raakt. Je kunt de kattenbak steeds een stukje verder verplaatsen totdat de hond er niet meer bij kan.
- Breng grenzen aan. Je kunt bijvoorbeeld zorgen dat de deur naar de ruimte waar de kattenbak staat ver genoeg open staat voor de kat, maar niet voor de hond. Maar als je een middelgrote tot grote hond hebt, kun je ook een kattenluik in de deur naar de betreffende kamer zetten. Voor kleine honden is een babyhekje een oplossing. De kat kan hier overeen springen, maar de hond niet.

- Houd het schoon. Schep de kattenbak regelmatig uit. Als er niets in de bak ligt, kan de hond dit ook niet opeten.

TECHNISCHE INFO

Honden blaffen om allerlei verschillende emoties te uiten, zoals angst, verveling, territoriumdrang, speelsheid en honger. Een blafuitbarsting kan ook worden getriggerd door bepaalde omstandigheden in de omgeving. Zo zal een hond die blaft als waarschuwing dat er vreemden in de buurt zijn, voortdurend blaffen als er alleen maar een hek zit tussen zijn deel van de tuin en een drukke stoep. En een intelligente hond met veel energie, die zich verwaarloosd voelt en zich verveelt in een eenzame achtertuin, kan proberen zijn teveel aan energie kwijt te raken via een blafsessie die uren kan duren, overdag of 's nachts.

En ook het ras speelt mee. Je kunt van een arctisch ras of kruising hiervan niet verwachten dat hij niet af en toe eens lekker jankt. En een jachthond wil het nu eenmaal met je delen als hij een prooi op het spoor is. Sommige herdersrassen drijven het vee door naar de hielen te happen en blaffen. En hoewel hun neven in de stad dit al generaties niet meer doen, kunnen ze tijdens een spel nog steeds vrolijk naar de enkels van kinderen happen.

Zoek uit waarom je hond blaft. Rent hij steeds op en neer langs het hek om de buurhond eens goed de waarheid te zeggen? Probeer je tuin dan anders in te richten, zodat dit niet meer kan. Is hij een eenzame buitenhond die zich verveelt? Laat hem deel uitmaken van je leven, neem hem in huis en zorg ervoor dat er wordt voldaan aan zijn behoefte aan lichamelijke en geestelijke uitdagingen. In huis nemen heeft nog een voordeel: veel van de geluiden waar je hond buiten op aanslaat, zijn binnen minder goed te horen. En misschien kun je de geluiden nog meer buitensluiten door een radio aan te laten als je weg bent.

PROBLEMEN DIE MENSEN VEROORZAKEN

BELANGRIJK

Soms leren hondeneigenaars hun hond onbedoeld slechte gewoonten aan.

Zou je hond ooit hebben leren bedelen als hij de eerste keer nul op rekest had gekregen? Als de slechte gewoonte eenmaal is aangeleerd, zijn sommige honden hierin erg overtuigend, door schattig of ronduit irritant te zijn. Hoe stop je dit gedrag? Geef er niet meer aan toe en geef hem als beloning voor zijn gebedel geen eten maar een 'Zit-Blijf' (zie hoofdstuk 14 voor tips over training). Als je hond begint door te krijgen dat er nooit meer iets wordt toegestopt vanaf de eettafel, houdt hij uiteindelijk ook op met vragen.

Een ander door mensen veroorzaakt probleem is inconsequentie. Stel dat je je oude bank vervangt door een nieuwe. Op de oude bank kon de hond geen kwaad, maar je hebt liever niet dat hij op de nieuwe gaat liggen. Als je met hem werkt, zal hij het uiteindelijk wel snappen. Maar echt eerlijk is het niet. Als je je hond nooit op de meubels wilt, moet je hem ook nooit op de meubels laten.

Graven

Een veelgenoemde oplossing is de drollen van de hond in het gegraven gat te deponeren en het dan dicht te gooien. Maar dit werkt alleen als je hond niet een van de vele honden is die drollen eet. Graven is een klassiek geval waarbij het heel erg belangrijk is het grotere plaatje goed te bekijken. Als je hond buiten moet blijven als je weg bent of zelfs altijd buiten leeft en nooit mag werken of bewegen, vernielt hij uiteindelijk je tuin. En als je dan bedenkt dat sommige rassen, zoals terrierachtigen, dol zijn op graven, mag je toch niet verbaasd zijn als je tuin er uiteindelijk uitziet als gatenkaas.

Je kunt hier drie dingen tegen doen. Werk met je hond en geef hem voldoende beweging. Beperk toegang zonder toezicht tot het deel van de tuin dat je graag heel wilt houden. En geef hem een stuk tuin waar hij mag graven en laat hem dat weten.

In hoofdstuk 22 geef ik meer tips over hoe je met een hond toch een mooie tuin kunt hebben.

Vernielzucht als de hond alleen wordt gelaten

Dit is het klassieke probleem bij honden die je adopteert als ze al volwassen zijn. Zijn hart is al een keer gebroken en hij heeft zich weer opnieuw gehecht, aan jou. En dan laat je hem alleen achter met zijn angst: kom je nog wel terug? Als uitlaatklep gaan de meeste van deze honden kauwen.

Je helpt hem zijn zelfvertrouwen te versterken door hem een routine te geven (zie hiervoor ook hoofdstuk 5) en door hem te trainen. Je geeft hem wat extra beweging om de overtollige energie kwijt te raken. En ten slotte, terwijl je het probleem van binnenuit probeert te genezen, beperk je de mogelijkheden om schade aan te richten door hem in een bench of kleine ruimte te zetten.

Hier lees je een paar tips over omgaan met verlatingsangst:

- **Geef je hond zijn grootste maaltijd net voordat hij zijn langste tijd alleen is.** Na het eten gaan honden slapen. Als je geluk hebt, slaapt hij het grootste deel van de tijd dat je weg bent.
- **Geef hem vlak voordat je weggaat iets speciaals om op te kauwen.** Zoek een stuk speelgoed waar hij heel graag op kauwt en dat speciaal is voor de tijden dat hij alleen is. Als je het hem geeft terwijl je de deur uitstapt, is hij misschien zelfs stiekem een klein beetje blij dat je gaat.
- **Laat een radio aan om geluiden van buitenaf uit te sluiten.** Neem alsjeblieft iets rustgevends, zoals klassieke muziek. Je hond is al bang genoeg zonder dat hij naar geklets op de radio moet luisteren.
- **Oefen weggaan en thuiskomen zonder gedoe.** Sommige mensen maken het probleem alleen nog maar erger door een theatrale begroeting en afscheid, alsof ze op wereldreis gaan of terugkomen bij iemand die ze niet hadden verwacht ooit nog weer te zien. Dit is emotioneel gedoe waar je hond niets aan heeft. Als je weggaat, zeg je tegen je hond dat hij het huis moet bewaken en je geeft hem zijn favoriete kauwspeelgoed, zodat hij zich belangrijk voelt. Als je thuis komt, begroet je je hond zoals je de rest van je gezin begroet. Gewoon door normaal en rustig 'hallo' te zeggen en hem een aai te geven. Je laat je hond op deze manier weten dat komen en gaan helemaal niets speciaals is. Kalm aan dus.
- **Denk na over medicatie om te helpen tijdens het opnieuw trainen.** Verlatingsangst is een gedragsprobleem dat kan worden behandeld met enkele nieuwe medicijnen die de afgelopen jaren via de diergeneeskunde beschikbaar zijn gekomen. Praat eens met je dierenarts over de mogelijkheden die deze medicatie kan bieden, maar wel altijd in combinatie met gedragstherapie. Je hebt bij verlatingsangst minstens zoveel behoefte aan een goede hondengedragstherapeut als aan je dierenarts..

Ongehoorzaamheid

Is je hond een ware terrorist die niet naar je luistert als je 'Zit' zegt en jou door de straat sleurt? Hij heeft beweging, training en veel, heel veel oefening nodig. Zie hoofdstuk 14 voor de basisbeginselen.

Als je hond een puber is, wordt hij rustiger als hij volwassen wordt. Maar niet voldoende om mee te kunnen leven als je hem niet traint. Train hem dus.

Zorgen om de nieuwe baby

Sommige mensen in deze wereld (en jij misschien ook wel), zien een hond als een soort proefrun voor het ouderschap. Als je echt aan kinderen begint, vinden ze dat de hond maar naar een ander thuis moet. Door deze mentaliteit belanden sommige honden in het asiel, alleen maar als voorzorgsmiddel, omdat ouders alleen al de mogelijkheid dat er misschien ooit iets misgaat in de interactie tussen baby en hond willen voorkomen.

Soms is deze zorg terecht, bijvoorbeeld als je een hond hebt met een agressieprobleem. Ik wil niet door blijven zaniken over agressie, maar ik kan niet anders dan waarschuwen, in de hoop zelfs maar één kind te behoeden voor een beet of erger. Neem als je een agressieve hond hebt contact op met een trainer of gedragsdeskundige met ervaring op het gebied van agressieproblemen. En realiseer je dat je je hond misschien nooit met kinderen kunt vertrouwen. In dat geval moet je wellicht enkele erg moeilijke beslissingen nemen.

Maar de kans is groter dat je gewoon vindt dat je hond te uitbundig is. Laat je hond weten dat je van hem houdt, laat hem (altijd onder toezicht) kennismaken met de baby en betrek hem bij het dagelijkse ritueel van de verzorging.

TIP

Wil je dat je hond van de baby gaat houden? Geef hem dan een aantal weken alleen in het bijzijn van de baby positieve aandacht, met complimentjes en snacks. Hij besluit al snel dat de baby best wel oké is. Als je je hond alleen maar aandacht geeft als de baby niet in de buurt is en hem negeert als de baby erbij is, zal er voor hem nooit een link komen tussen 'baby' en 'oké'.

Verder gelden natuurlijk de gewone regels: beweging en training. De eerste maanden met een hond en een baby zijn lastig. Misschien kan een buurkind de hond af en toe uitlaten. Of kun je een andere creatieve oplossing verzinnen.

PAS OP

Sommige parasieten en besmettelijke ziekten kunnen van hond op kind worden overgedragen. Het risico hierop is minimaal als je je dierenarts vraagt je hond goed na te kijken en je zorgt voor goede hygiënische omstandigheden in huis en in de tuin.

TIP

ANGST VOOR DONDER EN BLIKSEM

Sommige mensen in delen van de wereld waar het erg vaak onweert, kijken met recht bezorgd naar de wolken: hun hond is doodsbang voor het lawaai.

Het kan erg moeilijk zijn om de angst voor onweer af te leren. En hoe erger de angst, hoe moeilijker het wordt. In sommige gevallen kun je de hond trainen om tijdens het onweer wat rustiger te zijn. Dit doe je bijvoorbeeld met een cd met onweergeluiden (verkrijgbaar bij cd-winkels of online). Zet het geluid langzaam maar zeker harder, terwijl je met de hond iets doet wat ze leuk vindt. Het probleem met deze benadering is dat sommige honden zich niet voor de gek laten houden. Ze geloven gewoon niet dat het echt is.

Positieve (op beloningen gebaseerde) gehoorzaamheidstraining kan ook helpen het zelfvertrouwen van een hond te versterken. Hetzelfde geldt voor medicijnen die worden voorgeschreven om honden te kalmeren. Overleg goed met je dierenarts wat je hond precies krijgt. Er zijn middelen die de hond als het ware 'lamleggen' terwijl hij nog wel ervaart wat er om hem heen gebeurt. Hij kan er alleen niet meer op reageren. Het geven van zulke middelen staat gelijk aan dierenmishandeling. Ook bij de dierenspeciaalzaak zijn middelen te koop om honden te kalmeren. Denk aan etherische oliën, kalmerende strakzittende shirts of feromonensprays.

Omdat donderfobie zo moeilijk te behandelen is, kun je misschien het best eerst met de dierenarts overleggen. Medicijnen kunnen helpen, net als een verwijzing van je dierenarts naar een trainer of gedragskundige.

IN DIT HOOFDSTUK

De voordelen inzien van georganiseerde hondenspelen

Meedoen aan hondenshows en gehoorzaamheidswedstrijden

Een paar coole nieuwe sporten

Hoofdstuk 16

Hondenwedstrijden: leuke dingen om te doen met je hond

Bijna alle sporten komen voort uit activiteiten uit het dagelijks leven. Hondensporten zijn hierop geen uitzondering. Ik durf te wedden dat er geen minuut gezeten heeft tussen het moment waarop onze voorouders leerden hoe ze een hond voor hen konden laten jagen en het moment waarop de een tegen de ander zei: 'Ik durf te wedden dat mijn jachthond sneller is.' Sindsdien zijn er altijd hondenrennen gehouden.

Maar de wedstrijden van tegenwoordig zijn niet alleen voor snelle honden. In sommige competities sta je met een goed lichaam aan de top, in andere is het juist lenigheid (letterlijk) waarmee je wint. In sommige sporten is het de bedoeling dat de oorspronkelijke functie van het ras wordt getoond, zoals jagen, slede trekken of vee hoeden. In andere sporten gaat het om teamwork waarop stijldansers trots zouden zijn. Sommige sporten zijn alleen voor een specifiek ras of een handjevol rassen.

Sommige sporten zijn zo oud als de relatie tussen mensen en honden. Andere sporten zijn zo nieuw dat de regels ervoor tegelijk met dit hoofdstuk zijn geschreven.

Voor sommige sporten zijn topprestaties op lichamelijk gebied vereist van zowel hond als handler. Bij andere sporten kunnen ook oudere mensen of mindervaliden prima meedoen. Ik heb gezien dat mensen in een rolstoel meededen. En bij een landelijke gehoorzaamheidswedstrijd waar ik ooit verslag van deed, was de oudste deelnemer bijna 90. En nu we het over leeftijden hebben: er is geen andere sport waarin iemand van twaalf kan winnen van volwassen professionals bij een wedstrijd op topniveau.

Er is een wedstrijd voor iedereen en voor elke hond. Echt waar. Voor niet-ingewijden zijn hondensporten misschien wat lastig te volgen. Daarom is het beter om je er stukje bij beetje in te verdiepen. Het maakt niet uit of je gaat kijken zodat je ooit eens kunt gaan meedoen of omdat je gewoon een dagje uit wilt met het gezin. In dit hoofdstuk lees je van alles om je op weg te helpen.

Pas wel op: hondensporten kunnen verslavend zijn. Wat voor sommigen begint als een dagje bij een hondenwedstrijd, mondt uit in iets waar ze niet op hadden gerekend. Voor ze het weten kopen ze een camper met airco voor de hond en een huis op het platteland om de steeds groter wordende hondenfamilie ruimte te geven om te oefenen op de toestellen voor behendigheid of gehoorzaamheid die permanent op een mooi veld zijn opgesteld. Ze gaan bijna elke avond van de week naar hondentrainingen en clubmeetings en plannen hun vakantie rond landelijke shows.

De voordelen van georganiseerde activiteiten

Lintjes en bekers zijn natuurlijk allemaal hartstikke mooi. Ik zal ook niet zeggen dat je ze moet weigeren als je hond zo ver komt dat jullie ze gaan verdienen. Maar het echte voordeel van hondenwedstrijden is in mijn ogen dat ze de band tussen mens en dier versterken. Ook zorgen ze ervoor dat kameraadschap ontstaat tussen de deelnemers, dankzij hun gemeenschappelijke passie voor het werken met honden.

Het kost tijd om een hond voor te bereiden op deelname aan een wedstrijd. En tijd is het grootste geschenk dat je je hond kunt geven. Trainen, oefenen, verzorgen, reizen naar de evenementen en rondhangen en wachten op je beurt kosten allemaal tijd. Sommige mensen (je partner, bijvoorbeeld) amuseren zich niet tijdens het rondhangen, maar je hond is in de zevende hondenhemel. Hij is tenslotte bij jou.

En soms ben jij ook heel blij dat hij er is. In de hondenwedstrijdsport gaat het niet alleen om goede prestaties, maar ook om onvoorwaardelijke steun van je hondenpartner. In de hondensport strijden de beginners tegen de gevorderden, jongeren tegen ouderen, amateurs tegen professionals. En elke hond heeft betere en mindere dagen. En terwijl alles veel beter lijkt te lopen dan ooit tevoren, kunnen verschillen reden zijn voor gemopper en regelmatig ook schreeuwen en schelden.

TIP

Bijna elk weekend zijn er wel hondenwedstrijden, maar soms zijn ze lastig te vinden. Een agenda vind je vaak wel in hondentijdschriften of op de website van de plaatselijke hondenvereniging. En misschien zit er bij jouw plaatselijke nieuwsblad wel een hondenliefhebber die ze opneemt. Op de website houdenvanhonden.nl staat een uitgebreid overzicht van evenementen in Nederland. De site kkush.be bevat een overzicht van wedstrijden in België.

Als je betrokken raakt bij een specifieke sport, kom je op mailinglijsten van organisatoren en krijg je de inschrijfformulieren vanzelf in je digitale mailbox.

De zin inzien

Bij sommige sporten zie je meteen waar het om gaat: je gaat er achteraan, je trekt eraan, je vindt het of je brengt het terug. Andere sporten zijn wat minder voor de hand liggend. De populairste hondensport, showen met je hond (zie de paragraaf 'Hondenshows' verderop in dit hoofdstuk), is een van de lastigste om te begrijpen. Soms is het al moeilijk genoeg om te bepalen wie er in een bepaalde klasse wint. Wat er daarna komt, is voor veel mensen helemaal abracadabra.

Een tentoonstelling is waarschijnlijk de enige sportwedstrijd waarbij het overgrote deel van de toeschouwers en zelfs een deel van de deelnemers niet weet wie de finale heeft gewonnen. En het interesseert ze ook niet. De meeste deelnemers gaan alleen om hun eigen hond te tonen en vertrekken dan weer. De meeste toeschouwers kijken alleen naar de honden en kopen misschien wat accessoires.

Maar als je begint bij de basis, begrijp je al snel de nuances. En zelfs als je niet voor de finale blijft, dan kun je wel meer van genieten van je bezoek.

TIP

Het maakt niet uit naar wat voor hondenwedstrijd je gaat, je bent zelf verantwoordelijk voor je eigen comfort. Hondenshows worden binnen en buiten gehouden, weer of geen weer. Draag gemakkelijke kleding en schoenen waarop je een eind kunt lopen. Breng een vouwstoeltje en parasol mee als je de hele dag wilt blijven. Voor een binnenshow heb je genoeg aan het vouwstoeltje. Bij grotere shows zijn er eet- en drinkgelegenheden, maar bij kleinere moet je dit zelf meenemen. Denk hier dus aan.

PAS OP

Honden die niet deelnemen zijn niet toegestaan op het terrein waar de honden zijn: strijdend om punten of titels. Laat je hond dus thuis tot hij er klaar voor is om deel te nemen. Soms zijn bezoekende honden wel toegestaan bij oefenwedstrijden. Bij deze tentoonstellingen laten fokkers hun jonge honden voor het eerst kennismaken met de hectiek en geluiden van een hondenshow.

TIP

Als je meer wilt weten over verschillende hondensporten, lees dan eens het *Honden sport en spellen boek* van Peter Beekman en Peter Bosman. In dit boek lees je van alles over de geschiedenis en reglementen van hondenwedstrijden.

Hondenshows

Rasverenigingen en clubs in Nederland en België organiseren veld-, behendigheids- en gehoorzaamheidswedstrijden, maar de meeste actie vind je bij wat de meeste mensen een hondententoonstelling of hondenshow noemen. In Nederland en België worden die georganiseerd door de Raad van Beheer op Kynologisch Gebied in Nederland (www.houdenvanhonden.nl) en de KMSH (www.kmsh.be) of daarbij aangesloten verenigingen. Een hondenshow is in principe een knock-outtoernooi, met kwartfinales en halve finales en uiteindelijk de beste deelnemer aan de show; de winnaar. De wedstrijd begint bij de beoordeling per ras, waar honden van hetzelfde ras en dezelfde kenmerken tegen elkaar strijden.

TECHNISCHE INFO

Elke hond wordt beoordeeld aan de hand van de *rasstandaard*. Dit is een set regels en richtlijnen waarin het ideaal van het ras is vastgelegd. Enkele richtlijnen van de standaard zijn heel specifiek, zodat bijvoorbeeld honden kleiner of groter dan de standaard meteen afvallen. Andere zijn erg vaag, zoals de vereiste dat de hond een bepaalde waardigheid heeft.

Op rasniveau worden honden verdeeld naar geslacht en daarna in kleinere klassen zoals *puppy, gefokt door exposant* en *open*. Een aantal van deze klassen kan nog verder worden opgedeeld, bijvoorbeeld op vachtkleur. Bij shelties zijn er bijvoorbeeld verschillende klassen voor sable (kleine Lassie-imitators), voor driekleurige exemplaren (black, tan en wit) en *AOAC* (wat staat voor *Any Other Allowed Color* (Elke Andere Toegestane Kleur).

TECHNISCHE INFO

En om het nog verwarrender te maken, worden kleuren en tekening bij het ene ras voor de jurering beschouwd als aparte rassen, maar bij het andere ras niet. Alleen maar omdat het altijd al zo wordt gedaan. En daarom zie je in de laatste ronden van de wedstrijd maar één sheltie. De beste van alle toegestane sheltie-kleuren, maar meerdere cocker spaniels; één voor elke toegestane kleurcombinatie.

De jury kiest een winnaar uit elk van deze klassen en de beste reu en teef uit deze winnaars. Deze koppels strijden vervolgens tegen de gevestigde orde om de beste van het ras te worden. De beste hond van elk ras (of variëteit, bij de rassen die extra kansen krijgen op basis van kleur en andere factoren, zoals grootte) gaat naar de halve finale en strijdt daar tegen andere honden in de groep. Uiteindelijk blijft alleen de beste hond uit elke groep over. Dit zijn de beste honden van de show. Oef.

Gehoorzaamheidswedstrijden

Gehoorzaamheidswedstrijden heb je op vele niveaus. Veel hondenscholen organiseren ze voor hun cursisten en je kunt ook op hoog niveau deelnemen aan wedstrijden om te laten zien hoe gehoorzaam jouw hond is. FCI-obedience heeft tot doel honden te trainen totdat ze een bepaalde graad van perfectie vertonen in het volgen, sorteren en bijvoorbeeld apporteren. Het leuke van deze sport is dat je elke hond kunt leren luisteren en daarvoor kun je bij een heleboel hondenscholen terecht. De echte top bereiken de honden die over een hoge graad van intelligentie beschikken in combinatie met 'will to please'. Oftewel: slimme honden die hun baas graag een plezier doen door goed te luisteren.

Op het hoogste niveau van gehoorzaamheidswedstrijden wint het beste team soms met een fractie van een halve punt: het verschil tussen een perfecte kuur en de straf voor net niet helemaal recht zitten.

Maar in tegenstelling tot de rassenwedstrijden, waarbij het verschil tussen een eerste en tweede plaats voor een buitenstaander nauwelijks zichtbaar is, is bij gehoorzaamheidswedstrijden het verschil tussen de best presterende teams en andere honden in de klassen overduidelijk. De beste honden werken blij, gewillig en snel. Ze gaan als een echte artiest vlot en soepel door de oefeningen, zoals springen, apporteren en aan de hiel lopen. Deze honden zijn altijd alert, ogen altijd gericht op de handler, spieren gespannen in afwachting van een woord of handsignaal. Het werk is snel en veeleisend, maar het is duidelijk dat de honden er plezier in hebben.

Raadpleeg voor meer informatie de website van de Raad van Beheer voor meer informatie over FCI-obedience (Gedrag en Gehoorzaamheid) en www.fciobedience.nl. Bij deze sport wil je een zo hoog mogelijke graad van gehoorzaamheid van je hond laten zien. De oefeningen die de honden moeten uitvoeren gaan verder dan (los) volgen, zitten en liggen. De honden moeten apporteren en zelfs sorteren. FCI-obedience is als sport erkend door de FCI.

De beste honden komen uit een handvol rassen; border collies, Mechelse herders maar ook Duitse herders en Australian Shepherds blinken uit in 'gehoorzaamheid'. Maar natuurlijk kun je ook met een shih tzu of een boxer plezier beleven aan gehoorzaamheidswedstrijden op lager niveau.

TECHNISCHE INFO

Waarom doen sommige fokkers het bij gehoorzaamheidswedstrijden beter dan andere? Dit heeft minder met intelligentie te maken dan je denkt. Al zijn de rassen die het best scoren wel intelligenter. De rassen die het goed doen in de gehoorzaamheidsarena zijn allemaal inschikkelijk (ze leren snel en zijn dol op de lastige taken die ze voor de sport moeten uitvoeren), behendig, ze hebben veel energie en een zekere flair.

TECHNISCHE INFO

In Nederland zijn er verschillende niveaus van gehoorzaamheidswedstrijden. Door diploma's of brevetten te halen kom je steeds een klasse hoger. Ook in België kom je steeds hoger naarmate je wedstrijden wint.

Er zijn verschillende puntentellingen. Je kunt beginnen met een perfecte score, waarbij strafpunten worden afgetrokken voor foutjes als traagheid, niet opletten of zeuren. De ene overtreding wordt zwaarder bestraft dan de andere. Maar er zijn ook systemen waar je punten krijgt per goed voltooid onderdeel.

Als een hond het hoogste niveau heeft bereikt (veel honden bereiken dit helemaal niet), komt de ultieme test: nationaal kampioen worden.

TECHNISCHE INFO

In het verleden mochten alleen rashonden meedoen aan gehoorzaamheidswedstrijden, maar die beperking geldt niet meer. Bij veel wedstrijden gaat het nu om de kunde van de hond en de handler, niet om het ras.

Werkhondenproeven

Hondenshows en gehoorzaamheidswedstrijden trekken elk jaar de meeste deelnemers. Maar er zijn nog meer sporten waar je met je hond aan mee kunt doen. De meeste hiervan vallen in de categorie werkhondenproeven. Dit zijn wedstrijden waarin rashonden bewijzen dat ze nog steeds goed zijn in de taak waarvoor het ras is gefokt.

TECHNISCHE INFO

Bij sommige rassen is de vaardigheid om de oorspronkelijke taak uit te voeren door het fokken verdwenen. Hierdoor zijn sommige rassen, zoals de cocker spaniel, eigenlijk geen jachthonden meer te noemen. Andere rassen zijn opgesplitst in twee lijnen: de veldlijn en de showlijn. De honden in deze lijnen zijn behoorlijk verschillend. De splitsing is misschien wel het duidelijkst bij de labrador retriever, waarbij de showhonden wat zwaarder zijn dan hun slankere neven die meedoen aan werkproeven.

Veldproeven

Tijdens deze wedstrijden worden situaties nagebootst die jachthonden tijdens hun werk kunnen tegenkomen. Ze zijn opgedeeld in rastype:

- **Proeven voor geurhonden.** Beagles worden het vaakst ingezet voor deze wedstrijden, waarbij de hond moet laten zien hoe goed hij is in het opsporen van wild. Bassethounds, teckels en coonhounds hebben hun eigen proeven.
- **Proeven voor zichthonden.** Rennen, meestal met een nepprooi, testen het enthousiasme van de oudste rassen om met hun geweldige snelheid op een prooi te jagen. De zichtrassen, die variëren van de tengere whippet tot de reusachtige Ierse wolfshond, gebruiken deze wedstrijden om te doen waar de meeste van hun soortgenoten geen gelegenheid meer voor krijgen: rennen en daarbij alles geven wat je in je hebt.
- **Proeven voor pointers.** Bij deze proeven moet de hond een vogel zoeken en aangeven waar deze ligt met de klassieke pointer-houding. De handler vuurt vervolgens zijn wapen af om te laten zien dat de hond hier niet bang voor is.
- **Proeven voor retrievers en spaniels.** Tijdens deze wedstrijden worden de vaardigheden en het uithoudingsvermogen van deze jachtrassen getest terwijl ze onder veel verschillende omstandigheden wild apporteren. Spaniels, meestal Engelse springerspaniels, moeten het wild niet alleen vinden, maar ook laten opvliegen.
- **Proeven voor terriers.** De moed en het doorzettingsvermogen van deze aardhonden (de naam *terrier* komt van *terra*, Latijn voor *aarde*) wordt getest in een afgedekte geul waarin ze door het duister moeten rennen om een prooi aan te vallen, meestal een rat in een kooi.

Wedstrijden voor sledehonden

De International Sled Dog Racing Association is de belangrijkste organisatie voor deze sport. Bij deze sport rent de hond of rennen de honden voor een slee die gemend wordt door een musher (hondenmenner). Bij gebrek aan sneeuw kan die slee een kar worden, maar je kunt je door de hond ook op een step, op ski's of op een fiets laten trekken. Sledehondensport is speciaal voor rassen die van oorsprong gewend zijn om lasten te trekken: de Alaska malamute, Groenlandse hond, Samojeed, Siberian husky en Eskimohond. In Nederland is het alleen met honden van deze rassen – met een officiële stamboom – toegestaan deze sport te beoefenen. In België gelden de Siberian husky, Samojeed, Groenlandse hond en Alaska malamute als sledehonden. Er worden races van verschillende lengte gehouden op vlakgemaakte sneeuw. Al zijn er gebieden waar, bij gebrek aan voldoende sneeuw, sledes op wielen worden gebruikt, ook wel *gig* genoemd.

Wedstrijden voor werkhonden

IGP (Internationale Gebruikshonden Prüfungsordnung) is een sport voor de werkhondenrassen. is een internationale sport waarbij de intelligentie, het uithoudingsvermogen en de moed worden getest van honden die worden getraind voor bijvoorbeeld politiewerk. IGP bestaat uit pakwerk (verdediging), speuren en appèl. Bij pakwerk leren de honden zich te fixeren op de pakwerker 'de boef', die zij op commando van hun baas, onder controle moeten houden en zonodig moeten achtervolgen en bijten.Duitse herders, Mechelse herders, rottweilers en dobermanns zijn enkele van de populairste rassen in deze sport.

Kuddehondenwerk

Bij deze sport is het de bedoeling dat de honden laten zien hoe goed zij vee kunnen hoeden en drijven. Een ras als de border collie is een schapendrijver. Hij zorgt ervoor dat de kudde voorwaarts blijft lopen. Hij kan er zelfstandig voor zorgen dat de kudde verplaatst wordt. Een hond die schapen hoedt, zorgt ervoor dat de schapen tijdens het grazen bij elkaar blijven. Daarbij geeft de schaapsherder aan de hond de grenzen aan.

Waterwerk

Ook voor rassen die speciaal zijn gefokt voor zoek- en reddingsacties in het water, zoals Newfoundlanders, worden wedstrijden georganiseerd waarbij ze hun watervaardigheden kunnen showen.

Agility

In agility/behendigheidswedstrijden racet de hond tegen de klok over een parcours met verschillende hindernissen waar hij overheen of doorheen moet gaan. De teams krijgen strafpunten als ze hindernissen omgooien of missen of als ze het parcours niet binnen de tijd voltooien. Hond en handler moeten hiervoor allebei een goede conditie hebben. De handler rent namelijk naast de hond mee om aanwijzingen te geven over de hindernissen.

Behendigheid is erg populair, waarschijnlijk omdat honden het net zo fantastisch vinden als mensen. Ook is het een van de weinige hondenevenementen die echt leuk zijn om naar te kijken. In sommige landen worden deze wedstrijden zelfs op tv uitgezonden.

Flyball

Voor flyball wordt met een speciaal apparaat een tennisbal gelanceerd op het moment dat de hond op een activator aan de voorkant van het apparaat stapt. Stel je eens twee van dit soort apparaten naast elkaar voor, met daarvoor een reeks lage sprongen en een estafetteteam van honden en handlers. Dan snap je hoe snel en spannend flyball kan zijn.

FIGUUR 16.1: Behendigheidswedstrijden worden steeds populairder, omdat de sport leuk is voor hond en handler.

Foto met dank aan Jack en Samantha Russell

De hond springt over een reeks hindernissen, lanceert de bal, vangt deze en springt, springt, springt weer naar het begin van het parcours. En dat allemaal in een paar seconden. Daarna moet de hond over de finishlijn, waarna de volgende hond uit het team van start mag. Het team waarvan de honden het snelst rond zijn, wint.

Dog dance

Dog dance is precies wat de naam al doet vermoeden: dansen met je hond. Of in elk geval samen met je hond bewegingen maken die doen denken aan dansen. Het feit dat dit meestal op muziek gebeurt, draagt bij aan de beleving dat er daadwerkelijk gedanst wordt. Want natuurlijk is de hond niet aan het dansen maar volgt hij braaf, en als het goed is met veel plezier, de aanwijzingen van zijn baas op.

Dog frisbee

Iedereen met een hond die graag rent, apporteert en vangt, speelt waarschijnlijk weleens met een frisbee, buiten in het veld of op het strand. Als jullie daar samen plezier aan beleven, jij het gevoel hebt dat je hond talent heeft en/of als je dit verder uit wilt bouwen dan is dog frisbee misschien iets voor jou. Bij het spelen van dog frisbee gooi jij een frisbeeschijf en is het de bedoeling dat je hond die schijf opvangt. Je gooit met een speciale techniek en zoals bij eigenlijk alle vormen van hondensport is het samenwerken met de hond en de band die daardoor ontstaat wat deze sport zo mooi maakt.

Aan de slag

Misschien ben je er nu klaar voor om de stap te maken van kijken naar meedoen met je eigen hond. Prima idee, maar waar begin je?

Sommige hondensporten, of evenementen, zijn duidelijk niet voor beginners. Andere sporten zijn vooral geschikt voor bepaalde rassen en voor sommige heeft je hond van nature vaardigheden nodig die je hem met de beste wil van de wereld niet kunt bijbrengen. Kijk daarom eerst naar wat je hebt. En daarmee bedoel ik natuurlijk je hond.

Kies een sport

Geen enkele hond kan in alle sporten meekomen. De eerste stap is dus bepalen welke wedstrijd geschikt is voor jullie allebei. En daarvoor moet je eens goed naar je hond kijken. Hoe is hij gebouwd? Is hij snel, atletisch, of juist heel sterk? Maar wat misschien nog wel belangrijker is, is de vraag: wat vindt jouw hond leuk? Een hond die geen bal om ballen geeft, zal niet vrolijk worden van flyball en een hond die elke vreemdeling of inbreker kwispelend begroet zal er niet dol op zijn een pakwerker te bespringen.

Als je wel een geregistreerde rashond hebt, kijk dan of hij een perfecte vertegenwoordiger is van zijn ras. Zo ja, dan kun je gaan meedoen aan tentoonstellingen. Houd er wel rekening mee dat de pup van showkwaliteit die je hebt gekocht niet per se ook de kwaliteit heeft om te winnen. Je weet alleen zeker dat je geen hond hebt die vanwege foutjes wordt gediskwalificeerd, bijvoorbeeld te groot, te klein of de verkeerde kleur.

Je hoeft maar een paar minuten naar de rasstandaard van je ras te kijken om een idee te krijgen hoe jouw hond ervoor staat. Iemand met ervaring in fokken en showen van honden zoals die van jou, kan je ook vertellen wat de goede en slechte punt van je pup zijn en een inschatting maken van zijn kansen in de showarena.

Het is niet eenvoudig om binnen te komen in de showwereld. Het is een competitieve mix van veel geld, professionele handlers en een aantal tophonden. Maar soms kan een beginner wel een succesje boeken. Een paar jaar geleden had de eerste hond van een echtpaar, een prachtige dobermann, een spectaculaire showcarrière. Als klap op de vuurpijl won de hond in Madison Square Garden, waar hij de beste van de show werd bij de prestigieuze Westminster Kennel Club-hondenshow.

Zie hoofdstuk 2 voor meer informatie over rasstandaarden en het doen naar onderzoek van een ras.

De mooiste wedstrijden voor beginners, waarbij alle rashonden, kruisingen en gesteriliseerde of gecastreerde honden allemaal mogen meedoen, zijn de moderne sporten, zoals gehoorzaamheid, behendigheid of flyball. Ook veel honden zouden zeker voor de laatste twee stemmen als beste wedstrijden. Hier kunnen ze strijden met andere superintelligente deelnemers die niet kunnen wachten om hun kunnen te showen.

TECHNISCHE INFO

Je hond kan niet meedoen aan officiële hondenshows als hij niet is geregistreerd bij een rasvereniging. Maar er zijn altijd andere hondenwedstrijden waar je wel aan mee mag doen. Vraag bij de plaatselijke hondenclub of de landelijke rasvereniging naar de mogelijkheden.

Neem lessen, ga bij een club

Als je hebt besloten welke sport je met je hond wilt gaan doen, ga je op zoek naar andere mensen die in hetzelfde geïnteresseerd zijn en hun ervaringen met je willen delen. Deze mensen vind je bij hondenclubs en trainingslessen.

TECHNISCHE INFO

Er zijn allerlei soorten hondenclubs. Zo zijn er in Nederland al snel zo'n 100 hondenscholen waar je kunt informeren. Ook in België zijn er talloze mogelijkheden om lessen te volgen bij een school of je aan te sluiten bij een club waar gelijkgestemden je kunnen vertellen hoe je aan wedstrijden kunt gaan meedoen.

Als je aan shows wilt gaan meedoen, kun je je het best aanmelden bij de rasvereniging. Voor elk erkend ras is wel een vereniging te vinden, van de Airedale Terrier Club Nederland tot de Zwitserse Witte Herder Vereniging Nederland en alles daar tussenin. Maar er zijn ook verenigingen die zich op een groep rassen richten, zoals de Vereniging van fokkers en liefhebbers van gladharige dwergpinchers en aanverwante rassen of de Nederlandse brakken club.

Clubs organiseren wedstrijden, bieden trainingsmogelijkheden en advies, en delen informatie met de clubleden. Dit zijn de mensen met wie je eens moet gaan praten als je serieus nadenkt over wedstrijden.

TIP

Maar ook lessen zijn een goede eerste stap. Er zijn groepslessen maar ook een-op-eentraining om je te leren met een showhond te lopen, mee te doen aan gehoorzaamheidswedstrijden of eigenlijk bijna elke wedstrijd die je kunt verzinnen. Sommige van deze lessen vinden plaats bij een club. Andere worden verzorgd door succesvolle hondeneigenaars die hun brood verdienen met het meedoen aan hondensporten. Zo zijn er professionele handlers voor showhonden die je leren hoe je met een showhond moet lopen. En als je merkt dat je zelf te ongeorganiseerd bent om met je eigen hond bij shows te lopen, zijn ze vaak bereid je als klant aan te nemen en je hond voor je te showen.

Contacten leggen

Waar vind je deze clubs en scholen? Ik geef een paar suggesties:

- **Fokker.** Als je je hond bij een gerenommeerde fokker hebt gekocht, heb je kans dat deze al betrokken is bij de plaatselijke en landelijke rasvereniging en de nodige lessen en seminars heeft gevolgd. Waarschijnlijk helpt hij je graag op weg met tips of vertelt hij je bij wie je hiervoor moet zijn.
- **Register.** Je kunt ook bovenaan beginnen, bij de Raad van Beheer in Nederland of de Belgian kennelclub SRSH-KMSH. Op hun websites vind je de gegevens van rasverenigingen en hondenscholen.
- **Publicaties.** Er zijn honderden landelijke, regionale en plaatselijke publicaties, variërend van een eenvoudige nieuwsbrief voor een kleine, plaatselijke rasvereniging, tot glossy tijdschriften speciaal voor een ras of

sport. Via deze publicaties kun je snel veel informatie vinden om aan wedstrijden te gaan meedoen. Ik raad ze dan ook van harte aan.

De zaken in perspectief houden

Wat je ook doet, vergeet niet dat de belangrijkste reden om aan wedstrijden mee te doen, was om samen met je hond plezier te hebben. Mensen verliezen dit soms uit het oog en vervangen de ene hond door de andere in de hoop op betere resultaten. Als je op hoog niveau wilt meedoen, moet je inderdaad een speciale hond hebben, om van voldoende tijd en geld nog maar te zwijgen. Maar ook met de hond die je nu hebt, kun je prima wedstrijden winnen, als je maar veel met hem werkt.

Je hond is zeker gelukkiger als je je liefde voor honden niet laat overheersen door een liefde voor competitie. Jullie hebben allebei veel meer plezier als je onthoudt dat het maar een spelletje is. Samen uit, samen thuis, of je nu wint of verliest.

TIP

DIERENTHERAPIE

Niet iedereen die graag op stap gaat met een hond, is uit op een lintje. Veel mensen meten geluk in hoe vaak ze lachen. Dit geldt misschien ook wel voor jou en je hond.

Therapie met dieren neemt snel in populariteit toe. Vrijwilligers gaan met vriendelijke, goed opgevoede honden langs mensen in een instelling om hen op te vrolijken en gezelschap te bieden. Kinderen in het ziekenhuis, bewoners van een bejaardenhuis, mensen in een hospice en dit is maar een kleine greep van de mensen die de positieve effecten voelen van een bezoek van deze fantastische honden en hun zorgzame eigenaars.

Niet elke hond, of elk mens, is geschikt voor dit soort therapie. Het ras en de manier van opvoeden zijn niet belangrijk. Wat wel belangrijk is, is dat therapiehonden zich altijd en in elke omgeving rustig en voorspelbaar gedragen. Voor de handlers is de belangrijkste eigenschap misschien wel toewijding. Mensen worden afhankelijk van het hondenbezoek.

Het is echt fantastisch om een verschil te kunnen maken in het leven van anderen. Als je denkt dat je met jouw hond een bijdrage kunt leveren in therapie met dieren, zoek hier dan meer informatie over in je omgeving.

In Nederland kun je hiervoor terecht bij onder andere Stichting Contacthond (www.contacthond.nl). In België kun je contact opnemen met Therapiedier vzw (therapiedier.be). Ook als je zelf niet in aanmerking komt, of je hond niet geschikt is, kun je nog een verschil maken als donateur.

IN DIT HOOFDSTUK

- De voordelen van steriliseren en castreren
- Honden fokken
- Noodgevallen tijdens de geboorte
- Puppy's opvoeden tot goed huisdier
- Een goed thuis vinden voor honden

Hoofdstuk 17
Fokken of niet fokken

Iemand moet honden fokken, anders zouden er geen honden zijn. Ik wil zeker nog lang honden in mijn leven en in dat van jou. Goede fokkers zijn er altijd geweest en ik hoop dat deze er ook altijd zullen zijn. Ze geven om hun ras en de honden die ze fokken. Ze besteden veel tijd en moeite om ervoor te zorgen dat ze honden fokken die lichamelijk en geestelijk gezond zijn. Honden die voldoen aan de rasstandaard.

Helaas zijn deze fokkers in de minderheid. In de hondenwereld is het niet alleen rozengeur en maneschijn en dat is al heel erg lang zo. De reden: te veel. Te veel wat?

» Te veel honden sterven omdat ze geen thuis hebben. Niet alleen kruisingen. Ook de asielen zitten vol rashonden.

» Te veel honden met gezondheidsproblemen die kunnen worden voorkomen door zorgvuldig fokken.

» Te veel honden met erfelijke persoonlijkheidsproblemen, zoals agressie, verlegenheid of zelfs keffen.

» Te veel honden met persoonlijkheidsproblemen door een verkeerde behandeling in de eerste weken van hun leven.

Deze problemen komen door mensen die geen honden zouden moeten fokken. Als je om honden geeft, niet alleen je eigen hond, maar alle honden, moet je heel zorgvuldig nadenken of je wel wilt gaan fokken. Je moet zorgen dat je veel weet over je ras en over de aangeboren lichamelijke en geestelijke problemen binnen je ras. Je moet een fokplan hebben en voldoende geld, om te kunnen omgaan met noodgevallen. Je moet tijd hebben om te helpen bij de geboorte van de puppy's, ze te verzorgen en te socialiseren. Je moet weten hoe je een goed thuis voor de baby's vindt. Je kunt een goede fokker zijn, maar daar moet je wel hard voor werken. Je kunt nergens op besparen.

PAS OP

Je moet bereid zijn om de puppy's te houden die je niet kunt verkopen. En er komen zeker puppy's terug. Ook hiervoor ben je verantwoordelijk. Als je niet vol overtuiging kunt zeggen dat je alles zal doen wat een gerenommeerde fokker doet, moet je je hond laten steriliseren of castreren. Steriliseren, of minimaal besluiten dat je niet met je hond gaat fokken, is in het belang van je eigen hond en alle andere honden. Je leven wordt dan ook meteen veel eenvoudiger.

Er is in de loop der jaren veel onderzoek gedaan naar de voor- en nadelen van het steriliseren en castreren van honden. De uitkomsten uit deze studies worden geïnterpreteerd door verschillende mensen met evenzoveel verschillende meningen. Er zal in de nabije toekomst meer onderzoek gedaan worden dat weer iets anders aantoont. Ik bespreek hier daarom de over het algemeen aangetoonde voor- en nadelen. Castreren heeft meer voordelen dan alleen geboortebeperking. Een gecastreerde reu:

- zal minder snel gaan zwerven, minder ver zwerven, minder zijn territorium markeren in huis en minder snel dominant gedrag vertonen. Hoewel die laatste bewering onder vuur ligt. Het is erg belangrijk om eerst uit te zoeken of eventueel probleemgedrag wel een hornomale oorsprong heeft. Lang niet elke vorm van agressie vermindert door een reu te laten castreren;
- zal minder snel betrokken zijn bij een gevecht met een andere hond. Een ongecastreerde reu ziet andere reuen vaak als concurrenten, bijvoorbeeld als het gaat om het beschermen van huis, haard en zijn eigenaar maar vooral als het gaat om iets waar reuen in de regel dol op zijn: teefjes.

Echter: na castratie neemt bij reuen de kans op prostaatkanker iets toe (onder andere bij gecastreerde bouviers wordt een forse toename van het aantal gevallen geconstateerd). Daarnaast lopen gecastreerde reuen en teven een hoger risico om te zwaar te worden.

TECHNISCHE INFO

CASTREREN: WAT KOMT ERBIJ KIJKEN?

De klinische termen voor castreren (of neutraliseren) zijn *ovariohysterectomie* voor het vrouwelijke dier en *castratie* voor het mannelijke dier. (Beide klinken niet zo vriendelijk, waardoor de meeste mensen het waarschijnlijk *helpen* noemen.)

Castratie mag alleen door een dierenarts en onder volledige narcose worden uitgevoerd. Van oudsher gebeurt dit bij een leeftijd vanaf zes maanden. In de VS is het gebruikelijk om al vanaf 8 weken te castreren, maar bij het op (te) jonge leeftijd castreren van een pup zijn er gevolgen voor de ontwikkeling van de hond. Dit geldt niet alleen voor de lichamelijke ontwikkeling, maar ook voor de ontwikkeling van het karakter. Pas wanneer je hond is uitgegroeid en het karakter zich heeft ontwikkeld, kun je een weloverwogen keuze maken. In Nederland zijn dierenartsen verdeeld over het castreren van pups en teefjes op zo'n jonge leeftijd.

Bij castratie van een teefje worden haar eierstokken verwijderd. Dit wordt ook wel ovariëctomie genoemd, oftewel het verwijderen van de ovaria. Dit kan plaatsvinden via een buikoperatie, maar steeds meer dierenartspraktijken hebben de mogelijkheid om een castratie bij een teef laparoscopisch uit te voeren. Bij een laparoscopie worden via drie kleine openingen in de buik en met behulp van een laparoscoop (kijkinstrument) de eierstokken verwijderd. Een laparoscopie is minder ingrijpend dan een 'ouderwetse' castratie. Herstel duurt meestal maar een paar dagen. In deze dagen moet je wel voorkomen dat je hond te actief is: niet springen en niet te ruig spelen. De meeste eigenaars merken daarna weinig verschil in de persoonlijkheid van de hond, maar als een teefje al wat dominant was, kan dit gedrag na castratie verergeren.

Bij castratie van de reu worden de teelballen verwijderd via een snede aan de voorzijde van de balzak, waarin de teelballen zitten. Bij deze relatief eenvoudige ingreep worden standaard oplosbare hechtingen gebruikt. Je dierenarts vertelt je of, en zo ja welke speciale zorg je hond na de operatie nodig heeft.

Veel hondeneigenaars zijn verbaasd dat hun hond er na de castratie niet gecastreerd uitziet. De balzak blijft gewoon aanwezig en is misschien zelfs wat opgezwollen. De overtollige huid krimpt na een paar weken.

Het gedrag kan van sommige gecastreerde mannetjes enorm veranderen. Door hormonen veroorzaakt gedrag als beklimmen of door dominantie veroorzaakte agressie verdwijnt bij een groot deel van de jongvolwassen reuen.

Gecastreerde reuen zijn minder geïnteresseerd in het andere geslacht. Veel vormen van ongewenst gedrag bij reuen kun je verminderen door de reu te laten castreren, maar let wel: dat geldt niet voor elk ongewenst gedrag. Castratie is geen wondermiddel en er is groeiende verdeeldheid over het 'standaard' onvruchtbaar maken van reuen.

Zowel bij teven als reuen kan de vachtstructuur veranderen na castratie. Bij sommige langharige rassen zien we dat de kwaliteit van de vacht minder wordt.

Bij teefjes zijn de voordelen in gedrag minder opvallend. Voor de gezondheid zijn de voordelen des te groter. Een gesteriliseerd teefje:

- heeft een verminderde kans op melkkliertumoren als ze voor de leeftijd van 2,5 jaar wordt gecastreerd;
- heeft een verminderde kans op suikerziekte;
- kan geen levensbedreigende *baarmoederontsteking* krijgen of ontsteking aan de eierstokken;
- maakt niet twee keer per jaar vlekken op je tapijt tijdens de vaginale bloedingen die een loopse teef heeft;
- trekt geen mannengezelschap aan;
- kan niet meer drachtig worden;
- kan niet meer schijndrachtig worden.

Tijd en geld

Het fokken van honden kost tijd en geld, vooral voor de eigenaar van het vrouwtje. Je eigen hond en de hond waardoor je haar laat dekken, moeten worden onderzocht en vrij zijn verklaard van erfelijke afwijkingen zoals heupdysplasie, doofheid en erfelijke oogziekten. Beide honden moeten worden getest op geslachtsziekten. Ze moeten zijn gevaccineerd, vrij zijn van parasieten en preventieve medicatie tegen wormen krijgen. Dit kost allemaal geld. Je bent zo vele honderden euro's verder.

Als de reu gezond is verklaard, heeft hij de gemakkelijkste taak. Hij mag even snel zijn gang gaan en vertrekt voordat het hele feest goed en wel op gang komt. Voor het teefje begint het pas na het dekken. De eigenaar van het teefje draagt de meeste kosten, te beginnen met het dekgeld. Maar voordat je dat kunt betalen, moet je eerst op zoek naar een dekreu. En deze liggen niet voor het oprapen. Waarschijnlijk kost het je tijd en geld om ernaartoe te rijden.

Je hond heeft meer en hoogwaardiger voer nodig dan normaal. Daarbij komen in de laatste weken van de zwangerschap en de hele zoogtijd misschien nog voedingssupplementen, als je dierenarts deze aanbeveelt. Als het nest te groot is voor de hoeveelheid melk die het teefje geeft, moet je misschien een deel van de pups, of zelfs allemaal, met de hand grootbrengen. En het allerbelangrijkste: je moet erop zijn voorbereid te reageren op een waslijst aan medische noodgevallen die het leven van moeder en puppy's kan bedreigen en die kunnen zorgen voor torenhoge rekeningen van de dierenarts.

Vergeet vooral niet alle vaccinaties en ontwormingskuren voor de puppy's. En had ik al verteld over het puppyvoer voor de laatste drie of vier weken dat je de puppy's in je zorg hebt (nadat ze zijn gespeend)? En dan ga ik er nog vanuit dat je de puppy's snel kunt verkopen. Dit is niet altijd zo.

Je moet vrij nemen voor de geboorte (het werpen). En je moet nog meer tijd vrij nemen voor het socialiseren van je puppy's, om ervoor te zorgen dat het goede huisdieren worden voor de mensen aan wie je ze verkoopt. Je puppy's moeten contact hebben met kinderen, mannen, vrouwen, katten. Ze moeten kennismaken met de normale geluiden uit een menselijk huishouden. Een nest puppy's zorgt doorlopend voor troep. Je wasmachine draait overuren en binnen een week bedel je de buurt af om oude kranten en handdoeken. Maar je hebt meer nodig dan alleen gratis kranten. Je hebt ook een *werpkist* nodig. Jonge puppy's kunnen hun eigen lichaamstemperatuur nog niet goed reguleren, dus heb je kruiken of een speciaal verwarmingselement of een lamp nodig om ze warm te houden. Als ze eenmaal op de mollige pootjes staan, heb je een ren nodig waarin ze veilig rond kunnen dabberen en waarmee je je spullen tegen hun vlijmscherpe tandjes beschermt.

En wat als je geen goede prijs kunt krijgen voor je puppy's? Door de populariteit van een moderas zijn er al snel te veel puppy's en dalen de prijzen snel. De laatste paar verkoop je misschien tegen bodemprijzen of misschien moet je ze zelfs weggeven. En het komt regelmatig voor dat wanhopige beginnende fokkers de rest van het nest bij het asiel afleveren.

TIP

Vraag een gerenommeerde fokker of hij je kan helpen berekenen wat het je kost om een kwalitatief goed nest te fokken. Grote kans dat hij nog een paar dingen toevoegt waaraan ik niet heb gedacht. Denk bijvoorbeeld ook aan echo's om de zwangerschap te bevestigen, of een keizersnede, wat bij sommige rassen regelmatig voorkomt. Berichtjes in de krant dat er een nestje is geboren en advertenties voor de verkoop kosten ook geld. En elke fokker heeft wel eens meegemaakt dat een heel nest prachtige pups overleed. Je staat dan met lege handen, maar krijgt wel een hoge rekening van de dierenarts.

Wat nou als je van plan was je teefje te laten castreren, maar haar nog voor je afspraak bij de dierenarts betrapt met de reu van verderop? Ze hoeft het nestje niet te krijgen. Ook een zwangere hond kan worden gecastreerd. Hoe sneller, hoe beter.

Inleiding in honden fokken

De manier waarop met honden wordt gefokt, is in de loop der jaren niet heel erg veranderd. Je laat je beste hond dekken door de beste partner en je hoopt er het beste van. De manieren om de kwaliteit te bepalen zijn wel enorm veranderd. En deze zullen nog meer veranderen als gezondheidscontroles in de toekomst inzoomen op chromosoomniveau.

De eigenaar van een herdershond schudt bij deze hele vertoning waarschijnlijk meewarig het hoofd. Als een hond vroeger niet voldeed voor zijn werk, leefde hij ook niet lang genoeg om te worden gebruikt om te fokken. In sommige kringen is dit in principe nog steeds zo. Maar steeds meer minder goed bedeelde honden vinden tegenwoordig een thuis als huisdier.

Donald McCaig, een van de beste schrijvers over honden, vertelt in een van zijn boeken over hoe schaapherders soms heel slinks proberen om hun honden met de beste partner te laten paren. Ze wachten tot de eigenaar van de beste hond deze tijdens een wedstrijd buiten de biertent vastbindt en er zelf binnen een paar achterover heeft geslagen. Als niemand meer oplet, zetten ze de beide honden bij elkaar.

Maar weinig fokkers werken met hun honden zoals een schaapherder dit doet. Ze vertrouwen daarom op andere factoren om te bepalen met welke dieren ze moeten fokken. Ze doen mee aan hondenshows waar een keurmeester bepaalt in welke mate honden voldoen aan de rasstandaard. (Zie hoofdstuk 2 voor meer informatie over standaarden.) Ze testen het werkinstinct of laten de hond meedoen met jachtwedstrijden of andere werkproeven waarin de hond kan laten zien dat hij voldoet aan de karakteristieken van het ras. Ze laten ze zeker testen op erfelijke afwijkingen en kijken voor het fokken ook naar het temperament. Kwalitatief hoogstaande honden ontstaan via dit uitgebreide selectieproces. Zie hoofdstuk 16 voor meer informatie over hondenwedstrijden.

BELANGRIJK

Als je met je hond wilt gaan fokken, moet je op zoek naar de beste reu die je kunt vinden. En dat betekent de beste reu voor jouw specifieke teef. Een reu die past bij haar stamboom, haar conformatie en haar temperament. Hiervoor kun je het best hulp vragen aan een ervaren, gerenommeerde fokker met kennis van jouw ras in het algemeen en de stamboom van jouw hond in het bijzonder. Het is helemaal mooi als deze fokker je wil begeleiden tijdens het paren, de zwangerschap, de bevalling, de opvoeding en de plaatsing van de puppy's. Iedereen moet ergens beginnen en een goede fokker weet dit.

Als je hond geen titels heeft gewonnen of niet voldoet aan de rasstandaard, wil de fokker misschien niet met je samenwerken of zelfs zijn reu niet met jouw teef laten paren. Toch kan vragen geen kwaad. En het is zeker een betere manier dan je teef te laten dekken door de reu van een buurman, neef of collega. Maar als je hond niet de goede kwaliteiten heeft om mee te fokken, is dit misschien wel je enige mogelijkheid. Maar als dit het geval is, moet je natuurlijk gewoon niet met haar fokken.

Paren, zwangerschap en werpen

In het Kynologisch Reglement zijn enkele regels opgenomen die te maken hebben met het welzijn en de gezondheid van de teef waarmee gefokt wordt. Je hond moet minimaal zestien maanden oud zijn voordat je met haar gaat fokken. Ze kan pas een goede moeder zijn voor haar baby's als ze zelf geen puppy meer is. Zwangerschap, werpen en zogen is zwaar. Ze moet dus goed gezond zijn. Ze moet zijn gevaccineerd, mag geen parasieten hebben en moet preventieve medicatie tegen wormen krijgen. Ze moet worden getest op genetische afwijkingen die voorkomen in het ras en hier vrij van zijn verklaard. Kortom: je moet met je hond langs de dierenarts.

Voor de reu geldt al het bovenstaande natuurlijk ook. Je moet ook al een reu hebben gekozen voordat je hond klaar is voor het fokken. Meestal wordt het teefje voor het paren naar de reu gebracht. Voor precies de goede match kan dit zo honderden kilometers zijn.

TECHNISCHE INFO

Soms wordt er gefokt zonder dat de honden zelfs maar aan elkaar hebben gesnuffeld. Hier komen alleen ingevroren zaadcellen en kunstmatige inseminatie aan te pas. Er zijn zelfs reuen die na hun overlijden nog nestjes hebben verwekt. Als de reu die het best bij jouw teefje past te ver weg woont, overleg dan met de eigenaar van de hond en je dierenarts over deze mogelijkheid. De procedure wordt steeds vaker uitgevoerd.

Een vrouwtje is gemiddeld elke vijf tot zeven maanden 21 tot 30 dagen *loops*. De loopsheid begint bij de eerste tekenen van bloedverlies en eindigt als ze niet meer is geïnteresseerd in paren. Ze wordt pas een week na het begin van de loopsheid geïnteresseerd in paren. Je dierenarts kan voor jou vrij goed aangeven wanneer het paren de meeste kans van slagen heeft. Maar je hond heeft daar zelf geen dierenarts voor nodig. Op het juiste moment flirt ze met mannetjes en gaat ze met haar staart omhoog voor ze staan op een manier die geen enkele reu kan weerstaan.

Een mannetje hoef je al helemaal niet aan te sporen. Vanaf de eerste dag van de loopsheid raakt hij al door het dolle van haar geur. De enige reden waarom hij niet eerder met haar paart, is omdat zij het nog niet wil.

TIP

Bij de eerste tekenen van de loopsheid maak je de definitieve afspraken met de eigenaar van de reu en stuur je je hond ernaartoe. Zo weet je zeker dat ze daar is als ze er klaar voor is om te paren.

Dit moment kun je het best overlaten aan een ervaren fokker. Hij zorgt ervoor dat de honden zich bij elkaar op hun gemak voelen. Als het teefje geïnteresseerd raakt, zorgt de fokker ervoor dat de daad wordt verricht. Als de reu nog onervaren is, houdt de fokker het teefje zelfs vast terwijl de reu zijn penis in haar steekt. Een ervaren fokker voelt zich hierbij zeker niet opgelaten. Het is gewoon iets wat je moet doen om puppy's te produceren.

TECHNISCHE INFO

Al snel nadat de reu begint te stoten, begint hij te ejaculeren. Maar het sperma met de meeste zaadcellen komt pas vrij als de actie al voorbij lijkt te zijn en de zogeheten koppeling begint. De basis van de penis zwelt in het teefje op. De honden komen aan elkaar vast te zitten om de kans op bevruchting zo groot mogelijk te maken en concurrentie weg te houden. Nadat de koppeling is begonnen, draait de reu weg van het vrouwtje, zodat alleen de achterkanten nog tegen elkaar zitten. Het kan meer dan een half uur duren voordat de zwelling afneemt en de honden los komen van elkaar. Als het langer dan twee uur duurt, moet je de dierenarts bellen.

De zwangerschap duurt 58 tot 70 dagen. In deze tijd moet je de instructies van je dierenarts over prenatale zorg goed opvolgen. Een paar weken voor de uitgerekende datum zorg je ervoor dat er een *werpkist* klaarstaat in een rustig hoekje in huis. Hierin kan het teefje haar puppy's krijgen. Voor grotere rassen werkt een plastic kinderteil met veel lagen kranten prima. Voor kleinere rassen kun je de onderkant van een dierentransportmand gebruiken. Het belangrijkste aan een werpkist is dat je hem gemakkelijk moet kunnen schoonmaken.

TIP

Gedrukte kranten zorgen voor vlekken. Uitgevers verkopen soms uiteinden van gigantische rollen krantenpapier die ze in de drukpersen invoeren (of geven ze zelfs weg).

Bij langharige rassen moet je als laatste voorbereiding de vacht bij het achterwerk van de moeder heel kort knippen, om te voorkomen dat de puppy's hierin verstrikt raken. Hetzelfde doe je bij de vacht op de buik, zodat de tepels goed bereikbaar zijn. Maak je niet druk over hoe ellendig ze er dan uitziet. Voordat alles voorbij is, is ze nog veel meer vacht verloren en ziet ze er nog vreselijker uit.

Praat nog een laatste keer met je dierenarts zodat je weet wat je kunt verwachten. In het ideale geval heb je samengewerkt met een ervaren fokker en is hij erbij als je hond met de bevalling begint. De dierenarts kan voorstellen om een echo te doen of röntgenfoto te maken om in te schatten hoe groot het nest is en of er bij de bevalling problemen te verwachten zijn.

Een dag voor de grote dag, heeft je hond waarschijnlijk geen trek meer en wordt ze rusteloos. Ze gaat misschien graven in je wasgoed. Leid haar in plaats daarvan naar de werpkist. Je moet misschien wat aandringen, maar ze moet haar nest werpen op de plek waar jij er het best voor kunt zorgen. Neem haar temperatuur op. Als deze tot onder de 37 graden zakt, zal ze al gaan bevallen. *Zorg dat je weet waar de dierenarts of de dichtstbijzijnde spoedafdeling is. Zeg al je afspraken af, het is bijna zover.*

Breng moeder en puppy's binnen een dag na de geboorte naar de dierenarts om te controleren of ze allemaal gezond zijn.

TIP

Ook moet je in de eerste dagen de papierwinkel in orde maken. Meld dat er een nest is geboren, zodat je ruim op tijd voldoende registratieformulieren hebt om mee te geven aan de kopers van je puppy's. Neem contact op met het register om te vragen wat je allemaal moet doen.

PAS OP

NOODGEVALLEN BIJ DE GEBOORTE

De meeste honden weten van nature hoe ze moeten werpen en hebben je hulp misschien helemaal niet nodig. Veel hondeneigenaars zijn al in slaap gevallen, in afwachting van de grote gebeurtenis en zien als ze wakker worden een werpkist vol met puppy's die al keurig zijn gewassen en worden gezoogd. Als je hond niet zo efficiënt is, moet je de puppy's binnen een halve minuut bevrijden uit hun vlies en ze helpen om zelf te ademen. Haal de vloeistof uit hun bek en neus met een zuigertje. Wrijf ze met een schone handdoek af en leg ze bij een tepel. En houd de puppy's absoluut goed warm.

Als de moeder de navelstreng niet zelf doorbijt, moet je deze zelf doorknippen. Let ook goed op dat de moeder, wanneer ze vermoeid raakt, de navelstreng niet te kort afbijt. Het kan voorkomen dat ze het buikvlies van de puppy kapotbijt met alle gevolgen van dien. Bind de navelstreng ca. 2-3 centimeter van de puppy af met een in alcohol gedrenkte draad en knip de streng met een schone schaar door. Ontsmet de uiteinden.

Ervaren fokkers zijn soms net zo bedreven in het redden van een puppy als een dierenarts. Een beginnend fokker moet zeker niet aarzelen en snel de hulp van de dierenarts inroepen. Ga in de volgende gevallen met je hond naar de dierenarts:

- als ze niet heeft geworpen binnen 24 tot 36 uur nadat haar temperatuur onder de 37 graden is gezakt;
- ze weeën heeft en er langer dan vier uur geen puppy wordt geboren, zeker als er donkergroene vloeistof uit haar komt;
- ze het duidelijk moeilijk heeft en zwaar hijgt;
- een puppy tijdens de bevalling blijft steken;
- ze een puppy krijgt en er 30 minuten voorbij gaan zonder dat er nog een puppy wordt geboren, maar ze wel sterke weeën heeft;
- als ze niet voor elke puppy een nageboorte, of placenta, uitwerpt. Een placenta die achterblijft, kan infecties veroorzaken.

Als je ergens over twijfelt, bel dan je dierenarts. Misschien heeft je hond meer hulp nodig dan je haar kunt geven. Misschien zelfs een keizersnede. Als alles goed verloopt ruimt de moeder na de bevalling zelf het nest op. Het opeten van de nageboorten is hierbij heel normaal.

Na de geboorte is er nog iets waar je heel goed op moet letten. Als de zogende moeder rusteloos of opgewonden wordt en gaat trillen, bel dan de dierenarts en meld dat je eraan komt. Je hond heeft dan misschien *eclampsie*. Eclampsie is een tekort aan calcium, dat wordt veroorzaakt door het zogen. Als de dierenarts niet wordt ingeschakeld kan de hond uiteindelijk overlijden.

FIGUUR 17.1: Moeder en puppy's moeten binnen 24 uur voor controle naar de dierenarts.

Puppy's goed opvoeden en er een goed thuis voor vinden

Als je de kans wilt vergroten dat je je puppy's goed opvoedt en er zeker van wilt zijn dat je puppy's normaal zijn, is het goed om te weten hoe puppy's volwassen worden. Net als bij kinderen heeft elk stadium zijn eigen mooie momenten en uitdagingen. Deze stadia gaan veel te snel voorbij. Schrap dus al je afspraken om zoveel mogelijk van de puppytijd mee te krijgen en houd je ogen goed open.

Alle puppy's lijken bij de geboorte op elkaar. De een is misschien wat groter dan de ander en de vlekken verschillen wat, maar verder zijn het allemaal net worstjes met kleine oren, kleine pootjes en de oogjes stijf dicht. Maar dit verandert binnen de kortste keren.

TECHNISCHE INFO

Mensen voeden al duizenden jaren puppy's op. Toch is de meeste kennis die we nu hebben over hoe mensen invloed hebben op de ontwikkeling van een puppy en zelfs over de ontwikkelingsstadia van een puppy nog maar enkele tientallen jaren oud. Op internet zijn zeker Nederlandstalige boeken te vinden die je goed op weg kunnen helpen. Op www.doggo.nl is een selectie boeken over verschillende onderwerpen te vinden en verkrijgen.

Geboorte tot drie weken

Bij de geboorte zijn puppy's hulpeloos. Ze zijn blind en doof en hebben hun moeder overal voor nodig. Ze is de bron van voedsel, warmte en bescherming. Ze kunnen zelfs hun ontlasting nog niet kwijt zonder dat zij ze zachtjes likt om het proces op gang te helpen.

Pasgeboren puppy's kunnen kruipen en op hun pootjes draaien als ze omvallen. Ze zoeken voedsel via hun neus. Ze kunnen ook de warmte van hun nestgenoten zoeken; in dit stadium kunnen ze hun eigen lichaamstemperatuur nog niet reguleren.

TIP

Van buiten lijkt dit een rustige tijd. De puppy's slapen bijna voortdurend. Maar hun hersenen en centrale zenuwstelsel ontwikkelen razendsnel. Laat ze met rust. Er is maar één reden om bij ze te komen. Raak ze dagelijks zachtjes aan en stel ze heel voorzichtig bloot aan een heel laag stressniveau. Experts in het opvoeden van puppy's geloven dat deze stress, zoals het wegen, net zo belangrijk is als het aanraken in de ontwikkeling naar een zelfverzekerde hond.

Zelfs in dit vroege stadium van een puppyleven ligt een deel van het temperament al vast. Als je kijkt, kun je al zien welke puppy's later dominant worden over hun broertjes en zusjes. Dit zijn de pups die de anderen tijdens het zogen wegduwen. Deze waarneming zie je bevestigd als je ze regelmatig weegt. De duwende pups groeien sneller. Andere pups zijn wriemeliger, nerveuzer of piepen als je ze aanraakt. Let goed op dit soort dingen.

Tegen het eind van de tweede week gaan de oogjes open. Op dat moment zien ze weinig meer dan alleen licht. In de derde week komen de eerste tandjes door en beginnen de puppy's te horen. Aan het eind van de derde week lijken de worstjes op puppy's en zijn ze er klaar voor om hun wereld te gaan verkennen.

TIP

Wat nou als je een nestje zwarte labradors hebt? Hoe kun je ze dan goed genoeg uit elkaar houden om veranderingen in de eerste weken te volgen en noteren, als er van de persoonlijkheden nog weinig te zien is? Er zijn speciale puppy identificatiehalsbandjes te koop, in verschillende keren. Als je de puppy's wel goed uit elkaar kunt houden, is dit zeker nog niet nodig.

Drie tot vijf weken

Tijdens dit stadium zijn de puppy's langzaamaan minder afhankelijk van hun moeder en beginnen ze van elkaar te leren. Ze leren hoe ze kunnen spelen en vast voedsel moeten eten.

De puppy's beleven talloze nieuwe ervaringen en worden overweldigd door hun nieuwe zintuigen voor zicht en gehoor. En tijdens al deze activiteiten leren ze de basisbeginselen van hondencommunicatie en sociale structuren. Ze beginnen te leren hoe ze hun kleine scherpe tandjes kunnen gebruiken. Maar belangrijker nog: wanneer ze die niet kunnen gebruiken. Een deel van dit gedrag leren ze van hun moeder. Ze gebruikt haar tanden om de pups te corrigeren, zonder ze pijn te doen. Terwijl de puppy's spelen hoor je vaak gepiep en gejank als er net iets te hard wordt gebeten. Hierdoor leren ze zich in te houden en te bijten met de kracht die in die situatie passend is. Als puppy's niet van hun moeder of nestgenoten leren om zich bij het bijten in te houden, ontstaan er onherroepelijk problemen als ze in hun nieuwe thuis komen. Meer hierover leer je in hoofdstuk 9 en 15.

BELANGRIJK

In dit stadium zijn de puppy's vooral met elkaar bezig. Vergeet daarom niet om ze er regelmatig aan te herinneren dat er ook nog mensen op de wereld zijn. Laat de omgeving steeds veranderen en blijf de puppy's aaien. Zorg ervoor dat ze stuk voor stuk afzonderlijk aandacht krijgen. Laat de puppy's kennismaken met beide geslachten en met kinderen en volwassenen. Als je een kat hebt, is dat helemaal mooi. Doe je kat wel een plezier en zorg ervoor dat de kat zelf kan bepalen wanneer hij contact heeft met de pups. Alleen de aanwezigheid van de kat is al voldoende om de puppy's te laten weten dat er ook katachtigen bestaan.

Begin de puppy's na drie weken bij te voeren. Overleg met je dierenarts of mentor welke soort zacht voer je je puppy's geeft. Help de puppy's met de eerste hapjes door wat eten op je vinger te doen en dit in hun bek te stoppen. Met een puppyvoerbak, een bak in donutvorm met lage buitenrand, heeft elke puppy een plekje om te eten.

Als de puppy's over zijn gegaan op het eten van semihard voer, stopt de moeder met het opeten van de uitwerpselen om het nest schoon te houden. Vanaf dit moment is deze schone taak voor jou. Tegen deze tijd helpt de moeder je ook bij het spenen door steeds vaker bij de puppy's weg te gaan. Ze wordt wat moc van ze.

Het is prachtig om een tijd naar een nest te kijken. Ik heb in mijn leven al veel nesten gezien, maar één blijft me altijd bij, dat van mijn hond Andy. Ik heb Andy zeker twee keer gezien voordat hij bij me kwam. De eerste keer was hij nog maar een paar uur oud. Hij wriemelde wat in mijn handen en werd rustig toen ik de geelbruine vlekken aan de zijkant van zijn kop aaide. Het was alsof hij me herkende. Jaren later zucht hij nog steeds van genot als ik mijn handen langs de zijkant van zijn kop laat gaan.

Vijf tot zeven weken

De grootste fout die je in deze periode kunt maken, is een puppy uit het nest nemen en naar een nieuw thuis sturen. Dat mensen dit doen, komt waarschijnlijk doordat ze denken dat het spenen van een puppy een logisch moment is om ze te verkopen. Ze kunnen met een week of zes toe met hard voer. Maar uit onderzoek blijkt dat deze logica een toute gedachte is.

BELANGRIJK

Puppy's moeten in deze twee weken nog veel leren en hebben hiervoor hun nestgenoten nodig. Je moet deze periode zien als de tijd voor meer. Puppy's kunnen in dit stadium meer zien, meer horen en meer spelen. Ze raken meer geïnteresseerd in de wereld buiten hun ren. Ze worden vooral aangetrokken door die rare honden op twee benen waardoor ze de laatste paar weken steeds worden opgepakt en geaaid. Opeens vinden ze mensen best wel cool.

Dit is het stadium waarin mensen puppy's ook cool vinden. Op dit moment zijn de puppy's onweerstaanbaar, met hun zijdezachte vacht en schattige koppies. Ze rennen hobbelend, stuiterend en vrolijk en struikelen soms over hun in verhouding nog veel te grote poten. Ze ravotten met elkaar en besluipen hun speelgoed. Hun moeder wordt inmiddels gek van ze en als het even kan, laat ze ze alleen.

Ze leren nog steeds, maar hebben ondertussen reuzelol.

TIP

Zorg ervoor dat je in dit stadium heel veel tijd met ze doorbrengt. De socialisatie is nu echt in volle gang. Laat ze voortdurend kennismaken met nieuwe dingen en geluiden en blijf dit doen tot ze naar hun nieuwe thuis gaan. In het ideale geval is dit nadat ze zeven weken oud zijn geworden. De meeste fokkers nemen met acht weken afscheid van hun pups.

Een goed thuis vinden

Als je je werk goed hebt gedaan, kun je kopers echt iets bijzonders aanbieden: mollige, vriendelijke, goed gesocialiseerde puppy's die eruitzien alsof ze hun leven lang gezond blijven en een goede kameraad zullen zijn. Je wilt er zeker van zijn dat de mensen die je pups kopen ook het beste thuis bieden voor zulke prachtige pups.

Dit betekent dat je niet domweg geld moet aannemen van de eerste zes mensen die langskomen. Kijk goed waar de dieren terechtkomen. Als je hebt samengewerkt met een gerenommeerde fokker, vraag hem dan of hij kan helpen de puppy's bij goede adressen onder te brengen. Stel kopers in ieder geval de volgende vragen:

- **Hoe woon je?** Je hebt geen huis met tuin nodig. Sommige honden, zelfs grotere rassen, kunnen prima in een appartement leven. Maar je wilt wel dat de koper weet wat de hond nodig heeft en bereid is hiervoor te zorgen. Zeg absoluut nee tegen iedereen die een van je pups op het erf aan de ketting wil leggen.
- **Heb je al eerder honden gehad? Wat waren dat voor honden en wat is ermee gebeurd?** De verkeerde antwoorden zijn 'heel veel' en 'ze zijn weggelopen', 'we zijn verhuisd' of 'hij is aangereden'. Zelfs bij de meest zorgzame hondeneigenaar zit een ongeluk in een klein hoekje, maar een reeks tegenslagen zegt veel over hoe zorgvuldig de potentiële koper met honden omgaat: niet goed.
- **Heb je ervaring met dit ras? Wat verwacht je ervan?** Je wilt mensen die niet zijn voorbereid op het leven met een hond als die van jou, voorlichten en eventueel uitsluiten. Bijvoorbeeld iemand die niet is voorbereid op het verharen van een langharige hond of het activiteitsniveau van een terrier. Wees eerlijk tegen kopers over de nadelen van je ras. Je

hebt dan een veel grotere kans dat je puppy's ergens komen waar ze ook mogen blijven, omdat de koper weet wat hij kan verwachten.

» **Heb je kinderen? Welke leeftijd?** Sommige honden, zoals de kwetsbaardere dwergrassen, passen gewoon niet goed in een gezin met kinderen. Maar wees flexibel. Een bedachtzaam, voorzichtig kind kan soms prima. Praat over je zorgen en kijk wat voor antwoorden je krijgt.

» **Wil je met je hond gaan fokken? Wil je de hond showen? Wil je hem trainen?** Je puppy's die bestemd zijn als huisdier, omdat ze duidelijke rasfouten hebben, moet je verkopen onder de (schriftelijk vastgelegde) voorwaarde dat ze worden gecastreerd. Mensen die de hond willen trainen en willen meedoen aan wedstrijden, willen nauw betrokken zijn bij het leven van hun pup. Dat is wat je wilt zien. Zoek mensen die hun huisdier mee op reis nemen. Die het dier behandelen als een gezinslid, wat het natuurlijk ook is, of zou moeten zijn.

Wees vriendelijk en informatief, maar wel volhardend. Controleer referenties en wees niet bang om mensen af te wijzen. Het is niet leuk om te doen, maar je moet doen wat het beste is voor je puppy's. Je hebt er veel moeite in gestoken en wilt dat ze bij iemand terechtkomen die net zo veel van ze houdt en er net zo goed voor zorgt als jij hebt gedaan.

Je wilt dat je puppy's naar een goed thuis gaan. De enige die hiervoor kan zorgen, ben jij zelf, vergeet dat nooit. Doe er dus je best voor.

Als je je hond nog een nest wilt laten krijgen, zorg er dan voor dat tussen de geboortes van de twee nesten minstens twaalf maanden zit. Zo krijgt ze tijd om te herstellen. Het reglement van de Nederlandse Raad van Beheer schrijft voor dat een teefje maximaal vijf nesten mag krijgen. Minder is prima, meer zou je niet moeten willen. Laat haar castreren als je geen nestjes meer wilt. Daarmee geef je haar de beste kans op een gezond leven.

OOK OUDERE HONDEN HEBBEN RECHT OP EEN THUIS

TECHNISCHE INFO

Niet alleen puppy's hebben een verantwoord, liefdevol thuis nodig. Ook voor oudere honden doet dit wonderen. Als je een oudere hond erft van een overleden familielid of als je om een andere reden een oudere hond in huis krijgt, zoek er dan een zo goed mogelijk thuis voor. Ik geef je een paar tips:

- Doe alles wat je kunt om het dier aantrekkelijker te maken voor adoptie. Het dier maakt meer kans als hij netjes zijn vaccinaties heeft gehad, zindelijk is en is gecastreerd. Het helpt ook als hij is gesocialiseerd en goed is met kinderen, andere honden en katten. Probeer gedragsproblemen op te lossen voordat hij wordt geadopteerd. Anders bestaat de kans dat hij alweer snel wordt teruggebracht. (Zie hoofdstuk 14 en 15 voor meer informatie over basismanieren en probleemoplossing.)

- Vraag een bedrag. Mensen tonen meer respect voor iets waarvoor ze hebben betaald. Bovendien tempert een prijskaartje de interesse van profiteurs: mensen die geld proberen te verdienen aan die dieren die 'gratis voor een goed thuis' worden afgegeven. Een goede regel: vraag het bedrag dat je hebt uitgegeven voor castratie en vaccinaties. Voor iemand die de hond wil adopteren, is dat een logisch bedrag. Hij had het anders toch moeten uitgeven.
- Lieg niet over problemen van het dier of waarom hij wordt afgestaan. Het duurt misschien langer om een hond met gedragsproblemen af te staan, maar het is niet onmogelijk. Iemand die zo'n hond in huis krijgt zonder te zijn gewaarschuwd, brengt hem waarschijnlijk terug. Of plaatst het dier zonder dat je het weet nog weer ergens anders, misschien wel in een afschuwelijke situatie.
- Stel veel vragen en controleer of er eerlijk wordt geantwoord. Vraag een telefoonnummer en bel terug om dit te controleren. Vraag om een rijbewijs of ID-kaart. Ga zelf kijken waar het dier terechtkomt en neem een vriend mee. Vergeet niet te vragen of de potentiële koper al eerder dieren heeft gehad en wat er daarmee is gebeurd. Zorg ervoor dat je te maken hebt met mensen die weten dat een huisdier een verplichting voor de lange termijn is.

PAS OP

Er is nog een reden om een teefje snel te castreren. Als je besluit zelf een puppy te houden, kan de hond voor je het in de gaten hebt alweer zwanger zijn, dankzij haar eigen zoon. Ik werd eens gebeld door een vrouw die wilde dat ik haar man ervan zou overtuigen dat hun hond echt niet zwanger kon zijn, omdat het enige mannetje in de buurt een pup uit het laatste nest was. 'Maar dat is incest!' riep de vrouw, toen ik haar het slechte nieuws vertelde. 'Ze zouden toch beter moeten weten?'

Nee, helaas niet.

IN DIT HOOFDSTUK

- **Besluiten of je op reis gaat met je hond**
- **Oppas vinden voor de thuisblijfhond**
- **Voorbereiden op de reis**
- **Reizen met de auto of het vliegtuig**
- **Een hondvriendelijke vakantiebestemming**

Hoofdstuk 18

Op reis met je hond

Voor sommige mensen is een strandvakantie pas compleet met een grote stok en een natte, stinkende hond om deze terug te brengen.

Dit zijn de mensen die op pad gaan met waterbakken, riemen en heel veel handdoeken. Mensen die elkaar vertellen over goede hondenstranden en diervriendelijke pensions, zoals smulpapen elkaar vertellen over elk nieuw restaurant. Mensen die hun hond nooit thuis zouden laten tijdens de vakantie, net zoals je nooit je kinderen bij de buren zou achterlaten.

En volgens analyses uit de reisbranche neemt hun aantal toe. Jij kunt hier met je hond ook aan meedoen.

Toch is reizen met je hond niet altijd een lolletje. Het is moeilijk om een accommodatie te vinden, eten in een restaurant kun je vaak wel vergeten dus eet je maar een boterham in de auto of een park en urenlang snuffelen in souvenirwinkels is er ook niet bij. Reizen met je hond zorgt wel voor uitdagingen, maar die zijn allemaal te overwinnen met een goede dosis gezond verstand en creativiteit.

Reizen met je hond is natuurlijk niet nieuw. Door de unieke combinatie van kameraadschap van en bescherming door honden nemen mensen ze al sinds het begin van deze partnerschap, eeuwen geleden, graag mee. Ze mochten al mee bij elke vervoersmethode die mensen hebben gebruikt of uitgevonden: te voet, naast onze paarden, dravend onder een rijtuig, meereizend in onze vliegtuigen en treinen, op boten en in auto's. Ze zijn zelfs al in de ruimte geweest.

Tegenwoordig reizen de meeste honden voor ons plezier mee, maar dit was niet altijd zo. Rashistorici weten te vertellen dat honden als de rottweiler ooit hun menselijke partners hielpen goederen naar de markt te brengen en de winst in een buidel aan hun halsband naar huis droegen, om dieven af te schrikken. Het idee klinkt nog steeds mooi, maar tegenwoordig zijn honden niet meer zo nauw betrokken bij zakenreizen.

BELANGRIJK

Recreatief reizen voor honden was nog nooit zo populair. Je vindt honden op de meest onbereikbare campings en in de meest chique hotels. Er zijn talloze boeken en websites over reizen met je hond en er zijn zelfs reisagentschappen die hele pakketten samenstellen voor een vakantie met je hond. De reisbranche heeft ontdekt dat veel mensen die met hun hond op vakantie willen heel erg blij zijn met een goede accommodatie. Als dank komen ze daar dan ook jaren aan een stuk weer terug. Om een graantje mee te pikken zijn er ondernemers die er alles aan doen om hondenliefhebbers aan te trekken. Zo zijn er speciale hondencampings waar de hond een week lang centraal staat in de vakantie van zijn eigenaar.

Moet je je hond meenemen op reis?

Een huisdier dat al wat ouder is, problemen heeft met zijn gezondheid of nerveus of onvoorspelbaar is in vreemde situaties kun je beter bij een vriend, een oppas of een pension onderbrengen. (Zie de paragraaf 'Als je hond niet met je mee kan' verderop in dit hoofdstuk voor meer informatie.)

BELANGRIJK

De beste hondenreisgenoot is vrij goed opgevoed, wat je van veel menselijke toeristen niet kunt zeggen. Hij moet ook gezond zijn. Maar ga voordat je je oudere of zwakkere hond een mooie vakantie ontzegt wel eerst even langs je dierenarts voor advies. Misschien is je huisdier nog gezonder dan je denkt en zijn eventuele gedragsproblemen nog op te lossen.

Gezondheidsproblemen

Voordat je op pad gaat, kijk je eerst of je hond gezond genoeg is voor de reis. Als je hond een paar jaar geleden voor het laatst grondig is onderzocht, is dit een mooi moment voor een herhaling. Daarbij zal een vakantie binnen Europa al snel naar een ander land zijn. En daarvoor moet je altijd kunnen aantonen dat de hond gezond en gevaccineerd is.

TIP

In het buitenland komen andere soorten wormen (en andere parasieten) voor dan bij ons. Een voorbeeld hiervan is de hartworm. Zorg ervoor dat je hond goed ontwormd is (en beschermd tegen andere parasieten) voordat je op pad gaat en vraag je dierenarts om advies voor wat betreft de parasieten die leven in het land waar jij op vakantie gaat.

Als je met je hond naar het buitenland gaat, moet hij worden ingeënt tegen rabiës (hondsdolheid). In sommige landen moet voor vertrek een bloedtest worden gedaan om de rabiëstiter te bepalen. Zo weet je of de hond voldoende beschermd is tegen deze dodelijke ziekte.

In veel Europese landen is het verplicht om als hondenbezitter een aansprakelijkheidsverzekering te hebben. Check dit voordat je op pad gaat.

Voor bepaalde rassen (hoog-risicocrassen, dat wil zeggen honden die relatief vaak of ernstige bijtincidenten veroorzaken) gelden in sommige Europese landen heel andere regels dan bij ons. Denk aan een aanlijn- of muilkorfplicht. Check voordat je op reis gaat of jouw hond wel welkom is in jouw vakantieland of de landen waar je doorheen moet reizen.

PAS OP

Voor een hond is een autorit meestal geen probleem. Een vlucht is een heel ander verhaal. Alleen hele kleine honden mogen in de cabine, grotere honden gaan in een bench in het ruim. Doordat dit veel stress oplevert, zijn er experts die vinden dat je honden die door hun lichaamsbouw minder gemakkelijk ademen (zoals kortsnuitige rassen) eigenlijk nooit moet laten vliegen. Ook oudere honden en honden met een zwakkere gezondheid laat je beter thuis. Vraag je dierenarts om een eerlijk oordeel over de gezondheid van je hond.

Als je geen vaste dierenarts hebt voor je hond, vind je in hoofdstuk 11 tips hoe je een goede dierenarts vindt.

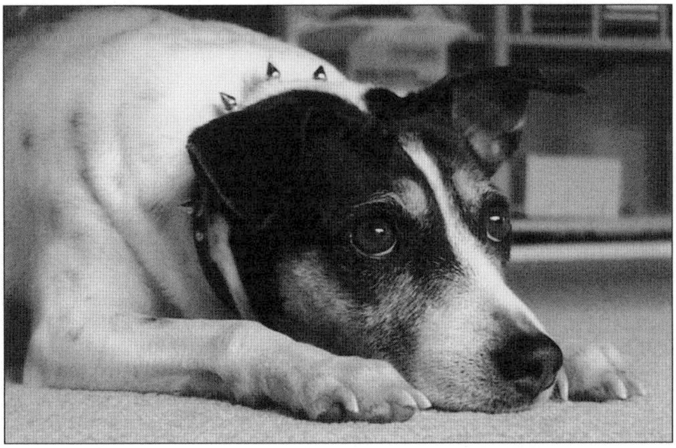

FIGUUR 18.1: Laat me niet achter! Die trieste ogen zijn misschien niet leuk, maar bij sommige honden is het nog minder leuk om ze wel mee te nemen.

Foto met dank aan Joanne Losenno

Reismanieren

Als je een hond meeneemt op reis, moet hij zich in ieder geval weten te gedragen als je hem aan de riem in een spannende situatie brengt: vreemde mensen, vreemde honden en vreemde beelden, geluiden en geuren. Als je je hond los wilt laten, moet je zeker weten dat hij komt als je hem roept en dat hij dingen als een dode vis op het strand negeert als je dit vraagt. Hij moet ook op commando kunnen stoppen met blaffen.

'Zit?' 'Af?' 'Blijf?' Heeft je hond hier nog nooit van gehoord? Alles wat je moet weten om je hond goed op te voeden lees je in hoofdstuk 8 en 14.

FIGUUR 18.2: Goed opgevoede honden maken tijdens de reis het verschil.

Foto met dank aan Natalie Hollifield

TIP

GEHOORZAME HOND

Gehoorzame Hond is een cursusprogramma in Nederland met een afsluitend een landelijk examen. Tijdens deze cursus doe je met je hond oefeningen die uit de dagelijks praktijk komen, bijvoorbeeld meelopen met de baas zonder dat je hond aan de lijn trekt, je hond veilig uit de auto halen en het negeren van fietsers en hardlopers.

Voor deze cursus kun je terecht bij een kynologenclub. Je sluit de cursus Gehoorzame Hond af met een examen. Een door de Raad van Beheer aangestelde keurmeester keurt je hond. Leggen jullie het examen met goed gevolg af, dan hebben jullie laten zien dat de hond op een maatschappelijk verantwoorde manier binnen onze samenleving past. Om deel te nemen aan het examen moet je hond een rashondenlogboek of een werkboekje hebben. Dit kun je aanvragen bij de Raad van Beheer. De cursus 'Gehoorzame Hond' valt onder de Commissie FCI Obedience.

Je kunt er veel aan doen om de slechte naam die honden bij sommige mensen hebben te verbeteren. Om te beginnen zorg je ervoor dat je hond goed gemanierd is, netjes luistert en aan de riem loopt in situaties waar hij niet los mag lopen. Een prettige reisgenoot laat zich zonder problemen aaien door vreemden, gaat netjes zitten voordat hij iets krijgt en loopt aan een losse riem netjes mee. Het is bijzonder prettig als je hond de commando's 'Zit', 'Af', 'Blijf' en 'Hier' kent en zich correct gedraagt bij andere honden, als hij wordt afgeleid en als hij kort van zijn baas wordt gescheiden.

Op internet zijn talloze clubs en verenigingen te vinden waar je allerlei opleidingen kunt volgen om van je hond een 'goede burger' te maken. Kijk bijvoorbeeld eens op de sites www.houdenvanhonden.nl, www.doggo.nl, www.licg.nl en www.hondencentrum.com voor ideeën over trainingen en tips voor hondenscholen in de omgeving.

Als je hond niet met je mee kan

Je moet weten wat je moet doen als je hond niet mee kan. Zelfs als je hem meestal wel meeneemt. Het kan gebeuren dat je opeens op zakenreis moet of bij een ziek familielid langs moet en de hond niet mee kan.

TECHNISCHE INFO

Misschien besluit je wel op vakantie te gaan naar een bestemming waar honden niet welkom zijn, zoals Hawaï, om de inheemse dieren te beschermen tegen hondsdolheid.

Een andere plek waar je je hond ook niet mee naartoe kunt nemen (en waarvan ik uit eigen ervaring kan zeggen dat ik hoop dat je er niet naartoe hoeft), is het ziekenhuis.

Zorg er daarom voor dat je weet welke mogelijkheden je hebt als je onverwacht ergens naartoe moet waar je hond niet mee naartoe kan.

Vraag vrienden, buren en collega's wat zij met hun huisdier doen als ze weg zijn. Vraag je dierenarts naar referenties voor oppassers of dierenpensions. Denk er wel aan dat de mensen die je vraagt misschien andere selectiecriteria hebben dan jij. Voor sommige mensen is de dichtstbijzijnde of goedkoopste oplossing altijd de beste. Ik ga zelf liever wat verder weg voor de juiste trainer, dierenarts, specialist of vakantieopvang voor mijn dier.

TIP

Als je een adres hebt gevonden (een pension of oppas), bel dan en vraag om referenties. En ga er dan ook langs; iets wat maar weinig mensen doen. Kijk of ze zijn geregistreerd, hoe ze de honden opvangen (kennel, huiselijke omgeving, alleen of in roedelverband), vraag of ze zijn aangesloten bij een organisatie en of ze een vaste dierenarts hebben. Vraag of de dieren moeten zijn gevaccineerd. (Als dit niet zo is, wil je dan jouw hond daar tussen zetten?) Naast pensions zijn er ook mensen die honden in hun eigen huis opvangen. Zo kun je bijvoorbeeld via de website pawshake.nl of via www.huisdierenspecialist.nl zoeken naar een hondenoppas bij jou in de buurt.

TIP

Als je je hond tijdens een geplande trip moet onderbrengen, regel dit dan bijtijds. Veel opvangadressen zitten in de vakantietijd vol. Als je een goed adres hebt gevonden, vraag dan ook eens of er ruimte kan worden gemaakt in geval van nood. Daarmee heb je een extra optie als de nood ooit aan de hond komt. Als je hond gaat logeren in een hondenpension of hondenhotel, moet hij correct zijn ingeënt. Dit moet gebeuren ruim voordat je de hond gaat brengen. Vraag na welke vaccinaties je hond moet hebben, anders kan het gebeuren dat het pension je hond moet weigeren.

Voorbereiden op noodgevallen

Een van de dingen die het gemakkelijkst worden vergeten als je je hond achterlaat (bij een vriend, een oppas of in een pension), is om te bespreken wat er moet gebeuren als hij ziek wordt. Bespreek voor je weggaat de mogelijkheden met je dierenarts en geef deze door aan degene die op je hond past.

Je kunt het gemakkelijkst noodzorg regelen met je dierenarts als je een goede relatie met hem hebt. Maar dat geldt eigenlijk voor alles wat met de gezondheid van je hond te maken heeft. Mijn dierenarts weet welke zorg ik voor mijn dieren verwacht en ik vertrouw op zijn oordeel als hij me niet kan bereiken. Voor mijn honden is een notitie gemaakt dat de honden hoe dan ook zorg moeten krijgen, wie er ook mee langs komt. De kosten kunnen altijd worden gedeclareerd op mijn creditcard. Af en toe overleg ik kort met mijn dierenarts. Zo zijn we er allebei zeker van dat er geen misverstanden zijn.

Als je alles echt tot in de puntjes goed geregeld wilt hebben voor je zelf op vakantie gaat en je hond achterlaat, lees dan hoofdstuk 13 voor informatie over hoe je de verzorging van je hond in je testament kunt opnemen.

Soorten hondenoppassers

De algemene term hondenopvang dekt de lading voor allerlei soorten diensten. Dit varieert van een afspraak tussen vrienden dat ze op elkaars hond passen tot een bedragje voor je buurkinderen om je hond te voeren en uit te laten en van de inhuur van een professionele oppasdienst die je hond bij jou thuis verzorgt tot mensen die je hond in hun eigen huis opvangen (zie bijvoorbeeld het stukje hierover in de paragraaf 'Als je hond niet met je mee kan').

Het voordeel van je hond in je eigen huis te laten verzorgen, is dat hij in een bekende omgeving is en in zijn eigen bed kan slapen. Of op jouw bed, nu je er zelf niets van kunt zeggen. Als je hond niet erg gesocialiseerd is, raakt hij ook niet van streek door al die andere honden in het pension. Bovendien kan een dierenoppas meer doen dan alleen je hond voeren. Hij kan ook de post wegleggen, de planten water geven en af en toe een lamp aan of uit doen.

BELANGRIJK

Bespreek altijd eerst wat iets kost en wat je ervoor mag verwachten. Controleer ook of een professionele oppasdienst bij een organisatie is aangesloten en of ze goed zijn verzekerd.

Het grootste nadeel is dat je hond veel alleen is, omdat de meeste professionele oppassers elke dag een hele lijst met klanten moeten afwerken en niet veel tijd hebben om je hond afzonderlijk aandacht te geven. Als je de mogelijkheid hebt iets af te spreken met een jongere of met een huisoppas die bij jou in huis blijft terwijl je weg bent, krijgt je hond waarschijnlijk meer aandacht en wordt er meer met hem gewandeld. Als je hond ziek wordt of ontsnapt, kan het een paar uur duren voordat de professionele oppasser weer langs komt en dit opmerkt. En sommige mensen vinden het gewoon niet prettig als er vreemden in hun huis komen als ze weg zijn.

PAS OP

Een informele afspraak met iemand die op je huis past of af en toe langs komt om voor de dieren te zorgen kan nog lastiger zijn dan het inhuren van een professionele dienst. Vraag maar aan een vriend van mij die huis en hond liet verzorgen door de studerende dochter van een vriend. Ze had niet alleen gasten uitgenodigd, maar zelfs luidruchtige feestjes gegeven. Het huis had daarna een stevige schoonmaakbeurt nodig. De dieren waren gelukkig nog gezond.

Veel mensen kiezen voor een jongere en zijn hierover zeer tevreden. Als je hiervoor kiest, zorg er dan wel voor dat de ouders een oogje in het zeil houden.

TIP

Een van de beste oplossingen is de zorg voor je honden *uit te wisselen*. Als je hond goed is gesocialiseerd, goede manieren heeft en goed met andere dieren overweg kan, willen vrienden hem misschien wel opvangen terwijl je weg bent. Als jij op jouw beurt maar hetzelfde doet als zij een keer hulp nodig hebben. Als je hond zich in een vreemd huis niet op zijn gemak voelt, kun je ook afspreken dat je vriend bij jou thuis oppast. Jij kunt dan bij hem hetzelfde doen.

Ik heb mijn honden wel laten verzorgen door professionele oppassers en in een dierenpension. Toch gebruik ik het liefst deze oplossing voor het uitwisselen van hondenzorg. Mijn honden kennen de mensen bij wie ze worden opgevangen en ze vinden het prachtig als er af en toe een speelkameraad bij mij komt. Toen ik eens onverwacht een week lang naar het ziekenhuis moest, waren deze hondenliefhebbende vrienden een geluk bij een ongeluk. De vrienden met wie ik deze hondenoppasregeling heb, hadden alles binnen een paar uur geregeld. Tijdens mijn herstel heb ik me geen moment zorgen hoeven maken over mijn honden.

BELANGRIJK

Het uitwisselen van hondenzorg is een geruststelling (ik weet dat mijn vrienden net zo voor mijn honden zorgen als ik zelf doe) en het is ook nog eens voordelig.

Hondenpensions

Je kunt je hond ook naar een hondenpension brengen. Dit is een prima oplossing voor vriendelijke, aangepaste honden. Laat je hond nooit achter in een pension dat je niet zelf hebt bekeken. Hoeveel goede referenties dit pension ook heeft. Je wilt dat je hond in een schone, comfortabele en goed onderhouden omgeving komt. Voldoet het pension niet aan deze verwachtingen, ga dan ergens anders naartoe.

PAS OP

Vraag waar je huisdier komt te zitten. In sommige pensions zitten de dieren een groot deel van de dag in een kennel, zodat er zoveel mogelijk dieren terecht kunnen. Vooral in het hoogseizoen. Ik heb er niets tegen dat een dier een tijdje in een kennel zitten, maar ik wil niet dat mijn honden een paar weken zo worden opgesloten. Controleer of je hond een eigen ren heeft. Als je meer dieren hebt, kunnen ze een ren delen. Niet elke hond is geschikt voor groepshuisvesting. Sommige honden vinden het niet prettig om in een groep te leven. Je hond moet individuele aandacht krijgen, bijvoorbeeld tijdens een wandeling of in een veilig omheinde speelruimte.

Onderkomens voor katten en andere dieren moeten van die voor honden zijn gescheiden, voor ieders bestwil.

De beheerder moet oprecht zijn best willen doen om ervoor te zorgen dat je hond het naar zijn zin heeft. Je hond moet zo worden gevoerd als jij zelf doet, zeker als hij op dieet is. Ook moet je speelgoed of andere spullen met jouw geur mogen achterlaten als troost voor je hond; al is het maar een oude sok.

TIP

Het onderbrengen van je hond in een pension heeft een paar voordelen. Een pension is vaak veiliger dan de achtertuin van de meeste mensen. Bij een goed pension is altijd iemand aanwezig om regelmatig bij de dieren te kijken. Pensions die wat afgelegen liggen, zorgen soms voor een haal-en-brengservice voor je hond.

KENNELHOEST

TECHNISCHE INFO

Kennelhoest is een beruchte ziekte onder dierenpensionhouders. Het is een keelinfectie die je vaak herkent doordat de hond gaat hoesten. Maar er zijn ook honden die enkel ontstoken ogen of een snotneus krijgen. Kennelhoest is zeer besmettelijk en verspreidt zich door de lucht. In een pension of hotel kan de ziekte zich razendsnel verspreiden, zeker als er niet ingeënte dieren zouden logeren. Daarom moeten honden die gaan logeren in een (goed) dierenpension, worden ingeënt tegen kennelhoest. Dat kan via een neusenting of een onderhuidse enting.

TIP

Als je gaat verhuizen, maar in de stad waar je gaat wonen nog geen huis hebt, kun je je hond tijdelijk in een pension onderbrengen waar ze voor hem zorgen tot je een woning hebt en volledig bent ingericht.

Sommige dierenartsen bieden opvang voor je huisdier, vooral als dit regelmatig medische zorg nodig heeft. Overleg over de mogelijkheden of leg de situatie uit en vraag of hij een goed alternatief weet.

PAS OP

Steun geen pension dat niet vraagt om bewijs van vaccinaties. Als ze er niet op staan dat *jouw* dier gezond is en goed is beschermd tegen ziekten, vragen ze dit ook niet van andere gasten. Hierdoor loopt je eigen dier risico.

Als een hond later in het pension wordt ondergebracht, is het juist wel verstandig hem als pup al te brengen. Veel pensions hebben hiervoor speciale 'puppydagen' of 'wendagen'. Vraag hierover advies bij je dierenarts en het pension van jouw keuze.

BOOTCAMP VOOR BELLA

TIP

Als je hond gedragsproblemen heeft die je wilt oplossen, kun je een vakantie voor je hond (en jouzelf) boeken bij een zogeheten bootcamp. Doordat je ook de accommodatie moet betalen, is het waarschijnlijk duurder dan losse trainingen bij een trainer of gedragskundige. Maar daar staat tegenover dat je zelf een week (of twee) intensief tijd aan je hond kunt besteden en met een beter opgevoede hond weer naar huis gaat.

Voor sportieve hondenbaasjes zijn er zelfs bootcamps waar niet alleen aan de gehoorzaamheid en de conditie van de hond wordt gewerkt, maar waar ook de eigenaar zich in het zweet mag werken.

Vraag je dierenarts om advies over dit soort bootcamps. Als je een geschikte aanbieder hebt gevonden, ga dan altijd kijken hoe het verblijf voor de hond is ingericht. Bedenk wel altijd dat je niet opeens een goed opgevoede hond hebt waar je niets meer aan hoeft te doen. Honden trainen blijft een kwestie van altijd en in alle situaties blijven oefenen.

TIP

Veel pensions hebben ook een professionele trimsalon of hebben zelf de spullen om de vacht van hun gasten te verzorgen. Laat je hond trimmen vlak voordat je hem weer ophaalt. Dit is zeker de extra uitgave waard. Zelfs in de mooiste en best ingerichte pensions kan de vacht van je hond er na een tijdje wat verwaarloosd uitzien.

Je reis voorbereiden

Oké, genoeg gepraat over thuisblijven. Je wilt samen met je hond op pad. Je kunt een hond wat gemakkelijker mee op reis nemen dan een baby, maar je moet wel nog steeds zijn troep opruimen. En er zijn nog een paar dingen die je voor je reis moet regelen.

Een goede uitrusting voor je reizende hond

Je kunt je echt helemaal uitleven met wat je allemaal wilt meenemen om veilig en comfortabel met je hond op vakantie te gaan. Mijn vriendin Maria Goodavage heeft een paar boeken geschreven over reizen met honden. Ze neemt zelfs de bedden van haar honden mee in haar camper. Maar ik neem zelf ook een half huishouden mee. Hoe vaak ik niet heb gedacht dat ik iets niet nodig zou hebben, en dan miste ik het tijdens de volgende reis.

Wat moet je meenemen? We beginnen met de basisspulletjes.

- Doe je hond een stevige halsband met penning en adreslabel om. Zet op het label minimaal één telefoonnummer dat niet van jezelf is, maar van iemand die de telefoon kan beantwoorden als je je hond kwijtraakt.

  Als je hond zich prettiger voelt met een tuig, hang je het adreslabel daaraan. Denk eraan dat een tuig geen goede optie is voor een hond die zich aan de riem niet zo netjes gedraagt. Met een tuig heb je minder controle dan met een halsband.

  Natuurlijk moet je hond zijn gechipt en moeten jouw actuele gegevens bekend zijn bij de het register dat de chip heeft geleverd. Zie hoofdstuk 6 voor meer informatie over het chippen van je hond en de organisaties die dit regelen.

  TIP

  Mijn vriendin Judy Jordan raadde me eens aan om papieren labels te gebruiken voor onderweg. Deze koop je voor een schijntje bij een kantoorboekhandel. Gooi een stapeltje in een tas of in het handschoenenvak van je auto. Schrijf bij elke nieuwe verblijfplaats op vakantie het adres op een label, bijvoorbeeld: Hondenkampeerterrein Blaf ze blij, veld 3, of Pension De Zeehond, kamer 32. Als je weet dat je hond wel eens door het water rent, neem dan de plastic sleutellabels waar je het kaartje achter een doorzichtig ruitje schuift. Een zwempartij overleven ze niet, maar bij wat gespetter blijven ze wel leesbaar.

- Neem een riem van twee meter lang mee. Een langere riem is ook handig, zeker met een oprolsysteem, zoals de Flexi. Hiermee kun je je hond een beetje laten rennen tijdens een plaspauze.

- Twee bakken, een voor voer en een voor water.

  Opvouwbare waterbakken of bakken die je goed kunt afsluiten zijn perfect voor onderweg. Ik heb onderweg altijd een bak bij me die je goed waterdicht kunt afsluiten. In de kofferbak ligt altijd een opvouwbare bak en een fles water. Altijd, want je weet nooit wanneer je een dier met dorst tegenkomt.

- Als je hond voer eet dat overal wel verkrijgbaar is, neem dan genoeg mee voor de eerste dag of twee dagen en koop onderweg wat je nodig hebt, als je ergens naartoe gaat waar een supermarkt of dierenwinkel is. Dieetvoer of wat minder gangbaar voer moet je zelf meenemen. Zorg voor ruim voldoende voer voor de hele reis. Als je hond blikvoer eet, neem dan ook een lepel of vork mee. Vergeet de blikopener niet, voor het geval dat de blikken geen gemakkelijke trekopening hebben.

- Vergeet niet wat snacks mee te nemen.

- Een borstel, kam en pincet of speciale tekentang zijn ideaal als je ook eens de natuur in gaat.
- Een eerstehulpsetje met schaar, gaas, tape en diarreeremmer is ook erg handig. Je dierenarts kan iets voorschrijven tegen wagenziekte. Als je hond daar last van heeft, wil je dat echt wel bij je hebben.
- Denk natuurlijk ook aan de medicijnen die je hond anders ook moet nemen.
- Neem stoffen handdoeken mee om een vieze, natte hond af te drogen en een stapel papieren handdoekjes of wat keukenrollen voor het opruimen van alles wat je verder maar kunt verzinnen (of niet kunt of wilt verzinnen).

  Ik heb ook altijd een oud laken en een oude deken bij me, om in een motelkamer over een bed, bank of kleed te leggen. Verder gaat er standaard allesreiniger in een spuitfles mee. Ik weet dat het in lang niet alle hotels, motels en pensions vanzelfsprekend is dat mijn hond mee mag en wil het niet verpesten voor andere hondenliefhebbers door een hoop troep achter te laten.
- Poepzakjes moeten zeker mee in de bagage.
- Ik heb al een paar keer onderweg hondenshampoo gekocht. Tegenwoordig neem ik het standaard mee. Dit leer je vanzelf als je om 10 uur 's avonds probeert in een vreemde stad nog iets te vinden om je hond te wassen nadat hij in de smurrie heeft liggen rollen.
- Alleen voor eigenaars van kleine honden: een schoudertas waarin je je hond mee kunt nemen. Hiermee, of met een wat grotere tas, kun je je hond ergens mee naartoe nemen waar een grote hond alleen maar van kan dromen. Bij een kleine hond hebben de mensen om je heen het waarschijnlijk niet eens in de gaten.
- Als laatste, maar zeker niet minder belangrijk, volgens je hond dan: zijn favoriete speelgoed.

Standaard wordt het advies gegeven water van thuis mee te nemen. Bij een langere trip gaat dit natuurlijk niet. Op onbekende plekken kan je hond prima hetzelfde water drinken als jij zelf drinkt. Maar voor de zekerheid heb ik altijd een paar literflessen water bij me, uit de kraan thuis of uit de supermarkt. Ik wandel regelmatig met mijn honden in een omgeving waar veilig drinkwater niet zomaar beschikbaar is.

De goed voorbereide hondenliefhebber

Voor reizen geldt hetzelfde als voor zoveel dingen: *bereid je voor op het ergste en hoop er het beste van*. Maak een paar pamfletten met HOND VERMIST met een foto van je hond en je telefoonnummer en neem hier een stapeltje van mee. Neem de medische geschiedenis van je hond mee, noteer het nummer van zijn microchip en denk vooral ook aan het bewijs van inenting tegen hondsdolheid. Dit laatste is onmisbaar als het ondenkbare gebeurt: je hond bijt iemand of komt in aanraking met een wild dier met hondsdolheid.

TIP

OP ZOEK NAAR DE PERFECTE AUTO

Al vanaf het moment dat ik mijn rijbewijs haalde, ben ik op zoek naar de perfecte hondmobiel. Ik weet dat dit niet voor alle dierenliefhebbers een obsessie is. Ik was zelfs stomverbaasd toen ik merkte dat veel mensen helemaal niet aan hun huisdier denken als ze een auto gaan kopen.

Mijn broer kwam bijvoorbeeld een keer bij mij op bezoek, glimmend van trots om zijn nieuwe perfecte midlife-crisisauto: een donkerrode tweezitscabrio. 'Wat denk je ervan?' vroeg hij. 'Mooi, of niet?'

'Hij is prachtig', antwoordde ik. 'Maar denk je dat Taz wel een beetje comfortabel mee kan?'

Uit de stomverbaasde blik op zijn gezicht kon ik aflezen dat hij zijn geliefde boxer even helemaal vergeten was. Totaal verblind door de glanzende auto en de aantrekkingskracht die hij ermee hoopte te hebben op mooie jongedames, had hij niet eens gemerkt dat er achter de stoel geen ruimte was voor de hond.

'Dan moet hij maar gewoon voorin', mompelde hij, terwijl hij zijn hand over de zachte bekleding haalde.

Dit soort dingen moet je niet bedenken nadat je een auto hebt gekocht. De auto moet geschikt zijn voor de hond, anders moet je hem niet kopen. Ik weet nog dat iemand me een keer probeerde een kleine auto te verkopen, waarvan de achterbank niet goed plat kon. Hij probeerde me ervan te overtuigen dat de honden het prachtig vonden om wat hoger te zitten. Ook zou de bank wel plat gaan door het gewicht van de honden. Ik vroeg hem om achterin te kruipen om dit te laten zien, maar hij bewees alleen zijn ongelijk. Daarna veranderde hij van onderwerp en begon hij over hoe zuinig de airconditioning toch wel was. Ik knikte. 'Denkt u dat hij de honden achterin koel kan houden?' vroeg ik hem. Toen verloor hij zijn geduld. 'Mevrouw', sputterde hij, 'het zijn maar een paar rothonden, wilt u deze auto nou wel of niet kopen?'

Je snapt dat de koop niet doorging.

Uiteindelijk dwaalden mijn gedachten af naar een MPV. Waarschijnlijk lag het aan mijn midlife-situatie (ik noem het maar acceptatie in plaats van crisis), maar uiteindelijk gaf ik de zoektocht naar een hippe auto op en kwam ik uit bij iets wat voor ons allemaal goed was. Groot genoeg voor mijn honden, de uitrusting en mijzelf. Er bleken toch best veel verkopers die graag over hondvriendelijke auto's wilden praten. Maar degene die het uiteindelijk won, had zelf ook een paar grote honden. Hij vertelde vrolijk over het comfort voor de dieren in zijn eigen MPV. 'Als je de airconditioning voorin over de voorstoelen laat blazen en de luchtopeningen achter open zet, hebben je honden het altijd goed', wist hij uit ervaring. 'En als je de achterbank er helemaal uit haalt, passen daar prima een paar hondenbedden.'

Slimme vent. Ik was al bezig met de betaling voordat hij kon beginnen over de verlengde garantie.

Ik weet nog steeds niet hoeveel bekerhouders er achterin zitten en de honden zal het worst wezen. Maar ik ben met mijn MPV gelukkiger dan een retriever in het water.

En ook mijn honden vinden het een prima keuze en daar was het allemaal om begonnen.

Ik heb ook altijd een lijstje met huisdiervriendelijke overnachtingsadressen bij me. In sommige reisgidsen staat ook of huisdieren welkom zijn, maar ik raad wel aan altijd eerst even te bellen. Als een pension in andere handen overgaat, kan het beleid zomaar veranderen.

TIP

Als je met je hond op reis gaat, is het *Handboek reizen met de hond* van Pythia Dekker een aanrader. In dit boek vind je allerlei informatie over wetten en regels in Nederland en daarbuiten. Maar er zijn natuurlijk veel meer boeken over dit onderwerp verkrijgbaar.

Internet heeft veel dingen veranderd, waaronder reizen met je hond. Door wat over het internet te surfen heb ik een aantal prachtige accommodaties gevonden waar ik met mijn dieren op vakantie kan.

Reizen met de auto

Veel dierenliefhebbers maken zich zorgen over vliegen met hun hond. Het is dus begrijpelijk dat veel mensen ervoor kiezen gewoon met de auto op pad te gaan. Als honden eenmaal de link leggen tussen een rit in de auto en plekken als het strand, staan ze vaak al te dansen bij het idee dat ze mee mogen.

Een rit in de auto veiliger maken

Voor autoreizen geldt hetzelfde als voor alle andere dingen die je moet trainen. Begin al als je hond nog een puppy is, om hem te leren hoe hij netjes en veilig in een auto mee kan. Neem je hond niet op schoot, hoe schattig of klein hij ook is. Negeer hem ook zoveel mogelijk terwijl je aan het rijden bent. Vraag je pup bij korte ritjes in de buurt om netjes en stil te zitten en beloon hem dan voor zijn goede gedrag. In Nederland is het niet verplicht om je hond in een bench of hondengordel te vervoeren maar in bijvoorbeeld Duitsland wel.

TIP

Vaak is het gemakkelijker en eigenlijk altijd veiliger om je hond in de auto in een bench te zetten. Afhankelijk van het formaat van je hond en de vorm van je auto is een bench misschien lastig. Toch moet je een bench altijd als eerste overwegen. Vooral voor honden die zo actief zijn dat ze de bestuurder afleiden. Er zijn ook opvouwbare benches die je gemakkelijk in de kofferbak kunt inklappen als je ze niet gebruikt.

Je kunt ook een hondengordel gebruiken. Deze kun je in de aansluiting van de gewone veiligheidsgordel klikken en aan het tuig van de hond bevestigen. In het verleden zag je ook veel mensen rijden met een rek achter de achterbank. Bij een stationwagen is dit nog steeds een goede oplossing, als je nog zo'n rek kunt vinden.

Onrustige passagiers

Als je je hond alleen af en toe in de auto zet voor een bezoekje aan de dierenarts, geniet hij vast niet van deze ritjes. Laat hem steeds wat langer in de auto zitten en beloon hem voor zijn goede gedrag. De eerste korte tripjes maak je naar een leuke plek, zoals een park of het bos.

TIP

Er zijn medicijnen tegen wagenziekte, maar overleg vooral ook met je dierenarts. Een tip van hondentrainers is om je hond op een lege of bijna lege maag te laten reizen en hem een hondensnack te geven voordat je op pad gaan.

De meeste problemen komen echter niet door wagenziekte, maar door angst. De beste oplossing is dan ook om je hond te laten wennen aan autoritten. Honden vinden het heerlijk om hun snoet uit het raam in de frisse lucht te steken tijdens het rijden. Doe dit niet: door opspattend grint kan hij gewond raken aan zijn neus of. Doe het raam net zo ver naar beneden dat hij frisse lucht ruikt, maar niet met zijn neus naar buiten kan hangen.

Stop onderweg regelmatig, net zo vaak als je zelf even een plaspauze wilt. Dan kan je hond ook even een plas doen en wat water drinken. Houd je hond tijdens de pauzes voor zijn eigen veiligheid altijd aan de riem.

Lees hoofdstuk 11 voor informatie over hittestress en andere noodgevallen bij honden. Als het warmer wordt, worden op plekken waar veel dagjesmensen komen vaak flyers uitgedeeld waarin mensen worden opgeroepen hun hond niet in de auto te laten. Ook lopen er bij evenementen regelmatig vrijwilligers van de dierenbescherming om mensen op de gevaren te wijzen en honden te (laten) redden die toch in de auto zijn opgesloten. Zie je bij warm weer toch eens een hond in een auto zitten, kijk dan of de eigenaar in de buurt is. Vind je deze niet heel snel, bel dan meteen de politie en de dierenambulance.

Als je op reis bent en een paar uur ergens naartoe wilt waar honden niet zijn toegestaan, laat hem dan niet in de auto, maar in je hotelkamer. Het is niet zo'n goed idee om je hond los te laten in een vreemde kamer (vaak mag dit zelfs niet), maar je kunt er wel een bench neerzetten. Nog een goede reden om er een te kopen. Zorg er wel voor dat je hond is getraind om niet te blaffen als hij alleen is.

Reizen met het vliegtuig

Als je wat verder weg wilt en niet een paar dagen in de auto wilt zitten, kom je al snel uit bij een vliegreis. Sommige busmaatschappijen en spoorwegdiensten staan ook honden toe, maar als je dit niet zeker weet en onderweg niet voor verrassingen wilt komen te staan, is het vliegtuig een veilige en zekere keuze.

In de kranten lees je af en toe horrorverhalen, maar vliegen is voor de meeste honden gewoon relatief veilig. Dit geldt ook voor jouw hond als je netjes de regels volgt, de reis zorgvuldig plant en namens je hond af en toe wat aandringt.

TECHNISCHE INFO

Dieren kunnen in het vliegtuig mee als handbagage of in het ruim. In het ruim kunnen ze als bagage (op dezelfde vlucht) of als lading mee (mogelijk met een andere vlucht). Voor reizen in het ruim zijn internationale regels over onder andere temperatuur en luchtdruk opgesteld. Je hond moet dan wel in een goedgekeurde bench worden vervoerd, die je zelf kunt kopen of huren (zie hiervoor ook hoofdstuk 6).

TIP

Bij sommige luchtvaartmaatschappijen mogen kleine honden mee als handbagage in de cabine. Het mooie hiervan is natuurlijk dat je altijd bij je hond bent. De regels verschillen per maatschappij, zoek dit dus van tevoren goed uit. Stel je er niet te veel van voor, de uitzondering is alleen voor honden van het formaat kat en kleiner. Boek altijd ruim op tijd en zorg ervoor dat je precies weet waar je aan toe bent. Anders kom je op het vliegveld misschien opeens voor vervelende verrassingen te staan.

De enige grotere honden die in de cabine mee mogen, zijn hulphonden. Je moet hiervoor kunnen aantonen dat het echt een hulphond is en je moet je wens ruim op tijd melden.

PAS OP

HOTDOG!

Iedereen snapt wel dat je je hond op een hete dag niet in de auto moet laten zitten. Maar er zijn maar weinig mensen die weten dat dit op een warme dag net zo gevaarlijk is.

Het is echt een vreselijke dood.

Een auto werkt als een broeikas. Al binnen een paar minuten kan de temperatuur oplopen tot een voor honden dodelijk niveau. Zelfs op dagen waarop het nog geen 30 graden is. Zelfs met de ramen een stukje open kan een hond nog voordat je met een paar boodschappen langs de snelkassa bent al tekenen van oververhitting gaan vertonen: zwaar hijgen, glazige blik, snelle hartslag, duizeligheid, kotsen of een donkerrode tot paarse tong. Binnen een paar minuten kan de hond al hersenletsel hebben en sterven.

Een oververhitte hond moet echt meteen door een dierenarts worden behandeld om hem nog een kans te geven het te overleven. Twijfel geen seconde. Of nog beter: breng het leven van je hond niet in gevaar door hem in de auto te laten.

Ook kan je hond zo uit de auto worden gestolen. In combinatie met oververhitting kan dit een groot gevaar zijn voor je hond. Laat het struinen door de souvenirwinkels dus voor wat het is. Het risico voor je hond is te groot.

Let goed op de volgende zaken om er zeker van te zijn dat je hond bij deze 99 procent hoort:

- **Praat met de luchtvaartmaatschappij.** Sommige maatschappijen, vooral de prijsvechters, accepteren helemaal geen huisdieren. En maatschappijen die wel dieren toelaten, hebben vaak een maximum vanwege de hoeveelheid lucht die in de voor dieren geschikte vrachtruimte beschikbaar is. Vraag ook wanneer je hond aanwezig moet zijn en welke papieren (gezondheidsverklaring en inentingspapieren) je mee moet nemen.
- **Zorg ervoor dat je hond gezond is en ga niet vliegen met een hond met korte, stompe snuit.** Deze honden hebben onder ideale omstandigheden al moeite met ademhalen. De stress van de vlucht kan maar zo te veel zijn. Twijfel je of jouw hond 'fit to fly' is? Vraag dan vooraf even aan je dierenarts of hij jouw hond gezond genoeg vindt voor een vliegreis.
- **Zorg ervoor dat je hond in een bench zit met telefoonnummers waarop je bij vertrek en aankomst bereikbaar bent.** (Aan je nummer thuis heeft niemand iets als je niet thuis bent.) De bench moet zo groot zijn dat je hond er net in kan staan en zich kan omdraaien.

  Controleer of alle bouten, moeren en grendels goed vast zitten en goed vergrendeld zijn.

  BELANGRIJK

  In zijn bench mag hij geen halsband om. Dit is te gevaarlijk omdat hij vast kan komen te zitten aan voorwerpen vlak bij de bench. Je hond is natuurlijk gechipt, maar je kunt voor de zekerheid een adreskoker met een elastiek of gemakkelijk brekend lintje (voor het geval hij ergens achter blijft haken) rond zijn nek doen. (Zie hoofdstuk 6 voor meer informatie over het chippen van je hond.)

- **Laat je hond niet vliegen als er slecht weer op komst is of tijdens de drukste dagen van het jaar.** Mijd de drukste dagen, zoals het begin en eind van de zomervakantie of de dagen net voor en na kerst. Zorg ervoor dat je een vlucht neemt waarbij het niet te heet en niet te koud is. Kijk niet alleen naar het vliegveld waar je vertrekt, maar ook naar de bestemming en eventuele tussenstops. In de zomer kun je het best 's nachts vliegen, in de winter het best overdag.
- **Probeer zoveel mogelijk samen met je hond te vliegen.** Je kunt veel sneller reageren als je in hetzelfde vliegtuig zit.
- **Kies een directe vlucht. Als dit niet mogelijk is, neem dan een route met een korte tussenstop.** De meeste honden overlijden op de grond, als ze in hun bench op de hete landingsbaan staan of in een benauwd vrachtruim zitten. Met een directe vlucht heb je geen overstap en met een korte overstap ben je maar heel kort op de grond.
- **Het leven van je hond is afhankelijk van de oplettendheid van het personeel van de vliegmaatschappij.** De meeste van deze medewerkers zijn heel goed in hun werk en geven echt om de dieren, maar er kunnen fouten worden gemaakt. Geneer je niet om het personeel je ervan te laten verzekeren dat je hond in het vliegtuig zit. Controleer dit na een overstap nog een keer. Als je hond op reis gaat zonder jou, neem dan contact op met het personeel op elk vliegveld waar je hond komt. Laat ze controleren hoe het met de hond gaat en zich weer bij je melden.

PAS OP

In tegenstelling tot wat veel mensen denken, kun je een hond voor een vlucht beter geen kalmeringsmiddel geven. Je hond kan beter omgaan met de combinatie van hoogte en minder zuurstof als hij niet versuft is. Maar jouw hond kan natuurlijk een uitzondering zijn. Overleg daarom altijd met je dierenarts en neem een doordachte beslissing.

TIP

Op de websites van luchtvaartmaatschappijen vind je het beleid van de maatschappij en waar je aan moet voldoen. Aarzel daarnaast niet om contact op te nemen als er nog dingen onduidelijk zijn. Zorg ervoor dat al je vragen zijn beantwoord en alles duidelijk is voordat je een reis boekt.

Hondvriendelijke vakanties

Als je met je kinderen op vakantie gaat, kies je een andere bestemming dan wanneer je met volwassenen op stap gaat. Hetzelfde geldt voor een vakantie met je hond. Zoek plekken waar je hond welkom is en waar je samen leuke dingen kunt doen.

Meestal betekent dit een buitenvakantie. Maar tijdens het reizen met je hond merk je al snel dat niet alle parken en stranden hetzelfde zijn. In sommige steden zijn honden niet welkom in openbare parken en op het strand. Op andere plekken waar je wel mag komen, zijn te veel mensen en is het voor je hond gewoon niet leuk.

Zelfs kamperen kan tegenvallen. Ook op campings waar huisdieren zijn toegestaan, verschillen de regels. Een drukke camping is bovendien niet erg leuk voor je hond. Zoek een camping waar je hond welkom is en waar jullie in de omgeving de ruimte hebben om lekker te bewegen. Natuurlijk moet je er ook daar voor zorgen dat je hond zich netjes gedraagt. Als te veel honden voor problemen zorgen, kan het volgende jaar wel eens gedaan zijn met de gastvrijheid.

TIP

DE HONDENHEMEL

Vroeger waren hondenliefhebbers al blij als ze een onderkomen konden vinden waar ze hun hond mochten meenemen. Dit is behoorlijk veranderd: sommige vakantieopties zijn speciaal gericht op honden. Je kunt hierbij kiezen uit twee vormen: hondenvakanties met geplande activiteiten en hondenvakanties waarin je helemaal vrij bent.

De vakantieoorden met geplande activiteiten heten ook wel hondenkampen. De organisatoren huren een terrein (camping, oud sportveld of een andere geschikte locatie) en regelen trainers, sprekers en andere experts die de gasten en hun menselijke baasjes van alles leren over verschillende hondensporten. Maar het is allemaal niet zo serieus als het klinkt. Je hebt ook genoeg tijd om te wandelen, apporteren, leuke spellen te spelen of gewoon lekker rond te hangen met andere honden.

Maar je kunt natuurlijk ook een camping zoeken waar honden niet alleen zijn toegestaan, maar zelfs worden verwelkomd. Zoek een omgeving waar je lekker met je hond kunt wandelen, zwemmen of gewoon ontspannen. In Europa zijn inmiddels veel campings ingesteld op honden. Via de eerste van de twee volgende hyperlinks kun je filteren op land en regio. Via de tweede heb je nog wat meer zoekmogelijkheden, bijvoorbeeld ook grootte van de camping, geschikt-

heid voor gezinnen met kinderen en faciliteiten: www.anwbcamping.nl/thema/thema/campings-hondenliefhebbers en www.leuke-hondencampings.nl

Ik ga zelf het liefst gewoon naar een diervriendelijke omgeving en zoek een accommodatie waar honden niet alleen zijn toegestaan, maar zelfs met open armen worden ontvangen. De eigenaars van hondvriendelijke uitspanningen, pensions en hotels zijn vaak zelf ook hondenliefhebber en kunnen je goede tips geven over dingen die je in de omgeving kunt doen. De minder populaire bestemmingen zijn vaak wat rustiger en hebben minder problemen met honden.

TIP

Maar wat je ook doet, *bel altijd eerst even*. Zelfs het meest hondvriendelijke pension heeft misschien maar een paar kamers die geschikt zijn voor honden. Als het pension in een populaire omgeving ligt, zijn ze soms al maanden voor een vakantie of lang feestweekend volgeboekt. Als je de mogelijkheid hebt, ga dan buiten het seizoen op vakantie (maar bel ook dan even voordat je gaat).

FIGUUR 18.3: Met een dagje aan het strand doe je de meeste honden een groot plezier, zelfs als je er een dikke jas bij aan moet trekken.

Foto met dank aan Joyce Munz

Binnenkomen waar honden niet zijn toegestaan; het kan

Als je met je hond veel onderweg bent, komt de dag dat je ergens strandt, bijvoorbeeld vanwege autopech. Je moet dan op zoek naar een plek om te overnachten. Dit is me al een paar keer overkomen. Ik heb bij de balie al heel vaak een resoluut ‘Nee’ te horen gekregen, maar toch lukt het me altijd wel een hotel ervan te overtuigen de regels een nachtje te laten voor wat ze zijn. In de volgende alinea’s lees je een paar tips:

- » **Bied aan een borg te betalen.** Als je zeker weet dat je hond geen schade zal aanrichten (als je dit niet weet, moet je hem niet mee op reis nemen), laat dan zien hoe zeker je hiervan bent door een borg neer te leggen, als garantie dat je hond zich netjes zal gedragen.

» **Laat zien hoe goed gemanierd je hond is en hoe netjes hij eruitziet.** Dit is niet echt een optie voor iemand met een modderige wildebras waarvan de vacht bij bossen in het rond stuift. Maar als je hond schoon is en zich goed gedraagt, laat dit dan zien.

» **Laat de manager zien dat je een bench hebt.** Een hond die in een bench slaapt en niet aan zijn lot wordt overgelaten, is voor de manager een veel minder groot risico.

Ik raad echt nooit iemand aan om een hond een hotelkamer binnen te smokkelen, maar heb wel eens gehoord dat dit het best werkt als je kamer ver van de balie ligt en je bereid bent om in geval van nood in je auto te slapen. Als je van plan bent je hond in de auto te laten slapen, kun je er zelf beter bij gaan liggen. Het is nooit verstandig je hond zonder toezicht achter te laten.

Zelfs iemand die dit hoofdstuk snel even doorbladert, ziet al snel het nut van een bench: ze zijn goed om je hond te trainen, handig voor op reis en onmisbaar bij noodgevallen. Lees hoofdstuk 6 voor meer informatie over de keuze van een bench.

TIP

AANLIJNEN OF NIET AANLIJNEN

Mijn mooiste reisverhaal over honden aanlijnen gaat over een staatscamping in de Verenigde Staten, aan de prachtige noordkust van Californië. Ik ga hier zo vaak met mijn honden naartoe als ik kan. Toen we bij het rangerskantoor stopten om ons aan te melden, leunde een van de twee rangers naar buiten en begon ons met luide stem de regels uit te leggen.

'Geen honden op wandelpaden. Geen honden op de twee stranden die op deze kaart zijn aangegeven. 's Nachts moeten honden in de auto of in de tent. En bovenal: honden mogen echt *nooit ofte nimmer* onaangelijnd rondlopen. Dit is *uitdrukkelijk* verboden in staatsparken in Californië.'

En toen leunde ze nog iets verder naar ons toe en zei, met zachtere stem zodat de andere ranger haar niet kon horen: 'Drie kilometer verderop is een strand waar ik altijd met mijn honden naartoe ga. We controleren daar echt nooit.' Daarop glimlachte ze en wenkte ons door te rijden.

Ze was een van ons!

Ik moet nu wel bekennen dat ik de regels over het aanlijnen van honden chronisch overtreed, net als driekwart van de hondenliefhebbers waarschijnlijk. Ik ben wel erg voorzichtig wanneer en waar ik dit doe. 's Ochtends vroeg of 's avonds laat, ver van andere mensen. Bij het eerste teken van onraad roep ik ze bij me en gaan ze aan de riem.

Moet je je hond los laten lopen? Ik ga niemand vertellen de wet te overtreden. Wees gewoon voorzichtig. En denk aan anderen.

TIP

DE NATUUR IN

Sommige mensen gaan niet op vakantie naar een luxe resort, maar kiezen voor de natuur. En ze willen hun hond meenemen. Gelukkig zijn er stevige tassen waarin je hond zijn eigen spullen kan dragen en misschien zelfs wat dingetjes van jou. Een volwassen hond met een goede conditie kan tot een kwart van zijn gewicht dragen, netjes verdeeld over goed passende tassen. Laat je hond tijdens korte wandelingen aan het gevoel wennen en bouw het gewicht en de afstand langzaam op.

Honden zijn niet overal welkom en het grootste gevaar voor kamperen of wildkamperen (wildkamperen is in Europa zelden toegestaan) met je hond zijn niet wilde dieren, maar andere wandelaars. Geef hondenhaters geen munitie: houd je hond onder controle en aangelijnd waar andere mensen en wilde dieren zijn. Neem iets mee om de ontlasting te begraven of bedenk een geschikte manier om het mee te nemen tot je het kunt weggooien.

Als je de natuur in gaat, heb je niet zo veel nodig; voer en water en wat basisspulletjes. Maar je hebt wel wat extra dingen nodig. Denk aan vachtverzorging: een borstel of kam en een pincet of tekenverwijderaar om je hond gezond en comfortabel te houden. Neem ook een basis-EHBO-set voor mensen en voor honden mee en een licht touw voor als je je hond een keer moet vastleggen.

Op internet zijn veel tips te vinden over backpacken en kamperen met je hond. Lees je in over hoe je je hond kunt trainen voor een backpackvakantie, wat voor hulpmiddelen en uitrusting er te krijgen zijn en, niet te vergeten, waar je goed terecht kunt.

De wereld veilig houden voor reizende honden

Meer mensen dan ooit nemen hun hond mee op reis. Maar er zijn ook nog heel veel mensen die hun ruimte liever niet delen met een vierbenige toerist. Helaas zijn hier ook hoteleigenaars en politici bij. Zo lijken de politici in mijn woonplaats weinig moeite te hebben met drugsdealers en straatrovers op een weg ergens buitenaf, maar worden honden daar absoluut niet getolereerd.

Toch is het niet zo moeilijk om te snappen waar deze hondenverboden vandaan komen. Overheden zijn bang aansprakelijk te worden gesteld voor hondenbeten. Ook maken ze zich zorgen om de volksgezondheid vanwege hondenpoep. Het is onze taak als zorgzame, verantwoorde hondenliefhebbers om te laten zien dat er meer goede honden zijn dan slechte. Je kunt dit onderweg bijvoorbeeld als volgt laten zien:

- **Houd ze schoon.** Je hond moet er altijd goed verzorgd uitzien en schoon ruiken. Droog je natte hond voordat hij binnen mag altijd af en veeg moddersporen weg met je eigen handdoeken, niet die van het hotel. Dek meubels, kleden en bedden af met je eigen oude lakens en handdoeken. Als je je hond moet wassen, gebruik ook dan je eigen handdoeken en ruim alle haren op.
- **Houd ze onder controle.** Je hond moet gehoorzaam en vriendelijk zijn. Mensen mogen zich er niet aan kunnen storen. Ook mag je hond *nooit* agressief zijn: niet tegen mensen, niet tegen andere huisdieren en niet tegen wilde dieren. Laat je hond niet ongecontroleerd blaffen in een auto, camper of hotelkamer. Gebruik je gezonde verstand voordat je je hond los laat lopen, zelfs daar waar dit mag. Let goed op dat je hond niet lastig is voor andere mensen of honden.
- **Ruim altijd hun troep op.** Ik blijf me verbazen dat keurige mensen die nooit zomaar een blikje van zich af zouden gooien, de andere kant op kijken als hun hond iets op de grond deponeert wat 5000 keer viezer is. En kom niet aan met het excuus dat het biologisch afbreekbaar is. Ruim de uitwerpselen van je hond gewoon op. Heb je me gehoord? Nee? Dan herhaal ik het nog een keer: Ruim de uitwerpselen van je hond gewoon op. Hondenpoep is de meest voorkomende klacht die hondenhaters noemen om honden uit de openbare ruimte te weren. Geef ze dus geen munitie. Als je incheckt bij een hotel, maak dan heel duidelijk dat je de troep van je hond altijd opruimt. Vraag ook of ze een plek hebben waar ze het liefst hebben dat je je hond uitlaat. Laat een reu ook niet zijn achterpoot optillen als je er naartoe loopt. Leer hem het commando 'Laat

dat' (zie hoofdstuk 14) om hem zijn neus omhoog te laten doen. Als hij niet kan snuffelen, tilt hij zijn poot ook niet op.

TIP

EENVOUDIG POEP OPRUIMEN

In stedelijke gebieden krijg je al tientallen jaren een boete als je de poep van je hond niet opruimt. Sindsdien zijn er talloze producten geïntroduceerd om dit karweitje gemakkelijker en minder smerig te maken. Dit laatste kan gewoon niet. Het enige dat hier helpt, is tijd. Na verloop van tijd raak je zo gewend aan het gevoel van warme poep dat je maag geen krimp meer geeft.

Vergeet poepschepjes met een lange steel. De gemakkelijkste manier is gewoon met een plastic zakje. Boterhamzakjes werken prima bij kleine honden. Voor grotere honden gebruik ik liever plastic boodschappentassen die ik netjes dicht kan knopen. Er zijn ook biologisch afbreekbare pedaalemmer- en speciale hondenpoepzakjes te koop. Een aanrader voor iedereen die ons milieu een warm hart toedraagt. Welke zakjes je ook kiest, je gebruikt ze op dezelfde manier: trek de zak als een ruime want over je hand en pak de poep op. Trek de buitenranden van de zak over je hand terwijl je de poep nog steeds vasthoudt, totdat je hand aan de buitenkant van de zak zit en de poep erin. Sluit de zak daarna met een bindertje of knoop en gooi hem in de dichtstbijzijnde vuilnisbak.

Een hondenliefhebber herken je aan de poepzakjes: in elke jaszak van elke jas die hij heeft zitten zakjes.

Bij mij is dit in ieder geval zo. En bij jou moet dit ook zo zijn.

5 Het deel van de tientallen

IN DIT DEEL . . .

Er zijn zo veel leuke en belangrijke dingen die nergens anders pasten, maar die te belangrijk zijn om weg te laten. Bijvoorbeeld ideeën hoe je met een hond een mooie tuin kunt hebben; ja, het kan! En hoe zit het met al die dingen die mensen denken te weten over honden? Wat is waar en wat niet? Hier vind je de antwoorden, samen met vragen die je moet stellen als je een puppy koopt en hoe je je kunt voorbereiden op een ramp.

IN DIT HOOFDSTUK

Hondenjaren meten

Onderzoeken waarom honden gras eten

Antwoord op de vraag of hondenkussen goed voor je zijn

De waarheid over steriliseren en castreren

Hoofdstuk 19

(Bijna) tien hondenmythen ontkracht!

Onze voorouders waren zo dom nog niet: veel van de oude verhalen hebben een kern van waarheid. Maar van de verhalen die nu nog steeds over honden de ronde doen, klopt maar weinig.

Als we naar mythen kijken hebben katten een streepje voor op honden. Ik weet niet waarom. Misschien omdat katten *mythologischer* zijn? Niemand heeft ooit beweerd dat een hond meer dan één leven heeft en zwarte honden brengen niet meer of minder geluk dan honden van een andere kleur. (Gelukkig maar, want ik heb een paar zwarte honden.) Hondenmythen zijn vaak praktischer, die over katten magischer. Katten zijn volgens mij gewoon mysterieuzer en dat blijkt ook uit de kattenmythen.

Hondenmythen gaan vaker over goede verzorging dan over geluk (of ongeluk). De verkeerde informatie wil ik wel graag rechtzetten. In dit hoofdstuk lees je wat de meest gehoorde misvattingen en feiten over honden zijn.

Een hondenjaar is hetzelfde als zeven mensenjaren

Het is duidelijk waar deze vandaan komt. Voor mensen is 70 een redelijk gemiddelde leeftijd en voor honden een jaar of 10, al leven vooral kleine honden een stuk langer. En wat krijg je als je 70 door 10 deelt? Inderdaad: 7.

Maar als je naar een hond van een jaar oud kijkt, zie je dat hij volwassen is, of in ieder geval bijna: lichamelijk, geestelijk en seksueel. En dit komt natuurlijk absoluut niet overeen met een mensenkind van zeven jaar oud. Deze vuistregel is dus veranderd, maar veel moeilijker te onthouden.

FIGUUR 19.1: Je bent zo oud als je je voelt. En dat geldt voor honden net zo goed als bij mensen. Met beweging blijven we ons allemaal jong voelen.

Foto met dank aan Jack Russell en Bill Newcomb Photography

BELANGRIJK

De eerste 8 maanden van een hondenleven staan ongeveer gelijk aan 13 jaar in een mensenleven. Kortgezegd: van geboorte tot pubertijd. Met een jaar is een hond een puber, zoals een mens van 16. Hij moet alleen nog wat groeien, net als de mensenpuber. Vanaf de leeftijd van 2 jaar, als de hond ongeveer 21 is, geldt elk hondenjaar ongeveer als 5 mensenjaren.

TECHNISCHE INFO

Maar eigenlijk doen we er maar een wilde gooi naar. Honden worden niet allemaal even snel even oud. Kleine honden zijn misschien met vijf maanden al in de pubertijd terwijl een echt grote teef pas met ongeveer anderhalf voor het eerst loops wordt.

Wanneer is een hond dan oud? Reuzenrassen zoals de Duitse dog zijn met zes jaar al bejaard. Een labrador is met acht jaar redelijk op leeftijd. Maar een kleine hond, zoals een dwergkeeshond, heeft ook na zijn tiende verjaardag nog een aantal jaar gezond volwassen leven voor zich.

TIP

Er zijn twee dingen waarmee je je hond langer jong kunt houden. Welke dat zijn, zal je niet verrassen, omdat ze hetzelfde zijn als voor mensen. Goede voeding en regelmatig beweging houden honden zo lang mogelijk actief en blij. Het grootste gevaar voor een oudere hond? Zwaarlijvigheid. Als je te zwaar bent leef je niet alleen korter, maar de laatste jaren zijn ook zwaar. Vooral voor oudere honden met reuma.

Als je je hond de grootste kans op een gezond, lang en blij leven wilt geven, houd hem dan slank en houd hem in beweging. Dit is voor jullie allebei goed.

Zie hoofdstuk 13 voor meer informatie over zorg voor een oudere hond. Alle ingrediënten voor goede voeding lees je in hoofdstuk 7 en voor preventieve zorg ga je naar hoofdstuk 11.

Een hond met een warme, droge neus heeft koorts

Een hond heeft koorts als je via zijn anus een temperatuur meet die hoger is dan 39 graden. Zijn neus heeft hier helemaal niets mee te maken.

TIP

Thermometers voor honden en katten vind je bij de dierenspeciaalzaak of via internet. Een thermometer is een essentieel onderdeel van de thuiszorgset voor je hond. Hierbij hoort ook een tube glijmiddel om het karweitje voor jou gemakkelijker en voor de hond minder pijnlijk te maken. (Ga voor meer informatie over het meten van de temperatuur hoofdstuk 11.)

PAS OP

De neus van je hond kan je misschien niet vertellen of hij ziek is, maar er zijn wel wat andere lichamelijke symptomen waar je naar moet kijken. Een hond die oververhit is, kan sterven als dit niet heel snel wordt herkend: zwaar hijgen en glazige ogen zijn klassieke symptomen. Een hond met deze verschijnselen moet worden geholpen met lauw (niet koud) water op zijn buik en dan zo snel mogelijk naar de dierenarts worden gebracht. Zie hoofdstuk 18 voor meer over hitte en honden.

Door steriliseren en castreren worden honden dik

Voor huisdieren geldt in principe hetzelfde als voor mensen. Honden worden te dik van te veel eten en te weinig beweging.

Toch is het wel degelijk zo dat de stofwisseling van je hond verandert als hij of zij gecastreerd wordt. Het is daarom raadzaam minder te gaan voeren zodra je ziet dat je dier aankomt, of om bijvoorbeeld een lightvoeding te gaan geven. Ook is het belangrijk ervoor te zorgen dat een gecastreerde reu of teef voldoende beweging krijgt. Zo zorg je ervoor dat hij of zij in vorm blijft. Vooral reuen kunnen na een castratie veel minder actief zijn, omdat ze minder behoefte hebben om te zwerven en hun neus achterna te gaan als ze een loopse teef ruiken.

Volwassen honden zijn minder actief dan puppy's. Als je het voedingspatroon niet aanpast als je puppy volwassen wordt (dus tegen de tijd dat je het dier laat steriliseren), dan zal hij dikker worden.

Zwaarlijvigheid bij honden wordt voor een belangrijk deel veroorzaakt door mensen. Een hond kan niet zelf de koelkast openen, een tweede portie brokken nemen of de hondenkoekjes uit de kast pakken.

Castreren zorgt voor belangrijke gezondheidsvoordelen voor je hond. Doe deze niet teniet door hem te dik te laten worden. Geef je hond geschikt voer in afgemeten hoeveelheden. Geef niet te veel snacks of vervang ze door gezondere varianten, zoals rijstekoekjes of wortel. En deel je eigen maaltijd niet met je hond. (Zie hoofdstuk 7 voor meer informatie over goede voeding.)

TIP

Je hoeft maar naar een hondenwedstrijd te kijken, bijvoorbeeld behendigheid of gehoorzaamheid (meer hierover in hoofdstuk 16) of naar honden die moeten werken om de kost te verdienen (zoals hulphonden) om te zien hoe een goed gevoede, fitte, gesteriliseerde hond eruitziet, zonder een onsje vet.

De bek van een hond is schoner dan de mond van een mens

Sommige mensen gaan hierin zelfs zo ver, dat ze beweren dat je je hond je wonden moet laten likken, zoals ze hun eigen wonden likken. Dit zou goed zijn voor de genezing.

Wie dit heeft verzonnen, heeft nog nooit gekeken wat een hond allemaal in zijn bek neemt. Elke dierenliefhebber zal je vertellen dat dit echt heel smerig kan zijn. Een van mijn honden vindt de inhoud van de kattenbak een absolute lekkernij. En door de brieven die ik krijg, weet ik zeker dat hij niet de enige is.

Als je wilt weten hoe je een kattenbakplunderende hond aanpakt, lees je hoofdstuk 15.

Er zijn mensen die het heerlijk vinden om door hun hond gekust te worden, een stevige lik in je gezicht voelt voor sommigen als een liefdevolle begroeting. Maar.... fris is het niet. Een hondenlik brengt je niet alleen een behoorlijk palet aan bacteriën in je gezicht, de hond kan er ook wormbesmetting mee overdragen, op jou of je kinderen.

TIP

Plakjes appel werken prima om de adem van een hond op te frissen en sommige zijn er dol op. Een van mijn honden gaat helemaal door het lint van citrusvruchten. Hij gapt zelfs sinaasappels van de laaghangende takken uit de boom in mijn achtertuin. Vergeet niet dat een slechte adem een teken kan zijn dat je hond tandproblemen heeft waar je dierenarts echt naar moet kijken. Zie hoofdstuk 11 voor meer informatie over het belang van goede tandverzorging.

Honden eten gras als ze misselijk zijn

Deze mythe is ontstaan doordat honden gaan overgeven van gras. Daarom eten ze het als ze last van hun maag hebben. Maar er zijn ook veel honden die heel vaak gras eten, zonder dat ze hoeven over te geven.

Een uitleg waarom honden gras zoeken, is om een tekort van bepaalde voedingsmiddelen op te lossen, bijvoorbeeld doordat ze te veel vlees krijgen. De theorie hierachter is, dat wilde honden en wolven plantaardig materiaal binnenkrijgen als ze de maaginhoud van hun prooidieren opeten.

Maar de reden kan nog veel eenvoudiger zijn: sommige honden eten gewoon gras omdat ze het lekker vinden.

Honden zijn geen pure carnivoren, in tegenstelling tot katten. Ze kunnen leven van een vegetarisch dieet (al kun je uit de hoektanden afleiden dat ze ook graag vlees eten). Het meeste hondenvoer bevat dan ook een groot deel plantaardig materiaal. Voorstanders van vers voer, zoals dierenarts Richard Pitcairn, die samen met Susan Hubble Pitcairn het immens populaire *Dr. Pitcairn's Complete Guide to Natural Health for Dogs & Cats*

(Rodale Press) schreef, raden aan verse groenten als wortel, peterselie en courgette in het eten te doen. Als je zelf eens voer wilt maken voor je hond, met vers vlees, granen en groenten, vind je prima ideeën in het boek van Pitcairn. Maar op internet zijn ook talloze Nederlandstalige bronnen (en recepten) te vinden.

Steeds meer mensen gaan steeds verder om zelf het voer van hun hond samen te stellen. Ze geven rauw vlees en groenten en helemaal geen in de handel verkrijgbare brokken meer. Als je meer wilt weten over dit *BARF-dieet* (wat staat voor *Biologically Appropriate Raw Foods* oftewel ***Biologisch verantwoord rauw voer)*** ga je naar hoofdstuk 7.

Met olie in het voer los je huidproblemen bij je hond op

Sommige mensen hebben last van toevoegitis. Ze zijn pas gelukkig als ze olie, groenten, kruiden, kwark of eieren in het eten van hun hond mogen doen. Veel van wat mensen toevoegen, valt in de categorie 'baat het niet dan schaadt het niet'. Er is niet bewezen dat het helpt, maar de eigenaar voelt zich er beter bij.

Sommige problemen met huid en vacht kun je inderdaad verhelpen met olie of oliesupplementen die worden voorgeschreven door een dierendermatoloog. Maar dat betekent niet dat je maar van alles in het voer van je hond moet gooien als je zijn vacht niet mooi vindt.

PAS OP

Het is erg belangrijk dat huidproblemen goed worden gediagnosticeerd voordat je zelf aan de slag gaat met een 'goed-voor-alles'-olie. Je gooit tenslotte extra vet in het eten van een dier dat misschien helemaal geen vet meer nodig heeft. Huidproblemen door vlooien of een allergie, of door inwendige parasieten of een hormonenhuishouding die van slag is, verdwijnen niet als sneeuw voor de zon met wat olie.

BELANGRIJK

Overleg eerst met je dierenarts voordat je iets bij het eten van je hond gooit en vraag of het supplement doet wat het moet doen en geen andere problemen veroorzaakt. Je dierenarts kan je ondersteunen, of een behandeling voorstellen die meer is gericht op datgene waar de hond last van heeft.

Met gist en knoflook houd je vlooien onder de duim

Was het maar zo eenvoudig! Teentjes knoflook of een lepel gist doen weinig. Er is geen duidelijk bewijs dat een van beide vlooien weghoudt als je hond het eet. Er zijn mensen die denken dat gist prima vlooienpoeder is. Maar ook hiervoor hebben we alleen verhalen als bewijs.

Maar veel honden zijn dol op knoflook en gist. Het kan geen kwaad als je er iets van in het voer van je hond doet. Je moet dan wel tegen een knoflookadem kunnen. (Met knoflook kun je trouwens wel een oude of zieke hond weer aan het eten krijgen.)

Tegenwoordig zijn er via de dierenarts veel veilige, effectieve middelen tegen vlooien verkrijgbaar. Wij weten thuis al niet meer hoe een vlo eruitziet! Als je wilt weten welke middelen dit zijn, ga je naar hoofdstuk 10.

Blaffende honden bijten niet

Dit is een heel gevaarlijke mythe en voor mij de belangrijkste om recht te zetten. Blaffen of grommen kan een teken zijn om te gaan aanvallen. Daarom is het belangrijk om bij de *lichaamstaal* van een hond te kijken naar signalen voor agressie.

Een paar waarschuwingssignalen voor een gevaarlijke hond zijn hoog op de poten staan en een beetje voorover leunen. De oren staan naar voren en de ogen hebben een stalen, glazige blik. Zijn nekharen staan overeind. Hij kan blaffen of grommen. Als hij blaft, is het een laag, no-nonsense geblaf en komt het vanuit de keel.

Laat deze hond voor je eigen veiligheid met rust. Dit geldt trouwens voor alle honden die je niet kent.

IN DIT HOOFDSTUK

Hoeveel ervaring heb je?

Waar zijn de ouders?

Welke titels hebben de ouders?

Hoofdstuk 20
Tien vragen die je moet stellen als je een raspuppy koopt

Je hoeft niet hard te zoeken naar een slecht gefokte rashond. Gemene golden retrievers, hinkende Duitse herders en dove dalmatiërs: bijna elk ras heeft wel een genetisch probleem dat gerenommeerde, kundige fokkers proberen uit de lijn te fokken. Honden met een defect komen vaak van een van de volgende twee soorten fokkers: ondeskundig en nonchalant. De eerste groep is zich totaal niet bewust van mogelijke aangeboren problemen, de tweede kent de problemen donders goed, maar interesseert het niets. Maar natuurlijk kan het ook gebeuren dat een fokker die heel verantwoord bezig is, in een van zijn nestjes een pup aantreft waar wat mis mee is.

Als je weet welke vragen je moet stellen, vis je de slechte fokkers er zo uit. In dit hoofdstuk vind je tien vragen, met de antwoorden die je wilt horen.

Natuurlijk moet je nog veel meer vragen stellen. Vragen die specifiek voor het ras zijn: verharen, kwijlen, kans op agressie, formaat, verwachte leeftijd. Maak een lijstje en stel ze allemaal. Een gerenommeerde fokker is alleen maar blij dat je zo geïnteresseerd bent. Als je wilt weten welke vragen je onder andere bij een volwassen hond moet stellen, ga je naar hoofdstuk 5.

BELANGRIJK

Een duidelijk teken voor een gerenommeerde fokker, is dat hij meer vragen stelt dat jij. Laat je niet afschrikken door zijn vragen. Iemand die veel om zijn honden geeft, is precies degene van wie je een puppy wilt kopen.

Zie hoofdstuk 4 voor meer informatie over hoe puppy's zich ontwikkelen en voor karaktertests die je kunt doen als je bij een nestje gaat kijken.

PAS OP

Elke dag, jawel, *elke dag* van mijn leven, hoor ik wel een verhaal van of over iemand die met een hond een probleem heeft dat specifiek is veroorzaakt door het adres waar de puppy vandaan komt. De pup wordt niet zindelijk omdat hij in de viezigheid is opgegroeid. De hond kan niet met andere honden overweg omdat hij te vroeg uit het nest is gehaald. De pup moet aan beide heupen worden geopereerd omdat de fokker twee honden heeft laten paren die allebei erfelijke heupproblemen hebben. Voorkom dat jij ook dit soort verhalen kunt vertellen. *Koop alleen bij een gerenommeerde fokker.*

Hoe lang fok je al met dit ras en welke andere rassen heb je gefokt?

Je zoekt iemand die met één of maximaal twee rassen heeft gefokt en het ras jaren heeft bestudeerd. Je kunt ook van iemand kopen die een nest heeft gefokt met hulp van een mentor die het ras door en door kent. (Iedereen moet ergens beginnen.)

PAS OP

Iemand die van het ene populaire ras op het andere overstapt wil waarschijnlijk gewoon snel geld verdienen. De kans dat hij genoeg kennis van het ras heeft, is erg klein. Als je bij een fokker belandt waar je elk ras kunt krijgen, moet je maken dat je wegkomt.

Onthoud dat mensen die zich altijd met hetzelfde ras bezighouden toch slecht hun huiswerk kunnen doen bij de keuze voor de juiste ouders, of als ze hun puppy's trainen en socialiseren. Maar iemand die zich toelegt op een of twee rassen is zeker de beste keuze. Als hij aan alle andere voorwaarden voldoet.

Wat zijn de erfelijke afwijkingen bij dit ras?

Elk ras heeft problemen. Dit kan *heupdysplasie* (een pijnlijke misvorming van de heupkom), *progressieve retinale atrofie* (een oogziekte), verhoogde gevoeligheid voor kanker of een van talloze andere kwalen zijn.

Als de fokker antwoordt met 'geen' of 'dat weet ik niet', ga je op zoek naar een andere fokker. Hij controleert niet op dingen waar hij niets van weet en jij wilt niet boeten voor zijn onwetendheid.

Een goede fokker vertelt welke problemen bij het ras voorkomen, van hangende oogleden tot oorontstekingen.

Wat heb je gedaan om erfelijke aandoeningen bij je honden te verminderen?

Je wilt termen als 'gecontroleerd', 'getest' en 'gecertificeerd' horen. Je wilt documentatie zien. Je wilt geen pup kopen als het enige dat de fokker je kan vertellen, is 'De moeder is hartstikke gezond, we hoeven nooit met haar naar de dierenarts'.

TECHNISCHE INFO

Bij rassen met risico op heupdysplasie (bijna elk groot ras) wil je de uitslag van het HD-onderzoek van de ouders en de grootouders. Neem geen genoegen met 'Er zijn röntgenfoto's gemaakt, alles is in orde'. Vraag om bewijs.

Zijn de ouders hier ook? Mag ik ze zien?

Dit is een strikvraag. Je moet *altijd* de moeder kunnen zien, tenzij ze bij de geboorte is overleden. Maar bij de meeste gerenommeerde fokkers is de reu niet aanwezig. De beste partij voor een specifieke hond is waarschijnlijk eigendom van een andere fokker en de teef wordt daar naartoe gebracht voor het paren.

PAS OP

Mensen die gewoon een reu en teef hebben en hiermee blijven fokken om geld te verdienen of gewoon omdat die puppy's zo leuk zijn, zijn niet het soort fokker waar je een puppy wilt kopen.

De moeder kan wat onrustig zijn doordat er vreemden bij haar puppy's komen. Als ze alleen is, wil je een goed gesocialiseerde, rustige en goedgemanierde hond zien. Hetzelfde geldt voor de andere honden van de fokker. Als het karakter van de volwassen honden van de fokker je niet aanstaat, dan kun je niet verwachten dat het karakter van een van haar puppy's wel bij je past.

Wat zijn de goede en slechte punten van de ouders en welke titels hebben ze? Kun je hun stamboom uitleggen?

Ook als je een puppy gewoon als huisdier wilt, wil je deze wel kopen van iemand die weet wat echte kwaliteitsdieren binnen het ras zijn. En dat hij deze honden in zijn eigen fokprogramma gebruikt. De enige manier om honden van topkwaliteit te houden, is door de fokdieren steeds weer te testen: in de showarena, op het veld en gewoon in het openbaar. Kijk naar titels, titels, titels en nog eens titels. Titels van tentoonstellingen, zoals kampioen. Titels voor werkhonden, zoals titels voor veldproeven voor jachthonden. Gehoorzaamheidstitels, behendigheidstitels of wat ook maar past bij het ras. Certificaten voor gedragscursussen zijn ook waardevol. Het geeft aan dat de fokker belang hecht aan goed gedrag. (Zie hoofdstuk 16 voor meer informatie over titels en de wedstrijden waar honden deze kunnen verdienen.)

Het maakt niet uit of je helemaal nooit met je hond aan wedstrijden meedoet. Of dat je naar huis gaat en die prachtige stamboom in een la gooit. Recente titels bij beide ouders geven aan dat de fokker er oprecht moeite voor doet om gezonde honden te fokken die voldoen aan de rasstandaard.

PAS OP

Een paar kampioenen twee of drie generaties terug bewijzen helemaal niets. Zeker niet als ze maar aan één kant van de stamboom te vinden zijn. Het is voor louche fokkers een gebruikelijke truc om te kunnen zeggen dat een pup van kampioenen afstamt, terwijl er drie generaties terug maar één titel te vinden is. Trap hier niet in.

Maar een hond is meer dan mooie papieren. De fokker moet je duidelijk kunnen vertellen wat de goede en slechte punten van de moeder en de andere honden in huis zijn: een te dikke schedel, te korte staart of niet helemaal de goede loop tijdens het draven. Een fokker die niet kan vertellen wat de goede en slechte punten van zijn honden zijn, kun je beter mijden.

Waar zijn de puppy's opgegroeid?

'In huis' is het beste antwoord. 'In de kelder', 'in de garage', 'in de kennel' of 'in de schuur' is geen goed signaal. Je wilt een puppy die weet hoe een vaatwasser klinkt, die je niet van het plafond hoeft te plukken als er eens een pan valt, die weet hoe linoleum, tapijt en tegels aanvoelen.

Honden leven in onze wereld. Hoe sneller ze hier kennis mee maken, hoe beter.

BELANGRIJK

In huis een nest puppy's opvoeden is heel veel werk. Alleen al doordat je voortdurend moet opruimen, moet je als fokker erg toegewijd zijn. Als een fokker de puppy's in huis opvoedt, laat dit meer zien dan alleen liefde voor de pups. De fokker laat ook zien dat ze weet hoe belangrijk socialisatie is.

Hoe heb je deze puppy's gesocialiseerd?

Omgevingssocialisatie is belangrijk. Maar bewuste socialisatie is dit ook. De beste fokkers zorgen ervoor dat de puppy's contact hebben met volwassen mannen en vrouwen, maar natuurlijk ook met kinderen. Zelfs als ze hiervoor kinderen moeten lenen. Ze stellen de puppy's bloot aan allerlei geluiden en voorwerpen.

Je wilt een pup van een fokker die duidelijk laat merken dat ze weet hoe belangrijk socialisatie is. Iemand die er alles aan heeft gedaan om de puppy's in de eerste, belangrijke weken van hun leven van alles te laten ervaren.

Hoe heb je deze puppy's beoordeeld?

Je wilt een pup kopen bij iemand die niet alleen het verschil weet tussen puppy's van showkwaliteit en die van huisdierkwaliteit en dit verschil kan uitleggen, maar ook gevoel heeft voor de aard van elke pup als individu. In elk nest zitten verlegen puppy's, brutale puppy's en puppy's die hier tussenin zitten. Afhankelijk van het ras en je eigen gezin kan de keuze voor de verkeerde pup uit het juiste nest net zo'n grote fout zijn als een keuze voor het verkeerde ras.

TIP

Een gerenommeerde fokker helpt je de juiste pup te kiezen. Te veel mensen kopen een specifieke pup 'omdat hij ons koos', terwijl die puppy wie dan ook zou hebben gekozen omdat hij nu eenmaal de meest extraverte van het nest is. Voor de meeste mensen is een van de 'middenmoot' (niet te opdringerig en zeker niet te verlegen) de beste keuze. In hoofdstuk 4 lees je alles wat je moet weten over het beoordelen van pups.

Wat voor garanties geef je?

Slechte fokkers vergeten je naam als het geld op hun rekening staat. Je wilt een puppy van iemand die je een tot op de dag van de koop bijgewerkte medische geschiedenis van de puppy meegeeft (met vaccinaties en ontwormingen). Ook wil je een contract waarin zijn verantwoordelijkheden tegenover jou duidelijk staan vermeld voor het geval de puppy een erfelijke ziekte blijkt te hebben. Meestal staat in dit soort contracten dat je een nieuwe puppy krijgt of dat je het aankoopbedrag terugkrijgt.

In het contract staat ook wat jouw verantwoordelijkheden zijn. Misschien moet je de hond ook terugbrengen naar de fokker als je er niet meer voor kunt zorgen. Een gerenommeerde fokker neemt de hond terug of helpt jou een goed tehuis voor de hond te vinden.

BELANGRIJK

Lees al het papierwerk goed door en bespreek het met de fokker. De beste fokkers bieden een contract dat niet alleen de koper en verkoper beschermt, maar ook het kwetsbaarste deel van de transactie: de puppy.

Wanneer kan ik mijn puppy mee naar huis nemen?

Sommige fokkers verkopen de puppy's vanaf het moment dat ze gespeend zijn, als ze vijf of zes weken oud zijn. Maar deze puppy's moeten nog veel leren van hun moeder en de rest van het nest. Ze moeten minstens zeven weken zijn voordat ze naar hun nieuwe thuis gaan.

Gerenommeerde fokkers laten puppy's vaak pas nog een week later gaan. Bij kleine rassen kan het nog later zijn. Pas op voor fokkers die een puppy pas afstaan als hij een paar maanden oud is, omdat ze geen tophond met showpotentie willen laten gaan. Uiteindelijk heb je dan misschien een puppy die meer is gericht op honden dan op mensen, tenzij de fokker de socialisatie heel zorgvuldig heeft bijgehouden (en een goede fokker doet dit). Als je een pup uit het buitenland koopt, zul je wat langer moeten wachten tot hij met je mee naar huis mag. Je pup mag pas met twaalf weken zijn verplichte rabiësvaccinatie krijgen en daarna moet je nog drie weken wachten voordat hij Nederland binnen mag.

IN DIT HOOFDSTUK

- **Je tuin mooi houden door je hond voldoende beweging te geven**
- **Redelijke verwachtingen hebben**
- **Strategieën ontwikkelen voor gravers**

Hoofdstuk 21

(Bijna) tien manieren waarop je met een hond toch een mooie tuin kunt hebben

Kun je met een hond toch ook een mooie tuin hebben? Nancy Dyson vindt van wel en levert zelf het bewijs.

Dyson is aan de University of California afgestudeerd als tuinarchitect *en* ze is succesvol hondentrainer. Haar retrievers zijn een waar voorbeeld voor hondenfatsoen en kampioenen in de gehoorzaamheidsarena. Maar het blijven honden en die hebben er geen idee van dat hun eigenaar de planten het liefst helemaal heel ziet.

Volgens Dyson moet je gewoon realistisch zijn over de behoeften van de tuin en van de honden. In dit hoofdstuk geef ik tips van Dyson en een paar anderen.

Geef je hond veel beweging

Een hond met te veel energie wil je niet de hele dag alleen laten in je mooie tuin. En toch is dat precies wat veel mensen doen. Als je er niet voor zorgt dat je hond voldoende beweging krijgt, zorgt hij er zelf wel voor. Bijvoorbeeld door een gat naar China te graven of door de struiken in je tuin te snoeien of verwijderen.

Bij veel eigenaars die proberen gedragsproblemen, zoals graven, op te lossen, ontbreekt de factor 'beweging'. Honden hebben net als mensen drie of vier keer per week een half uur aërobe training nodig; zoals joggen, apporteren of zwemmen.

FIGUUR 22.1: Als je ervoor zorgt dat je hond voldoende beweging krijgt, heb je minder kans dat hij vervelende gewoonten aanleert.

Foto met dank aan Joan Mahone

TIP

Als je hond niet genoeg beweging krijgt, is de kans groot dat hij dingen gaat doen die je als eigenaar niet leuk vindt, om zijn energie kwijt te raken en verveling te verdrijven. Bijvoorbeeld graven, kauwen en blaffen. Honden die genoeg beweging krijgen, slapen over het algemeen meer als je weg bent.

Geef je hond iets om zich mee bezig te houden

Een hond die moe en voldaan is omdat hij veel beweging krijgt, is gelukkig. Maar alleen lichamelijk moe zijn is niet voldoende. Honden moeten niet alleen hun lijf maar ook hun hersenen trainen. Herhaal daarom regelmatig de basistraining, leer nieuwe commando's en oefen de commando's die je hond al kent. Dit is goed voor de opvoeding van je hond. En hij wordt er geestelijk moe van, zodat de kans groter is dat hij lekker gaat slapen als je weg bent. Er zijn activity games op de markt, activiteitsspellen waarbij je hond zijn hersens moet gebruiken om een snackje te bemachtigen. Deze hondenspellen zijn speciaal gemaakt om honden geestelijke uitdaging te bieden.

Als je weggaat, zorg je er ook voor dat je hond een paar verschillende dingen heeft om zich mee bezig te houden. Geef hem kauwspeelgoed. Beloon hem als hij de speeltjes gebruikt, dan worden ze aantrekkelijker voor hem. Je kunt ze nog leuker maken door hol speelgoed te vullen met iets wat hij lekker vindt, zachte hondenvoeding of snacks bijvoorbeeld.

Over hondenspeelgoed lees je meer in hoofdstuk 6.

Laat een hond niet zonder toezicht in de tuin

Honden zien geen verschil tussen een blauweregen en onkruid en gaan dit ook echt nooit leren. Laat je hond daarom niet zonder toezicht bij de planten die je liever heel houdt. Als je naar je werk gaat, geef je hem voor zijn eigen veiligheid en die van de planten een kleiner stuk van de tuin. Een hond slaapt toch het grootste deel van de dag. Hij heeft dus niet het hele huis en ook nog eens de hele tuin nodig. Uitstapjes, zoals joggen, wandelen, apporteren of zwemmen moeten altijd plaatsvinden onder toezicht.

Als je de hond niet alleen in huis wilt laten, is een goed beveiligde ren een goede manier om te voorkomen dat hij zichzelf in de nesten werkt. Denk er wel aan dat zo'n kleine ruimte niet geschikt is om een heel leven te moeten doorbrengen. In de ren moet de hond een schuilplek, speelgoed en voldoende schoon water hebben.

PAS OP

Laat je hond hoe dan ook nooit aan de ketting. Honden die altijd vastgebonden zitten, ontwikkelen vaak agressieproblemen. Lees hoofdstuk 6 voor meer informatie over kennels, rennen en de ketting.

TECHNISCHE INFO

GRAVEN, GRAVEN EN NOG EENS GRAVEN

Mijn vrienden Ellen en Darryl hebben een golden retriever die Cap heet (naar de bekende Engelse landschapsarchitect Capability Brown). Hij kreeg deze naam nadat hij wat struiken in de tuin had 'gesnoeid'. Maar nog duidelijker is de naam van de jack russell-terrier van een andere vriend, Digger, die puur voor de lol een gat door de aarde zou graven, als hij de kans kreeg.

Een van mijn lezers heeft zijn labrador retriever de naam Cat gegeven. Zeker een vreemde naam voor een hond. De naam staat dan ook niet voor 'kat', zoals je misschien zou denken, maar is een afkorting van Caterpillar, naar de fabrikant van die enorme graafmachines.

Als je hond alleen onder toezicht in je tuin mag, is de kans erg klein dat hij gaat graven of kauwen. Je kunt hem tegenhouden voordat hij schade aanricht en zijn gedrag corrigeren.

Ontmoedig graven

Sommige rassen zijn gefokt om te graven. Het is dus niet eerlijk te verwachten dat ze dit niet doen. De meeste van deze rassen zijn terriers. Het woord *terrier* komt van *terra*, Latijn voor *aarde*. Deze rassen zijn gefokt om ongedierte zoals ratten uit te graven en te doden.

Bij veel honden kun je voorkomen dat ze gaan graven. Geef ze voldoende beweging, laat ze niet los in de buurt van vrije aarde en zorg ervoor dat graven niet leuk is. Soms helpt het om de eigen uitwerpselen van de hond in het gat te begraven. Veel honden graven niet als ze dan hun eigen uitwerpselen opgraven.

TIP

Als je een knollenveld niet erg vindt, kun je je hond een eigen *graafzone* geven. Schoon wordt je hond er niet van, maar de meeste vinden het wel prachtig. Zeker de honden die in hun element zijn met hun neus in de grond en poten wild gravend.

Als je hond niet voor de lol graaft maar om te ontsnappen, bijvoorbeeld bij het hek, kan het lastiger zijn om de gewoonte af te leren. Als eerste zorg je ervoor dat de hond minder de neiging heeft om te zwerven door hem te laten castreren. Geef hem bovendien voldoende beweging. Bij hardnekkige honden moet je het gaas misschien een eind ingraven of een betonnen rand storten. Deze oplossingen zijn niet goedkoop of eenvoudig, maar helpen je misschien wel de Houdini-aspiraties van je hond te onderdrukken.

Heather is de enige hond in mijn gezin die van graven houdt. En dit doet ze dan ook vol overgave. Ze heeft één gat en mag dit ook houden, als compromis. Ze heeft er echt uitgebreid werk van gemaakt: het gat is een soort hol, met een kleine opening en daarachter voldoende ruimte om te liggen en zelfs een rondje te draaien. Dit hol mag ze van mij houden, maar er zijn wel grenzen. En zodra ze om een bed gaat bedelen om in het hol te leggen, is die grens bereikt.

Leer het commando 'Wacht'

In je leven met je hond draait alles om communicatie. Hoe moet hij anders weten dat hij niet in bed mag? Schreeuw niet tegen hem als hij de tuin in rent, maar leer hem het commando 'Wacht' om te voorkomen dat hij naar buiten stapt.

TECHNISCHE INFO

'Wacht' is anders dan 'Blijf'. 'Blijf' betekent 'beweeg je niet totdat ik zeg dat dit mag', terwijl 'Wacht' betekent 'je mag overal naartoe, maar niet over deze lijn'. De lijn kan de rand van een bloembed zijn, maar ook een open hek naar de moestuin terwijl je daar zelf bent om wat groenten te oogsten. Het is overal waar je hond niet mag komen.

Zie hoofdstuk 14 voor meer informatie over het commando 'Wacht'.

Je kunt niet vertrouwen op grenstraining zoals 'Wacht' als je hond alleen is. 'Wacht' is een commando dat je gebruikt als je er zelf bent en waarmee je overtredingen kunt corrigeren.

TIP

Er zijn systemen op de markt met een draad en elektrische halsband om je hond in een bepaald gebied te houden. Deze zijn echter sinds juli 2020 verboden. In België zijn stroomhalsbanden (nog) toegestaan.

Geef je hond een eigen stukje tuin

Als je voldoende ruimte hebt, verruim dan je begrip 'graafzone' en geef je hond gewoon zijn eigen tuin. Dyson raadt aan honden een eigen plek te geven waar ze kunnen rennen en spelen zonder iets te slopen.

Deze speeltuin kun je heel creatief verwerken in je eigen tuin. Geef je hond bijvoorbeeld een stuk helemaal rondom je mooi ingerichte tuin of aan een kant hiervan. Plaats een mooi hek van hout of metaal waar je wijnranken overheen laat groeien als afscheiding tussen je eigen mooie tuin en de speeltuin van je hond.

VLEKKEN ZIEN, GELE VLEKKEN

TECHNISCHE INFO

Dick Tracy, de inmiddels gepensioneerde tuinjournalist van de krant *Sacramento Bee,* maakt al lang grapjes over hoe we rijk kunnen worden als we een 'genezing' zouden verzinnen voor gele urineplekken in het gazon. (Of voor hondenpoep in bloembedden, maar dat is voor een volgend boek.)

Geen angst, voorlopig gaan we nog niet met pensioen.

Je kunt urineplekken in je gazon het best voorkomen door ervoor te zorgen dat je hond ergens anders plast, bijvoorbeeld in een speciale toilethoek. Maar als je hond dan toch in het gras heeft geplast, kun je de schade beperken door er meteen veel water overheen te spoelen. Wat ik zeker niet aanraad (maar wat sommige mensen wel doen), is je hond extra zout geven, zodat hij meer drinkt en de urine dunner is.

Een vriendin had een andere truc. In een ander stuk tuin had ze een mooi stuk extra gras. Elke week spitte ze de gele plekken uit en legde ze hier mooi vers gras terug.

BELANGRIJK

Het mooiste is een hondenspeelterrein waar je je hond geen eenzame opsluiting geeft, maar waar je graag bij hem bent. Een terrein waar je hem kunt laten apporteren of andere spellen kunt spelen. Het gebied moet zo zijn ingericht dat je hond zich kan vermaken: dingen om op te springen en om mee te spelen en misschien een kinderbad voor honden die van water houden. Bomen voor schaduw en een zonnige plek om lekker warm te kunnen ontspannen zijn ook belangrijk. Maak een hondenluik in de deur zodat je hond ook naar binnen kan en je hondenparadijs is compleet.

TIP

Kleine bomen en grote honden zijn geen goede combinatie, maar grote bomen zijn belangrijk voor het comfort van je hond. Bescherm de bomen daarom tot ze groot genoeg zijn. Zet er een paal naast om ze mooi recht te laten groeien. Dyson raadt aan er een stuk gaas rond te zetten om te voorkomen dat de boom omver wordt gelopen of uitgegraven.

Wat voor gras is het best voor je hondentuin? Bij mij werkt onkruid het best, zolang ik het water geef en maai. Vanaf een afstandje ziet het er mooi uit en het is bijna onverwoestbaar. Maar als je een perfect gazon wilt, moet je je hond, en je kinderen, er resoluut bij uit de buurt houden.

Werk met patronen in je tuin

Als je je tuin moet delen met je hond, leg je paden aan waar veel wordt gelopen en zet je planten waar bijna nooit iemand komt. Als je hond bijvoorbeeld graag langs het hek rent, kun je daar beter geen planten neerzetten. Je hond rent er gegarandeerd overheen, ook als ze doornen hebben. Dyson raadt aan een *renbaan* langs het hek te houden, met net daarnaast wat planten.

Honden die langs het hek rennen, blaffen hier vaak bij, wat je natuurlijk niet wilt. Als je hond alleen maar rent en je het niet erg vindt dat hierdoor wat schade ontstaat aan het gebied net naast het hek, dan is dat rennen prima, leuk en gezond. Als je hond bij elke stap ook blaft, kun je dit gebied beter afschermen, om de vrede in de buurt te bewaren. Alles over strategieën om blaffen te beperken, lees je in hoofdstuk 15.

Houd de dingen in perspectief

Het geheim van een mooie tuin in combinatie met een hond, zit hem in planning en training. Maar je moet ook zeker tolerant zijn. Een ongeluk zit nu eenmaal in een klein hoekje. Er zijn maar weinig mensen die zo dol zijn op een mooie tuin als Nancy Dyson. Toch geeft ze het volgende advies: planten zijn maar planten en deze kun je altijd vervangen. Dit geldt niet voor je hond.

PAS OP

GIFTIGE PLANTEN

Honden kunnen moordend zijn voor planten, maar omgekeerd zijn er ook genoeg planten die wraak kunnen nemen. In het volgende lijstje staan wat voorbeelden van planten die je hond slecht zouden bekomen. Van de meeste wordt hij alleen maar ziek, maar er zijn erbij die dodelijk kunnen zijn. Als je hond zich heeft uitgeleefd op een van deze planten, ga dan met hem naar je dierenarts.

- Amandel
- Azalea
- Bilzekruid
- Blauweregen
- Boomwurger (*Celastrus orbiculatus*)
- Boterbloem
- Brugmansia (nachtschade)
- Buxus
- Cannabis
- Coriara
- Dermatophyllum
- Doornappel
- Ficus
- Gele monnikskap
- Gevlekte scheerling
- Herfsttijloos
- Hortensia
- Hulst
- Indische sering
- Jacobskruiskruid
- Jasmijn
- Kersenboom
- Lelietje-van-dalen
- Liguster
- Lupine
- Maretak
- Oleander
- Paddenstoelen en champignons
- Perenboom
- Philadelphus
- Rabarber
- Ridderspoor
- Robinia
- Rododendron
- Spinazie
- Strelitzia
- Taxus
- Tomatenplant
- Venijnboom
- Vingerhoedskruid
- Vlierbes
- Westerse karmozijnbes
- Wonderboom

Index

A

acute huidontsteking (hotspots) 221
ademhaling, controle 211
ademverfrissers 351
adoptie
  adopteerbaarheid kruisingen 32
  asiel, uit 71–76
  beoordeling volwassen hond 96–97
  gewenningsperiode volwassen hond 23
  gezondheid onderzoeken 80
  oude hond 94
  particuliere eigenaars 76–77
  rasvereniging 74–75
  terugbrengbeleid 97
  volwassen hond 92
adreskoker, halsband 100
Afghaanse windhond 48
agility 297
agressie
  aan de ketting 366
  gedragsdeskundige, hulp van 251
  herkennen 250–252
  nieuwe baby en jaloezie 287–288
  vermijden, technieken 170
Alaska malamute 42
allergieën 219
aminozuren 127
anaalklieren, schoonmaken 188
antilichamen 204
apporteerspeelgoed 120
ascaris *zie* rondwormen
asiel
  inslapen, wel/niet 73
  kruisingen, bron voor 32
  privaat, non-profit 72–73
  terugbrengbeleid volwassen hond 97
  terugvinden weggelopen hond 100
auto's, aanrijdingen voorkomen 228

B

babyhekjes 109
bacteriën 223
baden, verzorging 186–189
ballen 120
band vormen 157–158
BARF-dieet 132, 352
basenji 42
basset hound 43
beagle 50
bedden
  bench als 110
  gebruik en typen 110–113
  oude hond 240
  ovalen kussen 112
  reismand als 110
  wasbaar 112
bedelen, voorkomen 101
begrafenis 242
behendigheidswedstrijden 297
bek, uiterlijke controle 210
beloning, trainingselement 162–164
bench 111
  als slaapplaats 110–113
  gebruik van 110–113
  puppy in slaapkamer 90
  transportmiddel 110
  zindelijksheidstraining, voordelen bij 144–147
Benjamin, Carol Lea 95
beweging
  activiteiten oude honden 234
  apporteren 278
  effect op leeftijd 349
  fietsen 278
  gedragsprobleem-strategie 275
  herdersgroep 278
  joggen 278
  wandelen 235
  zwemmen 235
bichon frisé 46
bijters 172–173
Billinghurst, dr. Ian 132
binding, puppy versus volwassen hond 23
blaasproblemen 224
blaffers
  gedrag beheersen 283
  puppytraining 172–173
  reden voor blaffen 284
  telefoongesprekken 257
blikvoer 134
borstels
  meenemen op reis 330
  verzorging, gebruiken voor 179–180
Boston terrier 47, 54
botten als snack, richtlijnen 140
boxer 52
Bracco Italiano 43
broodfokkers 66
buik, uiterlijke controle 211

buitenhond, overwegingen/ gevaren 107

C

camera, puppyfototechnieken 87
castreren 305
  op jonge leeftijd 207
chihuahua 51
chippen 100
chocolade, gevaren gezondheid 139
clickertraining 259
coccidia, onder controle houden 205
cocker spaniel 43, 53
  problemen temperament 45
commando
  Af 263
  Apporteren 269
  Blijf 262, 264
  consequent zijn 168
  Eraf 268
  Ga naar je bed 268
  Hier 266
  Nee 164
  Schiet eens op 146
  vrijgavewoord 262
  Wacht 268, 367
  Zit 167
  Zit-Blijf 266
conditioner, bij verzorging 181–182
consequentie, van training 160–162
conserveringsmiddelen 129
correcties
  corrigeer nooit een hond die naar je toe komt 266
  eerlijk met 255
  trainingselement 162–164
  trainingsrichtlijnen 261–262

D

dalmatiër 43
  doofheid bij 36
Darmparasieten 205
dashonden 50
dashonden, rasgroep 41
dierenarts
  autopsie-onderzoek 243
  belang gezondheidsonderzoek puppy 80
  controleer supplement voor dieet 352
  euthanasierichtlijnen 241–244
  keuze 196–198
  parasieten onder controle houden 205
  puppyplan 202
  soorten specialisten 200
  spoedgeval 214
  tarieven 198–199
  traditionele versus alternatieve geneeskunde 199
  vaccinaties 204–205
  voorgeschreven voer 135
  vragen 197
  ziektekostenverzekering 197
Dog frisbee 298
Drentsche patrijshond 43
drinkbakken, voor op reis 114
droog voer (brokken) 134
Duitse dog 38
Duitse herder 50
dwergdashond 41
dwerghonden 46
dwergkeeshond 52
dwergpincher 54
dwergrassen, richtlijnen
  zindelijkheidstraining 153
dwergschnauzer 53

E

e-collars 117
eiwitten 126–127
elektrische halsbanden 117
emoties, als indicatie gezondheid 213
Engelse setter 43
erfelijke afwijkingen 357
  documentatie afwezigheid 357
  doofheid 36
  heupdysplasie 36, 37, 357
  progressieve retinale atrofie 357
essentiële aminozuren 127
ethoxyquine, conserveringsmiddel 129
euthanasie 241–244

F

FCI (Fédération Cynologique Internationale)
  rasgroepen 33
Finse spits 42
flyballwedstrijden 297
fokken
  3 tot 5 weken 314
  5 tot 7 weken 315
  geboorte tot 3 weken 313
  gezondheid teefje 309
  kosten 306
  loopsheid 310
  selectie dekreu 308
  voors en tegens 303–307
  zwangerschap 309–311
fokkers
  broodfokkers 66
  fokdoelen 59
  gerenommeerde, vinden 61, 63

hondentijdschriften 64
informatiebronnen voor 63
kennis erfelijke afwijkingen 357
kostenoverwegingen 26, 27
loze reclame-uitingen 60, 61
rashonden 35
rasstandaard 31
rasvereniging 64
selectie puppy voor jou 82–83
stamboom uitleggen 358
van showhonden 62–63
vragen stellen 356–361
waarschuwingen 356
waarschuwingssignalen 66–67
zoeken via internet 65
foto's
puppyfototechnieken 87
terugvinden weggelopen hond 100
foxhound 43
frisbee 120
fysieke correctie, versus fysieke mishandeling 162

G

Galgo Save Belgium 75
gasbuik (maagtorsie) 136
gedrag
agressie, vermijdingsstrategieën 170
angst onweer 288
baldadig gedrag beperken 279
bedelen 101
beoordeling volwassen hond 96–97
bijten 172–173
blaffen 172–173, 283–285
consequentie van training 160–162
eerst gezondheids-problemen elimineren 274–275
graven ontmoedigen 366
gravers 285
happen 172–173
jaloezie nieuwe baby 287–288
kauwers 169–170, 280
lichamelijke oefening 275
mentale oefening 275
onderdanig urineren 85, 152
ongehoorzaamheid 286
persoonlijkheid puppy testen 83–86
snuffelen 170–172
springen 170–172, 280
terriers, gedragsproblemen 40
verlatingsangst 286
vernielzucht 285
wisseltraining 163
gedragsdeskundige
agressie verhelpen 251
eerst gezondheids-problemen elimineren 274–275
gedragsproblemen oplossen 272–291
gedroogde runderhuid, snack 140
gehoorzaamheidstraining, puppyles 161
gehoorzaamheids-wedstrijden
kruising en 32
gemeentelijke dierenopvang 72
georganiseerde activiteiten, voordelen 290
geregistreerde naam 88
gewicht, controle van 210
gezelschapshonden, rasgroep 46, 277
grootte 46
gezinsleden
introductie volwassen hond 97
puppy introduceren 86
regeling voor als jij overlijdt 244
richtlijnen eerste nacht puppy 89
gezondheid
ademhaling controleren 213
allergieën 219–220
bacteriën 223
blaasproblemen 224
castreren 207
chocolade, gevaren 139
eerste puppycontrole 202–203
emotie als indicator 213
euthanasierichtlijnen 241–244
hartaandoeningen 225–226
hartslag controleren 212
hotspots (acute huidontsteking) 221
hubertusklauw, verwijderen 206
lichaam uiterlijk controleren 209–212
medicatie toedienen 215–216
oorontstekingen 193 194
oorproblemen 227–229
oorzaak gedragsproblemen 274–275
oren couperen 207
oudere hond 231–245
overgewicht, controleren op 138
parasieten onder controle 205–206
pathogenen 223
puppyplan dierenarts 202

rabiës, voorzorg 205
seksueel gedrag, problemen 208
spoedgeval 214–215
staart couperen 206
temperatuur controleren 212, 349
traditionele versus alternatieve geneeskunde 199
tumoren 227
uiterlijke controle 209–211
urologische problemen 222–224
vaccinaties 204–205
verzekering 197
virussen 220–222
vitale functies controleren 212–214
wanneer specialist 200–201
zindelijkheidsproblemen 150
gezondheidscontrole, bij koop/adoptie 80
gezondheidsverklaring 68
papierwinkel 68
giardia, onder controle houden 205
gif, gevaar voorkomen 228
gist, vlooien bestrijden 353
golden retriever 43, 50
gras, redenen om te eten 351
greyhound 47
Greyhounds in Nood Belgium 75
Greyhounds Rescue Holland 75
grootte
dashonden 41
gezelschapshonden 46
keuze hond, richtlijnen 15, 16, 17
pinschers en schnauzers, molossers en Zwitserse sennenhonden 38
retrievers, waterhonden en spaniels 44
windhonden 48

H

haakwormen 205
halsbanden 114–119
dagelijks gebruik 115–116
e-collars 117
elektrische halsbanden 117
harnassen 117
hondenhalsters 117–118
materiaal 115–116
prikhalsbanden 116
richtlijnen passing 115–117
schokhalsbanden 117
training, gebruiken bij 165–166
trainings- 116–119
handdoeken
gebruiken bij verzorging 182
reis, mee op 330
happers 172–173
harnassen, redenen gebruik 117
harrier 42
hartaandoeningen 225–226
HCC 204
hekken
repareren/controleren 99, 107–109
herdershonden, rasgroep 36
heupdysplasie 37
ontwikkelingsgeschiedenis 36
heupdysplasie 36
herdershonden 37
hitte, oververhitting voorkomen 228, 335
hittestress, symptomen 278, 349
hondeneigenaar
gedomesticeerde hond, geschiedenis 11, 12, 14
gerenommeerde fokker vinden 61
grootte, richtlijnen 15, 16, 17
grote rassen, problemen 16
hoeveelheid activiteit, richtlijnen 17, 19
indoorhond, voordelen 106
intelligentie hond 21, 22
keuze reu/teefje 24, 26
kleine honden, problemen 17
kostenoverwegingen 26, 27
kruising, bron voor 71–76
liefde op eerste gezicht vermijden 14
papierwinkel 67–69
puppy versus volwassen hond 23
puppy vinden 57–61
verharing 19, 20, 21
werkpatronen gezin 59
hondengevecht, gevaren van 253
hondenhalsters 117–118
hondenhokken 109–110
hondenluiken 108
hondenoppassers, alternatief reizen 325–326
hondenparken 281
hondenpension, alternatief reis 326–327
hondentijdschriften 64
hondentoilet
zindelijkheidstraining en 152

hondenziekte
ziekte van Carré. *zie* rondwormen
hondsdolheid *zie* rabiës
hondvriendelijke vakanties 338
hotels, toch binnen 339–340
hubertusklauw, redenen verwijderen 206
huidproblemen 352–353
huis
hek/schutting repareren/ controleren 99
indoorhond, voordelen 106
poort repareren/ controleren 99
puppybestendig maken 78
puppy eerste nacht 89
trapjes oude hond 240
volwassen hond introduceren 95–101

I

identificatie weggelopen hond 100
Ierse setter 43
Ierse wolfshond 48
Illustrated Book of the Dog 124
incontinentie, oudere hond 238
inhalatieallergie 220
intelligentie
trainbaarheid versus 21
volgzaamheid versus 21

J

Jachthonden 277
jack russell terrier 41

K

kammen, verzorging, gebruiken voor 179
kamperen 341
kaninchen dashond 41
katten, introductie volwassen hond 98–99
kattenmythen versus hondenmythen 347
kauwers
jonge puppytraining 169–170
vervang door ander gedrag 280
kauwsnacks, dierlijk materiaal 140
kauwspeelgoed 119–120, 140–141
kauwtouwen 119
kennelclub 34
kennel met uitloop
bescherming elementen 108
ketting, overwegingen 107
kinderen
aanvallen niet-gecastreerde reuen 25
agressie, vermijden 170
beoordeling volwassen hond 96
cocker spaniel, problemen met 45
gezelschapshonden, problemen 47
introductie volwassen hond 97
puppy introduceren 86
richtlijnen eerste nacht puppy 89
roedeltheorie, gevaren 13
klitten, verwijderen 187
KMSH 34
knoflook, vlooien bestrijden 353
koekjes, honden- 139
Koninklijke Maatschappij Sint Hubertus 34
koolhydraten 127
koopovereenkomst 68
koorts, indicaties 349
kruising
adopteerbaarheid 32
asiel, uit 32, 71–76
gehoorzaamheids-wedstrijden 32
rashond versus 29, 30, 31, 32
waar kopen 32
kuddehondenwerk 296
kussens, als slaapplek 112

L

labrador 43
labrador retriever 49
leeftijd, vergeleken met menselijke jaren 348
lichaamstaal, indicatoren gevaar 353
lijnen *zie* riemen
lintwormen onder controle houden 205
loopsheid
eerste keer, wanneer 208
niet-gesteriliseerde teefjes 25
seksuele volwassenheid teefje 208
lopende honden en zweethonden, rasgroep 42
ontwikkelings-geschiedenis 43
Lyme, ziekte van
teken 192

M

maagtorsie, voedingsprobleem 136
maïzena, bij verzorging 182
maltezer 55
massage, voordelen 186
massief rubberen ballen 121

microchip, identificatie 100, 119, 329
mineralen 128
mopshond 53

N

nagelknippers
teennagels knippen, technieken 189–191
verzorging, gebruik bij 180
namen, richtlijnen puppynamen 88
Nederlands Honden Stamboek (NHSB) 34
nestgenoten, overwegingen 85
neus
als indicator koorts 349
uiterlijke controle 210
newfoundlander 38
niet-gecastreerde mannetjes, aanvallen 25
niet-steroïde ontstekingsremmer, risico's 239
noodgevallen, dierenarts 324

O

ogen
medicatie toedienen 216
uiterlijke controle 210
onderdanig urineren 85, 152
oren
auditief hematoom 228
couperen (verboden) 207
kussenoor 228
medicatie toedienen 216
oorontstekingen 227
uiterlijke controle 210
verzorging 192–193
vreemde voorwerpen 227
otterhound 42
oude hond
achteruitgang zintuigen 238
adptieredenen 94
bedden 240
beweging 234–235
bobbels 238
bulten 238
concurentie jongere hond 234
euthanasierichtlijnen 241
grafstenen 243
incontinentie 238
kleding 240
narcose, gevaren 236–237
niet-steroïde ontstekingsremmers 239
rolstoelen 239
speciale zorg 232–237
stijfheid 239
stoffelijk overschot 242
tandverzorging 236–237
veelvoorkomende problemen 237–240
voeding 233
water- en voerbakken 240
overgewicht
controleren op 138
effect op leeftijd 349
oudere honden 233
overige rassen 277

P

papierwinkel 67–70
gezondheidsverklaring 68
koopovereenkomst 68
registratiebewijs 68
stamboom 67
verzorgingsinstructies 69
parvovirus 204
gezondheidsproblemen 220–222
pathogenen 223
persoonlijkheid puppy testen 83–86
petit basset griffon vendéen 42
petit bleu de Gascogne 42
pharaohond 42
piepspeelgoed 120
pincet, gebruik bij verzorging 182
pinschers en schnauzers, molossers en Zwitserse sennenhonden, rasgroep 38
ontwikkelings-geschiedenis 38
voor- en nadelen 38
waakhonden 38
pitbull 39
Pitcairn, dr. Richard 133
pluizenrollers, bij verharing 20
poedel 47
tracheacollaps en 117
poorten, repareren/controleren 99
populariteit
20 populairste rassen 49
cocker spaniel, problemen temperament 45
jachthondenrassen 43
windhondenrassen 47
Portugese waterhond 45
positieve houding, bij training 255
prikhalsbanden 116
private, non-profit dierenasielen 72
puppyles, voordelen 161
puppyren, bij zindelijksheidstraining 145
puppy's

aanschaf vakantieperiode, overwegingen 81
agressie, vermijdingsstrategieën 170
band vormen 157–158
castreren/steriliseren 207
consequentie van training 160–162
criteria voor goede puppy 80–81
eerste nacht, richtlijnen 89
eeste keer achterpoot optillen 207
fototips 87
fysieke correctie, versus fysieke mishandeling 162
gezondheidscontrole, bij koop/adoptie 80
goed thuis vinden 316–317
hondenpension, leeftijd voor 326
introductie bij oude hond 240
juiste leeftijd 80
kostenoverwegingen 26, 27
namen, richtlijnen 88
nestgenoten, overwegingen 85–86
nieuwe eigenaar, voor en nadelen 23
ongezien kopen 64
opvoeden 313–317
overgebleven melktanden verwijderen 203
persoonlijkheid testen 83–86
raspuppy's vinden 60–66
reisbenodigdheden 86
selectie door fokker 82–83
socialisatie 80, 158–160
socialisatie testen 84
testen 83–87
voorbereiden voor 78–79
waar slapen 89
wagenziekte 86
zindelijkheidstraining. strategie 147–150
zwangerschapsperiode 310
puppyuitrusting 79
puppyverlof 86

R

Raad van Beheer 34
rabiës
gevaren 205
vaccinatie tegen 205
rasgroepen 34
rashond 34
asiel, uit 72
carrièreswitch 75–76
fokker 35
gezondheidsverklaring 68
kruising versus 29, 30, 31, 32
papierwinkel 67–69
rasvereniging 74
registratiebewijs 68
stamboom 67–68
verzorgingsinstructies 69
rassen
dashonden 41
FCI-rasgroepen 33
gedomesticeerde hond, geschiedenis 11, 12, 14
gezelschapshonden 46
grootte, richtlijnen 15, 16, 17
grote hond, voor- en nadelen 16
herdershonden 36
hoeveelheid activiteit, richtlijnen 17, 19
intelligentie 21, 22
keuze reu/teefje 24, 26
kleine hond, voor- en nadelen 17
kostenoverwegingen 26, 27
lopende honden en zweethonden 42
niet-erkende rassen 48
pinschers en schnauzers, molossers en Zwitserse sennenhonden 38
retrievers, waterhonden en spaniels 43
showrassen 45
spitsen en oertypen 42
veedrijvers 36
veldrassen 45
verharing 19, 20, 21
voorstaande honden 43
windhonden 47
wolf-hondkruisingen 13
rasstandaard 30, 31, 34, 292, 309
rasvereniging 64, 74
rauw voer natuurlijk in de voedselbak 133
registratiebewijs 68
reismand 110, 111
reizen
gedrag 322
gezondheidsproblemen 320–321
halsband 329
honden niet toegestaan, toch binnen 339–340
hondenoppassers 325–326
hondenpensions 326–327
hond mee? 320–323
hond thuislaten 323
hondvriendelijke vakanties 338–339
ideale auto 331
met auto 333–334

met vliegtuig 334–337
noodzorg regelen 324
riem 329
uitrusting 328–330
voer- en waterbakken 329
wagenziekte 333
wildkamperen 341
retrievers, waterhonden en spaniels, rasgroep 43
ontwikkelings-geschiedenis 44
show- versus veldrassen 45
voor- en nadelen 44
reuen
castreren 304
eeste keer achterpoot optillen 207
paring 310
seksueel gedrag, problemen 208
territoriummarkering, problemen 150
riemen 117–119
diktes 118
lengtes 118
reizen, meenemen 329
rollijn 118
training, gebruiken bij 165–166, 258
Rimadyl, risico's 239
roedeltheorie
beschrijving 11, 12, 14, 157
gedomesticeerde hond, geschiedenis 11, 12, 14
kinderen, gevaren 13
roepnamen 88
rollijn 118, 329
rottweiler 38, 51

S

saluki 47
schimmels 224
schokhalsbanden
trainingsuitrusting 117
schoonmaakmiddelen
op basis ammonia vermijden 145
zindelijksheidstraining bij 145
schuttingen
repareren/controleren 99, 107–109
semi-nat voer 134
shampoos
bij verzorging 181
reisvoorbereiding 330
Shetland sheepdog 53
shih tzu 52
showfokkers, voorzorgen 62
Siberian husky 42, 54
slechte adem, tandproblemen 351
snacks
chocolade, gevaren van 139
gedroogde runderhuid 140
hondenkoekjes 139
kauwsnacks, dierlijk materiaal 140
lamsoren 140
varkensoren 140
wanneer geven 137–138
snuffelaars 170–172
socialisatie
belang van 80
enige pup in nest 81
parvovirus, gevaren 220
richtlijnen eerste nacht puppy 89
testen bij puppy 84
trainingslelement 158–160
speelgoed 119
alternatief voor destructief gedrag 365
apporteerspeelgoed 120–121
frisbees 120
kauwtouwen 119
massief rubberen ballen 121
piepspeelgoed 120
tennisballen, gevaren 120
speurhonden 42
spitsen en oertypen, rasgroep 42
spoelwormen 205
stamboom 67
fokproblemen 308
papierwinkel 68–69
supplementen, gevaren 131

T

tanden
hondenadem en 193
melktanden vallen niet uit 203
oude hond tandverzorging 236
schoonmaken 193
teefjes
loopsheid 310
niet-gesteriliseerd, problemen 25
nieuwe eigenaar, voor- en nadelen 25
paring 310
seksueel gedrag, problemen 208
werpen 310–311
teek 187
teken
bestrijden 192
Lyme, ziekte van 192
temperament
cocker spaniel, problemen bij 45
gezelschapshonden 46
herdershonden 36

keuze reu/teefje 25
persoonlijkheid puppy testen 83
terrierrassen 39
veedrijvers 36
tennisballen, gevaren 120
terriers 277
terriers, rasgroep
gedragsproblemen 40
onderverdeling 39
ontwikkelings-geschiedenis 39
plukken vacht 40
vurigheid 39
testen
interesse in mensen 84
puppy's 83
time-out, trainingstechniek 163
tracheacollaps 117
trainbaarheid
intelligentie versus 21
persoonlijkheid puppy testen 83–86
training
agressie, vermijdings-strategieën 170
band vormen 157–158
belonen 260–261
beloning en correctie, richtlijnen 162
bijten 172
blaffers 172
clickertraining 259
consequentie 160–162, 256
consequentie in situatie 256
correctierichtlijnen 261
eerlijke correcties 255
fysieke correctie, versus fysieke mishandeling 162
gedragsontwikkeling-technieken 252
georganiseerde activiteiten, voordelen 290
halsband gebuiken 165–166, 258
happen 172
hulpmiddelen 258–259
kauwers 169–170
Nee, commando leren 164
oogcontact 258
positieve houding 255
puppyles 161
riem gebruiken 165–166
sleutels tot succes 254–258
snacks gebruiken 137–138
snuffelaars 170–172
socialisatie, belang van 158–160
springers 170–172
starten, wanneer 155
team met hond 254
time-out, techniek 163
verzorging gebruiken 166
voortbouwen op succes 257
vrijgavewoord 262
Zit, commando 167, 256
trainingshalsbanden 116–119
trommelzucht (maagtorsie) 136
tuinen
beweging voor hond 364
giftige planten 370
graven ontmoedigen 366
hekken reparen/controleren 107–109
hekken repareren/controleren 99
tumoren 227

U

urineren, onderdanig 85

V

vaccinaties
combinatievaccins 204
parvovirus 220
puppyvaccinaties 204–205
ziekte van Carré 221
vacht
dashonden 41
gezelschapshonden 47
herdershonden 37
kammen/borstelen, richtlijnen 179–180
kauwgum verwijderen 187
kleurenrange 19, 20, 21
klitten verwijderen 187
merle 20
pinschers en schnauzers, molossers en Zwitserse sennenhonden 38
pluizenrollers 20
plukken 40
retrievers, waterhonden en spaniëls 45
textuur 20
tijgerstrepen 20
veedrijvers 37
verf/teer verwijderen 187
verharing 19, 20, 21
viltplekken verwijderen 187
vlooien bestrijden 184, 187, 191–192
windhonden 48
vakanties
nieuwe puppy, overwegingen 81
varkensoren 140
veedrijvers, rasgroep 36

ontwikkelings-geschiedenis 36
vegetarische diëten 128
verharing
pluizenrollers 20
problemen 19, 20, 21
verteerbaarheid, eiwitten 127
verzorging
anaalklieren schoonmaken 188
baden, richtlijnen voor 186–189
bakspray gebruiken bij 187
borstels 179
borsteltechnieken 183–186
conditioners 181–182
handdoeken 182
hondenadem 193–194
kammen 179
kamtechnieken 183–184
kauwgom verwijderen 187
kauwspeelgoed 119
klitten verwijderen 187
maïzena 182
massagetherapie, voordelen 186
nagels knippen 180–181
oren 192–193
pincet 182
plukken 40
scheren, gevaren 185
shampoos 181–182
strippen, met hand 179
tanden reinigen 193–194
teennagels knippen 189–191
teken bestrijden 192
trainingsgelegenheid 166–167
verf/teer verwijderen 187
verharing 19, 20, 21
viltplekken verwijderen 187
vlooien bestrijden 187, 191–192
wattenbollen 182
wattenstaafjes 182
verzorgingsinstructies 69
vetoplosbare vitaminen 128
vetten 127
conserveringsmiddelen, in 129
vezels, in voeding 127
virussen 223
vitaminen 128
vlees, voeding 128
vlooien
achterwerktheorie 191
allergieveroorzaker 219
bestrijden met gist 353
bestrijden met knoflook 353
onder controle houden 191–192
uitkammen 184, 187
vochtniveau, lichaam controleren 211
voeding
allergieveroorzaker 220
aminozuren 127
balans tussen gemak en voedingswaarde 125
BARF-dieet 132
bedelen voorkomen 101
blikvoer 134
brokken 134
chocolade, gevaren gezondheid 139
conserveringsmiddelen vetten 129
diner-do's en -don'ts 124–130
droog voer 134
effect op leeftijd 349
eiwitten 126
hoveelheid 136–137
koolhydraten 127
maagtorsie, problemen 136
meenemen op reis 329
mineralen 128
niet-essentiële aminozuren 127
ontwikkelings-geschiedenis 124
oude honden 233
overgewicht, controleren op 138
richtlijnen voor keuze 130–133
semi-nat voer 134
snacks 137
supplementen, gevaren 131
tijdstippen 136–137
vegatarisch, overwegingen 128
vereisten vlees 128
verteerbaarheid 127
vetoplosbare vitaminen 128
vetten 127
vezels 127
vitaminen 128
voedingselementen 126–130
voorgeschreven dierenarts 135
water 129
wateroplosbare vitamine 128
voerbakken 113–115
volwassenheid 92
volwassen hond 92
adoptie 92
asiel, uit 71–76
bedelen voorkomen 101
beoordeling voor adoptie 96–97
honden op leeftijd 94
introductie kleine huisdieren 99

jongvolwassen 94–95
kat introduceren 98–99
nieuwe eigenaar, voor- en nadelen 23
slaapkamer, niet in bed 101
speciale zorg voor senioren 232–237
terugbrengbeleid adoptie 97
thuis introduceren 95–101
tiener 93–94
zindelijkheidstraining, strategie 150–153
zittraining 101
Voordewindhond in Nederland 75
voorstaande honden, rasgroep 43
voorzieningen 110–125
vriendelijke alfa 95
vurigheid, terrierrassen 39

W

waakhonden 38
wagenziekte, puppy 86
waterbakken 113–115
wateroplosbare vitamine 128
wattenbollen, bij verzorging 182
wattenstaafjes, bij verzorging 182
wedstrijden
behendigheids-wedstrijden 297
flyball 297
hondenshow 292
werkhondenproeven 294
werkhonden 296
werkhondenproeven 294–296
windhonden 277
windhonden, rasgroep
carrèreswitch 75
ontwikkelings-geschiedenis 47
voor- en nadelen 48
wolf-hondkruisingen
gevaren 13
wolven 11, 12, 13

Y

Yorkshire terrier 51

Z

zichtjagers 47
ziektekostenverzekering, voor- en nadelen 197
ziekten
nieren 222–223
parvovirus 220–221
rabiës 205
wagenziekte 333
ziekte van Carré 221
ziekte van Carré 204
ziekte van Weil 204
zindelijkheidstraining
bench, voordelen 144–147
commandowoord, met 145
consequentie en geduld 153
dwergrassen 153
hondentoilet 152
kranten, trainen voor op 152
onderdanig urineren 152
positieve benadering, methode 144
puppy-postrategie 147–150
puppyren 145
reu, territoriummarkering 150
schoonmaakmiddelen 145
voedingstijden 147
volwassen hond, strategie 150
zonder bench 149
zweepwormen onder controle houden 205
zweetspoor 42